本书为浙江省高校重大人文社科攻关计划项目“高职院校治理体系与治理能力现代化研究”（2021GH048）研究成果

“高等职业教育高质量发展研究”丛书

走向一体化

高等职业院校产教融合创新与实践

王靖高　等著

ZHEJIANG UNIVERSITY PRESS
浙江大学出版社
·杭州·

图书在版编目（CIP）数据

走向一体化：高等职业院校产教融合创新与实践 / 王靖高等著．—杭州：浙江大学出版社，2023.3
（高等职业教育高质量发展研究丛书 / 王靖高主编）
ISBN 978-7-308-23347-7

Ⅰ.①走… Ⅱ.①王… Ⅲ.①高等职业教育—产学合作—研究—中国 Ⅳ.①G718.5

中国版本图书馆 CIP 数据核字(2022)第 232858 号

走向一体化：高等职业院校产教融合创新与实践
王靖高　等著

责任编辑　蔡圆圆
责任校对　许艺涛
封面设计　周　灵
出版发行　浙江大学出版社
（杭州市天目山路 148 号　邮政编码 310007）
（网址：http://www.zjupress.com）
排　　版　杭州青翊图文设计有限公司
印　　刷　杭州钱江彩色印务有限公司
开　　本　710mm×1000mm　1/16
印　　张　30
字　　数　539 千
版 印 次　2023 年 3 月第 1 版　2023 年 3 月第 1 次印刷
书　　号　ISBN 978-7-308-23347-7
定　　价　98.00 元

“高等职业教育高质量发展研究”丛书编委会

主　编　王靖高

成　员　方益权　夏晓军　王志梅　徐利群　蔡后界
张宏良　童卫军

本书编著者名单

王靖高　童卫军　潘玲珍　刘海明
易淼清　唐高平　田启明　朱双华
卢声亮　叶吉波　武俊梅　李　俊

序 言

温州职业技术学院（简称温职院）是1999年经教育部批准创办的全日制综合性高职院校，由温州市人民政府主办，浙江省教育厅领导管理，现为浙南闽北地区唯一一所中国特色高水平高职学校、国家示范性高职院校、全国优质高职院校，是浙江省重点高职院校、全国创新创业典型经验50强高校、全国职业教育先进单位、浙江省文明单位、教育部首批现代学徒制试点单位、浙江省首批四年制高等职业教育人才培养试点院校，荣获2020年全国高职教学资源、服务贡献、学生发展、教师发展4个“100强”。学校现有高教园区校区、鹿城校区、瓯海校区、瑞安校区、永嘉校区等5个校区，校园总占地1300余亩，全日制在校生12000余人。

学校深度推进产教融合、校企合作，坚持面向区域、服务发展、促进就业的办学方向，遵循“与国家发展同频，与区域产业对接，与民营经济互动，与行业企业共赢，与国际顶尖接轨”的办学传统，主动承担职业院校的两大功能，即适应、支撑、引领产业发展的经济功能和消除三大差距、助力实现共同富裕的社会功能，形成了“区域有什么支柱产业，就建设什么专业；区域有什么企业难题，就建设什么服务平台；区域有什么新技术需求，就培养什么新技术应用人才”的办学实践，走出了一条“与区域发展互动、与企业行业共赢”的办学之路，被誉为高职教育的“温州模式”。近年来，温职院更是系统贯彻落实《关于深化产教融合的若干意见》《职业学校校企合作促进办法》等文件精神，全面推进产教融合机制体制创新，出台《温州职业技术学院关于深化产教融合的实施方案》《温州职业技术学院深化产教融合重点工作及责任分解》《温州职业技术学院产教融合项目立项资助暂行管理办法》等文件，以服务区域经济社会发展和高质量人才培养需求为指引，推进政校行企研多元主体联动，开启了一体化产教融合新局面。

服务区域经济社会发展需要，积极推进政校行企一体化管理，全力构建“一核四翼”的“东、西、南、北、中”产教融合新格局。东面推进鹿城学院和温州市企业综合服务平台建设，依托产教综合数据大平台，服务企业10万余家，打造育训结合的典范；南面与瑞安市政府联办瑞安学院，打造校地合作办学、混合所有制以及中高职衔接等3个典范，目前在校生2000余人；西面与瓯海区政府联办温州设计学院，打造浙南地区最优秀的设计人才、最时尚的设计作品、最先进的设计技术、最新潮的设计资讯的“四大集市”；北面与永嘉县人民政府共建永嘉学院，探索区域连通、师资融通、课程贯通的中高职一体化五年制职业教育新模式，着力打造中高职一体化办学的典范。基于“东、西、南、北、中”产教融合格局，温职院系统推进产教融合，深度嵌入国家战略和区域产业，不断吸引行业协会、知名企业和政府部门合作参与，牵头浙江省皮革行业协会、凤凰教育、正泰集团等行业企业成立浙南职教集团，引领职业教育走向集团化。

服务高质量人才培养需求，积极推进产学研创一体化，着力构建集“教学、研发、服务和创新创业”于一体的协同育人体系。以混合所有制办学为突破口，推出“二阶递进、多混并存”模式，创新政校行企协同育人机制，推动引校进企、引企驻校，全面开展“委托培养”“定向培养”“订单培养”“现代学徒制”等人才培养方式。学校将智能制造类、鞋服设计类、现代服务类三大专业集群及五大专业群与产业深度融合，充分利用区域外部资源，与1000多家世界500强企业、行业龙头企业和50多个行业深度合作，校行、校企共建温州设计学院、中国鞋都技术学院、温州服装学院、温州家具学院、温州酒店管理学院、安恒网络空间安全学院、中国联通“5G＋”产教融合研究院等9个产业学院，吸引政府、企业等资金投入10多亿元。此外，学校大力整合优化内部资源，在浙江省科技创新服务平台建设基础上，整合学院原有技术应用中心、工程中心、协同创新中心、实训中心、大师工作室和研发平台等机构，校企共建产业特色清晰的“产学研创”综合平台，使平台建设与区域发展双向互动、与教师发展双向互动、与人才培养双向互动，推进产教两端深度融合和产学研创用转协同育人机制的形成。

自2018年6月率先在同类院校中设置产教融合处，温州职业技术学院产教融合成果斐然。2018年，学校获批温州市产教融合示范基地。2019年，学校获批浙江省高校产教融合示范基地建设项目立项，并成功入选“浙江省双创示范基地”及教育部高校数字媒体产教融合创新应用示范基地。2020 年，“浙南轻工装备智能制造产教融合工程项目”与“数字媒体产教融合创新应用示范基地”成功入选浙江省首批产教融合工程项目，为省内同类院校之最。2021 年，学校作为发起单位的全国职业院校应用技术服务联盟入选国家示范性职教集团，2 个项目获浙江省产教融合基地类项目立项，选送案例获温州市产教融合案例一等奖 1 项和二等奖 2 项。《根植温州、依托产业、产学研创相结合，培养新技术应用的创新创业人才》案例成功入选 2019 年度教育部高校创新创业教指委高职院校创新创业教育特色典型案例。当前，温职院正持续深化产教融合、校企合作，系统推进教育链、人才链、产业链与创新链多链畅通，全力提升人才培养质量和社会服务水平，助推区域经济社会实现高质量发展。

目录

上篇　理论先行，探索产教融合新路径

中篇　实践应用,打造产教融合新生态

下篇　治理赋能，构建产教融合新机制

上　篇

理论先行，探索产教融合新路径

第一章　产教融合研究现状

一、国内产教融合研究综述

职业教育是密切联系经济社会的教育类型，是国民教育体系的重要组成部分，是人力资本开发的重要力量。党的十八大以来，我国职业教育的特色日益鲜明，职业教育特别是高等职业教育支撑国家重大战略的能力不断提升，办学水平和社会形象日益改善，为我国经济社会发展提供了强有力的人才和智力支持。产教融合是职业教育高质量发展的生命线，随着我国产业升级和结构调整不断加快，各行各业对技术技能人才的需求日益紧迫，产教融合的意义愈发凸显。党的十九大提出要完善职业教育和培训体系，深化产教融合、校企合作，为职业教育发展指出了明确方向。

产教融合是教育领域学术研究的新兴话题，2013 年以前的研究多数把产教融合和校企合作作为可替换的近义概念。自 2013 年《教育部 2013 年工作要点》正式提出“产教融合”以来，国内产教融合的研究日益增多。随着产业转型升级，产业界与教育界逐步对产教融合的界定有了新的理解与认知，产教融合中，“产”指产业部门，这里指行业企业，“教”指教育部门，这里指中高等院校。产教融合是教育部门（主要是院校）与产业部门（行业、企业）在社会范围内，充分依托各自的优势，以互信和合约为基础，以服务经济转型和满足需求为出发点，以协同育人为核心，以合作共赢为动力，以校企合作为主线，以项目合作、技术转移和共同开发为载体，以文化共融为核心的产业支撑，教育部门内部及各要素之间优化组合和高度融合，各参与主体相互配合的一种经济教育活动方式。产教融合既是提高高职院校学生培养质量的需要,也是行业企业获得所需的人力资源保障的需要,最终达到高职院校学生的职业胜任力与行业企业员工的职业胜任力相一致的目标。《国务院关于加快发展现代职业教育的决定》对产教融合的要求为:"同步规划职业教育与经济社会发展,协调推进人力资源开发与技术进步,推动教育教学改革与产业转型升级衔接配套。"

从国内对产教融合研究情况来看,问题主要集中在产教融合的内涵、意义、特征、内容、模式、存在问题,和推进产教融合的方法与策略等方面。就产教融合的内涵来看,目前还没有达成基本共识。杨善江认为,"产教"有两层含义。第一层含义指产业(行业企业)与教育(主要是学校教育),涉及职业教育的办学思想和体制构建问题;第二层含义指"生产与教学",侧重职业教育的教学模式和方法问题。[1]"产教深度融合的基本内涵是产教一体、校企互动,实现职业院校教育教学过程与行业企业生产过程的深度对接,融教育教学、生产劳动、素质陶冶、技能提升、科技研发、经营管理和社会服务于一体。"[2]产教融合不同于校企合作,产教融合是行业企业和院校为了各自的发展双向发力、双向整合的过程,校企合作是院校为实现人才培养目标主动寻求与企业的联合,是一个以高校为主体的单向过程。[3]"产教融合是职业教育与产业深度合作,是职业院校为提高其人才培养质量而与行业企业开展的深度合作。"[4]

产教融合的意义和价值在于促进教育和经济的互动发展。"产教融合有利于高职院校动态设置和调整专业,有利于满足区域行业企业人力资源开发的需求,有利于激发学生的学习兴趣,真正做到学做合一,有利于'双师型'教师的培养。"[5]产教融合是一种多赢的合作,政府推进产教融合可以促进职业教育和经济的发展,职业院校推进产教融合能实现学校与经济社会发展的良性互动,企业推进产教融合可以实现可持续发展。[6]

跨界性、互利性、合作性和复杂性是产教融合的主要特征。杨善江指出,产教融合具有"双主体"性(双主体指产业和院校)、跨界性(教育、产业、政府和社会的联合)、互利性、动态性、知识性(实现知识的流动与增值)、层次性(包括宏观的国家和地区关于产教融合的方略设计、中观的教育部门与产业部门的相互适应和配合、微观的教育教学过程和企业生产过程的衔接和统一)等6个基本特征。[7]罗汝珍认为,高等职业教育的产教融合具有多功能复合型、需求导向、多主体管理以及产业化等特点。[8]

在产教融合的内容和要求上,研究者主要遵循"五个对接"的观点。秦斌提出产教融合的基本要求是实现“五个对接”：专业设置与产业需求对接，课程内容与职业标准对接，教学过程与生产过程对接，毕业证书与职业资格证书对接，职业教育与终身学习对接。[9]王丹中指出，专业设置与产业需求、课程内容与职业标准、教学过程与生产过程的对接，是产教融合的基本要求。[10]贺耀敏等指出，产教融合的内容包括专业与产业对接、学校与企业对接、课程内容与职业标准对接、教学过程与生产过程对接。[11]贺星岳认为，产教融合包括职业教育与经济社会发展、专业设置与产业需求、课程内容与职业标准、教学过程与生产过程、产业岗位职业环境与教学情境的融合。[12]

就产教融合的模式而论，“应用型本科院校产教融合包括产教融合研发、产教融合共建、项目牵引、人才培养与交流 4 种模式。产教融合研发模式和产学项目牵引模式受政府部门政策、市场环境以及文化环境影响较大，产教融合要求高校与企业相互融入，共同介入人才培养的全过程，实行高校与企业‘双主体’的育人模式”[13]。“我国职业教育在产教融合的实践探索中，逐渐形成了校企合作、引企入校、厂中校、集团办学、校办企业、企业办学 6 种模式。”[14]国外产教融合的典型模式有德国的“双元制”模式、美国的“合作教育”模式、日本的“产学合作”模式和澳大利亚的“TAFE”（TAFE 是职业技术教育的简称）模式。国内产教融合的模式有“项目”模式、“订单式”模式、“顶岗实习”模式和“引企入校”模式。[15]

在研究者看来，产教融合存在的主要问题表现为政府缺位、经费短缺、合作模式单一、合作不深入、企业参与动力不足、“双师型”队伍建设滞后、质量保障体系和评估体系不健全等。周劲松指出，产教融合面临的问题有：企业积极性有限，产教融合的层次和深度不够；资源整合困难，产教融合模式单一；政策支持体系不健全，产教融合动力不够；市场发育不良，产教融合壁垒重重。[16]和震认为产教融合存在的问题是：政府与市场的边界模糊，行业指导能力缺失，企业作为育人主体的作用和责任缺失，职业院校校企合作育人和研发的制度尚未到位，学生实习活动性质错位等。[17]

就对产教融合问题的解决策略研究来看，学者们主要从政府、院校、行业企业、办学模式、合作方式、平台建设、法律、体制机制创新等方面予以考虑。在推进产教融合的策略和措施中，机制创新的作用尤为重要。周劲松建议建立并完善产教融合的社会协调机制、动力机制和保障机制，推进产教融合互利共赢。[18]罗汝珍认为，构建产教融合的机制必须以技术为切入点，组建产学研三位一体的技术平台，遵循企业化的管理机制、产业化的运营机制、价值主导的评价机制、市场导向的进退机制和行业协会负责的人才流动机制。[19]杨运鑫提出,产教深度融合需创建和完善相关的统筹督导机制、法规保障机制、激励补偿机制、多元配置机制、协调联动机制和质量评价机制等。[20]黄远飞在考察广州技工院校现代产业系的产教融合后提出,推动产教融合必须发挥政府主导作用,建立健全"校企合作""产校联动"机制;扩大职业院校及其下属系(部)的办学自主权,鼓励其创新治理结构与发展机制;进一步完善中国现代职业教育在产教融合方面的法律规制。[21]孔宝根提出,可以建立企业科技指导员制度,让教师入企担任企业科技指导员,帮助小微企业实现经济转型升级,同时开展学生生产性实习的方式,实现产教融合。[22]王辉研究发现,校企协作"项目群"有力地推进了美国社区学院系统"应用技术强化"进程,为其产教融合发展道路奠定了根基。校企协作"项目群"对我国现代高等职业教育体系建设也颇具借鉴意义。[23]

二、国外产教融合研究综述

国外关于产教融合的研究主要集中于产教融合的内涵和特征、影响因素、存在的问题和对策建议等方面。就产教结合的内涵和特征而言,Klingstrom 提出产教融合是一种将教育活动与社会生产活动紧密联系的人才培养模式,它具有工学结合、双向参与和服务社会的特点。[24] Whittle 和 Hutchinson 认为教育发展与社会发展之间存在教育与整个社会发展趋势相结合、职业学校与产业部门相依存、职业学校与学校自身发展相依赖等 3 个层面的关系,因此,产教融合的内涵应从教育与社会经济发展相协调、职业学校的办学体制和教学模式的"宏观—中观—微观"层次上进行挖掘。[25] Bruegge、Griddle 指出,产教结合会被市场经济影响,其主体呈现多元化的特征。[26][27]

国外学者对产教融合影响因素的研究存在较大差异。Santoro、Chakrabarti 和 Chang 研究发现,职业学校的自身条件是影响产教融合的主要因素。[28][29]学校的专业设置、师资水平、院校的执行力等都会影响学校对产教融合信息的捕捉和理解,进而影响产教融合的实施动力。Sigal、Waldman 和 Brodkey 认为,企业是影响产教融合的关键因素。企业的目的会影响企业与学校合作的意愿,一般以短期营利为目的的企业合作意愿不高,倘若学校与此类企业合作,很可能不利于学生的发展。[30][31] Lindelof 和 Lofsten 指出，尽管产教融合建立在职业学校与企业发展的需求上，但仍需国家对之进行干预，方能保证产教融合模式的有效运行。[32] Knudsen 认为，产教融合受学校自身、企业和政府三方面因素的共同影响。[33]

在产教融合存在的问题和对策上，Seddon 和 Billent 研究发现，一些企业由于不确定学生的专业水平能否符合要求，参与产教融合的积极性不高，应调动企业行业参与学校培养应用型人才的积极性，建立各行业的专门指导委员会，对社会岗位进行预测，并参与学校的专业设置与教学模式等重大问题的决策。[34] Muhammad 和 Ansari、John 和 Rupert 等研究发现，高职院校所开设的课程与企业要求不相符，导致学生在企业中需花大量时间进行磨合。[35][36] 高职院校与企业联合办学，有利于学校获取企业支持，根据企业要求调整专业设置和教学模式，提高人才培养质量。Yager 等和 Laine 等学者提出，学校应该根据自身的优势专业，创办与专业相应的产业，并依托校办产业，为教师和学生提供实验基地与实习岗位。[37][38]

三、温州职业技术学院产教融合研究综述

温州职业技术学院历来重视校企合作、产教融合。早在 2006 年学院因充分发挥温州民营企业机制灵活的优势，主动服务区域经济，与 8 个行业协会、300 多家民企开展全方位、多层次合作，创新并实践了“校企合作、工学结合”的人才培养模式，被《光明日报》誉为高等职业教育的“温州模式”。近年来，温州职业技术学院在产教融合的学术研究方面亦硕果累累。以温州职业技术学院为作者单位，以产教融合、产教一体、校企互动为关键词从 CNKI 检索显示，共计公开发表论文近 150 篇。本书选择其中具有代表性的成果，分别从产教融合主体一体化、产教融合功能一体化两个视角进行介绍。

产教融合主体一体化方面，王靖高书记在《产教深度融合的温州职业技术学院案例》中分享了温州职业技术学院“一核四翼”的“东、西、南、北、中”产教融合战略布局，积极推进政校行企一体化，深度嵌入国家战略和区域产业，不断吸引行业协会、知名企业和政府部门合作参与人才培养。方益权校长指出构建产教融合命运共同体是高职院校破解产教融合、校企合作现实困境的应然选择，并以温州职业技术学院打造产教融合校企命运共同体的实践探索取得良好成效为实证。[39] 谢志远认为，高职院校要在以产业变革为背景的高等教

育结构性改革中异军突起，必须推进校企一体化双元育人模式，依靠“新技术”培养“新人”，构建以新技术应用职业人才为技术资源的现代高等职业教育体系。[40]童卫军则从校企一体化办学体制角度认为混合所有制是职业院校创新体制机制，突破校企合作瓶颈的必由之路，并提出混合所有制办学改革可以通过“公办职业院校引入社会资本。社会力量举办的职业院校引入国有资本、不同资本合作投资新办职业院校”3 种方式实现。[41]

产教融合功能一体化方面，王志梅通过对新技术应用的创新创业教育概念、特征的阐述，以温州职业技术学院为个案，归纳总结基于新技术应用的创新创业教育的实践成效，并从专业教育融合、突出实践性诉求、构建协同机制 3 个方面对构建产学一体化人才培养高地提出思考与建议。[42]王向红结合学院立地式研发所取得的成效，提出了立地式研发的具体路径和驱动机制，积极推进产学研创一体化，以期解决高职院校产教融合、校企合作的深层次问题。[43]刘海明指出在深化产教融合的教育发展新阶段，应当着力构建教学、研发、产业服务于一体的协同育人体系，深入更高端的新技术应用与创新探索实践，主动对接区域经济发展，实现职业院校教育教学过程与行业企业生产过程的深度对接，形成融教育教学、生产劳动、素质陶冶、技能提升、科技研发、经营管理和社会服务于一体的纵深发展机制。[44]

参考文献

[1][7]杨善江.产教融合：产业深度转型下现代职业教育发展的必由之路[J].教育与职业，2014(33)：8-9.

[2][9]秦斌.产教融合是现代职业教育发展的重要方向[N].广西日报，2014-08-05(11).

[3]曹丹.从“校企合作”到“产教融合”——应用型本科高校推进产教融合的困惑与思考[J].天中学刊，2015，30(1)：134.

[4]陈友年.产教融合的内涵与实现途径[J].中国高校科技，2014(8)：40.

[5][10]王丹中.产教融合视阈下高职院校协同育人机制探索[J].中国高等教育，2014(21)：47.

[6][11][14]贺耀敏，丁建石.职业教育十大热点问题[M].北京：中国人民大学出版社，2015.

[8][19]罗汝珍.市场经济背景下高等职业教育融合机制研究[J].职业与教育,2014(21):8.

[12][15]贺星岳.基于现代职教体系的产教融合、校企一体化研究与实践——以浙江工贸职业技术学院为例[J].职业技术教育,2015,36(21):61.

[13]柳友荣.应用型本科院校产教融合模式及其影响因素[J].中国高教研究,2015(5):64.

[16][18]周劲松.区域职业教育产教结合的政策需求与机制创新[J].职业技术教育,2010,31(10):45-46.

[17]和震.建立现代职业教育治理体系推动产教融合制度创新[J].中国职业技术教育,2014(21):139-140.

[20]杨运鑫.职业教育产教深度融合机制创新研究[J].职业技术教育,2014,35(4):39.

[21]黄远飞.产教融合办学模式的制度创新与启示——基于广州技工院校现代产业系的考察[J].湖南农业大学学报(社会科学版),2014,16(23):90.

[22]孔宝根.企业科技指导员制度:深化职业教育产教融合的新路径[J].教育发展研究,2015,35(3):59.

[23]王辉.校企协作助推产教融合:美国社区学院校企协作"项目群"的兴起[J].高等教育研究,2015,36(3):102.

[24] Klingstrom A. Cooperation between Higher Education and Industry [M]. Uppsala:Uppasal Uniwersity Press,1987:47.

[25] Whittle J, Hutchinson J. Mismatches between Industry Practice and Teaching of Model-Driven Software Development [C]//International Conference on Model Driven Engineering Languages and Systems. Berlin,Heidelberg:Springer,2011:40-47.

[26]Bruegge B. Teaching an Industry-Oriented Software Engineering Course [J]. Lecture Notes in Computer Science,1992:65-87.

[27]William D. Griddle. Teaching Ret in the Financial and Investment Industry [J]. Journal of Rational-Emotive & Cognitive-Behavior Therapy, 1993(1):19-32.

[28]Santoro M D,Chakrabarti A K. Firm Size and Technology Centrality in Industry-University Interactions [J]. Research Policy, 2002, 31 (7): 1163-1180.

[29]Y. Austin Chang. Phase Diagram Calculations in Teaching,Research,and Industry. [J] Metallurgical and Materials Transactions, 2006 (37): 273-305.

[30]Segal D,Waldman D,Atwater L. Commercial Knowledge Transfers from Universities to Firms:Improving the Efectiveness of University-Industry Collaboration[J]. Journal of High Technology Management Research, 2003 (14):111-133.

[31] Brodkey A C. The Role of the Pharmaceutical Industry in Teaching Psychopharmacology: A Growing Problem [J]. Arademic Psychiatry, 2005 (29):222-229.

[32] Lindelof P, Lofsten H. Growth, Management and Financing of New Technology-Based Firms-Assessing Value-Added Contributions of Firms Located on and off Science Parks [J]. Omega,2002,30(3) : 143-154.

[33]Knudsen H. Higher Education in a Sustainable Society [M]. New York: Springer International Publishing,2015:14.

[34] Seddon T, Billent S. Forming Developing and Sustaining Social Partnership [J]. NCVER,2005:15.

[35]Muhammad Emad-ud-dinshahid,Javed Ansari. Innovations in E-learning [J]. Instruction Technology, Assessment, and Engineering Education [M]. Berlin:Springer Netherlands,2007:351-354.

[36]John F,Rupert M,Park M G. The Role of Partnerships Industry Skills and Training Pack [J]. Work Learning and Sustainable Development, 2009:279-293.

[37]Yager J,Silverman J J,Rapaport M H. Adapting to Decreased Industry Support of CME: Lifelong Education in an “Industry-Lite” World[J]. Academic Psychiatry,2011(2):101-105.

[38]Laine K, Leino M, Pulkkinen P. Open Innovation between Higher Education and Industry[J]. Journal of the Knowledge Economy,2015,6 (3):589-610.

[39]方益权.基于命运共同体的我国高职院校产教融合新探索[J].职教论坛,2020(1):128.

[40]谢志远.深化产教融合推动职业教育技术革命——高职院校新技术应用

人才发展战略思考[J]. 中国高教研究，2018(3)：103.
[41]童卫军. 发展混合所有制职业院校的问题对策与实现形式[J]. 高等工程教育研究，2018(5)：143.
[42]王志梅. 高职院校基于新技术应用的创新创业教育：理念、内涵与实践[J]. 高等工程教育研究，2018(5)：143.
[43]王向红. 立地式研发：高职院校产教深度融合的新途径[J]. 中国高教研究，2018(12)：98.
[44]刘海明. 高职教育人才转型的战略思考：推进产教融合，服务产业发展——兼谈高职院校"新技术应用"人才培养方略[J]. 高等工程教育研究，2018(2)：182.

第二章　温州职业技术学院代表作

高职院校治理现代化的核心要义、改革路向与实践探索①

王靖高

摘　要：推进高职院校治理现代化是新时代高职院校发展的重要议题。以坚持党的领导为根本保证、以立德树人为根本任务、以职业教育高质量发展为价值追求、以坚持职教类型特征为根本遵循、以推进高水平高职院校建设为内生动力是高职院校治理现代化的核心要义。遵循高职教育发展规律与类型特征，改革创新治理模式，应以"自治"为基本特征，强化法治思维的保障与约束，落实办学自主权；以"智治"为支撑，推进教育治理数字化转型；从"人治"到"法治"，从传统的"一元管理"走向"多元共治"，全面提升高职院校的治理能力，实现"善治"愿景，保障学校高水平建设和高质量发展。通过完善顶层布局创新、完善治理运行体系、凝练"共治"文化、推进数字化改革等举措，为高水平高职院校治理现代化建设提供动力。

关键词：高职院校；治理现代化；善治；法治；智治

---

①　基金项目：教育部人文社会科学研究基金项目"高职院校产教融合程度的评价与监测研究"（19YJA880016）。

作者简介：王靖高，温州职业技术学院党委书记。

党的十九届四中全会审议通过的《中共中央关于坚持和完善中国特色社会主义制度、推进国家治理体系和治理能力现代化若干重大问题的决定》，明确了我国推进国家治理体系和治理能力现代化的根本方向与基本思路。[1]在这一背景下，完善高职院校治理体系，提升治理能力成为新时代职业教育发展的重要内容。高水平高职院校要“健全内部治理体系，完善以章程为核心的现代职业学校制度体系，形成学校自主管理、自我约束的体制机制，推进治理能力现代化”[2]。如何推进高职院校从“管理”走向“治理”，进而实现治理现代化，已成为一项重要议题。

一、高职院校治理现代化的核心要义

高职院校治理现代化是国家治理现代化的重要构成，是一个动态的过程，其核心是治理体系的现代化与治理能力的现代化。新时期，高职院校治理现代化建设的使命就是要彰显职教类型特色，以建设高水平职业院校为抓手，紧紧抓住实现治理现代化的核心要义，培养高素质技术技能人才，服务高质量经济发展，真正实现国家政策导向与院校内生动力相结合，强化法治思维，推动制度优势向治理效能高效转化、自动转化、持续转化和全面转化，形成高职院校现代化治理新格局，全面提升高素质技术技能人才培养质量和服务高质量经济发展的能力。

（一）坚持党的领导是实现高职院校治理现代化的根本保证

习近平总书记在全国教育大会上指出：“加强党对教育工作的全面领导，是办好教育的根本保证。”[3]改革开放以来，党对高校的领导不断加强，高校发展取得的明显成效。从高职院校的治理实践来看，坚持党的领导是高职院校治理现代化的根本价值取向，应将提升党的领导能力作为高职院校治理的战略重点，发挥党委的统领作用，确保学校发展不偏离社会主义办学方向，将党的领导贯穿于高职院校治校办学的全过程和各方面，通过党委领导的校长负责制把握学校发展的大局，协调高职院校的内部治理结构，科学决策并充分发挥党组织战斗堡垒作用，实现高职院校治理民主化、法治化，为学校治理现代化的依法稳步推进提供坚实保障。

(二)落实立德树人是高职院校治理现代化的根本任务

“培养什么人,怎样培养人”是教育的根本问题和永恒主题。[4]2018 年习近平总书记在北京大学与师生座谈时指出:“要把立德树人作为检验学校一切工作的根本标准,把立德树人内化到大学建设和管理的各领域、各方面和各环节,做到以树人为核心,以立德为根本。”[5]高职院校应肩负起为党育人、为国育才的使命,紧紧围绕立德树人这一根本任务开展治校办学。只有将立德树人作为学校治理改革的根本出发点,将其融入学校理念、办学目标、人才培养、课堂教学、学校管理等各体系中,形成全员、全程、全方位的“三全育人”格局,才能培养出具有社会使命感和坚定理想信念的时代新人,展现高职院校的时代育人价值。

(三)凸显职业教育类型特征是推进高职院校治理现代化的根本遵循

《国家职业教育改革实施方案》明确指出,职业教育与普通教育是两种不同的教育类型,具有同等重要地位。这意味着职业教育有自身独特的发展规律,具有普通教育不可替代的类型特征。作为具有独特类型特征的社会活动领域,职业教育的自身属性和典型特征决定着其治理模式的选择与调整。职业教育兼具职业和教育双重属性,其办学格局是政府、学校、企业、行业多元协同,功能定位是满足经济发展需求与个性发展双重需求,人才培养目标是高素质劳动者和技术技能人才。高职院校治理需要具有一套独立形态的治理体系,遵循这一双重属性特征,在遵循职业教育发展规律的基础上,形成多元共治的治理结构,推动人才链、教育链、创新链与产业链四链融通,走出高职院校治理的创新路径。

(四)实现高质量发展是高职院校治理现代化的价值追求

党的十九大指出:“我国经济已由高速增长阶段转向高质量发展阶段。”[6]经济发展的转型升级对教育发展提出了新的要求,需要构建高质量的教育体系。《国家职业教育改革实施方案》要求推进高等职业教育高质量发展,由追求规模扩张向提高质量转变。教育部等 9 部门出台的《职业教育提质培优行动计划(2020—2023 年)》提出:“办好公平有质量、类型特色突出的职业教育,提质培优、增值赋能、以质图强,加快推进职业教育现代化。”[7]新时期,职业教育进入高质量发展阶段，职业教育治理任务也面临着新的要求。职业教育发展需要提高教育要素的内在质量和运行效率，从外延式发展转向内涵式发展，需要健全高水平人才培养体系，服务人的全面发展。加强职业院校治理体系建设，提升高职院校治理能力，是新时代推动职业教育高质量发展的迫切需求和价值追求，也是高职院校实现从外延发展到内涵发展跨越的必经之路。

（五）推进“双高”学校建设是高职院校治理现代化的内生动力

为建设一批引领改革、支撑发展、中国特色、世界水平的高等职业学校和骨干专业（群），国家于 2019 年启动了“双高计划”。“双高计划”指明了新时期高职院校治理现代化的方向与路径，为高职院校的创新性治理实践提供了良好的制度环境。高职院校治理体系与治理能力对创建中国特色高水平高职学校具有决定性影响[8]，加快“双高”学校建设成为各高职院校推进治理现代化的内在动力。高职院校建设成为“双高”学校要坚持以高质量发展为价值追求，在现代职业教育治理理念指导下开展科学治理改革实践，形成深厚、持续的内生动力，不断创新发展。对标“双高”学校建设，全面推进高职院校治理现代化，探索独具职教和学校特色的高职院校治理现代化路径，提升人才培养效能，是高水平高职学校建设的重要任务，也是职业教育高质量发展的关键环节。

二、高职院校治理现代化的改革路向

牢牢把握高职院校治理现代化的核心要义，遵循高职教育发展规律与类型特征，改革创新治理模式是推进高职院校治理现代化的必然选择。基于大学治理的自治、共治、善治、智治四维度，以“自治”为基本特征，以“智治”为支撑，从“人治”到“法治”，从传统的“一元管理”走向“多元共治”，从“政府主导与行政管控”到“学校自主办学”，全面提高高职院校的治理能力，提升治理效能，实现高职院校治理现代化的“善治”愿景。

（一）自治：强化法治思维的保障与约束，落实办学自主权

现代大学制度的核心是大学需要在政府的宏观领导下，面向社会依法自主办学，实行民主管理。[9] 现代大学的发展既受外部，特别是政府与市场的影

响,又要保持一定的独立性与自主性。国家深化“放管服”改革和“最多跑一次”改革,推进“管办评”分离,就是为使大学与政府之间的边界更清晰,保障大学作为一个自治机构的办学自主权,推动实现大学的民主管理。高职院校作为独立的法人主体,切实落实办学自主权,推进高校自治,是建设现代大学制度、提高办学水平和质量的重要内容。

强化法治思维的保障与约束,使高等学校的办学自主权成为社会公权力的组成部分,国家监督、大学自主与师生权利形成良性互动。作为特殊治理主体,高职院校治理需要遵循高校的组织特性、职业教育的规律,尊重学术自治传统。[10]但高职院校的自治并不意味着权力的绝对自由,而是需要在合理的制度下规范运行,需要处理好政府、高校、市场之间的三角互动关系,使高职院校的内部力量与政府和市场的外部影响保持平衡。政府依法管理并提供政策以及办学资源支持,但不干涉学校具体办学行为与学术决策;学校面向社会、面向市场依法自主办学,依据市场需求确立办学定位与发展目标;社会各界通过依法参与和监督评价对学校治理发挥影响,进而实现高职院校治理民主化、法治化,为高职院校自治的有效运行提供保障和监督。随着高职院校办学自主权逐步加大,其办学的主体地位越来越彰显,这也是我国职业教育治理现代化进程中的重要趋势。

中国高校的发展必须体现国家的政策意图,只有切实把国家政策要求和大学发展实际结合起来,才能更好地推进现代大学制度的建设。[11]在中国的国情下,以国家层面的政策主导推动高校治理现代化是符合高校发展实际、必要且有效的。但是,过度的政策导向将会导致学校治理的路径依赖,形成政策思维,高校自身建设现代大学制度的动力明显不足。因此,在强化法治思维的基础上,更要激发高职院校自治的内生动力。

(二)共治:促进多元主体参与,优化治理结构

治理是各种公共的机构或私人管理其共同事务的诸多方式的总和。它是为了使相互冲突的或不同的利益得以调和而采取联合行动的持续过程。强调治理过程中的多元主体参与、协同共治是现代治理的基本理念。共同治理既是国际高等教育治理的发展趋势,也是我国建立“党委领导、校长负责、教授治学、民主管理、社会参与”这一治理结构的反映和要求。[12]对于职业教育而言,其治理体系现代化的目标就是从传统的行政管理走向协商式的多元共治。

职业教育的跨界本质与现代治理的内在要求决定了职业教育治理主体的多元性。在当今职业教育的治理实践中，政府、职业学校以及行业企业是直接参与的治理主体。而在多元主体中，行业企业占有重要地位，这也是职业教育区别于普通教育治理的重要特征。而治理主体和治理模式的多元化必然导致治理机制的复合化，从传统的、一元的行政管理走向多元共治，意味着职业教育治理机制的范式变革，即形成由政府、市场和职业院校三大主体共同构成的治理机制。职业教育治理体制现代化的主要目标是建立政府、行业、企业、学校、社会等多元主体共同参与的治理结构。因此，优化高职院校治理结构是推进高职院校治理改革的关键部分。高职院校治理结构不完善，其根本在于各利益相关群体参与程度不高和保障共治的制度缺失、低效、无效[13]，整体优化不足。现代化制度体系的建设是高职院校实现共治的必然要求，职业教育的发展需要形成多元共治、合作共赢、跨界互补的治理结构，在合理的制度框架内，分配职业教育利益相关方参与职业教育共同治理的权利和机会，通过博弈实现各种权利、价值和利益之间的平衡[14]，优化多元主体治理结构，改变传统的单治理模式，逐渐转向新型的政府、市场主体和高职院校三维框架下的多主体共同治理模式。

（三）善治：秉持正确的价值导向，实现治理的理想图景

"善治"是一种良好的或理想的社会治理状态或图景，是使公共利益最大化的社会管理过程，其本质特征是政府与公民对公共事务的合作管理，是政府与市场、社会的一种新型关系。从社会发展的角度来看，文明、民主、自由、法治是人类共同的价值追求，"善治"建立在这些价值理念的基础上，具有参与性、以协商一致为导向、负责、透明、反应迅速、有效和高效、公平和包容各方，并遵循法治的特点[15]，它是治理的最高境界和理想状态。欧盟委员会针对"善治"归结了 13 项原则，包括公平参与与公平选举、响应性、高效性、开放性与透明性、依法而治、遵循道德规范、胜任力与能力、创新性与适应性、可持续性与长期导向性、完善的财务管理、人权、文化多样性与社会凝聚力、问责。[16]欧盟的"善治"更强调"民主"，是一种基于"民主"精神的社会治理。具体到教育领域中，"善治"是我国推进高等教育治理体系和治理能力现代化的理想追求，是实现我国职业教育治理现代化的"基础性"工程[17]，是高职院校治理的最终目标。高职院校的"善治"体现了高等职业教育治理的基本价值准则。具体而

言,高职院校在治理中,应在多元与协作的公共理性指引下,给予不同利益相关治理主体平等的参与机会,公开决策过程,明确不同利益的多元治理主体间的权责,保证决策执行高效且具有良好的治理效果,用完善的法律法规体系予以保障,用完善的问责制度予以制衡。政府、学校、社会通过协作治理达成一种理想的治理状态,共同推进互利共赢,实现以"共治"求"善治",走上一条"善治"之道。高职院校对于"善治"的价值追求为高职院校治理体系和治理能力现代化提供了发展和完善的鲜明指向。

(四)智治:融入现代技术手段,推进教育治理数字化转型

从经济发展的角度来看,当今正处于产业变革、云物大智的时代,治理也要跟上时代的变化,充分依托并深度应用现代科技,全面推进智慧治理。[18] 近年来,新智能技术迅猛发展,为学校信息化建设营造了最佳环境,为高职院校治理现代化提供了技术保障。随着我国职业教育治理体系和治理能力现代化的推进,智慧治理将成为高职院校治理的必然形态。"智慧治理"不仅仅是一个单纯的技术性概念,即通过信息和通信技术使治理各主体得以更好地沟通、互动和协作,表现为一种技术治理,同时也是一种思维方式,一种包括效率、民主、回应、公平、开放、协同、合作等价值和理念的选择。推进高职院校治理现代化,应加强"互联网+治理",实现数据共享、资源整合、优化配置,构建决策科学、执行顺畅、监督有力的智慧治理格局,推进教育治理数字化转型,开创高校治理现代化新局面。

三、推进高职院校治理现代化的实践探索

作为国家高水平高职学校建设单位,温州职业技术学院积极探索高职院校质量治理体系和治理现代化建设,突出强调制度化建设对高职人才培养质量的关键作用。以制度建设为先导,以机制运行为动力,以治理效能为核心,形成了一整套理念、运行、评价、激励和约束的循环机制,赋能高素质技术技能人才培养,为高水平高职学校治理现代化建设提供了参考和借鉴。

(一)完善顶层布局创新,保障高职院校"自治"发展

坚持以章程为核心,以"善治"为目标,构建党委领导下的民主、法制、高效

的现代大学"自治"体系。对外基于"管办评"分离，形成"政府宏观引导、市场适度调节、社会广泛参与、学校依法办学"的新型外部治理体系；对内建立有效率的行政系统，厘清党委、校长、教师、学生、社会等各方利益主体权利关系，形成"党委领导、校长负责、教授治学、民主管理、社会参与"的顶层运行机制，克服过度行政化倾向，使静态的治理结构转化为可见的治理效能，促进高职院校科学、民主和高效治理，保障高职院校"自治"发展。

一是坚持和完善党委领导下的校长负责制，进一步完善学校决策管理机制，修订完善各项决策议事制度及程序，推进学校依法决策、科学决策与民主决策。二是推进教授治学机制，完善以学术委员会、专业建设委员会、教材委员会等各类专门委员会为主体的学术权利体系，优化学术管理体制机制、制度和规范，通过各类委员会建设保障教授对学校相关工作的决策、审议和咨询。三是推进以教职工代表大会为主体的民主监督体系建设，形成学校自主管理、自我约束的体制机制，通过加强教代会、学代会、群团组织建设，确保师生参与学校治理的渠道畅通，鼓励支持党外人士为学校改革发展建言献策，形成学校民主治理的良好局面。四是完善社会参与机制，推进理事会、咨询会、校友会建设，推进职教联盟建设，吸收各办学利益主体参与学校的建设、发展、管理和监督，拓宽社会参与和支持学校办学的方式与途径，与政校行企联办校区或平台基地，实现政校行企共建、共治、共享。[19]

(二)完善治理运行制度体系，形成高职院校"善治"格局

制度安排是实现学校"善治"的根本保障，"法治"是"善治"的重要基础。对良法善治的追求以及对法治的敬畏，应成为破除高等教育治理"政策思维"的前提。[20]为此，高职院校应以章程为核心构建完善的制度体系，将学校活动纳入法治轨道，确保学校的各项工作都有法可依、有章可循。

1.构建人财物动态管理体系，完善基层"神经末梢"治理

开展规范性文件清理、校园形态整理、人财物规范管理"三清三理"工作，健全制度体系的"四梁八柱"。围绕重点工作、重点专业和重点人群构建起人财物动态管理体系，提升人才管理的匹配性、财务管理的针对性、资源管理的有效性，完善基层"神经末梢"的治理。在人才管理上，建立政校行企联动引才聚才机制，完善师资分层分类培养体系；提升人力资源管理与学校改革发展匹

配性,深化教师考核、职称评审、薪酬改革等多元化绩效评价体系。在财务管理上,实现财务业务化、预算项目化、管理精细化,完善预算编制机制、预算管理体制,建立健全项目编制的规范体系,实现预算绩效化,提升经费使用效率。在资源管理上,围绕重点工作、重点专业建立校内资源配置机制,推进资产管理改革和资产管理标准体系建设,健全动态、开放的资产共享共用平台,以学校资产经营公司强化社会服务功能,完善国有资产评价考核机制,提高闲置资产利用率,发挥资产功效。

2. 构建多维育人机制,形成校本治理框架

对一个组织而言,善治的价值理性在于追求管理效率。[21]高职院校治理的诸多要素结构之间是否有效运行是衡量高水平高职学校的主要标志。高职院校治理体系的高效运行则直接展现出高职院校良好的治理能力。[22]高职院校要根据学校的职能建立相应的机制运行子系统,形成由多个有机体组成的校本治理框架,紧密结合职业教育的类型特征和办学实践,建立健全高职院校专业建设、产教融合、科技研发、人才培养等各方面育人机制,打造富有执行力的操作系统,使高职院校治理逐渐从"机制"走向"善治"。一是建立专业绩效考核与动态调整运行机制。实行招生—就业—培养联动改革,建立契合区域产业需求导向的专业动态调整运行机制;以学校内部的专业建设整改办法为抓手,实现校内专业及时自我诊断与评估,通过外部的高职高专院校教学工作及业绩考核对专业建设的质量进行全方位的评价;依托教学建设与研究成果计分及奖励办法,对各级各类标志性成果进行高额奖励,对综合工作业绩优秀的专业在资金上予以重点扶持、重点倾斜;依据专业建设工作业绩考核及专业动态调整办法,停招、兼并或者转型不合格专业。二是建立以产业为引领,完善产教融合、校企合作"全链式"人才培养机制。构建新型政校关系,以当地招生和就业为主要指标激发地方政府支持高素质技术技能人才培养的投入,形成嵌入产业集聚区的分布式办学格局;建立以产业需求和人才培养为指引,"教师、专业、系(院)、学校""四位一体"联动运行机制;建立项目、资金核心绩效指标双评价的产教融合评价机制;校企共建产业学院、专业、实训基地、科研平台,推进形成校企命运共同体和产学研用创一体化综合体。

(三)形成“共治”文化,提升高职院校治理能力

在高职院校治理的各个环节中,文化以独特的方式在场,表征为价值观、理念与体制机制等技术因素的组合。[23]高职院校治理现代化过程不可避免地被植入文化基因。职业教育就有跨界属性,多元利益相关治理主体有不同的利益诉求,在建构高职院校治理结构的同时,必须尊重多元利益主体的互相博弈与协商,凝聚形成高职院校“共治”文化。“共治”文化是由内部制度环境与外部政校行企共治环境相互作用形成的价值定位与行为选择,并转化为各利益相关治理主体对高职院校治理结构的认同感和归属感。在多元、复杂、动态的内外部环境中,高职院校首先要明确共治理念,并将共治理念转化为完善的制度体系,再用制度来为行动提供稳定的框架,进而上升为一种以信任和利益为基础的组织文化。当外在有形的制度内化为内在无形的认同时,制度自觉上升为治理自觉,制度获得了持久的活力,制度优势便能够自动转化为治理效能,形成“共治”文化。一方面,要秉承德技并修育人理念,坚持德智体美劳五育并举,促成人的全面发展,培育适应经济社会发展的新时代工匠人才,构建“以人为本”的治理文化;另一方面,要将技术技能的创新与应用作为高职院校治理的基本指向,构建技术创新的价值文化,使改革创新的精神和工匠文化成为学校师生员工的价值追求。高职院校治理与社会发展需求紧密结合,树立教育链、人才链与产业链、创新链有机衔接的理念,促进多元利益主体协同共治,让高职院校治理体系成为凝心聚力的纽带,创建平等、理性、自由、宽容的共建共治共享氛围,构建服务民生的价值文化。

(四)推进数字化改革,推进高职院校智慧治理

高职院校的信息化水平是衡量其治理水平和现代化程度的重要标尺。[24]信息化是高职院校治理现代化的必经之路,应积极推动高职院校治理数字化改革,加速推动高职教育信息化的转型升级,使信息技术真正成为人才培养、科研创新、便民服务的有力抓手,并用信息化推动学校信息化发展理念创新、基础设施应用创新、教育教学模式创新、管理服务体系创新。首先,以机制体制建设为载体,构建决策科学、执行顺畅、监督有力的智慧治理格局。依托智慧校园框架构建学校教育信息化良性运行机制;对标高校智慧校园建设评价指标体系,以信息化项目绩效评估机制为驱动,建立学校智慧校园建设评价指

标体系;建立部门与教职工个人激励机制,制定信息化应用激励政策,开展定期评估,对未达到预期实施效果的系统进行整改。其次,以完善网络基础设施、打造智慧教学环境、深耕数字化教学资源、规划并集成应用服务、建设大数据协同中心、深化“最多跑一次”改革6个方面建设为载体,推进学校信息化工作有效开展,打造集智慧学习、高效率管理、个性化与精准化治理、安全稳定运行于一体的校园智慧治理体系。

参考文献

[1]唐智彬,方颖军.论当前高职院校内部治理现代化的现实路径[J].职教论坛,2020(2):24-30.

[2]教育部、财政部关于实施中国特色高水平高职学校和专业建设计划的意见[EB/OL].(2019-04-02)[2021-08-20]. http://www.moe.gov.cn/srcsite/A07/moe_737/s3876_qt/201904/t20190402_376471.html.

[3]习近平.坚持中国特色社会主义教育发展道路 培养德智体美劳全面发展的社会主义建设者和接班人[DB/OL].人民网-人民日报,2018-09-11.

[4]北京市习近平新时代中国特色社会主义思想研究中心.深入落实立德树人根本任务[N].光明日报,2018-08-21.

[5]姜沛民.把立德树人内化到大学建设各环节[N].人民日报,2018-08-02.

[6]习近平.决胜全面建成小康社会 夺取新时代中国特色社会主义伟大胜利——在中国共产党第十九次全国代表大会上的报告[N].人民日报,2017-10-28.

[7]教育部等九部门关于印发职业教育三年行动计划(2020—2023年)的通知[EB/OL].(2020-09-23)[2021-08-20]. http://www.moe.gov.cn/srcsite/A07/zcs_zhgg/202009/t20200929_492299.html.

[8]梁克东.“双高计划”背景下高职院校治理现代化的理性思考及实践路径[J].中国职业技术教育,2020(1):26-30.

[9]袁贵仁.建立现代大学制度推进高教改革和发展[J].中国高等教育,2000(3):21-23.

[10]崔炳辉.整体性治理视域下高职院校治理体系研究[J].江苏高教,2016(3):148-151.

[11]张德祥.1949 年以来中国大学治理的历史变迁——基于政策变革的思考[J].中国高教研究,2016(2):29-36.

[12]李立国.什么是好的大学治理:治理的“实然”与“应然”分析[J].华东师范大学学报(教育科学版),2019(5):1-16.

[13]查吉德.推动院校治理现代化适应职业教育发展新常态[J].中国职业技术教育,2015(15):5-9.

[14]陶军明,庞学光.职业教育治理:从单维管理到多元共治[J].中国职业教育,2016(21):18-24.

[15][17]孙翠香.我国高职院校的“善治”:一种理想治理图景的构想[J].教育与职业,2020(11):19-26.

[16]Council of Europe. 12 Principles of Good Demo. cratic Governance[EB/OL]. (2008-03-26)[2021-08-20]. https://rm. coe. int/12-principles-of-gover. nance-poster-a2/1680787986.

[18]透视国外大学治理经验发展中国特色大学治理体系——访中国人民大学教育学院副院长李立国[J].世界教育信息,2019(3):42-47.

[19]刘来兵,侯睿琪.聚焦国家职教战略服务地区人才需求——访温州职业技术学院校长方益权[J].世界教育信息,2020(11):8-14.

[20]姚荣.从政策思维走向法治思维:我国高等教育治理现代化的核心要义[J].重庆高教研究,2019(5):49-60.

[21]周建松,陈正江.高职院校治理体系现代化:理论意蕴与实现机制[J].现代教育管理,2016(7):6-12.

[22]蔡好荻.治理创新:构建以标准为基础的制度体系[J].江西师范大学学报(哲学社会科学版),2018(5):33-39.

[23]蓝洁,唐锡海.高职院校治理文化的阐释与建构[J].职教论坛,2018(5):6-12.

[24]王悠,金璐.高职院校治理体系现代化的实现路径[J].温州职业技术学院学报,2018(6):32-36.

围绕"一个中心、两个基点"推进学校高质量发展

王靖高

推进温州职业技术学院高质量发展,是学校"十四五"规划的重要内容。高质量发展的关键是发挥职业教育的三大功能,其核心是"一个中心、两个基点"。

一、"一个中心、两个基点"的基本内涵

"一个中心、两个基点"与职业教育的三大功能可以形成映射关系。

"一个中心"是发挥职业教育的政治功能,加强党的建设,坚持立德树人,以政治建设为中心,深刻把握"两个确立",自觉践行"两个维护",这是学校党建工作的核心。

"两个基点"是在共同富裕背景下,发挥职业教育的经济功能和社会功能,进一步巩固党的执政基础,为"一个中心"服务。第一个基点是发挥职业教育的经济功能,即通过专业对接产业,增强职业教育适应性,发挥职业教育适应、支撑及引领区域产业发展的功能,通过服务区域产业发展"做大蛋糕",助力共同富裕。学校一方面要适度引领传统产业的转型升级,另一方面要积极适应、主动对接战略性新兴产业,抢占产业先机和专业建设的制高点。第二个基点是发挥职业教育的社会功能,通过内生对接外溢,发挥职业教育为社会"托底"的功能。在共同富裕的背景下,面对区域城乡发展不平衡的现实情况,学校应围绕温州区域产业发展,主动服务乡村振兴;通过"扩中提低",缩小城乡差距;开展对口支援,实现共同发展。

二、坚持"一个中心、两个基点",适应时代发展需求

近年来,以习近平同志为核心的党中央把职业教育摆在推动高质量发展、深化教育改革的突出位置,重视程度之高前所未有,改革力度之大前所未有。

作为温州高职院校的领头雁，温州职业技术学院要聚焦“一个中心、两个基点”，发挥职业教育的三大功能，扩展职业教育服务国家、服务社会、服务民生的大视野，为共同富裕贡献力量，这是职业教育应有的高度和境界。

一是巩固执政基础的需要。职业教育是面向人人、面向全社会的终身教育，是促进人的全面发展、社会全面进步的重要途径，能够为每个社会成员在不同的发展阶段提供相应的教育服务。不仅能让每个人都享有接受教育的机会，而且能让每个人都有人生出彩的机会，帮助劳动者体面地就业和有尊严地改善工作与生活，从而更好地维护社会稳定，进一步巩固党执政的社会基础。

二是经济转型发展的需要。职业教育与经济社会发展联系最紧密、最直接。服务发展、促进就业的办学方向，决定了职业教育必须以市场需求为导向，紧盯企业需求，紧盯市场信号，市场和就业需求发生变化，职业教育的专业设置和教学方式就应及时调整。当前，我国经济已由高速增长阶段转向高质量发展阶段，要求职业教育破除传统项目驱动、资金驱动发展的路径依赖，转向创新驱动发展，积极培育新的增长点，形成发展新动力。

三是共同富裕建设的需要。共同富裕是以高质量发展为支撑，以缩小地区差距、城乡差距、收入差距为标志的社会变革。职业教育因培养目标具有职业定向性、教育教学具有实践性、服务面向具有区域性、毕业学生具有多证性的多元特征，在共同富裕示范区的建设过程中起到了基础性的作用，能够为区域高质量发展提供多数量和高质量的人力资源支撑，缩小发展差距，推动共同富裕的实现。

三、聚焦“一个中心、两个基点”，彰显职教服务功能

（一）落实党建引领发展，发挥职教政治功能

学校要牢记为党育人、为国育才的使命，加强党对教育工作的全面领导，全面贯彻党的教育方针，坚持社会主义办学方向，落实立德树人根本任务，发挥职教的政治功能，为实现中华民族伟大复兴中国梦提供坚强支撑。主要做好三方面工作。

一是心怀“国之大者”，提高政治站位。把学习贯彻习近平新时代中国特色社会主义思想作为首要政治任务，进一步领悟“两个确立”的决定性意义，始

终在政治立场、政治方向、政治原则、政治道路上同以习近平同志为核心的党中央保持高度一致。全力做好迎接党的二十大胜利召开和学习宣传贯彻,开展迎接、学习、宣传党的二十大专项行动,汇聚形成温职院广大干部师生喜迎党的二十大的浓厚氛围。巩固拓展教育系统党史学习教育成果,推动建立常态化长效化制度机制,深入推进党的历史和创新理论进教材、进课堂、进头脑,深化“四史”教育。

二是坚持育人本位,深化思政建设。推进习近平新时代中国特色社会主义思想进教材进课堂进头脑,发挥思政课铸魂育人主渠道作用。加强学生“四养教育”,完善三全育人体系,积极建设全国三全育人典型学校。全面加强和改进学生心理健康教育工作,把对学生的人文关怀和心理疏导贯穿于思想政治工作全过程、各环节,全面培育学生的积极心理品质。

三是全面从严治党,优化政治生态。持之以恒坚持全面从严治党的主基调,压实管党治校政治责任。深化巡视整改工作,健全巡视整改长效机制,持续巩固深化整改成果。严明政治纪律和政治规矩,严格监督执纪问责,加强对违纪违法案件的查处和通报曝光力度,强化教育警示作用。严格落实中央八项规定及其实施细则精神,大力纠治“四风”,推动形成全面从严治党的氛围,不断优化学校的育人环境。

(二)落实专业对接产业,发挥职教经济功能

经济发展是共同富裕的前提。通过对接区域特色优势产业链,切实服务区域经济发展,这是职业教育发挥经济功能、服务共同富裕的关键。“十四五”时期,以高端化、数字化、智能化、绿色化制造为标志的新一轮科技革命和产业变革正在发生,外部环境倒逼高职院校调整专业布局,完善招生—培养—就业联动机制,推进专业建设动态调整,不断提升教学科研能力,切实增强技术技能人才培养适应性。

一是增设专业要适应新兴产业发展。学校要充分调研区域产业布局、发展现状和未来趋势,瞄准高端产业和产业高端,以专业自我革命实现从适应到支撑再到引领区域产业发展的逐步升级。新增设对口专业要立足现有的专业基础和优势特色,切实服务新能源、新材料、数字经济等战略性新兴产业中的龙头企业需求。暂时无法设置的对口专业,可以依托产业链的中游、下游,设置基础性专业,培育辅助型人才。比如,很多综合性地方职业院校没有核能产

业专业基础，但是核电作为产业链中游环节，下游有相对应的供电环节，院校完全可以依托智能电网技术等相关专业，先跟上新能源产业动态，再逐渐摸索，尝试开办与核电产业核心技术相关的专业，向产业链中上游稳步前进。

二是现有专业要引领传统产业转型升级。高职院校现有专业要腾笼换鸟，积极创新人才培养模式，改革课程体系设置，在工艺技术上向机械化转变，在理念上向现代化转变，向行业最新理念看齐。二级学院要积极作为，畅通内外循环，以中高职衔接、乡村振兴、混合所有制等为重点打造特色优势专业，打破学校"内卷"困境，努力成为区域产业人才的"蓄水池"、资源的聚集地和产业的"加油站"。轻工设计类专业要从满足基本需求到高端定制，再到开发满足健康需求的功能性产品转型，服务产业理念迭代升级的过程。现代服务类专业要积极寻找突破点，向数字化、智能化方向转型升级。

（三）落实内生对接外溢，发挥职教社会功能

当前，地区、城乡、收入"三大差距"问题仍然是实现共同富裕的"拦路虎"。职业教育作为社会公共服务体系不可或缺的部分，在促进个体能力获得和全面发展，大规模培养社会所需人才，推动社会流动，优化社会结构等方面发挥重要作用。高职院校需积极承担历史使命，发挥"托底"的社会功能，加快创新探索，服务共同富裕的高质量实现。

一是积极服务乡村振兴战略缩小城乡差距。围绕乡村振兴战略，利用高职院校的企业综合服务平台、技能培训基地、社区学院等载体，建构有效的政府、企业、农村社区、培训机构之间的合作机制，按照"缺什么补什么"的原则，借助企业平台以"线上＋线下"服务模式，精准对接市场需求，有针对性地开展农村劳动力培训。把农村劳动者培养成高素质的劳动人才/力量，努力将人力资源转化为经济资源，最大限度地释放人口红利，为乡村振兴贡献力量。针对农村居民开展电商技能培训，拓宽农产品销售渠道，提高农村居民收入，缩小城乡差距。

二是实施职业技能提升行动缩小收入差距。重点提升农村转移劳动力、转业军人、残疾人、失业人员、待业人员等社会中低收入群体的技能水平和获得高薪能力。改革入学方式，通过注册入学、延长学制、学习线上为主、线下为辅、技能与课程学分互认、学分积累兑换学历证书等社区教育全生命周期方式，突破教学空间，扩大招生规模和培训能力。简化入学方式，退役军人凭退

役军人证和高中毕业证书或同等学力证书,可以直接注册入学。职工和农民工可以凭高中毕业证书或同等学力证书,经测试合格,可安排入学。

三是助推西部职教发展缩小区域差距。致力于对口支援工作,切实把实施教育部"对口支援西部地区高等学校计划"落到实处。深化与重庆、新疆等地结对扶贫院校的合作,深入调研对口单位的发展基础,精准把脉,探寻受援方的最大资源禀赋和发展需求。在人才培养、师资建设、学科建设、科研开发、实训建设、学生就业支持、管理干部挂职锻炼、信息互换等方面开展广泛合作和精准对接。通过加强东西部高职教育的合作交流与对口支援,共同促进高职教育质量的提高和办学条件的改善,助推东中西职业教育的协调发展。

产教深度融合的温州职业技术学院案例[①]

王靖高

职业教育集团化办学说来不是新鲜事儿。截至目前，全国已成立各种类型的职教集团1400余个，但具体到每一个地区，每一个职教集团，以至于加入的每一个单位，都会呈现鲜明的区域特征和与众不同的新鲜事儿。温州职业技术学院，作为国家示范性高职院校、浙江省重点高职院校，长期扎根浙南大地，围绕产教融合、校企合作的职业教育办学需求，逐一将政校协同、校企合作、校际联动、中高职衔接等点对点的线状合作模式进行整合，织线成网，牵头组建了浙南职业教育集团。

一、呼应各方需求，职教集团应运而生

温州及浙南地区，作为浙江经济发展的“铁三角”支撑，已形成低压电器、泵阀、汽摩配、服装、制鞋等五大支柱产业和十大新兴产业。经济快速发展的新常态带来机遇无限，然而，温州也遇到了因长期处在价值链下游、研发支撑不足、“节能减排”压力增大等问题，导致对高质量的职业教育和技术技能人才的需求，相比于历史任何时刻都显得更加渴求。“职教集团以服务经济建设为宗旨，主动适应区域产业发展的需要，充分发挥群体优势和组合效应，深化产教融合、校企合作，开展高素质技术技能人才的多层次培养，提升教育教学质量，实现产业链与教育链之间的优势互补。”(《浙南职教集团章程》)促进浙南地区扩大职业教育规模、提高人才培养质量，浙南职教集团应运而生。

(一)统筹社会资源，多元主体协同发展

作为职教集团牵头单位的温职院，近年来紧随区域产业经济发展，不断深化产教融合、校企合作。学校以正在建设的温州智能制造公共实训与服务中

---

① 本文曾发表于2019年1月21日“中国职业技术教育”微信公众号。

心为圆心，形成以“东、西、南、北、中”五大基地协同，政、校、行、企、研联手推进的新格局。

东面，与温州市经信局联办温州市企业综合服务平台，服务企业10万余家；

南面，与瑞安市政府联办瑞安学院，与瑞安市经济开发区共建智能制造产教融合联盟，目前在校生2000余人；

西面，与瓯海区政府联办温州设计学院，打造浙南地区集合最优秀设计人才、最时尚设计作品、最先进设计技术、最新潮设计资讯的“四大集市”；

北面，创建文创基地，打造温州城市文化地标。

以产教融合为主线的“东、西、南、北、中”格局，使温职院不断吸引行业协会、知名企业和政府部门合作参与，集团化发展水到渠成。

（二）强化机制建设，多链交错共同发展

职教集团成立后，根据成员不同，将着力在各自优势领域进行机制建设。包括推动“创新政行企校协同育人机制”“建立专业建设标准动态调整机制”“建立技术技能人才供求信息发布制度”等10项职能任务。例如，在“创新政行企校协同育人机制”中，推广“引校进企”“引企进校”合作模式，广泛开展“委托培养”“定向培养”“订单培养”“现代学徒制”“混合所有制”等形式多样的联合办学；在“建立专业建设标准动态调整机制”中，集团成员单位将定期对区域支柱产业相关岗位人才的培养目标、技术技能培养方案及学生学习评价体系进行研究修订，开发相关专业中职、高职、本科衔接的专业教学标准和专业核心课程标准、系列化教材等，逐步在集团院校体系内实现人才培养质量标准的统一。逐步形成职教集团内生源链、产业链、师资链、信息链、成果转化链、就业链等多链畅通，促进各成员单位优势互补，共同提高服务能力，助推区域经济发展。

（三）巨头加盟，多项“首个”吸引眼球

在浙南职教集团成立大会上，“凤凰数字媒体教育”和“阿里云”的加入引起与会人员的关注。作为华语媒体中最有影响力的媒体之一，凤凰卫视旗下教育品牌的参与，充分说明了职教集团的吸引力。

数字创意产业是知识智力密集型产业，自国务院发布《“十三五”国家战略性新兴产业发展规划》后，温州市发布《数字经济五年倍增实施方案》，召开“2018中国（温州）网络文学IP全产业链发展大会”，为温州数字创意产业的发

展吹响了冲锋号。温职院积极响应，主动对接凤凰数字媒体教育，最终与凤凰数字媒体教育签署战略合作协议，实施数字创意产教融合战略，打造创新型数字创意产教融合示范基地、凤凰创意媒体学院，共同推进区域数字创意产业的发展，成为全国唯一一所与凤凰教育合作的高职院校。

另一家企业更受关注——阿里云计算有限公司。作为阿里巴巴集团旗下云计算品牌，全球卓越的云计算技术和服务提供商，阿里云也与温职院签订了包括建立阿里云大学温州职业技术学院认证中心在内的若干协议，面向浙南地区开展阿里云云学院 ACA 方向培训与认证，以及开展阿里云 ACP 培训与认证等。温职院成了首批牵手阿里云开展深度合作的高职院校。

二、依托职教集团，产教深度融合的温职案例

职业教育，如何融入经济发展过程，担当服务产业升级、支撑科技进步的使命？职业院校，如何依托地方产业，实施深度产教融合？温州职业技术学院发挥国家示范高职院校的引领作用，始终坚持服务区域经济社会发展、促进学生就业的办学方向，在产教融合、校企合作方面，依托行业纽带和区域产业基础，将学院原有的技术应用中心、工程中心、协同创新中心、实训中心、大师工作室和研发平台等机构进行整合，建立产学研创综合平台，形成了对接产业需求、产教深度融合的“双向互动”新模式。

三、与区域发展“双向互动”，创新服务发展的平台

对接省市重大发展战略，服务地方产业需求，省市战略延伸到哪里，平台建设就推进到哪里。学院主动对接省市重大发展战略，建设产学研创综合平台。落户省级特色小镇——瓯海时尚智造小镇的“时尚产品设计与研发中心”“浙南轻工装备智能技术协同创新中心”“温州智能制造孵化器”，吸引了地方政府、行业企业主动找上门合作。2012 年建立的浙江省轻工机械技术创新服务平台，是浙江省首个落户高职院校的省级重点科技创新服务平台。该平台为温州出口量最大的鞋企——巨一集团开发了皮料全自动激光雕刻装备，实现了皮料的柔性力学牵引、精确数字定位、快速激光雕刻，应用于该企业多条年产值超亿元的生产线上，产生了巨大的经济效益。截至目前，平台已服务企

业250余家,提供技术服务210余项,帮助企业创办研发中心14个,科技到款额2900万元,取得经济效益、社会效益双丰收的优秀成绩。

与大型企业共建企业研究院,服务规模企业。学院与大型企业共建省级企业研究院(中心)12家,尤其是主动服务温州五大支柱产业之一的鞋革服装行业,与康奈集团共建了“浙江省康奈鞋类技术研究院”、与起步儿童用品有限公司共建了“浙江省起步儿童鞋服技术研究院”等。这两个研究院已为企业开发省级创新产品40余项、省市区级项目20余项,相关技术的产业化应用均取得了国家专利,新产品新技术项目每年为企业增加产值超2000万元。

与中小微企业共建产学研基地,服务民营企业。温州中小微企业多,它们尤其需要科技创新和技术革新,但又“养不起、做不了”研发中心。针对这种情况,学院与中小微企业共建了研发中心、产学研合作基地20家。例如,学院通信技术应用研发平台与浙江腾腾电气有限公司共建企业研发中心,为企业开发出基于“互联网+”的智能路灯节能系统,已经投入生产。

四、与人才培养“双向互动”,创新学生成长的平台

依托产学研创平台,建立国家级众创空间。学院以技术研创大楼为载体,独立运营温州产业科技众创空间,入驻大楼的每个产学研创平台至少对接一个大学生创业团队,以智能化、信息化、时尚创意等新技术应用项目为重点,成立了68家创新创业工作室。以研创大楼为依托建立的国家级示范众创空间“温州产业科技众创空间”成功孵化出具有成长性的新技术应用型创业企业14家。另外有39家企业,年营业额达3600余万元,创业团队授权专利80项,师生共同授权22项。2016年6月,学院举办了创业项目资本对接会,4个路演项目与企业成功对接,投资总额达2700万元。

依托产学研创平台,升级实践教学体系。学院在原有“实训+科研”的基础上,把从原来的“做中学”“学中做”“探中学”向“做中创”“探中创”延伸,把技术研发与学生专业实训、创新创业有机整合在一个平台内,将创新素质的养成贯穿于学生的知识学习和技能训练全过程,不仅培养学生实践动手能力,而且培养学生创新创业创造能力。东南电子股份有限公司主动委托学院浙南轻工装备智能技术协同创新中心开发产品检测与包装作业流水线,投入研发经费36万元,研发成果经使用半年后验收通过,机器替人效果明显。二期又投入64万元经费,以更高性能要求委托学院开发第二代流水线。

依托产学研创平台，创新育人模式。学院探索了“师研生随、师导生创、师生共创”培养模式，培养学生新技术应用的创新创业能力。在这一模式下，教师和学生都属于创始人，都可以分享创业红利，激发和引导更多学生参与创新创业。“师研生随”，即教师以科研项目带动学生参与研发，保证了至少84%的毕业生能在校企高水平教师的指导下完成毕业设计，并参与一定的应用研究与技术服务项目，提高了毕业生的创新能力和可持续发展能力。“师导生创”，即学生为主体，教师给予技术指导。“师生共创”，即师生共同成立公司，学院免费提供场地、设备，扶持学生注册公司，学生任法人代表，教师以技术入股。

五、与教师培养“双向互动”，创新教师发展平台

依托产学研创平台，提升“双师”能力。学院通过激励教师参加研发机构建设、开展技术服务与成果推广等，提升教师研发能力和教学水平。学院出台研发机构管理办法，院级以上机构负责人行政上享受副主任待遇，每个机构给予相应办公经费和津贴；对横向课题给予到款额10%的奖励，将自主转化科技成果经费的90%奖励给成果完成人；建“立地式”研发机构服务区域经济社会发展的评价指标体系。

依托产学研创平台，提升新技术应用能力。学院从与新技术相关的培训开始，瞄准市场方向逐步积累新技术教学经验，锻炼师资队伍；通过建设新技术科研平台，积累雄厚的教学资源。依托新技术应用平台培养教师的新技术应用能力，通过“发明专利、专利转让与论文等同，横向课题与纵向课题等同，行业技术难题与项目等同”等鼓励政策，鼓励平台开展新技术对传统产业转型升级的技术攻关。学院百名专任教师获技术专利（技术发明）项目数量全省排名第一，主持科研课题人均经费全省排名第二。

依托产学研创平台，提升行业影响力。通过建设产学研创平台，引导教师积极为行业、企业提供应用技术服务，切实提升了温职院教师与行业企业对话的“高度”和“宽度”。产学研创平台负责人均加入相关行业协会，并出任行业协会、商会的会长或副会长等重要职务，成为行业领域内的专家，还主持了“国家家具制图标准”、工业和信息化部“无触点感应式交流稳压器”以及温州制鞋、模具、低压电器等七大行业标准的制定，确立了院校在行业中的话语权地位。

依托产学研创平台，温职院从产业跟随、产业合作到产业领跑，全面推进产教深度融合，在全国产生了良好的辐射影响。

关于完善我国产教融合制度建设的思考①

方益权　闫　静

摘　要:深化产教融合,是推动教育优先发展、人才引领发展、产业创新发展、经济高质量发展相互贯通、相互协同、相互促进的战略性举措。笔者分析了作为产教融合制度重要组成的各地相关规范性文件,认为当前产教融合规范性文件的数量增长很大程度上可以归结为一种"自我复制与自我维持"的过程,并未很好地激发与时俱进的制度创新并发挥应有的制度效应,并有针对性地提出了相应的解决方案。

关键词:产教融合;规范性文件;制度;内卷化

一、我国产教融合制度建设的现状梳理

2014年《国务院关于加快发展现代职业教育的决定》首次在国家层面提出"产教融合"的概念。为进一步深化教育领域改革,该决定提出深化产教融合、校企合作,并将"产教融合、特色办学"作为加快发展现代职业教育的基本原则。此前,与产教融合相关的内容在我国规范性文件中的表述多为"校企合作"。产教融合概念的提出,标志着我国产教关系进入转型期,由单一的政府主导下学校与企业双方"合约制"的模式转型为学校、企业、行业、政府、其他社会组织等多方共同参与、深层次融合的"协作制",学校与企业之间不再只是单纯的合作契约关系,更是协同育人、培养高素质人才的协作共赢关系;政府也不再只是校企合作的"牵头人",而是为产教融合的长效发展提供制度保障、资

① 基金项目:全国教育科学规划课题国家一般项目"我国职业教育产教融合立法研究"(BJA190092)。

作者简介:方益权,温州职业技术学院校长、教授,法学博士;闫静,温州大学法学院硕士研究生。

金支持、社会服务的重要推动主体，在产教融合中发挥至关重要的作用。2017年国务院办公厅印发《关于深化产教融合的若干意见》（以下简称《意见》），深化产教融合从职教政策提升为国家战略，成为国家教育改革和人力资源开发的整体制度安排，肩负打通教育链、人才链与产业链、创新链的重要使命，进而在新技术革命下促进高等教育和职业教育形态变革，产教融合发展迈入新阶段。

作为产教融合制度构成的相关规范性文件，从法律效力层级、内容与结构、颁布实施时间等方面，可以进行如下梳理：

（1）法律效力层级分析。截至2021年4月1日，我国产教融合有关规范性文件共171部，其中包括行政法规1部、部门规章4部、行业规定2部，地方规范性文件55部，地方工作文件109部。

（2）文本结构与内容分析。各省级政府相关规范性文件中，大部分文件的整体框架基本与《意见》保持一致，在明确基本原则与指导思想后，分别从7～8个重点方向指明本区域产教融合的总体布局和战略任务。各市级政府的产教融合实施方案则相对更为细化具体，在遵循国家和省级政府产教融合发展战略部署的基础上，结合本地人才需求方向与经济社会发展需求，从工作任务、主要目标、政策搭建、保障措施等维度进行一定的制度设计，以体现对国家层面和省级层面相关规范性文件的贯彻落实。

（3）生效时间分析。2018年是相关规范性文件颁布出台的峰值年份，全国各省市政府制定出台相关文件87部；2019年次之，为68部。从时间节点上不难看出，2018年产教融合相关法律制度数量增长迅猛的主要原因在于2017年末国务院印发了《意见》，各省在学习吸收后相继制定出台省级产教融合实施意见。安徽、河北两省政府反应迅速，分别在《意见》出台2个月和4个月后出台了本省的产教融合实施意见，其他省级政府多集中于2018年下半年和2019年上半年完成制度制定工作，省级政府对国务院的制度落实周期在11个月左右，这也符合省级政府落实国家制度的普遍时间规律。

二、现有产教融合制度存在的主要问题

在《意见》出台后，各省市制定出台大量的相关规范性文件，在一定程度上丰富、发展和细化了《意见》的内容，从国家层面到省级层面再到市级层面构建

了纵向立体的制度体系,对于构建完善的产教融合制度体系具有重要意义。但是,当前产教融合规范性文件的数量增长在很大程度上仍可归结为一种“自我复制与自我维持”的过程,并未很好地激发与时俱进的制度创新并发挥应有的制度效应——在各省市的一些产教融合规范性文件中,产教融合相关目标逐渐偏移,功能趋于定式化,日趋呈现出一种制度固化的倾向,主要表现为:相关规范性文件在数量上呈现出的增长趋势并未实际带来制度体系的同步完善,产教融合的制度价值并未获得同步扩张,产教深度融合在一定程度上受制于其制度的“内卷化”倾向而发展缓慢。

结合产教融合相关规范性文件的文本分析,笔者认为,当前产教融合制度呈现“内卷化”倾向的基本特征主要表现为立法滞后性、制度功能定式化、制度内容复杂化和精致化等方面。

(一)产教融合立法呈现滞后性

当前,产教融合制度体系构建存在的突出问题在于法律范畴内(法律、法规、规章)立法性质文件的滞后性,以及市级政府相关规范性文件制定落实的滞后性。

一方面,国家至今并未出台《产教融合促进法》或《产教融合促进条例》等全面系统地对产教融合进行制度设计的法律法规,致使产教融合战略在国家和省市政策方面虽然得以确立,但缺乏系统的法律制度设计和基于立法的法律确认、法律保障、法律推进和法律监督。

另一方面,通过对上述产教融合相关规范性文件制定出台的时间节点分析,可以发现,在《意见》出台后,20 余个省级政府反应迅速,大部分在一年的周期内完成了本地相关实施意见的制度设计,这体现出省级政府贯彻落实国家政策的及时性。但市级政府相关规范性文件制定出台的主动性明显滞后,致使国家政策在基层贯彻落实方面出现某种断层,具体表现在以下方面。

1.相关规范性文件空白

就市级政府现行有效的产教融合规范性文件来看,共有 74 个市级政府制定推行了相关地方规范性文件或地方工作文件,具体落实省级政府关于下级政府要结合本地实际制定具体实施细则的要求,其中,2017 年之后全国市级政府制定推行的相关地方规范性文件或地方工作文件共有 11 部。其余市级政府尚未作出相应的制度反馈与落实，未制定出台相关地方规范性文件或地方工作文件。

2.相关规范性文件更新迭代不及时

从文本数量上观察，现存20部市级地方规范性文件是在《意见》出台前就已颁发的，且至今仍未根据该《意见》作出更新修改或重新制定。[1]从内容上看，这些制度文本的指导思想、基本原则等具有基础性、决定性意义的内容与《意见》存在较大偏差，部分文件重点突出地方政府在产教融合中的作用，将其定义为产教融合设计者、管理者和决策者，与现阶段推行的“强化行业、企业主体重要功能”的整体发展方向亦不相符。从发布时间上看，这些尚未修订的市级规范性文件已不符合本地产教融合整体推进和综合治理的现实需求，与本地经济、社会、教育的统筹规划不相适应。从文件内容上分析，在现存制度中参与主体之间连接方式单一，合作形式与工作方法陈旧，没有深度挖掘产教融合背后的利益结合点，对各方的吸引力普遍不高，致使产教多元主体关系松散，无法真正开展深入合作。

(二)产教融合制度呈现功能定势

产教融合制度的功能定势效应可以理解为各相关主体在过去的校企合作中形成了固有的合作模式、工作方法与职能定位，在国家进一步推进产教融合创新发展时，这些固有的合作模式、工作方法与职能定位并未实现与时俱进。这已成为困囿其制度体系构建与完善的重要缘由，具体表现在以下方面。

1.推进产教融合的责任主体分工并不明晰

一些省级政府制定的相关规范性文件在对产教融合进行制度设计时，只是将所有可能涉及的相关负责主体进行罗列，一并概括其中，并未确定牵头单位，缺少对各负责主体相应工作任务和职责的科学梳理和细化分工，也未构建切实有效的省级政府部门之间、省级政府部门和市级政府之间的协作机制。这一缺陷势必导致各主体间出现权力交叉、职能空白的情况，但在相关制度中又无法找寻或推理出实际的责任主体，进而致使相关工作难以实际开展并取得成效。政府内部关于产教融合的责任分工尚且如此，遑论更为复杂的政府、学校、企业、行业和相关组织之间的责任分工，在各地的地方规范性文件中，也大多未作出明晰区分。

2.推进产教融合的责任主体并不统一

《意见》规定,各省级政府要结合本地实际制定具体实施办法,并在附件中明确了重点任务分工及相应的责任单位。通过横向对比不同省、市相关规范性文件可以发现,不同地区的相同职能部门参与产教融合的程度、同一产教融合工作任务所对应的责任主体都存在较大差异。如,较为少数的省级政府制定的相关规范性文件中,推进产教融合发展的各个维度均有市级政府的参与,可见其对于市级政府的作用发挥寄予更大期待;而更多的省级政府制定的相关规范性文件中,则较少规定市级政府的任务分工,更多依托于行业的主导性和企业的自主性。

3.推进产教融合的区域性特色并不明显

《意见》提出,要统筹规划产教融合与区域发展的需求。因此,各地应在充分吸收国家产教融合相关制度基础上,结合本地经济社会发展现状,根据本地实际需求,进行制度层面的自我完善与优化设计。分析各地相关规范性文件的内容可以看到,只有较少的省级政府将本地发展特色需求较为鲜明地纳入当地相关规范性文件之中,其余一些省份相关规范性文件中产教融合区域特色发展的机制性与层次性不够强,更多的是倡导、建议性的内容,缺少产教融合制度在各地贯彻落实的区域制度创新。

(三)产教融合制度内容趋于繁杂化、精致化

从文本内容上分析,各省级政府制定的相关规范性文件与《意见》重复度较高,各市级政府制定的相关规范性文件与《意见》和所在省级政府制定的相关规范性文件的重复度较高,并在此基础上都做了不同程度的细化规定;各地现行有效的相关地方规范性文件与当地原有的关于产教融合的地方规范性文件或地方工作文件的重复度较高,大多沿袭先前的体系结构关系和举措以维系和推进产教融合制度的内部发展,而不是借助推进法律制度体制的完善来改善和提升产教融合外部发展的整体方向和效率。这样,各地大量制定关于产教融合的地方规范性文件,其结果仅仅是产教融合规范性文件的数量在不断增长,但对产教深度融合的制度创新和完善并未起到实质性的推进作用,从

市级政府制定的地方规范性文件中能够更加清晰地看出这一效率递减的特征。

ROSTCM 6 词频分析处理器词汇重叠分析结果显示，各省级政府之间、各省级政府与各市级政府之间、各市级政府之间关于产教融合的地方规范性文件的重复率平均在 40%，文本表述的趋同性比较明显，并且文字表述越来越繁杂化和精致化，具体表现在以下方面。

1.关于激励方式的表述重复度高

大部分省市提出采用“土地＋税收＋金融＋信用”的激励方式并使用近乎相同的语言表达方式，并未根据各地产教融合利益相关者的实际需求对激励方式进行更为创新的表述，特别是缺乏对各种激励方式具体操作方法的明确规定，各参与主体并不明确其参与产教融合所能获得的激励内容及其幅度，因而不能起到很好的激励作用。此外，也有一些相关规范性文件中鼓励施行股份制、混合所有制等办学模式，意图加强企业在学校治理中的参与度，但并未对具体流程如何推进、校企之间的权利义务责任如何区分、如何强化监管等诸多具有重要意义的内容作出规定，致使这些办学模式在各地至今仍未得到有效推进。

2.未明确战略目标与阶段性目标

仅有 1/4 左右的省市将较为具体的产教融合战略目标和阶段性目标纳入当地的相关地方规范性文件之中，其余省市制定的相关规范性文件中并未指明本地推进产教融合的预期目标及其实现的路线图、时间表，而多以产教融合未来发展的最终预期的笼统表述作为其战略目标与阶段性目标。

3.关于方式方法、校企合作途径等的表述重复度高

其中，关于校企共建实训基地、顶岗实习、“双师型”教师培养培训模式等机制并非根源于各地已有实践经验基础上的归纳总结提升，更多源自对国内外产教融合经验的移植甚或“复制”，很难看出对原有产教融合制度的深刻反思与完善创新，更多是将侧重点放在对原有制度的结构调整和文字修饰方面。

4.多使用鼓励性、引导性用语

词频分析处理抓取分析结果显示，相关地方规范性文件中，“支持”“鼓励”

“推进”“引导”等鼓励性、引导性用语出现的频率非常高,“必须”“责任”“处罚”等更具约束性、强制性的用语出现极少,大多缺乏可量化、可考核的目标任务。

三、产教融合制度建设存在缺憾的原因分析

经过对产教融合相关地方规范性文件的梳理与分析,结合各省市的相关实践调研,笔者认为,致使产教融合制度呈现出“自我复制与自我维持”现象的成因是多方面的,主要是由于产教融合法律法规的缺失、产教融合规范性文件中主体权责混淆以及不同区域产教融合发展不均衡不充分等。

(一)产教融合法律法规的缺失

产教融合从法律制度安排到政策实施,体现了从国务院到省级、市级地方政府推动教育优先发展、产教深度融合的决心和促进教育链、人才链、产业链和创新链同举并进的“四位一体”教育体制改革方针。[2]从法律制度角度分析,产教融合在全国层面有序开展的内在制度逻辑应当是:首先,在国家层面设定产教融合发展的总体方向与战略布局,立足于我国现有产教融合、校企合作实践经验,统筹规划未来产教融合的整体走向与目标效应,力求发挥各相关领域的主观能动性,调适人才与市场、学生与企业的供需关系,以服务于我国社会主义现代化建设的需要。其次,省市政府从本地经济社会发展实际和需求出发,制定既符合国家产教融合整体发展方向和原则要求,又具有区域特色发展需求的实施意见。各地产教融合规范性文件的实际作用与目的在于细化国家层面的法律制度及政策安排,为本地产教融合事务的有序开展提供有力抓手。但在我国现行有效的产教融合相关制度中,具有最高法定效力的是国务院发布实施的《意见》,属于国务院规范性文件,是一种“国家性的政令”,至今未有国家层面的《产教融合促进法》或《产教融合促进条例》等法律法规出台,致使我国产教融合制度体系的完善进程受到延滞,制约了产教深度融合、校企高水平合作。并且,法律法规层面的缺失,进一步影响了省级、市级相关产教融合政策的制定和落地。由于没有法律法规的约束,仅以规范性文件作为指导,产教融合制度即使在省级层面得到积极响应,但在市级层面却难以顺利推进,也很难达到预期成效——相当一部分市级政府至今仍未制定推进产教融合的地方规范性文件;即使已制定实施市级规范性文件,就其实施方案和具体内容而

言，大多是对中央、省级政府指导性文件的简单复制与内容移植，仅就发展方向提供一些宏观层面的设计和构想，并未更进一步明确实施的保障制度、监督评价制度、奖惩责任制度等，这也从一个侧面反映出一些地方政府对产教融合缺乏应有的认识，对如何推进产教融合缺乏行之有效的举措。

可以说，法律法规的缺位，是造成我国产教融合制度呈现出“自我复制与自我维持”现象的根源性因素。

（二）产教融合主体权责不清

1. 省、市政府部门的权力与职责

《意见》就产教融合的工作任务和主要内容，按照职能部门的权责确定了责任单位。该制度落实到省、市一级时，省、市政府及其职能部门应当对制度做进一步细化，对本地产教融合的目标予以设定，对下属行政区域及其职能部门的分工加以明确，使各参与主体明晰自己的地位与作用，以便更迅速、精准地做出与其责任相对应的决策与行动。如前所述，基于产教融合制度所呈现出的功能定势，地方规范性文件中各政府职能部门的责任分工并不明确，权力职能较为笼统、具体实施细则欠缺，也缺乏相应制度层面的有力保障和有效约束，难以真正有序高效地推动工作，更多的是遵循原有的职能分工和制度惯性行使职权，在一定程度上造成了相关省市在推进产教融合制度建设方面的自我固化局面。

2. 学校的权利与义务

学校作为产教融合的重要主体，其重要地位、权利义务理应在相关制度中予以明确。然而，现有产教融合规范性文件中，学校的权利基本限于获得产教融合资金支持等方面的笼统表述；而义务则主要集中在地方政府关于产教融合的顶层设计架构下，结合各校自身发展需求和企业需求，制定相关办学制度和培养方案，保护师生合法权益等原则性规定——尚未发现对参与产教融合时校方权利义务作出明确具体规定的规范性文件。因此，学校在地方政府借用“公共利益”建构的产教融合政策话语体系中处于虚置状态，导致产教融合理论中的“权力—教育—资本—市场”空间逻辑畸形，学校在产教融合中的主体地位被削弱、权利义务被弱化，学校与企业的主体结构失衡，从而出现“校冷

企热”的现象；如果学校强化其在产教融合中的主体地位和权益保护，产教融合则会呈现“校热企冷”的现象。现有地方规范性文件都提出，把鼓励企业以独资、合资、合作等方式参与学校治理作为强化产教融合深度的重要举措。但对学校办学自主权如何保障、企业参与学校治理的权责如何区分、企业参与学校治理的结果和责任由谁监管等问题却缺乏法律制度予以明晰、规范和指引。

3.行业协会和企业的权利与责任

由于行业协会在产教融合中的主体地位并未在现有的产教融合规范性文件中在制度层面上得以明确，其在参与产教融合时仍存在主体定位不清的突出问题，如协会以何种身份参与产教融合、协会可采取何种方式指导和推进产教融合、协会参与产教融合的权责界限等问题均难以确定，进而导致其自身平台优势与信息资源优势无法得以发挥。并且，各地的产教融合相关规范性文件中都规定，政府应当引导当地行业骨干企业发挥引领带头作用，却未对其作用发挥设置具体的奖励与激励机制，其作用发挥在很大程度上成为空谈；相关地方规范性文件中也都未涉及企业参与产教融合的责任制度，未能将企业参与产教融合的社会义务转化为法律责任，致使大量企业缺乏参与产教融合的积极性与主动性，也没有参与产教融合的法定责任压力。

因此，主体权责不明，是造成我国产教融合制度呈现出“自我复制与自我维持”现象的内源性因素。

（三）不同区域产教融合发展不均衡

在产教融合领域，区域发展不均衡所带来的影响非常明显。人口数量、老龄化程度、社会经济结构等因素在很大程度上决定了区域产教融合的水平。在东部、中部这些经济较发达、人口较多的区域，地方政府与社会公众更加重视教育优先发展，希冀通过教育提高本地区的社会竞争力；同时，因其特大型企业、大型企业和科技型企业较多，企业转型升级发展压力较大，对通过产教融合进行科技开发和人才培养等的需求更为迫切，其产教融合的程度更深、范围更广，相关制度和机制更加完善。在其他地区，产教融合发展则更容易被忽视。

一般地，区域发展不均衡所致的区域产教融合发展不均衡问题，应当体现在各地产教融合相关规范性文件中——不同区域，产教融合发展也应因地制宜，应设定不同的产教融合发展目标、推进举措、主体责任等。即使区域产教融合发展的基础不均衡，也应在各地产教融合相关规范性文件的指引和推动下，不断提升当地的产教融合水平，促进教育链、人才链与产业链、创新链有机衔接，推进人力资源供给侧结构性改革，这有利于提高当地的教育质量、扩大就业创业、推进经济转型升级、培育经济发展新动能。然而，各地产教融合规范性文件的制度差异化不足、政策特色化缺失的现象比较突出。其重要原因在于当地政府在制定产教融合地方规范性文件时，未能全面综合地考量本地的产教融合基础和需求，片面移植了国家层面产教融合规范性文件的指导思想、原则、目标、工作任务和主要举措等，忽视了对制度的创新过程。

可见，不同区域产教融合发展不均衡，是造成我国产教融合制度呈现出“自我复制与自我维持”现象的外源性因素。

四、完善产教融合制度建设的意见建议

一项社会制度从建立之初到逐渐契合社会期待，是不断适应外部反馈与调整内部架构的过程，这一过程必然导致制度内部逐渐精致化、繁杂化，难免会出现“内卷化”倾向，产教融合制度亦如此。如何矫正产教融合制度的发展方向并保障体制功能的正常导向，防止制度僵化以回应不同主体的利益诉求，是制度制定者与制度实践者需要共同面对的课题。舒缓产教融合制度所呈现出的“自我复制与自我维持”现象，是一个动态发展的过程，不同时代背景、社会背景，可能导致制度参与主体做出不同的趋利性选择，从而决定和左右了本区域制度的实践成果。因此，当前舒缓产教融合制度所呈现出的“自我复制与自我维持”现象的首要任务，是努力在既有产教融合制度体系内实现内部平衡与外部衔接，主要举措有以下几种。

（一）完善顶层设计，发挥法制优势

完善制度顶层设计是舒缓产教融合制度所呈现出的“自我复制与自我维持”现象的迫切需求和制胜一招。应当考虑从国家法律层面和省市规范性文件层面双管齐下，保障其从顶层设计到具体落实的制度体系完整性和有效性。

1. 应尽快制定实施《产教融合促进法》

产教融合涉及政府、行业、企业、学校等多方主体的利益博弈,且需要财政、税收、信用、土地、保险等多方面的组合激励和推动,没有法律的刚性约束和坚实保障,无法充分调动相关主体参与合作工作的积极性。因此,当前首要任务是结合我国国情和产教融合现状,针对不同发展阶段中存在的突出问题、关注重心做出立法回应,尽快制定实施《产教融合促进法》,反映广大参与主体的集体意志、共同利益,取得主体一起遵守的法律效力,以便主体在产教融合领域有章可循。[3] 此外,在《产教融合促进法》中应当对主要举措、保障制度、监督评价机制、法律责任及奖惩制度等进行明确,确保产教融合发展有法可依,这也是对我国教育法律体系建设的重要完善。

2. 各省、市政府应制定实施更为科学的产教融合规范性文件

在省级层面,应全面综合地考量省域经济社会发展状况、产教融合基础和需求等因素,因地制宜、因时制宜,坚持问题导向、目标导向、需求导向和实效导向,制定实施更为科学的产教融合规范性文件,条件成熟的还可以制定实施关于产教融合的地方性法规,以具有区域特色的产教融合制度创新应对不同区域产教融合发展不均衡问题,特别是要着力落实在产教融合方面的省级监督权。在市级层面,由于区域发展不均衡现象在各市域依然存在,各市级政府应结合市域产教融合发展的实际情况,在法治框架内积极探索具有原创性、差异化的实施细则,推进产教深度融合的具体措施,切实打通产教融合制度落地的"最后一公里",为产教融合的制度创新和实践发展激发动力、提高张力、增强活力。各市级政府应从本地区产教融合的目标、任务、举措、分工等各维度进行细化落实,制定能够质性评价和量化考核的评价指标体系,完善保障机制和监督机制,为产教融合发展指明具体的可行路径和行动策略,并由省级政府对其实施监督,确保市级政府推动产教融合发展的工作效能。

(二)明确权责分工,激发主体动能

在产教融合制度中明确政府、学校、行业协会和企业在产教融合发展中的权力与职责、权利与义务是产教融合工作有序推进的内在需求,也是舒缓产教融合制度所呈现出的"自我复制与自我维持"现象的必要前提。各参与主体在

相关产教融合制度中明确自身的地位、作用以及权责分工等，能够保证其更加积极、主动地依职权开展活动，使产教融合共同体间实现效益最大化。

1.政府职能与责任划分

政府作为国家社会利益的“掌舵者”，在深化产教融合上，担负着统筹与协调者、规划与引导者、支持与推动者、评估与监督者、宣传与促进者等角色[4]，尤其是要建立发展改革、教育、人力资源社会保障、财政、工业和信息化等部门密切配合，有关行业主管部门、国有资产监督管理部门积极参与的工作协调机制，统筹运用税收、土地、信息、财政、信用、保险等保障手段，以切实支持和推动产教融合发展，尤其要以多种方式拓宽企业参与产教融合的途径、深化“引企入教”改革、鼓励开展生产性实习实训、强化企业职工在岗教育培训等。这就要求在产教融合制度中明确不同政府部门的具体分工，要解决好既能填补职能空白、又能规避权力交叉等权责问题。对于单一部门负责的事项，要明确具体责任；对于多部门协同负责才能发挥效能的事项，要明确牵头负责部门和相关部门的权责，使牵头负责部门能切实发挥好“牵头负责”的作用，避免出现“牵头部门不知道如何牵”“牵头部门小马拉不动大车”“联而不动”等问题。

2.学校权利义务的范围界定

学校作为重要主体，在推进产教融合发展中的权利和义务应当予以明确。就学校权利而言，一是要适度扩大学校的办学自主权并予以法律保障，破除学校参与产教融合的制度瓶颈。如学校引入行业企业、科研院所、社会组织等参与办学，在理事会制度下学校办学自主权的保护问题；学校面向企业的创新需求，校企共建混合所有制性质的研发机构所涉及的设施设备、技术、科技成果等的权属和权责问题；学校的创新成果向产业技术转化，所涉及的职务科技成果、国有资产性质界定和转化权责问题；学校以购买服务方式获取企业教育资源或与企业共建共享教育资源，所涉及的具有特殊性的采购项目、采购方式、采购程序问题等。二是要明确学校在产教融合过程中如何获得相关政府资源和政府部门的协同推进。如学校获得各部门支持配合的权利如何转化为各部门法律上的义务，以确保产教融合发展的工作效率与实效性问题；产教融合资金如何实现专项化及其取得、申领、使用问题；学校推进混合所有制办学、建设混合所有制研发机构、校企合作共建共享教育资源等，政府部门如何给予指导、保障和推进问题等。

就学校义务而言,一是学校深度推进产教融合以增强职业教育适应性的义务。这是学校在国家产教融合法治框架内,必须突破观念桎梏,大胆创新,以主体身份努力推进产教供需对接、资源转化、价值交换和利益共享,推进产教资源、平台与机制等要素系统化,推进教育链、人才链与产业链、创新链的贯通融会,着力推动教育与产业协同发展,为构建职业教育和产业、职业教育与区域经济统筹融合的发展格局发挥重要作用。二是学校在深度推进产教融合中,必须对如何保持自身独立性作出回应。产教融合高度关注人才培养供给侧和产业需求侧在结构、质量、水平上的适应性。但由于教育具有自身独特的发展规律和能动性,在着力构建教育和产业统筹融合发展格局的情况下,如何保有教育自身的规定性,保持学校的公共性、公益性和教育性等法律地位,是学校在产教融合中必须认真予以思考和回答的重要问题。三是学校在深度推进产教融合时,如何保护学校、学生和教师的合法权益,以及如何为师生权益损害提供及时有效的救济问题。

3.行业协会和企业的权利与责任承担

行业协会作为整个行业的"代言人",在掌握市场动态、行业发展趋势等方面具有天然的优越性。为强化其在产教融合中的地位与作用,行业协会应制定出台符合本行业发展要求的行业标准,规范企业在行业发展中的各项行为,建立社会与行业、行业与学校之间的紧密联系,在政府指导下制定有针对性的产教融合方面的协会内部自律公约和奖惩机制,构建行业内部企业之间、行业或企业与学校之间的矛盾纠纷调处机制,督促骨干企业在产教融合中发挥示范带头作用,并立足于产教融合信息化平台的搭建,更加精准地预测行业人才需求和科技需求,切实完善以需求为导向的人才培养机制和科技研发机制,根据相关制度规定履行职责,增强自身参与产教融合的主体意识,强化指导作用与地位。[5]

企业应发挥在产教融合中的重要主体作用。各大中小型企业要根据自身的能力和需求,做好人力资源规划,积极参与学校人才培养方案的制定与实施、教材开发、教学设计、教学资源建设、课程设置、实训基地建设、考核评价等人才培养的全过程,实现教学标准与产业标准、课程及教学内容与职业资格标准、教学过程与职业岗位劳动生产过程、学历教育与职业资格证书培训的全面对接,提高学校与企业在人力资源供需方面产教结合的紧密度。企业要结合自身科技发展规划和学校科技供给能力,做好科技研发规划,推进校企合作共建产业发展联盟、企业研究院、研发中心，实现校企之间在研发资源和研发成果上的共建共享；企业可以通过“企业出题、学校接题、教师析题、师生破题”的创新模式，以学校教师、企业工程师、学生创新创业团队“三位一体”的项目化方式，向高校购买定向研发、定向转化、定向服务的科技研发成果；企业可以通过校企合作进行科技成果转移转化平台建设与功能拓展，建立区域产业知识产权联盟，搭建开放性的成果转移转化信息管理平台，成立区域产业技术转化研究院等成果转移转化中心，促进创新链和产业链精准对接，跟踪科研成果从样品到产品再到商品的全链条转化过程，进一步提升校企之间科技研发与服务的整体“增益效能”。

（三）创新区域特色，统筹当地发展

各地产教融合相关制度应体现区域发展特色，即体现地域性需求。设定区域产教发展特色内涵是舒缓产教融合制度所呈现出的“自我复制与自我维持”现象的外在需求。以《意见》为基础，各地方政府应积极构建具有区域特色的地方产教融合制度体制。各地在生态资源禀赋和经济社会发展水平等方面的差异，造成了各地相关制度中关于产教融合的主要目标、任务阶段、工作手段以及内容举措等也应有一定差异。应当明确，这种差异在产教融合中并非需要填补的差距，既没有拉平差距的必要，也没有拉平差距的可能性——解决区域间产教融合差异的最佳方式便是区域产教融合制度要立足于地方发展基础、发展特色和发展需求，统筹规划与本地经济社会发展相适应的产教融合道路，让各地产教融合制度在不同的区域土壤上充分发挥自身能动性，在制度中激发各地的区域优势，联结区域功能定位和产业特点，因地制宜、差异化探索产教融合、校企合作模式，打造区域产教融合品牌。

对于地方政府而言，创新产教融合区域特色既是本地区产教融合发展的内在需求，也是一项重大机遇，最根本的问题在于地方政府是否能够解决本地特色行业、产业与产教融合制度的有效衔接，以及怎样因地制宜将着力点聚焦于助推本地产教融合特色项目的正向发展。地方政府必须认真研究本地的发展基础、发展特色和发展需求，以及区域经济社会与教育协同发展走向，建立以试点为基础的区域产教融合发展联结机制，通过产教融合示范点带动周边产业的发展，进一步辐射到整个地区层面，确保学校与企业融合的专业设置能够助力区域经济社会发展。创新产教融合区域特色发展是以满足区域产教融

合各方主体利益诉求为主要目标,以培育具有区域特色的产业聚集区为重点任务,以推动“政府—行业协会—学校—企业”多元主体融合发展为愿景,弘扬区域特色,推动经济社会发展。为此,各地政府首先要立足于区域经济社会发展现状,以国家层面的法律制度为遵循,结合本地未来发展规划,制定符合当地产业发展方向、实际操作性强、主体权责明晰的产教融合规划,构建具有区域特色的产教融合制度体系和政策部署细则,并进一步结合区域产教融合的目标和任务,将责任、实施方案进行细化、量化,切实破除产教融合相关规范性文件的文本内容重复繁杂、区域特色不彰显、措施操作性弱实效性差并难以评估、责任分工不明、奖惩制度缺失等障碍。

参考文献

[1]王泳涛.我国省级政府深化产教融合的政策分析与局限突破——基于24省市实施意见的文本分析[J].职教论坛,2020(1):43.

[2]潘建华.我国职业教育校企合作的有效性研究[D].上海:上海师范大学,2017:46.

[3]白逸仙.高水平行业特色高校“产教融合”组织发展困境——基于多重制度逻辑的分析[J].中国高教研究,2019(4):87-88.

[4]李永生,袁蕊.政府在深化产教融合中要扮好五大角色[N].人民政协报,2018-10-31.

[5]郝天聪,石伟平.从松散联结到实体嵌入:职业教育产教融合的困境及其突破[J].教育研究,2019(7):105.

基于命运共同体的我国高职院校产教融合新探索①

方益权 黄云碧 郭丽莹

摘 要：构建产教融合命运共同体是高职院校破解产教融合、校企合作现实困境的应然选择。产教融合命运共同体属于现代意义的共同体，以共同愿景为引领、以多元主体互动性为特征、以文化为核心联结纽带是其三个基本取向；战略共同体、治理共同体、育人共同体、利益共同体和文化共同体是其路径选择。国家高水平高职学校温州职业技术学院打造产教融合命运共同体的实践探索取得良好成效，值得其他高职院校参考借鉴。

关键词：高职院校；职业教育；产教融合；命运共同体

产教融合既是职业教育发展规律的内在要求，也是国家推动产业转型升级的战略性举措。综观近年来我国高职院校产教融合发展实践，虽然取得了一定的成效，但仍存在诸多亟待解决的关键问题。主要表现在：产教多元主体关系松散，普遍表现出学校主动积极、行业企业被动消极的尴尬现象；产教融合共同愿景模糊，在操作层面难以达成可行性方案，容易让/使产教融合流于形式；产教融合联结方式薄弱，在合作共识和利益共享的联结点未被充分挖掘出来，导致合作形式单一，深度不够，且效益不明显等。[1]

构建产教融合命运共同体是高职院校破解产教融合校企合作现实困境的应然选择。命运共同体是习近平总书记立足于国际外交战略角度提出的一个重要战略新理念。命运共同体属于最高形态的共同体，包含平等互信、合作共

---

① 本文是国家社会科学基金“十三五”规划2019年度教育学一般课题“我国职业教育产教融合立法研究”(BJA190092)成果，主持人：方益权。

作者简介：方益权(1971—)，男，浙江丽水人，温州职业技术学院院长，教授，研究方向为教育政策与法规；黄云碧(1973—)，男，浙江温州人，温州职业技术学院高等职业教育研究所副所长，教授，研究方向为教育经济与管理；郭丽莹(1985—)，女，福建龙海人，温州职业技术学院高等职业教育研究所助理研究员，研究方向为创业教育。

赢、包容互鉴等具有前瞻性的战略思想。[2]命运共同体作为一种新理念和重要组织形式，在政治学、社会学、管理学等不同学科都受到广泛关注与应用。在职业教育领域，2019 年年中，国务院印发的《国家职业教育改革实施方案》中就明确提出“推动职业院校和行业企业形成命运共同体”。[3]产教融合命运共同体既是命运共同体理念在职业教育的新实践，也是新要求。国家高水平高职学校温州职业技术学院在国家示范性高职院校和国家优质校建设期间，积极探索产教融合命运共同体的实践，取得良好成效，值得其他高职院校参考借鉴。

一、命运共同体是破解产教融合困境的新取向

产教融合命运共同体具体指的是学校、企业、行业、政府等利益相关主体基于一定的价值认同与共识，以共同愿景为引领，以互利共赢和文化互动为纽带而形成的相互关联的有机体。在产教融合命运共同体中，所有利益相关主体拥有共同的愿景、共同的利益和共同的文化，各主体在其中可获得归属感和价值感。它兼有利益共同体和文化共同体的特征，多元主体能够产生“积极的化学反应”，进而做出价值理性与目的理性相统一的共同行动。基于此，产教融合命运共同体属于现代意义的共同体，它遵循着现代共同体内在的生成逻辑，并拥有 3 个基本取向。

(一)以共同愿景为引领

共同愿景既是产教深度融合的基础，也是产教融合最深远的目标与最持久的动力。共同愿景指的是被产教融合多元主体所接受和认同的长远目标和宏伟蓝图，是产教融合多元主体持续行动的内在动力，是建立共同目标、价值观和使命感相一致基础上的远大理想。[4]产教融合命运共同体是有明确的目标的，那就是使产教形成紧密关系，以服务社会发展和培育人才为现实目标，通过科技开发与科研成果转化两种发展途径，从而实现经济效益、社会效益和教育效益。通过对共同目标的认同，形成内化的共识，最终达成共同战略与一致的行动意向。共同目标、核心价值观和使命感是共同愿景的 3 个核心要素，当三者交互融并形成巨大合力时，有助于推动产教融合命运共同体朝着同一个方向健康发展。

（二）以多元主体互动性为特征

社会互动是社会关系产生和建立的基础，也是命运共同体存在的活动表现。产教融合命运共同体是一种由多元主体及各自身份或角色建立起来的社会关系，它体现在产教融合共同体主体构成、责任分工和实践规则之中。正是因为产教融合命运共同体成员自由开放地交流意见、主张和情感，才使得命运共同体不断进步，更加充满活力。产教融合命运共同体能够使政府、行业、企业、学校达成共识，即通过主体间的理解、交流和对话达成“基于公共利益的教育价值共识”，使公共利益、局部利益和个人发展成为一种互为依赖的共同目标。

（三）以文化为核心联结纽带

“联结纽带”是对产教融合命运共同体各主体结合关系的形象描述，联结纽带的性质对于共同体未来发展意义重大。传统意义的共同体的主要联结纽带是血缘、地缘等自然因素。与传统意义的共同体不同，产教融合命运共同体的联结纽带主要有利益、制度、文化等 3 种类型。文化纽带感情色彩浓厚，具有足够的向心力与凝聚力，是最核心的联结纽带。产教融合命运共同体还应该体现一种精神倾向、情感归依和心理认同。因此，它既是一种组织与实体，也是一种意识与精神。

二、构建产教融合命运共同体的有效路径

构建战略共同体、治理共同体、育人共同体、利益共同体和文化共同体是产教多元合作主体之间形成命运共同体，从而建立共同愿景，实现多元互动，强化感情纽带的有效路径。

（一）构建产教融合战略共同体

战略共同体是平台。新产业、新业态、新技术和新模式层出不穷的新经济时代，对职业教育提出了新要求，促使高职院校必须遵循开放办学的基本思路。为了更好地把握科技与产业技术需求，面向未来产业需求提前布局专业，

高职院校除了对自身进行各个层面的系统性变革,还必须与政府、产业等组织形成战略共同体,才能快速提高应对产业技术变革的竞争地位。产教融合战略共同体就是政府、高校、行业、企业、研究机构等基于统一的战略意图达成一致的战略目标,有效协同多方力量而形成的新型跨界战略协同组织。战略共同体处于产教融合命运共同体的基础层次,为命运共同体与经济社会互动搭建了战略平台,政校行企多方主体应对各种外界环境的变化,产生适应性机制,并不断适时调整内部主体之间的战略。战略共同体要基于战略共识和信任关系,以战略目标规划为前提,才能建立起快速的战略反应机制、共享的战略协同机制和创新发展的支持机制。

(二)构建产教融合治理共同体

治理共同体是手段。推动管理向治理转变是高职教育的转型探索之路,也是实现教育治理能力现代化的内在要求。产教融合命运共同体,也同样面临着治理能力现代化的问题。在产教融合命运共同体中,多元主体都拥有自己的利益视角、主观认知和行动逻辑,必将面临矛盾、冲突等诸多问题。如何实现权力在不同主体之间的分配和平衡,以切实规范权力运行和形成合力,才能充分发挥多元利益相关者在产教融合命运共同体的作用,是构建治理共同体要深入思考和解决的现实问题。治理共同体是指多元治理主体拥有一致的治理理念,遵守统一的治理理念,治理目标为实现产教融合治理现代化。它是一种复杂的有机治理集合。通过构建治理共同体,克服传统明显的“单中心主体”弊病,增加社会力量的参与与融入,实现政行企等多元主体的合作共治转向。治理共同体将多元治理主体的意志情感相统一,建立起集体的价值信仰、认同感和制度规范,将其转化为外在行为,通过转变治理模式来协调集体行动,最终实现产教融合治理效能的最大化。

(三)构建产教融合育人共同体

育人共同体是目标。教育系统实行以育人为目标的发展策略。[4]学校是一个培养人才的组织,这是学校区别于其他组织的重要特征。因此,产教融合的目的既是更好地为产业服务,也是提升高职院校人才培养质量,从而实现高职教育的育人目标。为了形成更加多样化和个性化的人才培养模式,培养出具有跨界整合、创新创业能力的复合型人才,高职院校要在充分挖掘产业组织在技术技能人才培养和人才资源开发中的资源优势基础上，并与之进一步形成育人共同体。所谓产教融合育人共同体，指的是依托政行校企合作平台和合作项目的有效运行，依据科学的人才培养规律和规范的合作育人制度，由政府、学校、行业、企业等多元主体组成的学习共同体和实践共同体。育人共同体的建设，需要充分发挥政行校企的优势和资源，建立起合理的合作育人规划和有效的合作育人机制，才能实现理论知识和实践知识的相互融通与跨学科知识的交叉融合、培养出满足社会所需的高质量专业人才。育人共同体是对传统人才培养模式的创新，通过高职院校教学与企业生产两种场域的切换，促进学生将学习世界和工作世界有效连接。一方面，有利于促进理论知识和实践知识相结合，满足人才培养与社会需求有效对接和学生职业化的内在需求；另一方面，有利于转变教师“纸上谈兵”的教学方式，培养有实践经验支撑的“双师型”教师，在产教协同育人中获得专业成长，以适应产业需求侧的变化。

（四）构建产教融合利益共同体

利益共同体是物质纽带。根据利益相关者理论的观点，利益相关者对组织的发展影响巨大。在产教融合命运共同体内，考虑多元主体的利益诉求和满足方式，是使其获得可持续发展和繁荣不息的重要保障。高职院校在产教融合实施过程中，既要积极关注学校自身发展和人才培养，还要充分考虑相关合作主体的利益诉求，关注如何趋利避害与和谐共存，努力实现双赢或多赢的目标。利益共同体明确了利益相关者在办学和协同育人中的权利义务，通过规章制度、协议等促使政府、高校、行业、企业、研究机构在利益追求方面实现最大化和共赢。寻找多元主体的利益契合点，形成以利益资本为纽带的良性稳定和可持续的互动状态，并进一步构建起全体成员共建共享的“利益共同体”。利用混合所有制形式，让行业企业介入高职院校的办学过程，同时让高职院校参与企业的经营活动，校企双方在共享收益的同时，并在一定程度上承担风险。

（五）构建产教融合文化共同体

文化共同体是精神纽带。文化是一种维系多元主体的核心纽带，涉及价值观、意识形态、组织制度等各类精神生活。文化共同体使产教融合各主体主观上相互认同，并且产生一种亲密感和集体归属感。维系共同体内部成员关系的纽带一般可分为 3 类,即利益、制度和文化。产教融合命运共同体是共同体演化进程中的高级阶段,除了通过物质利益诉求和组织治理制度进行联结,还必须有伦理、情感等文化上的精神维系。因此,文化共同体指的是社会文化、学校文化和企业文化等相互融通,在求同存异的基础上形成共同文化,充分发挥共同文化的价值整合与结构整合功能,从而共享文化价值理念,推动个体与组织的可持续发展。只有形成了产教融合文化共同体,才能使产教融合真正具有凝聚力、生命力和创造力。

三、高职院校产教融合命运共同体的实践探索

自 2015 年以来,在国家一系列政策文件的推动下,我国高职院校积极探索产教融合的实施方案和工作举措。温州职业技术学院作为高水平高职学校,在示范后建设期间,创新性地提出构建产教融合命运共同体理念;在国家优质校建设期间,深入开展产教融合命运共同体实践,实现多元育人,成效显著。

(一)打造产教融合命运共同体的创新探索

1.打造“战略共同体”,谋划产教融合新布局

深度融入区域产业链与创新链,实施五大战略性项目,打造“当地离不开”的高职院校。成立凤凰数字媒体产教融合基地,加强与凤凰教育集团合作,主动对接温州市宣传部,精准吸引文创企业和文创人才集聚,做大做强创意基地,推动温州创意产业发展。成立温州设计学院,落地省级特色小镇,协同瓯海区政府将设计学院打造成为浙南地区最优秀设计人才、最时尚设计作品、最先进设计技术、最新潮设计资讯的集市。深化瑞安学院的县校合作办学,加大与县级市政府合作,推进瑞安学院混合所有制及相关项目建设以提升人才培养质量,强力支撑瑞安制造产业高质量发展。优化企业综合服务中心,深入推进校企需求对接,提高“帮企云”与“帮企行”的协同能力,打造校企合作新窗口。建设温州智能制造公共实训与服务中心,紧密对接相关行业、部门与企业需求,规划智能制造建设项目,完善技术服务与实训服务的功能构建。

2. 打造“治理共同体”，培育校企合作新载体

创新校企合作机制，优化校企合作载体，推动职教集团、产业学院等载体创新发展。以“架构优化”做强浙南职教集团。健全集团组织结构，完成“政校行企”四方联动的工作委员会与专业分会建设；强化集团合作机制，推动专业分会与行业、企业的合作；统筹专业布局，完善集团服务体系，健全成员对话机制，设立产教融合专家人才库。以“机制序化”做实产业学院。成立凤凰、安恒等 6 家产业学院，形成决策、执行和监督相互制衡的现代法人治理结构；以瑞安学院混合所有制改革为引领，推动二级学院引入市场机制实现自我造血功能；强化投资主体利益保障，建立了规范化的运行机制。以“激励强化”做活实训基地。借鉴德国“双元制”和澳大利亚“新学徒制”模式，建立校企共建实训基地利益补偿机制；在电气自动化等 15 个实训基地开展真实化生产和市场化经营，建立基地造血机制。

3. 打造“育人共同体”，创新人才培养新机制

实施“引企驻校、引校进企、校企互通、合作共赢”策略，创新共同育人机制，提升协同育人成效。实施“双师共建”完善现代学徒制。在现代学徒制试点基础上，深入研究现代学徒制教学特色，建立校企双主体开发机制，加强与企业在课程、标准、师资等方面的合作，开展“技 · 思论坛”，完善现代学徒制人才培养机制，形成可复制、可推广的模式。引入“孵化＋”人才培养模式。依托国家级众创空间，“师生共创”培养创新创业人才，依托各级政府、大学科技园建设校外创业教育基地和创业孵化园，与万洋集团等共建小微创新创业园等，形成“项目孵化＋人才培养”模式，孵育小微企业 100 余家。实施“双师共评”构建学分互认与弹性学分制。以项目化培养为导向，建立企业导师考核赋分机制；鼓励通过非常规授课学习方式如网络课程、科技竞赛活动等获取学分，具有较好社会效益和经济效益的毕业设计、调研报告等可替代相应课程学分。

4. 打造“利益共同体”，提升社会服务新成效

创新形成“创投孵化＋技术咨询＋信息服务”的成效转化方式，实现成果、效益共享。成立“创投孵化”平台。与浙南科技城共建智能制造孵化器，并依托温州大学城创新园和浙南科技城创业园，建成“一体两翼”成果孵化平台，推动“创意孵化—创业孵化—企业孵化”有效衔接。构建“技术转化”平台。以温

州智能制造公共服务与实训中心建设为契机,校企共建虚拟仿真中心、企业研究院、产教融合研究院等,推动校企共同研发与成果转化,为温州产业高端化注入新动能。构建“信息服务”平台。依托温州企业综合服务平台,构建“线上(帮企云)+线下(帮企行)”综合服务系统,为企业提供精准服务。拓展服务边界,助推国家级产教融合型企业 30 余家,实现增效 30 亿元,完成产教融合项目 1000 个,项目资金达 1 亿元。

5.打造“文化共同体”,深化校企精神融合

以党建+社团+爱心基地文化载体,探索校园文化与区域文化、行业文化、企业文化的互适、互渗和互融的实践路径,实现多元文化协同育人目标。建立校行企党建联盟。以党建联盟为依托,开展校行企党群共建活动,与温州市软件行业协会、阿外楼度假酒店等知名行业企业协同打造“联学”“联动”和“联培”等特色品牌,激发校企合作新活力,推动校行企党建行为文化、制度文化和精神文化的互联互动和深度融合。建立区域服务型社团群。充分挖掘温州区域和产业行业的文化资源,以“社会服务与实践体验”为特色,邀请温州市科学技术协会与温职院学生社团进行文化链接,通过联手开展行业文化论坛、开展世界青年科学家峰会、创博会等大型区域志愿服务活动、学生社团到企业交流互动等,增加学生对区域社会文化的认同感与归属感。建立校企爱心基地。鹿城区妇联、鹿城区女企业家协会在学校连续 16 年设立金瓯工程奖学金,结对贫困女大学生进行爱心助学,传递并践行企业公益理念和社会责任感,实现校园育人文化与企业家精神的有机融合和相得益彰,构建校园文化与企业文化共融系统。

(二)打造产教融合命运共同体的实施成效

温州职业技术学院坚持以命运共同体理念为引领,以产教融合为主线,聚焦“人才培养、技术创新、社会服务、就业创业”领域,依托浙南职教集团、产业学院、现代学徒制、企业综合服务平台、实训基地等实际载体,综合采取“订单培养、产教联盟、产业学院、校企一体”等策略打造“战略、治理、育人、利益、文化”5 个共同体,形成产教深度融合新生态,实现教育链、人才链、产业链和创新链“四链”有机融合。

温州职业技术学院打造产教融合命运共同体实践成效显著,主要体现在 4

个方面。一是校企共建载体“质量高”。率先组建温州服装学院、温州鞋都学院以及温州设计学院等 6 个产业学院；牵头组建浙南职业教育集团；联合凤凰教育集团、阿里云、华为等知名企业成功申报国家、省、市级产教融合基地 3 个。二是校企合作育人“特色强”。引入了大中型企业共同参与“导师—团队—项目”化的特长班教学，设立金蝶、奥康等校企合作订单班 12 个，校企共建实训基地 1016 个；实施现代学徒制双主体育人新模式，被教育部列为首批现代学徒制试点院校；“双元育人、双师携手、培养技术技能人才”案例在 2015 年 10 月全国高职高专校长联席会议成果展中被评为优秀案例。三是校企合作国际办学“模式新”。携手亚龙集团成立柬埔寨亚龙丝路学院，创立全国第一所伴随中企在海外设立丝路学院并入选中国-东盟特色合作项目；与泰力集团共创“4＋4＋4”模式培养南非留学生，成为浙江省第一个与南非政府建立留学生合作培养项目。四是校企合作开发“成果实”。优质校建设期间，完成校企共同开发课程 305 门、教材 143 本、人才培养标准 32 个；与行业龙头企业共建省、市、院三级技术创新服务平台、研究院、重点实验室和研发中心 49 个；年均企业服务到款额达 2000 万元；建立“双师型”培养基地 12 家，企业兼职教师与校内专任教师比例达到 3∶1。

四、结　语

构建产教融合命运共同体是深化产教融合、实现职业教育高质量发展的关键环节，对于提供人民满意的职业教育具有重要意义。[5]高职院校在探索构建产教融合命运共同体的过程中，需要注意 3 个实践要点。第一，要逐步深化对产教融合命运共同体的认知。产教融合命运共同体是一种高级形态的组织形式，已经不再停留在契约形式层面，最核心的纽带是文化。第二，聚焦组织层面寻求产教融合命运共同体的改革路径。从历史发展角度来看，当下职业教育产教融合困境的产生，与不同时期职业院校和企业的组织结构和运行方式的变化息息相关，必须从组织层面进行变革。第三，要形成具有本校特色的产教融合命运共同体。在借鉴交流的基础上，从学校实际情况出发，将产教融合命运共同体发展的基本规律与区域发展、学校校情相结合，形成特色鲜明的产教融合命运共同体。

参考文献

[1]郝天聪，石伟平. 从松散联结到实体嵌入：职业教育产教融合的困境及其突破[J]. 教育研究，2019(7)：102-110.

[2]陶文昭. 科学理解习近平命运共同体思想[J]. 中国特色社会主义研究，2016(2)：10-15.

[3]中国政府网. 国务院关于印发国家职业教育改革实施方案的通知[EB/OL]. (2019-1-23)[2019-2-13]. http://www.gov.cn/zhengce/content/2019-02/13/content_5365341.htm.

[4]庄西真. 产教融合的内在矛盾与解决策略[J]. 中国高教研究，2018(9)：81-86.

[5]潘海生，王佳昕. 产教融合命运共同体的时代意蕴、路径选择与行动指南[J]. 中国职业技术教育，2019(28)：22-27.

构建“三位一体”产教融合机制

方益权

为了落实“职教 20 条”及相关政策的要求，职业院校应该联合业内领先企业，共建“行业＋领先企业”的产教融合生态，走出一条坚持服务区域经济社会发展、促进学生就业的特色办学之路。院校要根据产业建专业，依托专业设平台，对接平台开展创新创业，孵化科技型小微企业，促进实体经济发展，构建“战略互动—服务互赢—人才互育”三位一体机制，促进从产业跟随、产业合作到产业领跑，全面推进产教深度融合。

一、战略互动：区域有什么样的支柱产业，就建设什么样的专业

一是与国家、省市战略深度融合。院校应大力实施校地联动战略，深化混合所有制办学，积极融入国家、省市发展规划，服务“一带一路”建设，比如招收“一带一路”沿线国家和地区留学生，到国外与当地政府合作设立职业院校；服务县域经济发展，服务浙江省级特色小镇建设，并与当地政府共建各种研究学院；专业按照区域新兴产业超前设置、超前建设，可以进行产教深度融合办学试点，成立产教融合联盟，形成政府部门、区域支柱行业协会、多家地方龙头企业产教融合模式。二是与区域产业规划深度融合。院校应紧密对接浙江省八大万亿产业、当地支柱产业，大力实施专业集群发展战略，推动专业和区域经济社会同步升级、同步发展。三是与地方行业企业深度融合。院校可以大力推进“双元六共”联动改革，在共同招收学生、共定培养标准、共同建设基地、共同开发课程、共享校企师资、共促创新创业等 6 个方面深化校企合作。

二、服务互赢:区域有什么样的企业难题,就建设什么样的平台

院校应直面当地企业发展困难,坚持"以有为换有位",服务实体经济转型发展,全方位融入区域创新体系建设中,在服务中锤炼师资、培养学生、创新发展。

一是坚持"立地式"研发方向。院校大力实践"企业出题、学校接题、教师答题",把企业难题直接转化为研发课题,结合企业需求,调整科研平台相关方向研究,配备相应的人财物,做到"需求—方向—条件"相一致。二是打造产学研创平台。院校应积极融入当地经济发展的产业链、创新链,对接区域产业发展方向,将学校原有的技术应用中心、大师工作室和研发平台等机构进行整合,建设"面向某个具体行业或产业的产学研创平台",打造集服务社会、锻炼师资队伍、培养学生能力于一体的综合机构。三是与行业企业共建研发中心。如温州职业技术学院与大型企业共建企业研究院(中心)17 家,与中小微企业共建产学研合作基地 20 家。

三、人才互育:区域有什么样的新技术需求,就培养什么样的新技术人才

院校应积极应对新一轮科技革命和产业变革,主动把握新技术、新产业、新业态发展,把人才培养作为产教融合的核心驱动力、核心结合点,与本科院校新工科人才培养相呼应,形成新技术应用人才培养模式。

一是创新人才培养理念。院校应坚持"用明天的技术,培养今天的学生,为未来服务"的理念,大力进行新技术应用人才培养,服务"中国制造 2025"战略。二是重构人才培养模式。院校应以新技术人才培养理念修订人才培养方案,形成"以需求为导向,以技术为手段,以专业为依托,以团队为支撑,以兴趣为动力,以实践为途径,以校企合作为纽带"的培养模式。三是倡导新技术创业。院校应大力倡导新技术应用的创新创业,培养创新创业人才,设立创业学院,构建"师研生随、师导生创、师生共创"的"三师三生"培养模式,把创新创业教育和专业教育深度融合。

高职教育的“温州模式”[①]

童卫军

温州人敢为人先，创造了闻名遐迩的经济发展“温州模式”。在高等职业教育领域，声誉鹊起的温州职业技术学院也创造了一个“温州模式”。短短几年时间，学院各项事业蒸蒸日上，其综合实力和办学水平跻身浙江省高职院校前列：

1999 年 9 月，学院挂牌成立，实现当年筹建、当年招生近千人；

2001 年 9 月，学院率先入驻温州高教园区，新校园占地 500 多亩，建筑面积 20 万平方米；

2002 年 12 月，学院以优异的成绩通过浙江省教育厅教学工作合格评估；

2004 年以来，连续两届毕业生初次就业率达到 95%以上，被授予“浙江省高校就业工作优秀单位”荣誉称号；

2005 年 11 月，学院被授予“全国职业教育先进单位”荣誉称号。

一所组建才 7 年时间的高职院校院靠什么赢得跨越式发展？院长周锦成说，诀窍在于学院坚持“与温州经济互动，与行业企业共赢”的特色办学之路，探索出了具有温州特色的“依托行业、产业结合”的人才培养模式。

一、产学合作——温州具有得天独厚的优势

温职院于 1999 年 7 月经教育部批准，由温州商业学校、温州经济学校、温州机械工业学校与温州业余科技大学合并组建。当时全国各地都在办高职院校，那么温职院的创新突破口在哪里呢？周锦成院长提出，温州民营企业众多，走产学合作教育之路，温州具有得天独厚的优势，因此温州完全有条件办出高等职业教育的鲜明特色。他的判断来自对温州经济格局的理性分析。温州市场经济起步早、发展快，形成了具有区域特色的块状经济，并夺得了“中国

① 本文发表于 2006 年 6 月 3 日《光明日报》。

鞋都”“中国眼镜生产基地”“中国剃须刀生产基地”等 27 张“国”字号金名片。其中温州鞋革工业协会所属制鞋、制革、鞋机等企业 4000 多家，年产值达 420 多亿元；温州服装商会所属企业 2300 家，年产值达 230 多亿元。这些产业的迅速发展急需大批相应专业的一线技术人才，而这些一线人才正好是高职教育培养的对象。

基于此，学院确立了实施教育创新的基本策略，就是“依托行业，拓展办学道路；产学结合，培养适用人才”。

“依托行业”就是立足区域经济和支柱产业，以行业企业为依托，充分发挥行业协会（行业主管部门）的指导作用、协调功能和服务职能，通过“订单培养”、联办二级学院、共建专业和课程、共建实践基地和产学研中心、共享校企人才和智力资源等形式，拓展办学道路。

“产学结合”就是通过与行业企业开展全方位、深层次的合作与交流，创新和构建“以社会需求为导向、以互惠共赢为基础、学校主动为行业企业服务、行业企业积极参与”的校企合作长效机制，实现人才培养的入口、过程、出口“三头”全部与行业企业零距离接轨，培养适用人才。

二、改革实践教学——把专业办在企业的兴奋点上

“要把专业办在市场需求的热点上，办在企业的兴奋点上。”这是温职院创立伊始就提出的一个口号。

每个新专业设立之前，有两件事情必须做到：一是组织专门人员到市场上做详细调研，走访相关行业企业，召开咨询会，认真征求用人单位的意见，进行专业设置的论证分析；二是聘请行业协会领导、企业家、行业企业技术管理人员和其他高校、科研机构的专家、教授组成专业指导委员会。专业指导委员会负责制订本专业的教学计划和大纲，并对课程、教学内容和实践环节的设置等提出指导和审定意见。到目前为止，学院共成立了 20 个专业（大类）指导委员会，聘请了 128 位社会各行业专家参与委员会工作。

通过专业指导委员会，企业的意志在专业设置和开发上得到充分的体现，所以，学院开设的 28 个专业都是市场上紧缺的，如服装鞋类的营销、鞋革设计、服装设计、数控加工技术、电机与电器制造技术、模具设计与制造等。2004 年，学院被教育部、国防科工委、国家机械工业联合会等 6 部委确定为“国家数

控技术应用领域技能型紧缺人才培养培训基地”。

在专业指导委员会指导下，学院对课程体系进行了根本性的调整，以岗位能力要求为核心展开教学内容，通过引入职业技能鉴定标准，实行双证、多证制度，突出应用性、实践性；通过精简基础课程的办法，把专业教学的重心前移，使学生一进校门就能接触专业教育，第一学年就能初步掌握本专业的基础技能。

三、“订单培养”——探索与行业企业联合办学

2000 年，温职院先后与正泰集团、奥康集团、德力西集团等几十家单位进行了多形式的“订单培养”合作。与企业直接签订单、联合办班，这一办学模式取得了企业、学校、学生“三赢”的效果。

在此基础上，学院又开始探索与行业协会联合办学，先后与温州市鞋革工业协会联合创建“中国鞋都技术学院”；与温州服装商会联合举办“温州服装学院”；与温州轻工行业协会联合举办“温州轻工学院”。作为温职院的二级学院，这些学院实行理事会管理模式。

各协会下属的“功勋企业”“优秀企业”作为理事单位参与办学，协会的会员单位既是学院相应专业的实训基地，又是学生毕业后的主要就业单位。

现在，学院的各教学系部都通过相关行业协会与企业建立了合作关系。作为对企业的回报，学院除了按照行业协会提出的要求培养和输送毕业生外，还主动为企业提供员工培训、技术咨询等服务。目前，学院在 98 家知名企业设立了 192 个校外实习实训基地，许多企业还在学院设立了助学基金、奖学基金等。

四、共建实践基地——让企业的车间进校园

在温职院的中国鞋都技术学院，记者参观了“中国鞋都制鞋工艺与鞋机实训中心”。占据了整个一层楼的制鞋流水线上，每一个工位上都有技术工人在指导学生操作。据了解，这是目前国内最先进的制鞋生产线，总投资 130 多万元，由学校出资 60％，温州鞋机商会投资 40％，后者还负责提供技术支持和机型更新。这一实训中心不仅满足了教学需要，而且还成了本行业技术工艺和

产品的展示窗口,被确定为省级示范性实践教学基地。

1999 年以来,学院累计投入仪器设备经费 3200 多万元,建立了现代加工技术中心、数控技术培训基地、服装设计实训中心、鞋机与制鞋工艺实训中心、会计电算化和中国商务模拟中心等 100 多个实验实训室。

引入市场机制也是该院实习基地建设的新尝试。

2002 年,学院与金仕达制鞋公司合作,成立产学结合研究中心。由学院提供鞋机设备和场地,金仕达则选派 100 名一线熟练技术工人和 10 名管理人员进入学院实训基地,参与生产和教学,并为鞋都学院 10%的学生提供勤工俭学的机会。过去纯消耗性的教学用鞋机生产线承担部分生产任务后,既充分利用了教学资源,提高了办学效益,又为学生的实训提供了真实的环境。

按照这一思路,学院的商科类专业主动获取了上海华联超市公司的连锁经营权,建立了温职院上海华联实验商场。商科类专业的学生必须轮流到超市担任“主管”和“服务员”,在“真刀真枪”的经营中接受实训。电气系与浙江亚龙教学仪器厂合建的实训生产车间,机械系与浙江万通机电设备公司合建的数控培训中心、与温州山度仪器公司合建的实验工厂,都是由企业提供生产设备、原材料。

“让工厂的车间进入校园,让企业的能人走上讲坛,让学校的教学成为产业价值增长链上最重要的一环。”周锦成说,这是温职院追求的一个新目标。

高职院校基于新技术应用的创新创业教育

——理念、内涵与实践①

王志梅 田启明

摘 要:基于新技术应用的创新创业教育,作为一种崭新的教育理念和教育模式,在实践中取得成效。本文首先分析了基于新技术应用的创新创业教育理念,并在此基础上进一步明确了基于新技术应用的创新创业教育的内涵与3个特征——以新技术为科学载体和基本手段、以新技术的实践与应用为导向和以培养创新型创业人才为主要目标;其次以温州职业技术学院为个案,归纳总结基于新技术应用的创新创业教育的实践成效,并从与专业教育融合、突出实践性诉求、构建协同机制3个方面提出思考与建议。

关键词:高职院校;新技术应用;创新创业教育

创新创业教育成为一种世界性的教育改革趋势,在经济发展转型升级与高等教育大众化进程的双重诉求下,逐步成为国内高等教育领域的一个热点问题。我国高职院校与普通本科高校相比,创新创业教育发展的成熟度较低,根本原因在于创新创业教育理念的偏差,主要表现在3个方面:一是不重视,在创新创业教育的必要性、重要性和紧迫性方面没有形成共性认识;二是狭隘化理解,把创新创业教育课程简单地理解为就业选择的指导或者创办企业的培训;三是功利化,片面追求大学生创办企业的成功率。因此,树立正确的创新创业教育理念,探索多元化的创新创业教育新模式,是当前高职院校推进创新创业教育工作的迫切需求。基于新技术应用的创新创业教育,作为一种崭新的理念和教育模式,已经在具体实践中取得初步成效,对当前高职院校创新创业教育发展改革具有深刻的现实意义。

---

① 作者简介:王志梅,温州职业技术学院副校长、教授;田启明,温州职业技术学院信息技术系系主任、教授。

一、基于新技术应用的创新创业教育的理念

新技术应用的创新创业教育的提出和发展基于两个基本的理念。第一,创新创业精神和创新创业能力是可以通过接受教育获得的,但是必须通过实践教学和应用学习的方式。彼得·德鲁克在《创新和创业精神》一书中指出:“创业不是魔法,也不神秘。它与基因没有任何关系。创业是一种训练,而就像任何一种训练一样,人们可以通过学习掌握它。”[1] 基于新技术应用的创新创业教育理念认为,创新创业知识是一种实践性知识。英国著名学者波兰尼的“缄默知识”、康奈利与克兰蒂宁的“教师个体实践知识”、鲍斯特的“教师工艺知识”等相关概念等都从不同角度强调了该类知识的特性和重要性。这种知识依赖于具体情境,完全来源于学生的个体经验,且具有私人化与异质化的特性。因此,创新创业的实践知识是一种非系统化分析的知识,无法通过传统的理论教学手段来获得,必须采用实践教学和应用学习的方式。

第二,新技术是推动高职学生创新创业精神和能力发展的重要载体。全球正在进入一个巨大的技术变革时期,第四次工业革命正在发生,新能源、新材料、生物工程、人工智能等多个领域的新技术的集中爆发,不仅积极促进传统产业的转型升级,而且导致新业态、新经济快速成长,从而推动了社会的进步。高职院校必须立足自身优势抓住第四次工业革命带来的历史机遇,将新技术引入高职创新创业教育的课程与教学体系,从而培养具备新技术应用能力的创新创业人才。

二、基于新技术应用的创新创业教育的内涵

基于新技术应用的创新创业教育是由多个概念合成的一个名词。基于高职教育突出实践性的特征,我们将“基于新技术应用的创新创业教育”的内涵界定为:以新技术应用为科学载体,以实践与应用为导向,结合专业面向全体学生实施分层分类的创新创业教育活动,以培养学生创新思维及创业意识、创新创业精神与创新创业实践能力的教育理念与教育模式。

这个内涵规定了基于新技术应用的创新创业教育的手段、导向和目标。

新技术是手段，实践与应用是导向。基于新技术应用的创新创业教育具有3个方面的基本特征。

（一）以新技术为科学载体和基本手段

新技术，一般是指在一定的时空范围内初次出现的，或是在原有技术基础上经过改进革新的技术。在技术二字前面加上“新”这个字，一方面规定了它的时间属性，即技术是新近出现的，另一方面也规定了它的内容属性，即技术是有创新成分的。

在基于新技术应用的创新创业教育的模式中，学生第一阶段须学习与专业相关的新技术理论，第二阶段须参与专业相关的新技术能力训练，第三阶段培养学生运用专业相关的新技术知识和技能进行创新创业活动，从而形成基于新技术应用的创新创业人才培养的“三阶段”。新技术作为一种科学载体，在创新创业教育中发挥着基本手段的作用。

（二）以新技术的实践与应用为导向

新技术应用属于技术创新的范畴。技术创新泛指一种新思想的形成、利用并生产出满足市场需要的产品的完整过程。[2]技术创新的过程大致可分为两个阶段：首先，科技人员创新研发，形成新技术；其次，将新技术转化成新工艺或新产品。[3]根据上述分析，可知新技术应用主要发生于技术创新的第二个阶段：技术转化阶段。新技术应用，是指在熟悉和掌握新技术的基础上，将新技术进行转化或改造，从而形成新产品或新服务的过程。

基于新技术应用的创新创业教育以新技术的实践与应用为过程导向，具有两个特点。第一个特点是中介性，表现为其通过新技术应用的手段来优化创新创业教育。第二个特点是过程性，新技术应用在创新创业教育功能上的发挥需要一个时间序列，即应用的过程性，包括新技术习得、新技术掌握、新技术改造或转化、新技术成果的商业化。只有在新技术应用的过程中，教师或学生才能形成创新创业精神和创新创业能力。

（三）以培养创新型创业人才为主要目标

2010年，教育部出台《关于大力推进高等学校创新创业教育和大学生自主创业工作的意见》，提出为了适应经济社会和国家发展战略需要，高校需以创新创业人才培养为目标,培养学生的创新精神、创业意识和"双创"(创新创业)能力。

面向国家开展创新创业教育的号召,基于新技术应用的创新创业教育的主要目标是培养社会发展真正需要的、能将新技术成果转化为生产力并走向市场的创新型创业人才,而非短期内开办小公司自谋职业的低廉劳动力。

三、基于新技术应用的创新创业教育的实践探索

基于新技术应用的创新创业教育这个概念最初来源于温州职业技术学院的相关实践探索,由时任院长谢志远教授率先提出。基于新技术应用的"双创"教育理念,温州职业技术学院开展了一系列的实践探索活动。

(一)推进"双创"教育与专业教育的深度融合,渗透创新创业理念

在基于新技术应用的创新创业教育理念的引领下,温州职业技术学院从专业"三新"调整、课程体系改革、实践教学体系改革 3 个方面,来推进创新创业教育与新技术应用的专业教育的深度融合。

(1)推进开设新专业、新专业方向和新课程的专业"三新"调整。各系部针对区域产业转型升级对新技术应用人才的需求和学生的个性需求,纷纷开设了基于新技术应用的新专业、新专业方向或新课程,培养学生跟踪和应用新技术的创新创业能力。如信息系和电气系开设了大数据技术与应用、工业机器人等新技术应用专业,计算机网络技术、数字媒体应用技术等老专业开设了云计算、虚拟现实等新专业方向,软件技术专业开设了若干门介绍业界最新的软件开发工具和框架的新课程。

(2)推进基于新技术应用的"双创"能力培养全程渗透的课程体系改革。以基于新技术应用的"双创"人才培养为目标,各专业在原有的"双层次多方向"课程体系(即前期开设公共的专业基础课或兴趣课,后期开设技术或技能双层次的多个专业方向课程,学生可以自主选择专业方向进行深入的专业学习)基础上,在最后一个学年将创业作为专业方向之一,供学生选修,从而实施"2+1""双创"高职院校基于新技术应用的创新创业教育:理念、内涵与实践人才培养。将全院选修创业方向的学生转入创业学院进行个性化创新创业能力培养,并对每位学生配置 1 位专业技术指导教师。创业学院针对学生个性需

求开设相应的创业课程和创业实践，如对仅具初步创业意向的学生开设创业指导和实训课，对已有创业项目的学生开设企业经营管理、财务等培训课程，对已经进入项目技术攻关阶段的学生则由专业指导教师指导和协助研发。创业方向的学分主要由“创业课程、新技术应用能力提升、技术应用转化”3 部分组成。

以大数据技术与应用专业为例（见图 1），大一开设了专业基础课和个人素质课，在课堂教学中渗透大数据创新创业思维和意识培养；大二开设了专业方向课和创业基础课，让学生学习大数据创新创业基础知识和技能；大三开设大数据、大软件和创业 3 个方向的综合实践课程，用于提高学生大数据创业的综合素质，培养学生的专业意识、前沿意识和市场意识。

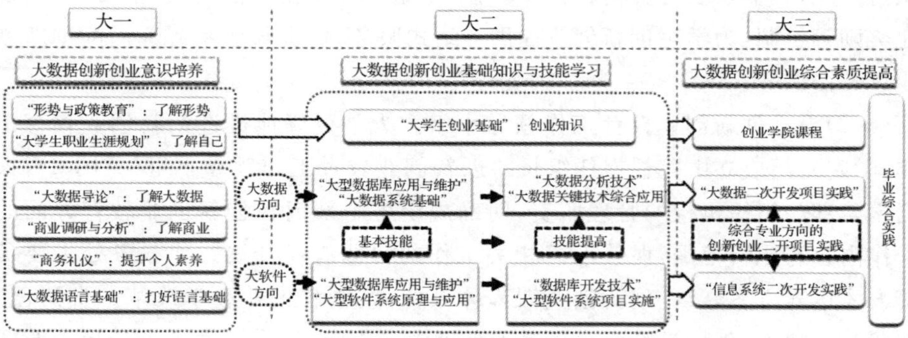

图 1　大数据技术与应用专业课程体系

（3）实施“训研创”一体化的实践教学体系改革。依托学院众创空间和现有的 45 个省、市、校级科技研发与服务平台，要求每个科技研发与服务平台至少对接一个大学生创新创业团队，充分将学院的科技研发与服务优势转化为创新创业人才培养的优势，重点在信息技术、智能制造和时尚设计等领域发现、培养、扶持基于新技术应用的“双创”项目，孵化基于新技术应用的小微科技企业；依托产学研创一体化的办学特色，开展“三师三生”（即师研生随、师导生创、师生共创）“双创”人才培养活动，构建“导师＋项目＋团队”的创业实践教学新模式，激励师生共同进行科技项目的研发和创业活动，从而培养学生的创新思维和“双创”能力。

（二）形成校内协同的创新创业工作机制，激发创新创业活力

温州职业技术学院把温州人精神和区域文化与创新创业教育有机融合起

来,以基于新技术应用的创新创业教育为引领,从顶层设计层面优化校内协同的创新创业工作机制。

(1)成立创业学院统筹全院创新创业教育工作。为了贯彻落实“大众创业、万众创新”的国家发展战略,有效提升创新创业教育的专业化水平,学院在2016年初成立创业学院,牵头统筹全院创新创业教育工作,负责全院学生创新创业教育工作的整体顶层设计、组织实施与监督总结。创新创业学院是开展创新创业教育的基地,主要工作职责如下:负责各级各类创新创业教育班级(“2+1”实验班、企业接班人培养班和创业先锋班等)、创业园区(包括技术研创楼、电商孵化园)的建设管理;负责各级各类创新创业活动、竞赛和会议的组织与实施;负责发展各类创新创业基金,建立天使投资补偿、科技信贷、创新创业奖励等机制,为学生创新创业提供一站式服务;负责与各系各部门的创新创业事务协调等。

(2)设立创新创业教育工作领导小组。为了更好地推进创新创业教育工作,学院专门成立由院长担任组长的创新创业教育工作领导小组(见图2),根据学院部门组织机构的管理职责,明确规定各个部门在创新创业教育方面的工作内容与职责范围,促使部门相关工作的协调有序开展。如教务处主要负责人才培养方案修订、创新创业课程体系构建、创新创业教学改革、“训研创”实践基地建设,创业学院主要负责大学生创客空间建设、校内外大学生创业园区建设、创新创业奖学金评审和优秀创新创业典型表彰等。

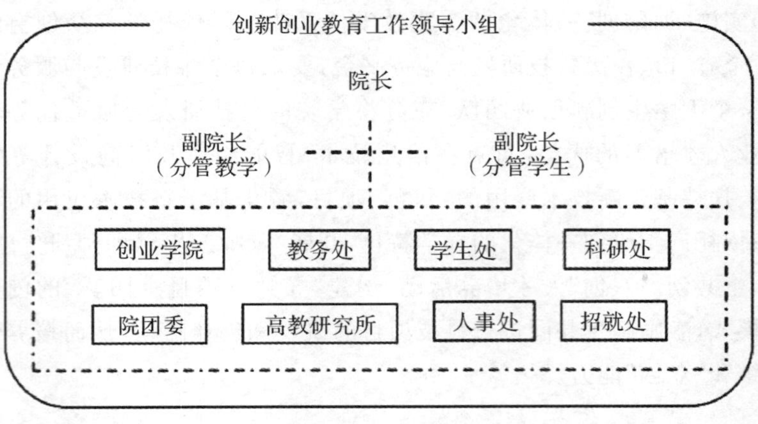

图2 创新创业教育工作领导小组结构

(三)建设保障体系,推进创新创业人才培养

为了能够顺利开展基于新技术应用的“双创”教育,学院在师资队伍、制度建设、资金支持和教育研究等方面加强了创新创业的相关保障。

(1)师资保障:建设一支专兼职相结合的创新创业教育师资队伍。学院针对基于新技术应用的创新创业教育的需求,在构建校内专兼职师资队伍的基础上,不仅面向校外聘请创业成功者、企业家、风险投资人等各行各业优秀人才担任创新创业课授课或指导教师,而且积极选派教师外出参加各种创新创业教育方面的研讨交流会议和教学培训。进一步优化激励政策,对在创新创业教学方面取得突出业绩的教师进行奖励,形成校级优秀创新创业导师库;优化创新创业教育的考核评价体系,将创新创业教育和创业就业指导工作计入工作量,并纳入专业技术岗位评聘和绩效考核,充分调动教师创新创业教育教学的积极性。

(2)制度保障:出台制定一系列创新创业相关制度文件。为有效激励师生深入开展创新创业活动,学院及相关职能部门纷纷制定出台创新创业教育相关的制度,在学校内形成积极主动培养创新创业人才的育人氛围。仅在2016年,学院就出台了《温州职业技术学院关于深化创新创业教育改革的实施方案》《关于开展“创新创业教育引领专业建设”重大教改项目立项的通知》等近10个创新创业相关文件,在创业奖金、创业学分转换、创业教师教改项目等方面提供了极大的便利。

(3)资金保障:加大资金支持以鼓励创新创业。学院统筹创新创业基金,第一年经费投入100万,预期3年后达到600万,建立天使投资补偿、科技信贷、创新创业奖励等机制,为初创期企业提供“首投”“首贷”,积极引导社会资本对学生的创业项目给予赞助或提供风险投资,具体如下:与深圳市国智金融服务有限公司签订500万元创业种子基金,与温州瓷爵士科技股份有限公司共同组建规模为400万元的创业种子基金;与温州鹿城农村商业银行签订战略合作协议,为学生创业提供科技信贷;与由温州成功商业领袖和温州优秀创业精英青年众筹成立的“U创会”建立学生创业资本对接,构建创业团队的融资渠道。

(4)研究保障:积聚力量开展基于新技术应用的创新创业教育的校本研究。学院秉持“创业教育要发展,研究开发要先行”的理念,采取具体措施促进部门职能在创新创业教育研究功能方面的延伸与提升。学院高等职业教育研

究所将基于新技术应用的创新创业教育研究作为主攻方向之一,追踪国内外创新创业教育的发展前沿,组建兼职研究团队,充分整合校内外优质研究资源,促使专家学者等从多学科视角对创新创业教育理论和学院已有的实践经验展开校本研究;学院招生就业处在负责创业就业指导的基础上,进一步开展对创新创业学生毕业后的创业动态进行跟踪调查,如毕业生创业率调查、毕业生创业数据库建立、做好创业跟踪服务等,为基于新技术应用的创新创业的实效提供数据支撑和反馈信息。

温州职业技术学院在基于新技术应用的“双创”教育方面进行了一系列改革实践,日渐引起教育部门和国内学者的广泛关注,教育部官网、《人民日报》、《光明日报》、《浙江日报》等主流媒体先后20余次对学院基于新技术应用的创新创业教育的成效进行了相关报道。学院成立了40余家创新创业工作室,成功孵化出温州瓷爵士餐具修复有限公司、温州思科信息科技有限公司、百锐文化传媒有限公司等10家创业公司及50余家具有成长性的新技术应用型创业企业。学院“产业科技众创空间”荣获省级和市级首批示范众创空间称号,并被科技部纳入国家级众创空间服务体系。截至2016年10月底,共有4个创业项目与风投成功对接:空间孵化的基于新技术应用的创新创业项目——废旧资源回收设备获塞尔维亚温州商会会长首轮风投2000万元,“创赢鸿国际贸易”获首轮风投500万元,“鑫创电子商务”和“微信39度体育公众平台”分别获首轮风投100万元,投资总额达2700万元。

四、基于新技术应用的创新创业教育人才培养的思考与建议

温州职业技术学院充分认识到当前国家开展创新创业教育的价值取向,以新技术应用为科学载体培养创新创业人才,理念、内涵与实践都有一定的示范效应。但是,高职院校在基于新技术应用的“双创”人才培养实践中,如何突破传统教育模式中与专业教育结合不紧、与实践脱节、与社会缺乏有效衔接等弊端,仍需要做进一步的思考。

(一)促进创新创业教育与专业新技术应用教育的有效融合

创新创业教育既以专业教育为基石,同时也是专业教育的进一步深化。

如何将创业教育有效地融入专业教育过程之中，在培养大学生专业知识的同时融入创业的理念、知识与技能，使大学生成为既懂专业知识又有一定创业能力的复合型创新人才，是推进创新创业教育改革的重要课题。[4]作为一种建立在学科和专业基础之上的新理念和新范式，创新创业教育的功能和本质与专业教育基本相同。创新创业教育具有外向性、实践性以及跨学科等重要特性，正好可以有效地整合离散和跨界的专业知识，可以更方便快捷地获得新知识、新理论和新技术。与专业教育相剥离的创新创业教育将陷入"虚化"甚至"落空"的现实困境；只有与专业教育有效融合，创新创业教育才能直接转化为现实生产力，并对社会产生重要价值。

基于新技术应用的创新创业教育作为一种自上而下和自下而上相结合的教育改革创新活动，以新技术作为连接专业教育的纽带与桥梁，如何有效挖掘和充实各类专业课程的创新创业教育资源呢？关键在于找到合适的融合途径，才能克服结合过程中的障碍。为从根本上破解这一难题，基于新技术应用的创新创业教育要立足于将创新创业教育全面纳入高校人才培养体系的高度，面向不同专业的学生，以新技术应用创业项目为导向，将创新创业教育与学生所在的学科领域的知识，特别是技术应用相关知识进行融合，以推动创新创业知识的实践化和新技术的商业化。由于相同专业的学生的知识基础较为接近，知识来源的同质性很强，在专业融合的层次上能达到一个较为深入的水平。在课程设计和开发方面，要依据不同专业的人才培养目标，推动专业类创新创业课程的开发，将创新创业内容纳入专业课程体系，要求教师在专业课程的教育教学过程中全面渗透创新创业教育的理念，鼓励教师开设专业创新创业相关的选修课。此外，基于新技术应用的创新创业教育在重视学科间渗透互动的同时，可进一步探索走向学科化的思路，如在现有专业学科内设置新技术应用二级学科、开设新技术应用实验班等，逐步形成一系列新的交叉融合学科。

（二）突出高职院校创新创业教育的实践性诉求

创新创业教育只通过理论教育将难以实现目标，其重要特征是实践性。波兰尼提出，人类的知识可分为"显性知识"与"缄默知识"。缄默知识的特征是无法通过语言进行逻辑的说明，无法以规则的形式加以传递，只能通过"学徒制"的方式进行传递。[5]创新创业教育与其他教育类型的不同之处在于它的知识构成以缄默知识为主，要求教学必须以具体的实践活动为基础，通过参与创业实践以及对导师的自然观察建立创新创业领域的“个体知识”。从高职教育的类型特色来看，实践性是高职教育的内在特征，也是区别于普通高等教育的主要标志。高职教育的实践性是否突出，是衡量高职教育质量高低及办学特色的一个重要指标。正因如此，创新创业教育与高职教育在本质特征方面，有着极深的内在契合性，这也客观决定了高职院校的创新创业教育必须满足实践性诉求。我国创新创业教育在实施过程中却存在着某种价值定位偏差，在一定程度上陷入采用传统理论教学手段空谈抽象“创新精神”的尴尬境地，难以产生实际效益。因而，基于新技术应用的创新创业教育要牢牢把握“实践性”的突出特质，重点建设“实践导向”的人才培养体系。基于新技术应用的创新创业教育的课程要遵循模块化和项目化的设计原则，可将课程分为基础课程、应用课程和拓展课程 3 类。基础课程旨在奠定新技术习得基础；应用课程在于尝试利用这些新技术来开展实践性的创新活动，如研制新产品或新服务；拓展课程在于激发创业动机，组建创业团队，开展创业实践活动。

（三）构建基于新技术应用的创新创业教育的协同机制

当今具有知识生产从一维走向多元的时代特征，大学与产业部门、独立研究机构、政府的关系演变为竞争、交易、合作以及学习，这为大学创业生态的出现奠定了基础。[6]创业生态系统的内部和外部因素都对创业教育起着激励、制约与调控等作用，影响着创业教育的发展、延续和自我完善。[7]推进基于新技术应用的创新创业教育，需要社会、政府、学校、教师和学生等各方主体凝聚共识，从宏观、中观和微观层次构建协同创新机制。在现阶段，我国的创新创业教育协同创新机制尚处于论证探索阶段，没有形成整体的结构性布局，处于论证探索阶段，没有形成整体的结构性布局，更无成熟的模式可供参考借鉴，在很大程度上阻碍了创新创业教育产生实际效益。基于新技术应用的创新创业教育在这个方面也同样面临着如此困境，主要表现在高校创新创业教育囿于政府政策扶持的外向驱动，自身内生性动力不足，师生等其他主体参与的积极性不高。因此，建立起学校、政府、社会三位一体协同创新的运行机制对基于新技术应用的创新创业教育显得尤为迫切。在教育生态理论视域下，基于新技术应用的创新创业教育可通过打破各主体之间的隔离状态，从调整政府、学校和产业行业的关系生态着手，实现创新创业教育共同体的构建。以市场需求为导向，引进行业企业新技术，聘请企业技术研发人员当兼职导师，围绕企业技术难题开展创新性研究，推动校企合作产研共同体的形成。以学生创新创业需求为动力，凸显学生的主体性，结合高校优势学科进行精细化的课程设计，满足多元化的个性化学习需求。研究创新创业文化环境建设问题，发挥院系在创新创业过程中的主体能动性，提高全员参与的热情与激情，构建基于校内协同的创新创业文化共同体。创新创业文化共同体的建设可从制度文化、物质文化和精神文化 3 个方面寻找突破的空间。

参考文献

[1]刘宝存. 确立创新创业教育理念培养创新精神和实践能力[J]. 中国高等教育，2010(12)：12-15.

[2]李力. 跨国公司技术创新研究[D]. 长春：吉林大学，2005：28.

[3]鄂甜. 论新常态下我国职业教育转型发展策略[J]. 职业技术教育，2015(22)：8-12.

[4]黄兆信. 论高校创业教育转型发展过程中的几个核心问题[J]. 兰州大学学报(社会科学版)，2014(6)：147-154.

[5]石中英. 波兰尼的知识理论及其教育意义[J]. 华东师范大学学报，2001(2)：36-45.

[6]黄兆信. 众创时代高校创业教育的转型发展[J]. 教育研究，2015(7)：34-39.

[7]黄兆信. 多元理论视角下高校创业教育的发展策略研究[J]. 教育研究，2016(11)：58-64.

立地式研发

——高职院校产教深度融合的新途径①

王向红

摘　要:创新驱动发展战略对现代职业教育发展提出了高标准新要求,分析了产教深度融合背景下,高职院校立地式研发的逻辑起点,针对当前高职院校立地式研发中遇到的现实困境,提出了立地式研发的具体路径和驱动机制,以期解决高职院校产教融合、校企合作的深层次问题。

关键词:创新驱动;产教融合;立地式研发

当前,科技创新在第四次工业革命中发挥了核心和基础作用,创新由传统的线性模式转向非线性模式,经济社会发展逐步由要素驱动转向创新驱动。2017 年 12 月颁布的《国务院办公厅关于深化产教融合的若干意见》提出,进一步深化产教融合,促进教育链、人才链与产业链、创新链有机衔接,全面推行校企协同育人,用 10 年左右时间,教育和产业统筹融合、良性互动的发展格局总体形成,需求导向的人才培养模式健全完善,人才教育供给与产业需求重大结构性矛盾基本解决,职业教育、高等教育对经济发展和产业升级的贡献显著增强的目标要求。[1]高职院校如何深化产教融合,构建校企合作长效机制,围绕产业关键技术、核心工艺和共性问题开展协同创新,加快研究成果向产业技术转化,是高职院校内涵式发展面临的瓶颈问题。高职院校立地式研发模式以区域新经济新技术发展需要为导向,以研发任务为牵引,通过资源整合、主体联合、要素融合"三合"方式,创新校企合作研发驱动机制,推进技术与人才供给侧结构性改革进程,提供了高职院校促进产教深度融合的有效途径。

---

①　本文是 2015 年度浙江省哲学社会科学规划课题"第三次工业革命视角下浙江省高职院校经济社会服务能力提升的路径研究"(15NDJC111YB)的研究成果。

作者简介:王向红,温州职业技术学院副院长、教授。

一、高职院校立地式研发的逻辑起点

新经济、新产业、新业态是当前经济技术发展的共性特征，但由于地方历史、经济、产业的差异，决定了新经济、新产业、新业态在区域层面具有鲜明的区域性特点，这必然导致新经济新产业背景下高职教育具有区域性特点，也导致了高职院校的科学研究具有区域性特点。[2]其区域性特点集中体现在“立地”研究上，即研究课题的立足、面向、辐射均为地方，地方既是科研服务的区域，也是成果转化的区域。因此，高职教育服务区域经济社会发展的功能与特色决定了高职院校的科研是基于区域经济发展需要开展的校企合作技术开发、产品开发、成果转化、项目策划等研发活动。[2]这种立地式研发的内涵主要体现在3个方面：一是突出“立地”，立足于区域经济社会发展需要，立足于产业关键技术、核心工艺和共性问题解决的需求，立足于企业生产一线的实际需求，与企业的专门化技术相对接；二是突出“开发”，利用应用研究的成果和已有的知识与技术，改进已有工序、创造新技术、新方法和新产品；三是突出“转化”，实现开发成果的产业转化和教学转化，探索产业化实践和学生实践项目改革。由于高职院校立地式研发既推动区域技术的发展，为区域产业行业企业技术积累与创新做出应有贡献，同时，又推动了研发成果反哺教学，实现教学转化，提高技术技能人才培养质量，凸显了高职院校产教融合、校企合作的作用。因此，立地式研发是高职院校产教深度融合的有效载体和途径，也是最适合高职院校的科学研究模式之一。

美国教育家伯顿·克拉克曾提出高等教育的“三角协调模型”，他认为国家权力、市场力量和学术权威三者之间的协调直接影响高等教育的发展。[3]高职教育具有高等教育属性和经济属性，根据三角协调模型理论，高职教育作为跨界教育，更强调人才培养、科学研究和社会服务的跨界合作，形成与政府调控、市场调节之间的新型关系。因此，高职院校立地式研发的逻辑起点在于对高职教育跨界本质的把握，主要体现在政府、市场、高职院校三者在人才、技术上的交互，具体有以下3个方面。

（一）高职院校提供人才和技术

伴随着经济的快速发展，新技术、新产业和新模式调整和迭代的周期不断缩短,对高职院校人才培养和技术研发的实时性提出更高要求。高职院校应积极融入区域产业发展战略,及时呼应区域产业新发展,以培养能够适应新行业、新产业转型升级的新型劳动者为目标,开发新专业人才培养规格和课程标准,同时以立地式研发作为教师科研的核心要求,对接企业技术创新需求,对接具体企业的专门化技术,进行工序改进和技术创新。通过立地式研发,一方面,提高教师对技术进步的反应速度,推进教师将符合地方技术发展需求的新思想、新观点、新方法传授给学生,提高学生对专业前沿知识和技术的兴趣和敏感性[4];另一方面,推进教师切实完成企业的创新要求,提高教师创新能力和专业技术服务能力,促进校企进一步合作和产教深度融合,为经济社会发展提供发展型、复合型、创新型技术技能人才和及时有效的技术研发服务[5]。

(二)市场提供需求和项目资源

市场以企业项目研究和成果转移需求作为主动参与高职教育,推进产教融合的突破口,集中优势资源,搭建开放性、创新型服务平台。企业根据市场需求向合作学校提供合作项目、合作资金,学校在企业的协管下全权使用。通过学校与企业共同研究开发,完成整个项目的试制,最后双方共同将产品推向市场。通过立地式研发,高职院校获得了资金和信息资源,释放了知识的生产力价值;企业获得了人力资源支持和经济效益,其自身的创新能力也实现了可持续发展。[6]

(三)政府加大政策支持和引导作用

当前经济发展进入新常态,经济社会发展环境也发生深刻变化,发挥主导作用的政府要加强区域发展战略的谋划与产业布局,提供强有力的政策保障,培育市场导向、对接供需、精准服务的技术创新服务机构,支持高职院校利用市场合作和产业分工,校企合作建立利益共同体;出台优秀应用型人才吸引政策,采取人才住房保障措施,特别是技术和技能大师享受特殊津贴和医疗保障,解决子女就学等问题;鼓励支持高职院校立地式研发,通过专利补贴等政策支持和引导,使高职院校与区域产业的发展同频共振。

二、高职院校立地式研发的现实困境

国家创新驱动发展战略的提出,对我国高职院校产教融合与人才培养提出了新的要求，对高职院校技术研发的改革也提出了新挑战。但从目前高职院校的技术研发水平来看，还远远不能达到产教深度融合的内在要求。

（一）顶层设计欠缺，技术研发支持力不足

目前，高职院校尚未形成系统的产教融合、校企合作的顶层设计，校企合而不深、合作项目重数量轻质量的问题依然存在。部分院校的校企合作停留于签订协议层面，企业参与不足。虽然高职院校对教师有下企业、承担研发平台工作、带研发团队等要求，但是仍有很多教师存在追求学术上的成功和论著上的数量，缺乏正确研发定位以及对市场需求的分析，缺少企业技术服务经历。[3]学校总体统筹内部科研管理建设迟滞，缺乏完备的针对立地式研发项目管理、绩效评价和奖励办法等制度体系及动态调整机制，缺乏稳定的研发团队，缺少技术领军人物，尚未形成系统性的管理资源整合和共享政策供给，技术研发支持力不足。[7]

（二）创新驱动力不足，技术研发活力不强

目前，高职院校对于研发创新工作普遍存在认识偏差，导致研发经费、人力、物力投入不足。高职院校发展历史较短，部分学校办学还存在“本科压缩饼干”的现象，同时由于科研工作起步时间较短，对研发工作认识和重视程度不足，造成研发能力和水平差异较大，且总体水平不高。由上海市教育科学研究院和麦可思研究院共同编制的《2018 年中国高等职业教育质量年度报告》（简称质量年报）公布了全国高职院校服务贡献 50 强，排在前 5 名和后 5 名院校的横向和技术交易到款额平均值差距为 12 倍和 73 倍，这一定程度上显示出高职院校服务区域经济社会发展能力的差异很大。[8]质量年报里服务贡献 50 强的服务到款额显示，全国有超过 1/3 的高职院校的研发服务到款额不足 10 万元[5]，远远不能给予新技术研发有力的经费保障，同时也无法为研发成果和企业实际项目引入课程驱动教学改革创造条件，这与高职院校内涵式发展的目标相差甚远。

（三）成果溢出不明显，技术研发转化力不高

目前高职院校缺乏完备的知识产权转移渠道和运营体系，一些高职院校没有成立专业化成果转化转移服务机构，缺乏与地方支柱产业相关校企共建

科技成果孵化平台,科技资源整合的途径有限,技术成果转化通道不畅;缺乏系统的科技成果转化政策和对专利等技术成果转化的激励机制,在资金投入和绩效评价上没给予一定的倾斜,造成教师参与专利项目成果转化的积极性不高,技术成果转化率低,成果含金量和附加值不高,缺少师生共创具有自主知识和技术产权的科技企业;缺乏对成功转让与许可实施的科研成果后续的跟踪与管理,很少围绕已转化成果进行二次开发和技术孵化。

三、高职院校实施立地式研发的关键因素

立地式研发是解决高职院校技术研发现实困境的一种有效的实践探索,实施立地式研发取决于3个因素:资源、主体和要素。

(一)校内外资源整合:打造产业链的服务平台

整合校内外技术和人才资源是立地式研发的基础。可从以下3个方面进行:(1)整合凝练校内核心技术方向,提高技术服务精准性;(2)整合校企技术和人力资源,以开发任务为牵引,联合企业、协会组成校企双元技术开发团队,发挥组合的优势,夯实创新人才团队建设;(3)整合校内外科技成果资源,成立科技成果推广转化中心,成立区域行业知识产权联盟,促进成果转化和新技术应用,激发立地式研发新动能。

(二)政校企多主体联合:打造创新链的科技平台

多主体联合是立地式研发的支撑。伴随新经济新技术的快速发展,创新主体逐渐呈多元化趋势,政府、院校、科研院所、行业协会、企业等单位相互合作以解决单一主体不能解决或不易解决的问题,多主体联合协同攻关越来越重要。尤其是目前高职院校技术支持力不强,技术创新普遍存在缺少新技术应用、技术集成供给链、协同机制,造成单一技术易解、集成应用难破、持续支撑更难的开发研究问题。通过政校行企联合成立多类型研发机构,突破行业共性关键技术,实施技术、人才及创新机制的协同供给。(1)共建校企研发中心,探索多元服务模式,促进企业提质增效。如温州职业技术学院与华联机械集团等4家单位,共建了浙江省首批应用技术协同中心——浙南轻工装备智能技术协同创新中心,大大促进了与行业龙头企业

的合作。(2)校地合作共建产学研中心,将专业、基地、平台办到产业园区,加大技术开发力度,服务区域传统产业转型。(3)政行校企合作创新,服务战略性新兴产业发展。

(三)产教要素融合:打造区域经济的综合平台

融合产业与教育要素是立地式研发的核心。高职院校立地式研发过程实质上是高职院校的人才、技术、专业、政策等资源要素迁移和内化,通过与企业的新设备、新工艺、新产品等新型资源要素相融合,渗透到产业和企业的生产运营环节,建立互补互惠的交换关系,实现技术育人创新、服务引领能力提升。(1)将企业技术发展需求融入高职院校校企合作举措中,通过教师下企业、科技特派员等方式获得企业技术难题需求,成为企业技术研发的信息源,为企业提供了大量技术服务咨询,同时学校也积累真实项目教学案例等教学资源,推动校企双方形成良性交流互动。(2)持续企业服务要求融入平台和专业建设,为平台和专业建立良好口碑,使企业从被动变为主动,技术研发项目也从简单的工装开发服务到单元技术的应用,再发展到技术集成的成套装备开发,大大提升技术研发能力和人才培养质量,使高职院校成为持续企业技术服务与人才培养的创新源。(3)技术人才集成供给融入区域经济发展,高技术集成应用的开发和高素质的技术技能复合人才的培养,需要多技术领域、多方面单位的协同开发,构建"行业领先企业+高校+专业服务机构+中小企业群"的产教融合平台,实现新阶段的技术应用和创新能力提升,成为服务区域产业集群和经济的应用源。[9]

四、高职院校立地式研发的驱动机制

立地式研发模式的实现离不开研发动力产生、动力传输、驱动反馈3个环节的共同作用,离不开机制创新。

(一)创新需求驱动机制激发研发动力

一是技术需求驱动,立地式研发是以企业需求为导向,在任务牵引的基础上,通过单一技术研发与服务、多技术集成应用、多系统集成应用,促进点上技术服务、线上联合开发、面上产教融合,并通过合同管理、绩效考评、资源共享形成产业链和任务链协同，实现在任务牵引和链式驱动基础上的人才和技术的协同供给，构建驱动机制，推进需求导向—技术牵引—循环推进的驱动发展机制的良性运转（见图 1）。二是人才需求驱动，高职院校要发挥办学定位服务于地方经济、人才培养、产学合作的优势，利用与企业的密切关系，以技术开发、产品开发、成果转化为科研己任，从生产一线的实践中找项目、找课题，开展技术服务，并将技术开发成果和实际项目运用到教学中，更新实践教学项目和内容，使研发真正成为促进教学内容改革的强劲动力。

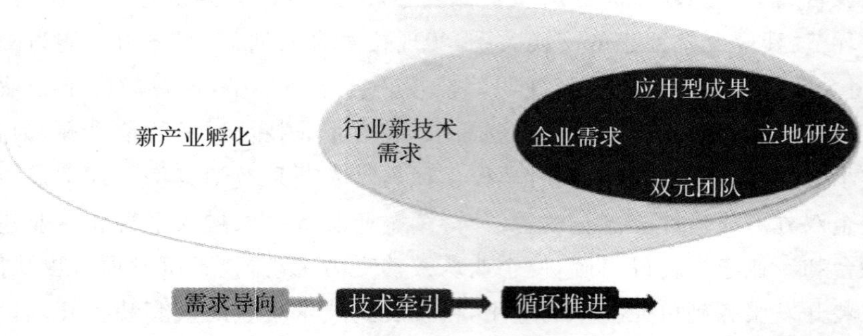

图 1　驱动发展机制

（二）创新协同驱动机制以适应研发动力传输

一是推进“学研”协同。对接新技术新产业和产业集群新发展，建设新专业和高水平重点特色专业（群），依托专业（群）校企共建研发机构，出台重点特色专业建设办法，专业建设绩效评价办法等政策，将专业技术服务能力作为重点特色专业考核一项重要指标，加大支持力度，推动专业和研发平台一体建设，提高专业的技术协同创新能力，促进区域产业结构调整和新兴产业发展。二是推进“研用”协同。整合“政校产行企”社会资源，共建科技创新服务平台，共建校内外实训基地，共同进行师资培养，共建技术服务联盟和二级学院等，打造科技创新体系。学校层面，与行业龙头企业、行业部门等共同组建技术应用与服务联盟，二级学院层面组建产学研合作委员会，专业层面成立专业平台一体化建设指导委员会和教师层面根据研发实际需要组建各项研发项目合作组。

（三）创新激励驱动机制形成研发反馈系统

一是科研激励机制，根据高职院校立地式研发特点与学校具体情况，系统设计立地式研发的制度体系，包括项目管理及配套，科研工作量计算及奖励，机构管理考核等，形成系统研发激励体系。二是人事激励机制。高职院校需要进行人事制度改革以适应立地式研发助推产教融合的需求。根据高职教师职业特点和教师发展需求，采取多类型多层次人才培养。在职务评审和聘任及津贴上将新产品开发、专利、标准制订及成果转化作为评价的重要依据，以此激励教师积极投身立地式研发，营造“人尽其才、才尽其用、用当其时”的良好氛围。

参考文献

[1]国务院办公厅. 关于深化产教融合的若干意见[Z]. 2017-12-19.

[2]王丹中，赵佩华. 产教融合视阈下高职院校协同育人机制探索[J]. 中国高等教育，2014(21)：47-49.

[3]胡秋儿. 高等职业教育三角协调模式研究[J]. 宁波大学学报（教育科学版），2010(7)：70-74.

[4]王克春，祝艳. 创新驱动发展与地方高校人才培养模式改革[J]. 沈阳师范大学学报，2016(4)：81-84.

[5]成洪波. 论科教融合与应用型创新人才培养[J]. 高等工程教育研究，2017(4)：141-145.

[6]王辉. 校企协作助推产教融合：美国社区学院校企协作“项目群”的兴起[J]. 高等教育研究，2015(3)：102-109.

[7]金雁，丁继安. 构建面向区域产业的高职院校科研新体系[J]. 中国高教研究，2010(8)：81-83.

[8]上海市教育科学研究院. 2018 年中国高等职业教育质量年度报告[Z]. 2018-07-15.

[9]刘立新. 德国职业教育产教融合的经验及对我国的启示[J]. 中国职业技术教育，2015(30)：18-23，37.

高职院校有组织的企业实习模式与实践①

——以温州职业技术学院为例

王向红　陈雪珍　刘海明

摘　要:企业实习是高职院校活动教育的重要载体,有组织的企业实习活动对加强和改进高职院校高素质技术技能人才培养具有重要的意义。温州职业技术学院创造性地提出了"认知十专业十顶岗"有组织的企业实习模式,构建了"三度一要求两监控"有组织的企业实习管理体系,建立了"产教融合、资源共享"的有组织的企业实习运行机制,系统有效地推进了高职学生三年不断线的实训实习,为全国高职院校有组织的企业实习实践提供一种可操作的范式。

关键词:活动教育;温州职业技术学院;有组织的企业实习;实习模式

近年来,随着我国高等职业教育蓬勃发展,高职院校为社会发展和经济建设培养了大量的高素质技能人才。《教育部关于全面提高高等职业教育教学质量的若干意见》指出:"引导建立企业接收高等职业院校学生实习的制度,加强学生的生产实习和社会实践,高等职业院校要保证在校生至少有半年时间到企业等用人单位顶岗实习。"[1] 企业实习是人才培养的重要环节。但长期以来,高职院校企业实习实践活动基本上由共青团主导,在管理学生实习过程中显得力不从心。由于组织上的缺陷,学生企业实习缺乏专业教师的指导,与专业实践结合不紧密,管理评价机制不健全,使得学生企业实习流于形式,影响实习效果。原有的企业实习模式已经越来越不适应社会发展的

---

① 基金项目:浙江省哲学社会科学规划项目"第三次工业革命视角下浙江省高职院校经济社会服务能力提升的路径研究"(15NDJC111YB),主持人:王向红。

作者简介:王向红(1964—　),女,温州职业技术学院副院长,教授,博士,研究方向为高职教育;陈雪珍(1982—　),男,温州职业技术学院讲师;刘海明(1980—　),男,温州职业技术学院讲师。

需要。为此，温州职业技术学院有组织的企业实习模式在学习和借鉴活动教育理论的基础上，创造性地提出了"认知＋专业＋顶岗"有组织的企业实习模式，打造了"三度一要求两监控"有组织的企业实习管理体系，建立了"产教融合、资源共享"的有组织的企业实习运行机制，系统有效地推进了高职学生三年不断线的实训实习，为全国高职院校有组织的企业实习实践提供一种可操作的范式。

一、理论与模式

（一）企业实习是高职院校活动教育重要载体

美国哲学家、教育家杜威在批评和吸收卢梭等教育家思想的基础上，从哲学、心理学和教育学的角度，首先比较完整地提出了活动教育理论，确立了活动教育理论的地位。他提出"从做中学"(learning by doing)，重视学生的主动性。[2]活动教育理论主张让学生成为自己学习活动的主人，主张通过主动的活动来获得丰富的直接经验，从而促进其知识学习、技能培养和能力提升。企业实习是高职院校活动教育的重要载体、高职院校人才培养的重要途径，活动教育理论赋予高职院校企业实习实践新的意义。

活动教育摒弃了传统的忽视个性、压抑个性的理论灌输式的教学方法，特别强调学生主体性地位的发挥，使学生从被动角色转变为主动角色。教师积极创造条件，在企业实习实践中鼓励、引导和启发学生主动去探索、发现、解决学习活动中的问题，通过以学生操作实习实训为主，教师指导为辅的活动教育，使学生在比较短的时间内，理解和学会尽可能多的理论知识和操作技能等，在企业实习实践活动中，更好地培养学生勤于思考、勤于动手、独立分析问题和解决问题的能力。高职院校企业实习活动可以通过让学生充分利用学习时间和假期时间，走进实训室、研发机构、生产车间、工厂和企业，让学生参加顶岗实习实训，将专业教育中所掌握的知识技能运用到产品设计、生产、制作和调试中，在真实的职场环境下处理生产、建设、管理、服务等一线工作的实际问题，使学生能够在做中学、在学中做，从而实现学业与就业的有效衔接。

(二)“认知+专业+顶岗”有组织的企业实习模式

温州职业技术学院把学生有组织的企业实习作为加强和改进高职院校高素质技术技能人才培养的一项重要内容,以活动教育理念为引领,通过“产教融合、资源共享”,创新“认知+专业+顶岗”有组织的企业实习模式(见图1)。其中,大一认知实习,大二专业实习,大三顶岗实习,认知实习是基础,专业实习是核心,顶岗实习是关键,时间上,逐层递进,三年不断线,广度上由宽到窄,精度上由粗到细,通过有组织而非无序的企业实习实践,使学生基本技能和基本素质、专业技能和专业素养、岗位能力和社会能力得到较大的提高,从而真正彰显高职院校服务社会、育人成才的社会价值。

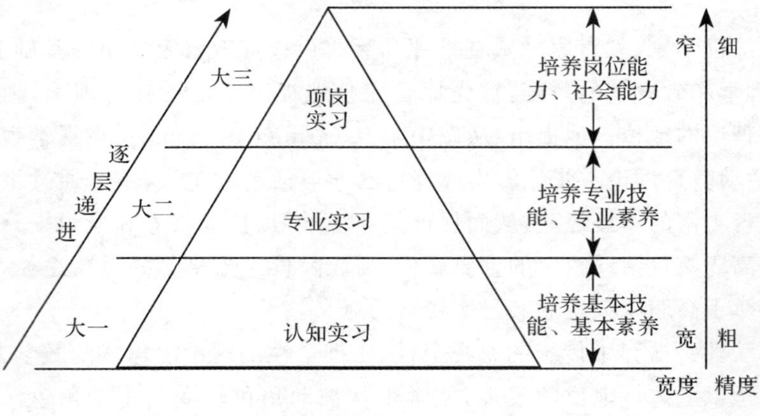

图1 “认知+专业+顶岗”有组织的企业实习模式

1. 认知实习

认知实习是学生在大学一年级暑假,利用1个月时间进行企业认知,通过学校教师和企业师父的组织和引导,进行一些简单的操作和简单的辅助工作,从而获得直接或间接的生产实践经验和岗位认识,为接下来的专业实习打好基础。通过认知实习,一方面,培养学生的基本素养,使学生了解企业发展历程、企业文化、企业管理、生产工艺流程等,增加感性认识,培养观察和分析问题的能力、勇于探索的创新精神、严肃认真的学习品格、吃苦耐劳的工作态度等;另一方面,培养学生的基本技能,让学生在企业生产一线认知体验，拓宽学生的专业视野，巩固专业基础知识，掌握基本技能，为后续专业课程学习打下基础。

2. 专业实习

专业实习是学生在大学二年级暑假1个月时间进行企业专业阶段实习，为满足企业用人需求，学校教师和企业师父有计划、有组织地指导学生将专业知识技能运用到生产实践中，进行一些复杂的操作和综合性工作，并从事一些产品的生产，为顶岗实习打下坚实的基础。专业实习是由系部统一组队安排学生到企业参加实习，并为每个实习团队指定专门的学校指导教师和企业技术师父共同完成顶岗实习指导工作。专业实习主要培养学生专业技能和专业素养，提高理论联系实际，将所学的专业知识运用到生产实践中去解决实际问题，实现育人目标。

3. 顶岗实习

顶岗实习是学生在大学三年级第五、六学期安排一段较长的时间进入企业岗位实习，使学生将在校所学全部专业课程知识和企业提供的岗位实现对接。在学生顶岗实习阶段，以企业实际生产为依托，由各系为顶岗实习学生制订具体轮岗计划，共选实习课题，共同指导完成，为企业了解学生、学生了解企业搭建互动平台，也为学生顺利实现就业提供有力保证。

二、路径与机制

（一）构建“三度一要求两监控”有组织的企业实习管理体系

为了使有组织的企业实习实践活动顺利开展，有效地对学生加强指导、管理和监督，温州职业技术学院探索出“三度一要求两监控”有组织的企业实习管理。“三度”是参与度、集中度、满意度，“一要求”是专业教师指导要求，“两监控”是院系两级监控系统。

参与度：学校要求各系部广泛动员和发动全体学生参与有组织的企业实习活动，与企业协调安排好学生交通、饮食、住宿等问题，学校食堂、学生宿舍、教室、实训室正常开放。

集中度：要求各系部科学合理组建学生企业实习实践团队，提高进当地知名企业实习的学生比例。按企业实习总体安排和要求，所组各类集中实习团队的学生数一般在10人以上。

满意度：通过调查问卷的形式，掌握各系学生对实习活动开展总体情况及效果进行评价，走访实习单位，组织召开座谈会，了解企业对学生实习的满意度。实习效果满意度评价主要以数量与质量相结合的评价方式为主，并参考企业评价、社会影响及组织宣传等因素。

教师指导要求：要求各系积极组织教师参与企业实习活动，要求每支专业实习队伍都必须至少配备1名专业教师和1名企业技术师父进行指导，并明确规定指导教师到岗指导的次数和工作量，比如达到学生实践时间的1/5以上，学校相关部门对教师指导实习活动进行考核。

院系两级监控系统：严格按照要求，加强过程管理，建立院系两级监控系统，组建院级企业实习活动领导小组，监督各系指导教师和实习团队认真完成实习工作安排。系领导、辅导员、专业教师和其他教师下企业指导学生实习必须达到一定的工作量，严格遵守实习的相关规定，认真完成各项实习任务。

（二）建立"产教融合、资源共享"有组织的企业实习运行机制

高职院校主要面向地方经济和行业需要，担负着当地经济和社会培养生产一线技术应用型人才的任务。[3]为更好地实现人才培养，顺利推进有组织的企业实习模式的实践，必须建立"产教融合、资源共享"运行机制。温州职业技术学院通过"共进、共教、共创"，即师生共进企业，共同实习；校企共同指导学生企业实习；共同进行技术研发和开展创新研究，以基地保障、组织保障、制度保障、经费保障、安全保障等来确保"产教融合、资源共享"有组织的企业实习有序运行。通过产教融合、资源共享，学校充分实现了校企对接，使学生主动关心社会、了解企业、服务生产，运用专业知识分析、处理现代生产实践及其社会生活中的实际问题，并从中受到更深刻的教育和成长。

1.基地保障

稳定的实习基地是顺利开展高职院校有组织的企业实习实践的基础。重视企业实习实践基地的建设，为学生实习实践搭建平台。温州职业技术学院

充分发挥自身的资源优势、科技优势、人才优势，通过“产教融合、资源共享”共建校外实习基地，主动与当地知名企业、规模企业开展紧密合作，有针对性地安排学生到校外实习基地进行锻炼，为学生参与企业认知实习、专业实习和岗位实习提供良好的实践条件。近年来，温州职业技术学院依托支柱产业和特色行业，与电器、模具、家具、鞋服、电子商务、多媒体技术、传媒技术等企业共建实习基地。目前，已与700多家当地企业开展合作共建。其中，深度合作民营企业有300多家，毕业生中半年以上校外顶岗实习的比例达到100%，实习基地的建设保证了有组织的企业实习模式的有效运行。

2.组织保障

首先，宣传动员，组织协调。组织教师、学生召开企业实习动员大会，强调开展有组织的企业实习活动的重要意义，积极鼓励教师参与其中，主动为学生联系实习单位，保障实习工作的顺利开展。同时，出台相应的政策，给予指导教师一定的物质奖励和精神奖励。号召广大学生积极报名参加有组织的企业实习，与家长保持沟通，做好学生与家长的思想工作。其次，校领导带队督查，各部门加强组织管理。学校所有领导带队走访实习企业，与企业负责人进行座谈，了解企业发展和用人需要，加强与企业的联系，掌握学校教师指导学生情况和学生实习情况，协调学生处、教务处、督导处等部门加强管理，对存在的困难和问题给予及时的帮扶。最后，建立系统化组织管理平台。建立和完善人才培养工作状态数据采集平台，由学生处、教务处、督导处等部门负责数据采集工作，下企业开展的指导教师和学生实习情况的督查，实时上传教师在企业指导学生情况和学生在企业实习情况，对实习期间的一些违规行为进行通报，督促实习实践顺利有序开展。

3.制度保障

首先，建立和完善企业实习管理制度和监督制度。完善了《温州职业技术学院学生企业实习管理条例》等规章制度，将各系部学生实习工作纳入学校年度考核之中，对参与“共进、共教、共创”教师给予激励政策，突出过程考核，将定性考核、定量考核与精神鼓励结合起来，三管齐下。其次，建立和完善企业实习工作考核办法（见表1）。从方案设计、实习过程、效果评价三大指标开展考核，按照参与度、集中度、满意度要求，强化对教师指导的考核，侧重过程指导和管理，细化考核内容，将实习管理和监督工作落实到位。

表1　有组织的企业实习工作考核办法

考核指标及权重		考核内容
一级指标	二级指标	
方案设计(10%)	总体规划(3%)	组织机构建立、实践计划制订、考核目标的落实等
	保障体系(3%)	基地、制度、经费、安全、措施等健全
	实习队伍(4%)	专业实习队伍建设的数量和质量
实习过程(70%)	参与度(20%)	参与统一进企业实习学生数达到一定比例
	集中度(20%)	组织进企业集中实习团队的学生达到一定数量
	教师指导要求(20%)	每支专业实习团队配备专业教师指导,教师数量达到要求,以及指导教师到岗指导学生实习达到一定工作量
	过程管理(5%)	实习任务完成情况、安全工作实施情况、实习经费落实情况;系领导、辅导员、专业教师和其他教师参与情况等
	媒体宣传(5%)	公共媒体及学院企业实习专题网站新闻报道情况
效果评价(满意度)(20%)	实习成果(10%)	实习报告、调研报告、实习成果、实习论文等数量和质量
	实习评价(10%)	开展调查问卷、企业座谈会等对实习活动开展总体情况及效果进行评价

4.经费保障

企业实习活动经费来源主要由3部分构成。第一部分来自学校学生工作经费中的企业实习活动专项经费;第二部分来自各系的教学经费,经费支出必须纳入年度预算里面;第三部分来自以实习项目争取企业和社会的赞助资金。其中,校级实习团队由学校统一给予资助,系级实习团队由系部经费给予资助。学校企业实习活动专项经费一方面保证校级实习团队的经费使用,另一方面给予各系参与团队实践的成员一定的交通费补贴,经团委审核确认后予以划拨;教师指导等费用在各系教学经费列支,经教务处审核确认后予以报销。除实习项目本身争取的外来资金以外,校级实习团队经费由校领导小组办公室采取直接或间接的方式进行管理,系部实习经费由各系工作小组进行管理。

5. 安全保障

首先，学校为学生统一购买人身保险。学生安全无小事，一旦学生在参与企业实习活动中出现了自身的安全和财产的安全问题，企业实习所有的机制和形式都将成为一纸空文，企业实习成果将大打折扣。通过为学生在实习期间统一购买人身保险，可以加强安全保障。其次，开展安全教育。在企业实习队伍出征前，集中进行全体实习队员的安全教育，召开安全教育大会，开展实习活动的安全防范指导和培训，使学生学会一些必要的急救措施，应对一些突发的安全事件。最后，建立信息畅通机制。在企业实习团队中确定1～2名安全联络人，每天在企业实习活动结束之后，以短信或电话的形式向辅导员、指导教师汇报安全情况、队员归队情况等，再由辅导员上报给相关领导。如果遇到突发情况或是自身不能处理的问题，随时向辅导员、指导教师汇报，以保证问题在第一时间得到较好的处理。

三、成效与反响

"认知＋专业＋顶岗"有组织的企业实习模式在温州职业技术学院实施以来，取得了良好效果。

（一）学生综合能力得到较大提升

通过让学生参加顶岗实习实训，将专业教育中所掌握的知识技能运用到产品设计、生产、制作和调试中，在真实的职场环境下处理生产、建设、管理、服务等一线工作的实际问题，使学生能够在做中学，在学中做，使其直接接触企业最先进的机器设备、生产技术、管理经验、经营理念等，有效地避免了传统意义上的暑期社会实践和"放羊式"的企业实习，从而提升其动手能力、管理能力、研究能力、创新能力等岗位能力和协调能力、沟通能力、合作能力等社会能力，实现学业与就业的零对接。

（二）教师教学水平得到较大提升

学校鼓励专业教师积极参与到学生实习实践中去，让专业教师主动联系企业，组建实习团队，尽可能集中地为学生安排实习岗位。同时，专业教师入驻企业,和学生一起开展实习实践,对学生进行全程指导。专业教师在指导学生实习实践的过程中,发现课堂教学中存在的问题和不足,在实习实践环节给予补充和完善,真正实现了教学相长,使专业教师教学水平得到较大的提升。

(三)企业用人满意度得到较大提升

在组织学生参加企业实习活动过程中,全面结合学生专业和企业需要明确规定学生实习内容、实习环节、实习要求、实习目标等,让专业教师和学生共同参与企业产品的研发、设计、制作、生产、调试等环节,使学生实习的深度和广度得到提升。在专业教师的带领下,学生积极参与企业的真实项目研究,在实习过程中帮助部分企业解决了当前企业发展面临的一些问题,学生实习实践得到了企业的高度肯定,企业的满意度大大提升。

(四)学校的知名度和美誉度得到较大提升

2014 年,全校共组建企业实习团队 312 支,指导教师配备 334 名,参与学生人数 4240 人,进企业实习比例达到参与统一社会实践学生的 80%左右。有组织的企业实习成果参加全国各类大赛中捷报频传,荣获省级以上奖项 140 余项。近 3 年,温州职业技术学院就业率均在 98%以上,名列省内高职院校前列。

四、相关建议

(一)制定和完善相关的法律法规,为高职院校有组织的企业实习提供法律保障

虽然教育部出台过《关于全面提高高等职业教育教学质量的若干意见》《关于全面提高高等教育质量的若干意见》等有关企业实习的文件,但是,到目前为止,尚未出台过针对高职院校企业实习的文件法规。为了保证高职院校有组织的企业实习活动健康有序地进行,必须加快制定和出台《高职院校企业实习管理办法》等法律法规,在政策扶持、组织建设、经费保障等方面给予明确规定,鼓励企业参与到高职院校有组织的实习活动中来,明确政府、学校、企业

等各方的相关职责，为高职院校有组织的企业实习提供制度支持。地方政府应统筹协调，结合本地区的特点，发挥行业、产业优势，制定和完善相关的高职院校企业实习条例或细则，为高职院校有组织的企业实习提供指导性意见，有力地保障企业实习活动有序开展。

（二）全面深化校企合作，在高职院校有组织的企业实习中实现共赢

高职院校有组织的企业实习活动顺利开展，有赖于全面深化的校企合作。因此，必须采取有效措施，在行业协会或行业主管部门的支持下，与知名企业开展全方位、多层次的合作，共建专业、共同开发课程、共建共享实训基地、共享人才资源、共育高技能人才、共同开展应用研究与技术开发等。充分发挥了各自优势，以合作发展为动力、合作育人为目标、合作就业为导向，积极探索校企合作的新形式，在“校企合作，产教融合”人才培养模式的大框架下，加强高职院校有组织的企业实习模式运行机制的建设，创新企业实习机制，深化校企合作，把校企合作与订单培养结合起来，校企合作与暑期社会实践结合起来，校企合作与顶岗实习结合起来，从而使学校、企业、学生、社会等在高职院校有组织的企业实习中实现共赢。

参考文献

[1]教育部关于全面提高高等职业教育教学质量的若干意见[EB/OL].[2013-8-12]http://www.tech.net.cn/web/articleview.aspx? id=201308121830118 58&cata_id=N379.

[2]杜威.杜威教育论著选[M].赵祥麟、王承绪，编译.上海：华东师范大学出版社，1981：34.

[3]王向红，田启明.服务于产业发展能力提升的实践育人教学体系[J].高等工程教育研究，2013(2)：152-156.

“应用导向”的高职人才培养模式探索与实践[①]

——以温州职业技术学院为例

王向红

摘　要:本文提出了基于“应用导向”的高职人才培养模式,并从逻辑起点和三大特征两个方面对应用导向的人才培养模式进行理论分析。同时,以逻辑起点和内涵特征为指导,对温州职业技术学院人才培养模式改革的探索和实践进行了研究。

关键词:高职教育;示范院校;人才培养模式;应用导向

随着以内涵建设为抓手、以人才培养模式创新为突破口的国家示范性高职院校建设计划的推出,探索合适的人才培养模式已是所有高职院校,尤其是示范院校建设的必然之选。通过4年多的示范建设实践,国家示范性高等职业院校在改革和创新人才培养模式方面进行了积极探索,大大地推动了全国高等职业院校改革的进程,促进了全国高职教育教学质量的提高。本文结合国家示范性高职院校——温州职业技术学院的改革实践,就“应用导向”的高职人才培养模式进行探讨。

一、应用导向的高职人才培养模式逻辑起点

逻辑起点是一个理论的起始范畴,明确逻辑起点有助于理顺理论体系的基本脉络,进而完成对理论体系的完整构建。应用导向的高职人才培养模式正是基于上述定位,在为区域经济和社会发展服务中突出实践教学,明确“应用为本”是它的逻辑起点,是研究高职人才培养模式的最基本理论问题。深入思考这个问题,将有助于更好地把握高职教育的本质内涵。

首先,从高职教育的性质来说,高职教育是高等技术教育。目前国际上比

---

① 作者简介:王向红,温州职业技术学院副院长,教授。

较公认的“职业带”人才结构理论(occupational spectrum),以工业职业领域为例[1],将工业技术人才分为技术工人、技术员、工程师这3个系列,把培养这些不同系列人才的教育相应称为“技能教育”“技术教育”“工程教育”。高等职业教育作为我国一种新兴的教育类型[2],定向于实际工作,并更加体现职业特殊性,因此其培养的是技术应用人才(技术员类),在类型、目标等方面具有高等技术教育的特征。

其次,从高职教育的目标定位与价值取向来说,高职教育培养的是应用型人才。从错位竞争的理念出发,以应用为导向,着力培养生产、建设、管理、服务第一线所需的高素质现代技术应用高技能人才,方能体现出高职教育与普通本科教育和中职教育相区别的个性与价值取向,赢得发展空间。因此,高职教育要实现自身的不可替代,就要与普通本科教育和中职教育进行差异化竞争,形成既不同于本科教育学术型或学科型,又不同于中职教育技能型的人才培养模式。同时,从目前人力资源现状来看,高职教育培养的高素质技术应用(高技能)人才,弥补了知识经济发展带来的高等教育体系在人才培养方面存在的不足和缺陷。

最后,从高职教育的发展策略来说,高职教育是应用服务型的高等教育。高职教育作为整个教育体系中的重要组成部分,与区域经济发展之间存在着高度正相关关系,这种关系要求高职教育必须协调好与区域经济发展的关系,培养高素质技术应用和技术服务人才。因此,其服务面向和人才定位都决定了它必然首先是应用型教育。高职教育应用型的教育属性又决定了它与本科教育相比,除了具有高等教育的共性外,还应更强调与体现高等技术教育的区域性(并最终体现为行业性)、实践性、针对性和多元化;与中职教育相比,虽然同属职业教育,但更凸显人才在知识、理论掌握上的高层次性和自身的可持续发展能力。

二、应用导向的高职人才培养模式特征

根据高职院校应用导向的人才培养模式的逻辑起点,其不同于本科院校也不同于中职学校的特定属性决定了高职教育的人才培养在做到强化类型特色的同时,还要兼具层次性。即一要明确自身的办学定位和就业(服务)面向,也就是要强化区域性;二要凸显高职教育培养的是生产、建设、管理、服务第一

线所需要的高素质技术型、技能型实用人才,也就是要突出实践性;三要凸显高职培养的是职业技能和职业能力中的科技文化含量和水平较高的技术型、技能型实用人才,也就是要体现高教性。

(一)遵循高职教育服务地方的原则,人才培养强化区域特色

高职教育本质上是区域经济发展的教育,高职院校主要面向地方经济和行业需要[3],担负着为当地经济和社会培养生产一线技术应用型人才的任务,其服务面向比较明确。尤其是2000年教育部把高职教育机构设置的审批权下放到省级政府后,满足区域经济发展需要和人才需求成为高职教育可持续发展的动力和内在要求。同时,地方性大学的性质也决定了高职院校培养的人才绝大部分要被本地区消化。这导致一方面,高职院校要适应经济社会发展以及行业企业对高技能人才呈现出的动态需求;另一方面,高职院校在适应这种动态需求的同时,对区域人才结构形成一种前瞻性的预测和引导,从而在人才培养上形成鲜明的区域特色,不断开拓区域经济与高职教育互相促进、共同发展的新局面。

具体而言,就是在专业人才培养目标和规格上,以社会需求为依据,参照职业岗位任职标准及从业要求,与行业企业共同确定;在人才培养模式实现形式上做到多样化,这取决于高职人才培养定位的日益多元化、精致化趋势和不同区域的不同行业、职业、岗位各自的培养目标和规格;在专业设置上,各院校的重点专业设置要与区域产业布局相对接,能够根据产业转型升级的需要,培养目标紧跟市场需求;在人才培养路径上,主动开展校企合作;在就业面向上,培养的毕业生流向要能为当地产业所吸纳,在高就业率的基础上进一步关注与提升就业质量,成为区域人才支撑的引擎。

(二)突出应用能力培养,人才培养强调实践特色

与本科教育培养的人才相比,高职教育更强调知识的有用性和对知识的应用能力,应用为本的教育属性和价值取向决定了实践性是其特征的集中体现,并成为应对当前就业难和职业教育落后于经济发展难题的突破口,这使得实践性成为高职人才培养模式的一个关键特征。而高职生自身的认知特点也决定高职教育必须突出实践性,在实践性上体现与本科教育的区别。

人才培养模式要强化实践性,必须打破依据知识的逻辑性、完整性组织课程内容的传统学科课程模式,建立基于工作过程的课程模式。在课程体系设计上进一步重视专业核心课程,强调以能力为中心,以培养学生动手能力为主

线,形成符合高职生技能习得特点的系统化、多层次的实践教学体系,从基本技能掌握、综合技能训练到创新意识培养梯度推进。必须在校园形态上,建立生产性的校内实训基地,实现校企空间和文化的统一;建立校外实习基地,实现校内校外实训实习的有效衔接。同时,将行业技术标准和职业岗位要求融入课程体系构建中,使高职毕业生取得专业毕业证书的同时,获得相应职业资格证书,实现与岗位有效对接。

(三)走产学研结合之路,人才培养兼具高教层次性

高职教育是一种类型教育的同时,还是职教类型基础上的高等教育。高教性的层次结构决定了其培养的人才在层次和质量标准上应高于中职。学生首先应有良好的职业素养,其次要具有适应就业需要的专业技能,最后要有促进其可持续发展的终身学习的能力。

为使专业人才培养达到就业岗位职业要求,又具有创新意识和可持续职业发展潜力,高职人才培养的过程必须符合高等教育的规律。要以培养面向生产、建设、管理和服务第一线的技术应用型人才为目标,构建符合认知规律特点的基础知识、基于岗位标准要求的实践动手能力、基于人的全面发展的职业素质培养的课程体系。首先根据本区域职业岗位(群)、学生就业情况及高职学生特点,确定核心岗位(对应毕业的首选岗位)与发展岗位(对应未来的发展岗位),按照核心岗位的任职要求和工作内容确定核心课程;其次按照发展岗位确定与职业发展路径相对应的发展课程;再次根据服务于专业的要求和高职教育“面向未来”的特征形成基础课程;最后全程融入创业教育等职业素质教育。四者经过系统化的组合,形成现代高职教育课程体系。在教学模式和教学方法上要根据产业新技术的持续快速更新进行相应变化,在适应工学结合要求的教学管理制度设计上实现精致化。

三、应用导向的高职人才培养模式实践与探索

根据高职教育人才培养模式“应用为本”的逻辑起点和其三大特征,温州职业技术学院以 6 个示范重点建设专业为龙头,对原有人才培养方案进行了颠覆性的改革与重构,系统设计形成了基于“应用导向”的各具特色的人才培养方案。

(一)以区域为服务面向——以模具设计与制造专业为例

模具设计与制造专业形成了"校企合作、亦学亦工、能力递进"的人才培养模式。该模式依托温州模具制造行业,以温州模具制造行业以及机电、轻工产品制造企业模具生产部门为服务面向,以精密冲压模具或精细塑料件注塑成型模具结构设计、模具制造技术为核心能力,以培养高素质高技能应用型人才为目标。引温州模具行业龙头企业——温州建达电子有限公司进校园,校企双方达成了共育模具设计与制造人才的合作协议,共同投入 1000 多万元,建成设备配置高精、工艺环节齐全的精密模具生产、试制及教学实训车间,满足了人才培养方案实施过程中模具制造技术认识实习、精密模具制造综合技术实训等教学要求。合作公司将自己的研发中心设在校园,经温州市政府批准,与学院联合成立温州地区模具及相关行业唯一的重点实验室。合作协议还明确校企双方合作期间的责权利及相应的规章制度,规定企业 40%的生产能力用于实践教学,这部分费用可占到学生实训成本的近 50%。

(二)强调实践特色——以鞋类设计与工艺专业为例

鞋类设计与工艺专业实施了"以产带训、以研促学"的人才培养模式。该模式主要依托行业,通过引进精品鞋生产企业进校生产,建立了校内生产性顶岗实训基地,达到以生产带动专业实训的目的;通过引进研发公司和科研单位进校进行实际产品和技术的研发,建立了研发性实训基地,达到以研发促进专业教学的目的,实现对高技能人才的培养。该模式在实施过程中,员工即是老师,车间就是课堂,实现学生和员工互动,教师和师父合教,融教学、实训、生产、研发和服务为一体。

在课程模式上,构建了以基本技能训练和综合技能训练为主的生产性实训课程体系(以产带训),以创新意识和创新能力培养为主的研发性实训课程体系(以研促学)。在教学模式上,在校内生产性实训基地设置教学实训区、生产区和研发区,在生产区设置顶岗工位,在研发区设置研发顶岗工位,学生顶岗工位与企业生产工位和研发工位交替安排。教学采用多媒体课件、现场操作演示和学生实际操作相结合的方法,实现教学、实训与生产、研发互动的良好氛围。在此基础上,建立了"教学实训(第一、二学期)→跟岗实习(第二学期)→生产性顶岗实习(第二、三学期)→研发性顶岗实习(第四、五学期)→毕业顶岗实习(第六学期)→就业"较为完善的顶岗实习实践教学体系。

(三)兼具高教层次属性——以电机与电器专业为例

就业创业能力是大学生学会生存和全面发展的重要基础,高职院校要把增强就业创业能力作为人才培养工作的核心任务。在人才培养过程中,电机与电器专业将创新创业教育全程融入,根据专业特色,凸显对学生创新意识和创业能力的培养。在“知识模块”中使“专业知识”和“创业知识”相互渗透,在“实践模块”中使“专业实践”和“创业实践”相互渗透,建立了与高职培养目标相匹配的三层次课外开放式创新实训体系。

引进亚龙科技集团、安信科技有限公司、日本三菱公司和欧姆龙公司等,共建共享“三个合一”校内生产性实训基地。依托“三个合一”实训基地,成立技术创新工作室,实行三层次教学,实现课外开放式创新实训。第一层次的开放实训,主要面对大一新生,注重培养学生处理产品工艺流程的能力;第二层次的开放实训,以基础理论、实训技能和电路系统设计为主,主要针对基础较好、有参加各类专业技能竞赛潜力的学生;第三层次的开放实训,面向高年级优秀学生,以技能创新和产品技术开发为主,以训练学生达到工程综合处理能力为目的,学生可直接参与导师团承接的纵向和横向课题及开发项目,在导师的指导下开展技术服务。

以创新工作室为依托、以项目为向导、以技能训练和专业技能竞赛为载体的三层次课外开放式创新实训体系的建立,进一步完善了高职人才培养体系,促进学生知识、技能、职业素养协调发展。该专业以创新工作室为载体培养的学生团队,在全国、省市的各级大赛中屡获佳绩,成绩喜人,先后获全国大学生电子设计大赛二等奖、中国机器人大赛第一名并获得世界机器人大赛资格、2009 年“亚龙杯”全国职业技能大赛二等奖、2009 年浙江省“挑战杯”大赛一等奖。

参考文献

[1]肖化移,聂劲松.从人才结构理论看高职人才培养规格[J].中国职业技术教育,2005(19):5-8.

[2]马树超,范唯.中国特色高等职业教育再认识[J].中国高等教育,2008(13/14):53-55.

[3]王向红.工学结合的课程体系构建模式的创新与实践[J].中国高等工程教育研究,2010(1):151-154.

深化产教融合 推动职业教育技术革命
——高职院校新技术应用人才发展战略思考

谢志远　刘燕楠

摘　要:高职院校新技术应用人才战略,是伴随着产业升级和技术进步对高等职业教育发展提出的新要求和新方向,更是利用新技术驱动高等职业教育改革、加大服务区域经济力度、改革人才培养模式的综合性创新实践。在新技术、新产业背景下对未来的技术人才实施培养,既是高职教育发展规律的必然趋势,也是高职院校在办学理念上进行理论与实践创新的必然选择。新技术应用、推广与创新,需要高素质技术人才的参与,高职院校要在以产业变革为背景的高等教育结构性改革中异军突起,必须在"新"字上下功夫,依靠"新技术"培养"新人",构建以新技术应用职业人才为技术资源的现代高等职业教育体系。

关键词:产教融合;新技术应用;高职院校人才战略

进入21世纪以来,经济社会呈现出新的发展态势与特征,以互联网产业化、工业智能化以及工业一体化为中心,信息技术、生物技术、新能源技术、无人控制技术广泛渗透,人类进入以数字化、平台化、智能化技术应用为标志的工业4.0时代。面对前所未有的变革,高职院校要以改造传统产业为契机,进一步深化产教融合、优化人才培养模式、强化新技术应用对于高职教育的推动作用,主动作为、积极应对,将新技术应用人才的优势凸显出来,为国家培养高端技能型人才提供人力资源保障。

一、新技术应用教育:高等职业教育变革的战略定位

"中国制造2025"是我国政府面对新的国际环境和产业变革趋势,将中国由传统的"制造大国"转向"制造强国",推动经济社会技术产业跨越式发展的

重大战略规划。为实现这个宏伟蓝图，国家产业调整需要通过信息化和工业化深度融合，引领和带动整个制造业升级，以实现高端产业与产业高端的技术目标。在这个过程中，高职院校不仅承担了高端技术人才的培养、培训任务，也承担了以人才优势引领技术优势、以新技术人力资源充分保障产业更新与技术创新的重要使命。新技术应用、推广与创新需要高素质技术人才的参与，高职院校必须依托人才战略规划，推进综合改革力度，通过引导技术人才创新，圆满完成我国制造业转型升级中的人力资源保障任务。

（一）高职院校新技术应用人才定位，能够深化产教融合，实现从“产业跟随”到“产业互动”直至“产业领跑”的阶段性目标

技术创新是推动产业革命的核心动力，对产业结构、生产方式、生活方式具有颠覆性的影响，特别是随着人工智能产业在工业领域的广泛应用，传统制造业的人才需求和技术岗位都受到严重威胁。然而，从另一个角度说，随着产业革命的逐层深入，我国制造业也在科学、技术、工程等领域实现了新的突破，产生了新的领域和与之相匹配的新技术，同时催生出新的技术岗位。如在计算机与工程技术的交叉领域，工业机器人（新技术产品）主导着该领域的技术主线和技术操作难题，需要掌握新技术、具有新思维的高端技术人才才能胜任。在其他行业，如智能制造业，也迫切需要同时精通电子工程、信息技术、工业设计的复合型人才和具有学科交叉背景、能够跨领域合作并掌握大数据思维的高端管理人才。面对当前市场对技术性和个性化的人才需求，高等教育（包括高职教育）对于不同人才的分类与功能定位也需要更加准确，能够使高端的知识人才和高水平的技术应用人才培养在高校职能战略调整与综合改革中的角色凸显出来，以发挥不同人才的优势，从而胜任市场的角色和技能等配套工作。

高职院校新技术应用教育在本质上是以新技术为核心的专业化、高层次的高等职业教育，从高校职能分工来看，它承担着对高智能和高水平技术人才的培养工作。人才结构理论将社会人才分成 4 种类型：“学术型人才，主要从事发现、研究事物发展的客观规律和基础原理的工作；工程型人才，包括设计型、规划型、决策型人才，主要从事与直接产生社会利益相关的设计、规划及决策工作；技术型人才，包括工艺型、执行型、中间型人才，主要在生产一线或者工作现场从事依赖特定、专门技术或者工艺的相关工作；技能型人才，包括记

忆型和操作型人才,主要依靠操作机器、机械或者掌握某种直接用于生产的技能完成相关工作。”[1]面对市场不断涌现的新技术,高职院校需要将具有新技术应用能力的人才资源挖掘、培养出来,从而对应国家对不同类型高素质人才的个性化需求。按照国家高端人才的结构分类,新技术应用人才,不是对于新技术的研发与创造等高端知识人才的定位,而是对原有的传统技术进行改造与创新的高端技术人才的定位,这也正是高等职业教育区别于其他普通高等院校教育的突出特征。

《国务院办公厅关于深化产教融合的若干意见》的出台预示着高等职业教育必须聚集行业、企业和社会机构的广泛资源,完善校企协同育人机制,充分发挥企业对于高职教育教学工作的参与和指导作用。应根植区域产业布局优势,以培养关键设备和技术的专业研发及应用型人才为核心,打造集专业教学、实践实训、素质培养、技能提升、技术研发、市场洞悉和社会服务于一体的产教深度融合高地,实现从“产业跟随”到“产业互动”直至“产业领跑”。

(二)高职院校新技术应用人才培养,能够实现校企协同共育英才

高职院校新技术应用教育,是培养产业变革中具有新思维、新技术的新型技术人员的统称,其核心是新技术的应用和对原有技术的改良改造。新技术应用人才培养定位,能够满足高职院校专业教育与职业教育的共同要求,将新技术理念融入专业教学、创新创业教育和生产实践之中,使学生能够站在技术前沿看知识,将专业知识与创新能力相融合,开发新技术应用的思维和品质。在国家产业调整与发展的内驱动上,高职院校对于新技术应用人才的培养需要改变传统以高校为主导的校企合作机制,引企入校,把产教融合作为学校建设的主线,形成多主体育人机制,依照行业发展趋势进行专业建设和课程设置,整合行业、企业和社会机构的新技术资源,推动高职院校的转型与发展。

打造新技术应用人才培养高地,能够迅速对接企业需求,提升高职院校学生的岗位适应能力,缩短专业人才培养周期,使学校人才培养目标与企业新需求无缝对接,增强高职教育人才培养目标的针对性和适应性,从而以更先进的技术引领行业发展。随着技术创新和产业升级,各行各业对新技术应用人才的需求量越来越大,向高校要人才、向高校要质量成为国家和企业当前对高职院校人力资源供给提出的显性要求。当技术含量低的传统制造业被新兴的科

技业态所覆盖，产业价值链末端的产品被高溢出效应的商品所取代，粗放型生产被精益化制造所替代，国家的支柱型产业相继面临着产品与技术更新换代的时代挑战。社会产业的变革亟须高智能的技术研发人才和技术创新人才作支撑，亟待大量的数据分析、产品营销和企业管理等复合型人才做辅助，亟望新技术被广泛应用和推广的同时能够不断进行技术更新、升级与创造。以上这些都预示着新技术人才的"含金量"和对未来产业的发展潜能。因此，高职院校在新技术的起点上，肩负重任且任重道远。在人才战略规划上，需要根据学生的智力特点和职业发展目标进行深入的学情分析，让专业融入行情，让技术引领市场，面向成果转化、技术改进、流程再造、管理提升、服务升级等生产一线，为企业培养各领域新的技术应用型人才。

（三）高职院校新技术应用教育实践改革，能够使人才最大限度贴合本土经济产业，将职业院校传统的人才聚集优势转化为新技术人力资源优势

高职院校新技术应用教育实践改革，能够在技术人才培养上精耕细作，依托创新创业教育，提升人才社会服务与创新能力，利用人才优势为产业输出新技术应用"最后一公里"的技术源。要达到这个目标，高职院校的专业设置必须立足于地方和区域经济发展的特点和产业文化的特色，凝练出地方高职院校办学特色和专业特色，在此基础上，联合区域行业机构、地方社会组织、地方龙头企业和相对应的新技术研究机构等，共同组建"全产业链式"新技术应用与创新实践平台。在高职院校创新创业教育引导下，创设高品质的技术创新生态园，建立有规模、有特色、有文化的"创客空间"，使创业文化渗入校园，让企业文化影响学生，将校园文化建设与企业家精神相对接，用产学研创一体化创业模式打造新技术产业精品，建立高职院校与企业共创的校园文化氛围，从而影响、辐射地方产业发展，加快产品快速升级。

当前，企业发展需要人才作为有力支撑，职业教育发展也需要企业做坚实后盾。企业与高职院校之间是利益相连、荣辱共生的发展共同体。因此，学校与企业的"贴合度"直接影响了新技术的应用、开发与改造，双方只有相互融合才能实现"双赢"。从企业与学校双方的优势上来说，企业具备的是新技术优势，而学校具备的是人才聚集的优势，高职院校要实现深度的产教融合，必须从"新技术"应用人才开发入手，打造会使用新技术、会反思新技术、会改造新技术的

"高智能"技术人才,将高职院校的人才聚集优势演变为人力资源优势,从而成为企业发展的强有力支撑,引领行业发展。依托地方丰富的人力资源,融合区域经济特点打造"立地式"产品经济文化,才能真正增强高职院校服务地方产业发展的水平和能力,从而使高职院校成为国家产业发展与技术革命的生力军。

二、理念创新与观念指引:高职院校新技术应用教育的理论指导

新技术应用教育是高职院校以新技术人才为标准,综合分析产业行情和学生学情,为培养新时期具有新技术应用能力的创新创业人才而量身定做的技术智库工程,是集产业新技术推广、转化、创新于一体的技术开发与成果转化的人才培养工程。依据产业升级和新工业革命的特点,高职院校需要对人才的专业知识、新技术应用能力、创新素质、市场行情分析等综合能力进行开发,同时,还需将新技术应用的创新理念全程融入专业建设与课程改革之中,打破原有技术人才发展的单一路径,把行业、企业和市场资源整合起来,引入市场竞争机制和商业文化,实现跨学科交流、行业跨界合作。

(一)可持续发展:新技术应用人才培养的发展理念

可持续发展(sustainable development),是1987年世界环境与发展委员会在《我们共同的未来》报告中提出的关于人类未来发展的理念和行动目标。其基本内涵为:"既能满足当代人的需要,又不对后代人满足其需要的能力构成危害的发展。"[2]可持续发展,指明了当前人类社会发展的困境和未来发展的方向。这个报告站在人类发展的制高点上对人的发展问题提出了深入性的思考与建议,报告指出,"世界各国——发达国家或发展中国家,市场经济国家或计划经济国家,其经济和社会发展的目标必须根据可持续性的原则加以确定。解释可以不一,但必须有一些共同的特点,必须从可持续发展的基本概念上和实现可持续发展的大战略上的共同认识出发"[2]。

可持续发展是高职院校树立科学的发展观、进行新技术人力资源可持续开发与创新发展的重要理念。在经济发展领域,可持续发展注重"经济和社会循序渐进的变革"。在此基础上,高职教育人才发展目标,需要以"新技术"为变革的动力,将专业设置与市场经济发展趋势相吻合,以市场经济发展为导

向，对职业技术人才进行开发与转型升级。从职业院校自身发展的角度，可持续发展也需要作为学校自身发展的行动纲领，注重职业教育发展的规律，在历史、现实与未来相互衔接的战略规划背景下，着眼于职业教育未来人才的发展与高职院校未来生存的能力，将自身的传统经验、现实困境和未来出路统一起来，从而找到自身发展的优势与发展前景，以突破现实的瓶颈，寻找未来可行性发展的出路。

可持续发展是高职院校用新技术理念推动学校综合改革与内涵发展的核心理念，也是高职院校人才发展的目标和理论依据。职业教育可持续发展的目的在于高职院校经过不断反思、适应和调整自身发展规划，充分把握现实社会的机遇与挑战，不断寻找高职院校得以在社会与经济变革中生存与发展的办学特色，提升人才发展的竞争力，从而促进新技术人力资源的可持续增长。

（二）技术创新方法理论：新技术应用人才培养的创新理念

技术创新方法（Theory of Inventive Problem Solving，TRIZ）理论是由苏联学者阿利赫舒列尔（G. S. Altshuller）于1946年创立的，又译为“发明问题解决理论”，阐释的是关于技术进化的原理。在经济全球化的背景下，创新能力是企业在激烈的市场竞争中得以生存的唯一法则。按照TRIZ理论，“所有的工程系统服从相同的发展规则。这一规则可以用来研究创造发明问题的有效解，也可用来评价与预测如何求解一个工程系统（包括新产品与新服务系统）的解决方案”，同时，“像社会系统一样，工程系统也可以通过解决冲突（Conflicts）得到发展”。[3]实践证明，“运用TRIZ理论，可大大加快人们创造发明的进程而且能得到高质量的创新产品。它能够帮助我们系统地分析问题情境，快速发现问题本质或者矛盾；它能够准确确定问题探索方向，突破思维障碍，打破思维定式，以新的视觉分析问题，进行系统思维创新；能根据技术进化规律预测未来发展趋势，帮助我们开发富有竞争力的新产品”[3]。

TRIZ理论为高职院校新技术应用人才培养提供了有效的指导方法。新技术应用，“不仅意味着上一阶段掌握的专业技能的产出能够持续至下一阶段，也体现了新技术的提升和相互之间的促进，从短期来看是改善资源的分配，从长期来看是适应组织的新技术和形式”[4]。因此，新技术应用在本质上是将创造性解决问题的方法作为推动新技术产业发展的内动力，从而实现技术传递与技术创新的指导性理论。“TRIZ 作为解决技术问题或发明问题的强有力的方法,重点是建立解决问题的模型及致命问题解决策略的探索方向,为人们创造性解决问题提供科学的方法和规则。”[3] 在此基础上,将 TRIZ 理论与现代职业教育教学相结合,运用 TRIZ 理论培养学生创新思维和创造性解决技术难题的能力,启发他们不断地在技术应用中解决各种技术矛盾,最终形成技术反思能力,以推动产业发展与技术升级。

(三)内创业理论:新技术应用人才培养的实践理念

内创业(intrapreneurship)理论,最早由美国学者 Pinchot 在其著作《创新者与企业革命》中提出,它被定义为:“能够在现行公司体制内,发挥创业精神和革新能力,敢冒风险来促成公司新事物的产生,从而使公司获得利益的管理者。”[5] 在这个定义中,管理者不仅包含企业创办人,更包括在企业内部与企业共同承担风险的企业执行人。“内创业”概念被提出后,立刻在管理界产生共鸣,有学者指出:“内创业是指组织内部成员不顾当前控制的资源而去努力追求创业机会的过程。”[6] Carrier[7],Herriot[8],Antoncic、Hisrich 和 Peter[9] 等学者更进一步认为,“内创业是目标驱动下去创造新事物的过程,是公司创业精神的一种体现”。综合上述概念,“内创业”主要指的是创业者自我实施岗位创业的一种精神和能力。在人的发展中,“内创业”活动贯穿一个人整个的创新发展的全过程,它具有个体性和群体性特征。个体性,指的是创业主体是由单个人组成的,每个人都在不同的岗位进行着自我创新、创业活动;在主体的分类上,无论是企业管理者还是技术操作者,都经历了内创业的过程,它主要表现为创业主体以什么样的心态和能力去创造未来。换句话说,“内创业”是从个体“创建事业”的高度进行自我完善、自我创造和自我发展的过程。“内创业”的群体性特征,主要体现在创业成果上,其成果是可以积累的,它亦具有鲜明的群体性。

在当前大众创业、万众创新的时代背景下,促进大众进行内创业,就是激发每个人自我超越和自我创新的热情与动力。高职院校新技术应用人才培养实践必须树立“内创业”的教育理念,以“新技术应用创新”为导向,培养学生的创新思维和创业能力,深入开展“引企入教”改革,建立学校、政府、社会三位一体的协同创新机制,通过校企联合的技术项目实践,激发学生“内创业”的热情和动力,教会学生运用创新方法改革实践。

三、产学研创：高职院校以新技术应用为主线，分阶段实施校企合作，深化产教融合的实践策略

相对于颠覆性的发明创造，新技术应用更加贴合高职教育人才培养的定位，在改造和提升传统产业、实施创新战略过程中，高职教育人才培养从传统的操作性技术工人转变为对新技术领悟力快、操作能力精和创新思维强的高智能技术应用人才。因此，需要高职院校主动适应行业变化和企业需求，优化人才培养方案，真正实现专业设置与地方产业需求、课程内容与行业标准、实践实训过程与生产过程的对接，进而推进产学研创协同发展。

（一）第一阶段：通过“产业跟随”建立新技术应用人才培养联动机制，推动校企互通，实现产学结合

在高职院校新技术人才培养的第一阶段，需要将知识与实践紧密相连，以“产”助学，推进校企政等多方合作，树立高职教育与区域经济互动、与企业行业共赢的理念，打造产教融合的新高地。在与企业进行融通的过程中，首先，高职院校需要冷静分析“企业主导”下职业教育的专业发展与人才定位，真正体现产学结合，针对以往出现的“企业冷、学校热”的校企合作难题，着眼于新技术革新的产业转型与发展，构建校企共赢、持续性深度合作制度，使企业的新技术产品深入学校课程与创新实践，让企业全方位参与、指导学校的专业建设和课程规划。其次，高职院校需要建立畅通的合作途径，通过开展校政、校企合作育人，实现“政府搭台，企业表演，学校唱戏”的同台串联模式，打通产业链、营造生态圈，培养具有高职教育特质的创新创业人才。依托地方产业特点与行业特征，高职院校需要以专业发展与行业发展无缝衔接为出发点，在专业设置与课程建设方面，充分整合企业、行业和学校的技术资源和优势，建立立地式、立体化的新技术应用型人才培养项目质量评价体系，以实现新技术推广与专业建设发展同步、新技术应用与创新创业项目对接顺利、新技术改造与产业升级同步、新技术创新与技术变革一致的产学深度结合，实现“产教融合”纵深发展。通过开展校企合作育人，实现由顶岗实习、订单培养、现代学徒制到校企研发中心的合作递进，构建高校、企业、学生、社会多赢共进的良好局面。

(二)第二阶段:通过新技术应用人才培养创新孵化平台建设,促进"产业互助",实现产学研结合

与产学结合相比,推进产学研相结合需要将"研"融入课程,以企业研发需求为主导,将技术实践与产业发展相结合,把"求新""求变"作为高职院校专业课程的改革思路和方向。

在实践平台建设上,应以新技术应用为导向,积极引进世界 500 强企业的新技术资源,依托研发平台,对接创业团队,打造智能化、信息化、数字化项目,为企业、行业提供全过程孵化服务。在新技术应用的教学方式上,可以采用"导师+项目+团队"的师生共创模式,采用"企业出题、学校监考、学生论证、教师解答"的思路,探索"师研生随、师导生创、师生共创"的项目实施路径。在以新技术为导向的创新创业实践机制上,需要搭建不同层次、类别和形式的"众创空间",引发学生对新技术应用的理性思考,激发他们对新技术应用的实践兴趣,引导他们掌握对新技术改造创新的方法,通过理论与实践融合互动的项目平台,打造以技术项目为基础、以研发为动力、以创新创业为导向的"学训研创"一体的实践教学体系。

在将新技术应用与高校创新创业改革相融合的过程中,高职院校还可以通过专业建设与创业教育的融合,提升专业与市场的贴合度,积极创设有吸引力的"创客空间",充分满足企业对于发展空间、技术研发、人力资源、市场开拓等方面的个性化需求。同时,在项目支持上,要坚持面向区域经济发展的原则,与地方政府、行业企业联合共建孵化器和创新创业公共服务平台,采取"创投+孵化"的发展模式,将师生共创成果与相关企业对接、合作、转化为可供实施的项目,形成构建团队、发掘项目、对接投资、支撑后续的循环体系。

(三)第三阶段:通过树立新技术应用人才培养引领创新创业目标,实现"产业领跑",凸显产学研创的优势

作为产教融合的第三个阶段,产学研创需要高职院校发展方向与区域特色、支柱产业的转型需求深度对接,将学以致用、用以创新的理念贯穿专业建设和人才培养方案改革始终,根植于区域经济特点和文化特色,整合优势技术资源,利用创新人才培养及输出彻底实现"产业跟随"向"产业领跑"的转变。

在此基础上,以"坚持立地研发,促进新技术应用"目标为驱动,谋划与省

市乃至国家重大发展战略相契合的产教协同发展布局，鼓励高职院校在特色小镇、科技城建立创业学院；以省市重大产业战略为导向，使办学布局具有前瞻性、引领性；与科研院所共建协同创新中心，服务行业关键技术；与行业协会共建企业研发中心，服务民营企业；打破原有职称评审规则，实现“发明专利、专利转让与论文等同，横向课题与纵向课题等同，行业技术难题与科研项目等同”；引导教师从课堂走向企业，夯实产学研基础，服务教师专业化成长，为教师解决行业与企业难题提供人、财、物支持。通过立地式技术应用与区域发展双向互动、与教师发展双向互动、与人才培养双向互动，使高职教育人才培养目标与服务产业能力的目标相一致。

实现产学研创协同发展，还需要根据产业设专业，依托专业建立平台，通过开展创新创业活动，孵化科技型小微企业，进一步推动相关产业发展。即有什么样的产业就建设什么样的专业，有什么样的企业难题就建立解决什么样问题的平台，每一个平台，对接大学生创新创业团队，实现以平台促进创新创业，以创新创业推动企业孵化，以孵化企业提升产业发展。在新技术人才可持续发展路径上，向“做中创”“创中创”进行纵深，以获取行业的技术话语权为人才培养的最终目标，将人力资本转化为技术资本，将人才优势升级为技术优势，实现以高职院校新技术应用型人才输出为中心的区域产业结构布局的优化与调整。

参考文献

[1]薛喜民.高等职业技术教育理论与实践[M].上海：复旦大学出版社，2000：64-72.

[2]世界环境与发展委员会.我们共同的未来[M].王之佳、柯金良，译.长春：吉林人民出版社，1997.

[3]黑龙江省科学技术厅.TRIZ 理论入门导读[M].哈尔滨：黑龙江科学技术出版社，2007.

[4]Cunha Flavio，James J. Heckman. Identifying and Estimatingthe Distributions of Ex-post and Ex-ante Returns to Schooling[J]. Labor Economics，2007，14(6)：870-893.

[5]黄兆信，陈赞安，曾尔雷，施永川.内创业者及其特质对我国高校创业教育

的启示[J].高等教育研究,2011(9):85-90.

[6]Howard H Stevenson,Carlos Jariillo J. A Paradigm of Entrepreneurship: Entrepreneurial Management[J]. StrategyManagement Journal,1990,11(5):17-27.

[7]Carrier C. Intrepreneurship in Lager Firms and Smes: A Comparative Study [J]. International Small Business Journal,1994,12(3):54-61.

[8]Herriot P,Manning W E G,Kidd J M. The Content of the Psychological Contract[J]. British Journal of Management,1997,8(2):151-162.

[9]Antoncic B, Hisrich R D. Intrapreneurship: Construct Refinement and Cross-cultural Validation[J]. Journal of Business Venturing,2001,16(5): 495-527.

发展混合所有制职业院校的问题对策与实现形式①

童卫军　任占营

摘　要:混合所有制是职业院校创新体制机制、突破校企合作瓶颈的必由之路。激发办学活力、提高人才培养质量是混合所有制改革的核心要求;当前制约混合所有制职业院校的发展主要存在办学性质、产权归属和治理体系三大问题,建议职业院校进行混合所有制改革后应进行身份分类登记,分别登记为公办事业法人或民办事业法人,由地方出台政策明确混合所有制职业院校的合理回报,并建立健全职业院校产权保护和流转制度,实行"党委领导,校长负责,董事会监督"的治理模式;混合所有制办学改革可以通过"公办职业院校引入社会资本、社会力量举办的职业院校引入国有资本、不同资本合作投资新办职业院校"3 种方式实现,并分析了 7 种可行的实现形式。

关键词:高职院校;混合所有制办学性质;产权主体实现形式

职业教育与产业经济有着天然联系,但是当前困扰职业院校的"产教融合、校企合作"长效机制尚未形成;目前以创新体制机制为首要任务的国家骨干高职院校,其办学主体多元化仍然没有实质性突破。"混合所有制职业院校"一经提出,就引起广泛热议,有的认为混合所有制办学"大有可为",应积极试点、大胆探索;有的则认为在现有政策不清晰和法律不完善的情况下"不宜太冒进"。根据网上公布的各省高等职业教育质量年度报告显示,全国近 20 个省份在政府文件中明确提出要积极探索混合所有制职业院校,教育部《高等职业教育创新发展行动计划(2015—2018 年)》(以下简称《行动计划》)任务(项

---

①　本文是教育部人文社会科学研究项目"职业教育行业指导工作体系与运行机制研究"(13YJC880059)、浙江省哲学社会科学规划一般课题"浙江省高职院校特色定位与发展路径研究——以区域性和行业性为视角"(12JCJY03YB)的成果。

作者简介:童卫军,天津大学教育学院博士研究生,温州职业技术学院外事办主任兼党院办副主任、副研究员;任占营,教育部职业教育与成人教育司高职发展处副处长,博士。

目)承接一览表显示,有 22 个省(区、市)提出关于“混合所有制”的项目。然而,分析各地职业教育工作会议出台的文件,混合所有制职业院校的实际政策推进相对缓慢,很多都还停留在文件或计划上,真正在职业教育领域开展混合所有制试点工作不多,很多探索在遇到核心问题时因政策不明朗而停滞不前。民办教育先发地温州市原本计划在全市职业教育会议上印发《关于职业院校开展混合所有制办学改革的实施办法》,但最终也因为条件不成熟而搁置;一些职业院校探索二级学院股份制改革最终也因为“或多或少存在关联交易和灰色套利行为”而取消。

笔者认为,“混合所有制”是职业院校创新体制机制、突破校企合作瓶颈的必由之路,实行混合所有制的体制有利于职业院校更加贴近产业需求、跟上社会步伐。探索发展混合所有制职业院校,首先要把握提升人才培养质量这一核心要求,着力解决办学性质、产权关系、治理结构三大问题,在现有政策条件下积极探索有效的实现形式和途径。

一、提高人才培养质量是发展混合所有制职业院校的核心要求

关于混合所有制办学的诸多讨论,很多是从办学投入视角来研究,即更多地关注如何吸引社会力量投资办学。所谓混合所有制职业院校可以理解为两个以上不同性质的所有制主体通过以资本、场地、设备、人员等有形或无形资产“入股”的方式共同举办的职业院校,即国有资本与集体资本、私有资本、外资等不同资本中的一种或几种混合,共同举办职业院校,实现产权主体多元化。其核心要素应包括两个方面:一是国有资本与非公资本中的一种或几种的混合;二是混合所有制的主体必须为独立法人,参与各方按出资比例享有相应股份,产权明晰,实行董事会管理等。而实际上,国家鼓励探索混合所有制办学,虽然有吸引更多社会资金投入职业教育的初衷,但主要还是从激发办学活力、提高人才培养质量出发。高职三年行动计划在“探索混合所有制办学”条目中则以办学体制改革为主,多次提到激发公办高等职业院校办学活力、扩大优质高等职业教育资源[1],其核心要求在于提高职业院校的人才培养质量。

当前校企合作存在的主要问题是企业参与合作的利益得不到保障,因此需要通过混合所有制办学制度创新,调动企业参与职业教育的积极性,以现代

大学制度的形式明确企业在办学中的职责与权益，真正发挥企业办学主体作用，使校企合作以一种权责更加明晰的现代治理结构形式固化下来。从这个意义上说，在确保国有资本不流失的基础上，只要有利于提高人才培养质量，任何形式的混合所有制办学都是值得尝试的。

实践证明，实行混合所有制的办学体制，有利于推进管办评分离，完善内部治理结构，从而建立现代大学制度，更快地转变办学机制，并能更好地限制公办职业院校容易碰到的不当的政府干预，提高办学自主权；有利于职业院校和各种投资者，包括国内和国外不同类型的利益相关者进行更大范围、更有利于学校发展的合作；有利于职业院校为了更好地融资及整合各种资源，调动更多的社会资本投入职业教育；尤为关键的是，行业企业的实质性参与，有利于发挥行业企业优势，把企业最前沿的知识技术和资讯吸收到职业院校的课堂教学中，从而真正提高职业院校的人才培养质量。这种体制机制强化与拓展了市场主体地位和发展空间，当然有利于职业院校与产业同步发展。

二、发展混合所有制职业院校的主要问题及对策

当前，在国家引导支持社会力量兴办职业教育的大背景下，各地职业院校积极探索混合所有制办学，这是党的十八届三中全会提出"让市场在资源配置中起决定性作用"这一科学论述在职业教育领域的一次理论创新，也为职业院校进一步"创新体制机制、深化产教融合"指明了方向。探索发展混合所有制职业院校，要着力破解以下三大问题。

一是混合所有制职业院校的办学性质问题。法人属性是决定一个组织及其组成人员地位、待遇的根源性依据。《中华人民共和国民法通则》规定，法人机构包括企业法人、机关法人、事业法人和社会团体法人。理论上说，混合所有制职业院校既不是传统的民办院校，也不完全等同于公办事业单位，其办学性质还有待明确。一些学校，如南通理工学院、贵州航天职业技术学院虽登记为事业法人，但学校教职工不具备事业编制；而有些混合所有制院校虽然登记为民办非企业法人，却又核定了事业编制。这些法人定性导致学校既享受不到作为国家公益事业应当享受的优惠政策，又在某些情况下会被作为企业被征收各种税收，在办学中受到各种歧视。由于法人属性界定不清，社会和政府部门对是否使用公共财政支持混合所有制办学存有疑虑，认为支持混合所有

制办学存在国有资产流失的嫌疑。

关于法人属性问题,笔者认为混合所有制院校是相对单一所有制学校而言的一种办学类型,不应将其列为既非“公办”又非“民办”的第三种办学类型。[1]在法人登记上,建议职业院校进行混合所有制改革后身份应进行分类登记,营利性混合所有制院校登记注册为企业法人,实行“负面清单”管理,放松准入制度;非营利性混合所有制院校登记为事业法人,根据国有资产所占比例不同可以分为公办事业法人和民办事业法人,与纯公办职业院校具有同等法律地位,依法享受相关教育、财税、土地、金融等政策。同时,明确规定国家对混合所有制学校的经费支持,根据其办学绩效实行“分级”经费补贴,办学绩效的考核指标包括在校生人数、本地就业人数、社会服务收入等。

二是混合所有制职业院校的产权归属问题。当前,参与混合所有制的非公办学主体都有投资办学的心理,希望在公益奉献和资产积累方面实现双赢。但是,教育的公益性和非营利性质,导致个人或企业主无法从混合所有制办学中取得合理报酬。《教育法》《民办教育促进法》及其相应实施条例均规定,教育“不以营利为目的”。但是,社会资本与公办院校进行混合,一般都有利益回报要求,举办者迫切希望在办学积累、合理回报、产权流转等方面能够拥有充分权益,教育行政部门和专家学者也认为要健全这方面的法律法规,明确举办者利益诉求的获取办法。

2010年以来的温州民办教育综合改革试点,明确规定“非营利性民办学校可从办学结余中提取一定比例的经费,用于奖励出资人”。建议各地可探索出台相关规定,明确混合所有制职业院校“可以从办学结余中取得合理回报”,允许混合所有制职业院校在剔除国家政策性补贴后,拿出当年办学收益的20%作为合理回报,但回报的年奖励金额不宜超过以出资人累积出资额为基数的银行一年期贷款基准利率的2倍。同时,要建立健全职业院校产权保护和流转制度。首先要进行产权界定,明晰产权归属,可邀请第三方评估机构对学校资产尤其是无形资产进行正确评估与核算,明确资产存量与价值。只有在产权清晰的情况下,才能有效避免国有资产流失,调动民营资本投资积极性,明确院校知识资本和人力资本的价值,为产权变更和股份制改造提供有效依据。其次要探索建立适宜于教育的产权交易市场,为学校合并、股份转让等资本转移和生产要素流动搭建公平竞争、流通有序的平台,实现投资者的利益回报和资本高效率流转。

三是混合所有制职业院校的法人治理结构问题。《高等教育法》第三十九条规定高校党委为高校最高权力机构，实行党委领导下的校长负责制。混合所有制职业院校作为一种特殊的高等院校一般应建有董事会或理事会，如果实行董事会领导下的校长负责制，则与公办院校党委领导直接冲突。目前，现有探索普遍忽视办学主体的实质性重组，没有理清党委会与董事会或理事会的关系，缺乏在法人治理结构优化方面的系统思考。[2]

混合所有制职业院校的治理结构需将党委领导下的校长负责制与董事会制有机结合，实行“党委领导，校长负责，董事会监督”的治理模式。具体而言，党委为最高决策机构，职业院校重大事项由学校党委会或常委会按照党的民主集中制原则，就学校内部组织结构调整、内部重要领导干部任免、年度预算决算等事务进行科学决策。校长为学校行政长官，全面领导高职院校发展，负责学校日常管理。董事会为审议监督机构，一方面，董事会对党委作出的重大事项保留审议权，通过审议在决策阶段加强监督；另一方面，董事会对学校行政进行监督，通过审议和监督能够有效预防决策失误以及职权滥用现象的发生。

三、探索混合所有制职业院校的主要实现形式

发展职业教育的事权在地方，在职业教育领域，混合所有制改革是一项相当复杂的系统工程，在国家层面不可能一下子完善相关法律法规，也不可能很快建立起学校产权制度和产权交易市场。对混合所有制职业院校的实现方式、管理模式、产权交易与收益分配等，迫切需要地方政府和相关办学主体积极探索、勇于创新，努力在多元投入、多方治理、多样发展上闯出一条新路，通过地方的成功实践形成案例和制度，从而最终为国家层面的政策和法律的出台积累宝贵经验。

相对于单一所有制高职院校而言，根据不同所有制所占股份的比例不同，混合所有制职业院校可以分为两种：以公有制为主的混合所有制职业院校和以非公有制为主的混合所有制职业院校；根据办学层次不同，可以分为：学校层面的混合所有制职业院校，以及学校内部二级办学机构层面的混合所有制，即混合所有制二级学院，并以法人资格出现。无论是何种形式的混合，笔者认为，发展混合所有制不仅是民办职业院校的需要，其中更多应该是公办职业院校的努力方向，而混合所有制改革核心价值正是为了激发公办职业院校办学

活力。[3]鉴于此,在国家法律尚未明确的前提下,各地职业院校的混合所有制办学改革可以通过以下3种方式去探索:一是公办职业院校引入社会资本;二是社会力量举办的职业院校引入国有资本;三是不同资本合作投资新办职业院校。本文试对上述3种方式进行分析,并提出主要的实现形式。

(一)公办职业院校引入社会资本

公办职业院校通过改制主动引入民营、个体等社会资本,举办混合所有制的职业院校,以充分激发公办职业院校的活力。此种模式一般是以"公有为主、民有为辅"的混合所有制,虽然采取混合所有制办学,但其优点是并不改变学校原有的公办学校性质,学校原有的财政拨款渠道不变,原有教师身份可保持不变;缺点是产权归属不清,公办职业院校领导担心混合所有制改革是否会造成国有资产流失,改革失败是否会被追责;民间资本也有顾虑,因为不处于主导地位,怕失去话语权,往往会缺乏积极性和动力。在这里,还需要探索建立社会资本准入职业院校"负面清单"管理模式,明确规定哪些职业教育领域中的社会资本不能进入,哪些领域允许社会资本参股,以此打破垄断壁垒,发挥市场在资源配置中的更大作用,激发社会力量投资职业教育的活力。主要有以下3种实现形式。

(1)优质公办职业院校吸引社会资本实现不同层面的混合。优质公办职业院校引进企业优质资源,形成产权关系上的"混合"。此种模式可以在学校层面上实行混合办学,也可以是二级学院层面的混合。目前,各地探索的主要还是二级学院层面的混合所有制,比如江西省计划预算投入2000万元建设4个省级混合所有制二级学院,福建省2016年试点支持公办职业院校与企业合作举办混合所有制性质的二级办学机构。《行动计划》明确指出"鼓励举办具有混合所有制特征的二级学院、鼓励建设股份合作制度工作室"等,即"通过将土地、校舍、设备等要素以作价入股的方式,将公办职业院校的某些专业或系部交由行业、企业等社会力量举办",从而组建混合所有制性质的二级学院。如杭州职业技术学院与达利有限公司、友嘉实业集团等企业合作共建达利女装学院、友嘉机电学院等7个具有混合所有制性质的二级学院;沈阳职业技术学院引入民营资本6500多万元,与其共建国家示范性软件学院等。

(2)公办职业院校改制为混合所有制职业院校。《行动计划》提出试点社会力量参与办学活力不足的公办职业院校改革。这里的"办学活力不足"主要是指相对薄弱或是生源困难的公办职业院校，参照国有企业的改制办法，由举办方牵头对公办职业院校进行资产清算，将其部分股权让渡给学校管理者和教师，管理者和教职工拥有管理权及收益权，以此为突破口实现办学自主权改革，从而推动办学机制的创新。以苏州工业园区职业技术学院为例，建院初始，该学院属公立性质，后经3次改制，学院股东由企业集团、学校管理团队和相关政府职能部门等6方组成，形成以民间投资为主、政府引导、管理团队积极参与的混合所有制办学模式。需要指出的是，这里的"改制"不是改变公办职业院校的所有制，也不是简单地变卖学校资产。其中主要目的是将学校的所有权与管理权分离，从而实现投资体制、管理体制和运行机制的转变。[4]

(3)公办职业院校接管弱势民办职业院校。对于经营不善、办学困难或是生源不足的民办职业院校，可以由政府或教育主管部门对其资产进行清查，并责成办学较好的示范性职业院校接管。民办职业院校可以将校舍、设备等资产折合成股份入股公办职业院校。[5]合并之后的混合所有制职业院校，原来的公办主体不变，管理决策权、处置权均不变，民办部分按其折合股份的占比享有一定的管理权，合并之后的院校中原民办职业院校的教师与公办院校教师可享有同等待遇。例如，公办厦门理工学院以持有69%的股份入主民办厦门软件职业技术学院，进行混合所有制办学。

(二)社会力量举办职业院校引入国有资本

社会力量举办的职业院校通过自身的优势和途径，吸引国有资本投资共同举办混合所有制的职业院校。此种模式一般是以"民有为主、公有为辅"的混合所有制，其优点是产权相对清晰、办学机制灵活、社会资本参与、办学积极性高；缺点是学校办学性质不清、财政拨款渠道不畅、国有资本如何保值增值、缺乏法律保障和动力、原有公办院校教职工担心混合所有制改革后自己的事业编制身份是否改变以及由此引发的一系列待遇是否会随之消失，等等。民办高职院校担心因股比缩小或稀释而失去对学校的控制权，以往的投资被同化，失去话语权，合法权益难以得到保障。企业担忧在混合所有制职业院校的办学属性、管理体制、退出机制以及相应的资产管理、收益分配、质量监控、风险防范等具体制度尚未建立的情况下，企业在混合所有制办学中"利益共享易、风险共担难"。主要有以下两种实现形式。

(1)国有资本直接注资民办职业院校。当前，民办职业院校缺少国家财政的支持,很少能够享受财政专项和生均拨款政策。近年来,各地相继出台相关政策支持民办教育发展,比如:2015 年重庆市对民办职业院校生均公用经费财政补助标准保持在 1400～2000 元;山东省开展非营利性民办职业院校教师社会保障与公办学校教师同等待遇试点;各级各类财政专项也面向民办高职院校开放申报等。所谓国有资本直接注资民办职业院校,是指政府或教育主管部门在所辖范围内对当地经济贡献度大的特色优质民办职业院校注入国有资本,并享有民办职业院校的一定股份。以南通理工学院(原紫琅职业技术学院)为例,该校建校初始为民办性质,后引入江苏教育发展投资中心(系省教育厅直属事业单位)1000 万元资金作为国资参股办学,其出资占股为 5%,此外,江海科教开发公司持股 58.64%,原举办者个人持股 36.36%。2013 年 4 月获得民办事业单位法人证书,后经批准升格为普通本科院校。

(2)民办职业院校托管低效公办职业院校。[6] 当前,一部分省份职业教育适龄人口呈现逐步萎缩趋势,个别公办职业院校面临生源危机。对办学效率不高的公办职业院校,尤其是部分国有企业举办的职业院校,教育主管部门可以对其资产进行清查,按就近原则将资产以股份的形式变卖给区域内优质民办职业院校,使之成为产权多元化的混合所有制学校。合并之后的混合所有制职业院校,原来的民办主体不变,管理决策权、处置权均不变,公办部分按其折合股份的占比享有一定的管理权,并保持国有资产的保值增值。例如,民办齐齐哈尔工程学院接受委托,代管公立黑龙江省甘南县职教中心,前者选派管理团队进入后者,并植入先进的管理模式。

(三)不同资本合作投资新办职业院校

公办院校、社会资本、外资等不同资本共同投资新办一所混合所有制的职业院校。此种模式以国有资本所占比例来区分办学性质,其优点是新办院校,可以按混合所有制的要素来设计办学,参与各方办公主体以土地、设备、知识、管理等要素作价入股,参与办学并享受相应的权利;新办职业院校可采用全新的治理结构、充分调动各方的积极性。主要有以下 3 种实现形式。

(1)地方政府、公办院校和行业企业混合办学。在一些经济发达但尚无高等职业院校布局的县级市,可以根据产业发展对高技术人才的需求,由政府出资征地、建校舍,吸引市级优质公办高等职业院校和行业企业参与组建混合所有制职业院校。地方政府以土地、校舍入股,公办高等职业院校以教师、人才、管理和专利等入股，并可享受原有公办生均拨款，行业企业则以真实的生产设备入股，这样地方政府、学校和企业发挥各自优势，能各取所需。地方政府吸引人才集聚，高等职业院校品牌复制扩大人才培养效应并服务县域经济发展，行业企业投入实训设备培养适用人才，从而实现多方共赢。例如，温州职业技术学院与瑞安市人民政府及区域骨干企业共建具有混合所有制性质的瑞安学院，瑞安市政府划拨土地并完成 2.5 亿元的基本建设投资，温州职业技术学院前期投入 2000 万元开办经费，并以优质管理和师资团队入驻办学，行业企业出资建设企业急需的人才培养实训基地，各方根据协议承担责任并享有相应的权利。

(2)地方本科、职业院校和行业企业混合办学。当前，一些地方普通本科院校主动向应用本科转型，可以根据区域对高技术人才的需求，由地方本科院校、职业院校和行业企业共同组建混合所有制职业集团，本科院校发挥学科优势注重理论教学，职业院校发挥实践教学的优势，行业企业发挥办学主体作用，全程参与人才培养过程，三方共同组建以行业为纽带的混合所有制职业院校，开展本科层次职业教育人才的培养。例如，民办安徽矿业职业技术学院(淮北矿业集团控股)，公办淮北师范大学和淮北神华理工科技有限责任公司，三方以 40%、30%、30%的比例投资举办淮北师范大学信息学院，开展混合所有制办学，同时积极引进战略投资者，筹备组建包含中职教育、高职教育、本科教育和职业培训四大教育实体的教育集团。

(3)职业院校与境外职业教育机构开展混合办学。国际化是当前高职院校发展的方向，我国高等职业院校要主动服务国家“一带一路”倡议，积极寻求与境外职业教育机构或相关行业、企业开展合作，服务企业走出去来培养当地本土化人才，以资本、技术、管理等要素参与混合所有制办学，可以在境内外办学，形成一批高水平国际化职业院校。[7]如天津渤海职业技术学院与浙江亚龙集团共同出资在泰国大城府大城学院建立的“鲁班工坊”就是一次很好的混合所有制办学的尝试。

当然，参照经济领域已经公布的各省市国资国企改革文件，混合所有制改革还可以有改制重组、整体上市或核心资产上市、员工持股等多种实现方式。2015 年底作为第一家纯粹意义上的全日制高职院校举办者的湖南金侨教育投资管理股份有限公司拿到了股转公司的同意挂牌函，在《民办教育促进法》尚未修订完成的前提下正式登陆新三板，给职业院校进入资本市场扫除障碍。但是，职业院校的混合所有制改革还有很长的路要走，需要国家政策的顶层设计、法律法规的修订完善,更需要地方政府和职业院校举办方的实践探索、试点突破。

参考文献

[1]孟源北,樊明成.发展混合所有制职业院校的若干思考[J].中国高教研究,2016(5):92-96.

[2]胡卫.混合所有制试点亟待规范[N].中国教育报,2016-03-15.

[3]安蓉泉.探索混合所有制职业院校的几点理性思考[J].中国高教研究,2015(4):95-98.

[4]朱卫国.关于公办学校"转制"问题的思考[J].教育发展研究,2005(7):61-64.

[5]王寿斌,刘慧平.混合所有制:高职改革"市场化"探索[J].教育与职业,2015(2):22-28.

[6]陈艳艳,阙明坤.探索发展混合所有制职业院校研究综述[J].中国职业技术教育,2016(12):32-35.

[7]阙明坤.混合所有制职业院校大有可为[N].经济日报,2014-09-16.

行业企业举办职业院校的现实困境与对策研究①

童卫军　任占营

摘　要:源于20世纪末的国有企业改制,行业组织和相关企业剥离了举办职业院校的权利,致使行业企业办职业院校存在三大困境:身份困境、资金困境和模式困境。本文基于全国职业教育工作会议召开后职业教育产教融合呈现的新生态,提出了行业和企业举办职业院校的建设性意见:建立和完善职业教育的国家制度和管理体系;改善行业企业举办职业院校的办学环境;保障行业和企业办职业院校的资金来源;创新股份制、混合所有制职业院校,促进行业企业办学。

关键词:行业企业;职业院校;现实困境;对策建议

改革开放初期,行业企业是职业教育的办学主体。源于20世纪末的国有企业改制,原本由大型国企举办的中专学校和职业大学,或划转到地方政府申办职业技术学院,或转为企业培训中心,多数由中小国企举办的技工学校或关闭,或改制为民营职业院校惨淡维持,行业组织和企业剥离了举办职业院校的权力。到2012年,按院校主管部门划分,全国由行业企业(集团)主管的高职院校仅存335所,中职学校的办学规模也大大缩小。虽然2011年国家出台了《关于充分发挥行业指导作用推进职业教育改革发展的意见》,但是,行业组织"指导什么、怎么指导"的职责并不明确,行业组织在实际中一直没有获得职业教育实际指导的权利,使当前行业企业举办职业教育在制度支持、资金保障等

---

①　本文是教育部人文社会科学研究项目"职业教育行业指导工作体系与运行机制研究"(13YJC880059)的阶段性成果;浙江省哲学社会科学规划一般课题"浙江省高职院校特色定位与发展路径研究——以区域性和行业性为视角"(12JCJY03YB)的成果之一。

作者简介:童卫军,天津大学教育学院博士研究生,温州职业技术学院外事办主任兼党院办副主任、副研究员;任占营,教育部职业教育与成人教育司高职与高专教育处副处长。

方面都面临困难,办学的积极性明显下降,行业企业举办职业院校这一优质资源正在快速流失。

一、行业企业举办职业院校的现实困境

行业企业办职业教育的核心问题,是国家层面上对行业企业办学的职责界定不明和办学机制缺失,造成办学体制分割;教育和人社部门分别举办职业教育,导致管理上缺乏协调统一,不利于资源共享和优势互补。目前行业和企业举办的职业院校在现实中面临"三大困境"。

(一)行业企业办职业教育的"身份困境"[1]

20 世纪 90 年代初的国家机构改革,十几个工业部门被改制为综合性行业组织,当时并未明确赋予其举办行业职业教育的职责;而在国企改革的过程中,随着"企社分开、主辅分离",企业办学的机制进一步弱化,由此带来行业企业办职业教育的"身份困境"。主要表现在:(1)院校办学性质界定的模糊带来政策缺失。国有企业所办院校其作为公办院校的性质很难界定,在很多省份实际上是其既不能享受民办院校的其他政策优惠,也享受不到公办院校应有的政策待遇,部分地区行业办职业院校处于政策夹缝之中,生存和发展面临困境。(2)院校的公益性质与企业逐利目标的背离。企业的核心经营目标是盈利,而企业办职业院校具有公益性。在无法律规定须履行职业教育义务的情况下,即使是国有企业,也没有义务将其自身利润投入公益性职业院校。(3)办学的公益性支出与企业财富积累间的矛盾。政府对国有企业的考核,其标准主要在于企业的利润和国有资产能否保值增值;而股份制企业要承担对股东权益的保障义务,将企业的利润投入公益性办学属于损害股东权益。(4)教职工权益得不到保障。虽然行业企业办职业院校在兼职教师方面有独特优势,但因为其专任教师无法享受到与公办院校教师同等待遇,严重影响了教师队伍的建设和稳定,不利于行业企业办职业院校教育教学质量的提高。

(二)行业企业办职业教育的"资金困境"

由于行业企业所办的职业院校"特殊身份",以及相应的法律法规缺失或

得不到落实，致其在办学资金方面陷入困境。(1)缺少长期稳定的投入机制，导致办学经费很难得到保障。目前，行业企业参与职业教育的积极性仍不高，部分企业已经停止对所办职业院校日常运营经费的投入，有投入的企业每年投入经费的规模也随企业经营状况的变化波动较大。(2)办学身份尴尬，导致政策扶持缺位。与公办、民办院校一样，企业举办的职业院校也在从事面向公民的公益性教育事业，其扮演的社会角色都相同，但由于其模糊的办学性质界定使其无法获得与公办、民办院校相同的“国民待遇”，享受不到国家财政上的拨款和其他方面的优惠性政策支持，不能通过融资等方式获得基建投入，更不能享受“职业教育法”规定的优惠金融扶持政策。个别行业企业举办的院校甚至由于不具备独立法人地位，按照“企业会计制度”核算，给资金使用带来不便；同时，因为这种企业属性，对企业征收的很多税种学校也需要上缴，进一步加重了企业所办院校的财政负担。

(三)行业企业办职业教育的“模式困境”

由于政府、学校、企业等不同主体参与职业办学的责任、权利、利益没有明晰，行业企业所办职业院校“校企一体”的优势在不断弱化，企业的优质资源没有得到有效地利用，原本“工学结合、校企合作”的特色不能充分发挥，办学陷入“模式困境”。表现在：(1)“工学结合”人才培养模式难以实现。处在“身份困境”和“资金困境”的双重困境下，以追求盈利为目标的企业为职业院校提供实习条件和兼职教师的积极性就会快速下降，参与指导学校的课程开发、专业建设等的积极性也大幅削弱，“工学结合”人才培养模式必然流于形式，难以实现。(2)产教融合的优势不能发挥。企业办的职业院校，往往因为经费问题不得不追求规模的扩张，导致专业设置同质化，毕业生不能满足企业的需求，企业对所办院校毕业生的需求大幅下降，在这种结构性矛盾下，企业不愿也无力为职业院校提供充分的顶岗实习岗位，导致企业举办职业教育的优势受到削弱。(3)行业的指导作用没有充分发挥。企业办职业院校培养的学生虽不能由主办企业全部吸收就业，但其行业特征不应丧失，所培养的人才应主要面向本行业的发展需求。因此，在办学专业设置、质量标准控制以及招生规模结构的引导等方面，以及在行业范围内超越主办企业、协调实现跨企业的“工学结合”，是行业组织应当承担的责任。但由于当前国家政策层面上对行业企业办学的模糊不明，行业组织在这方面的作用发挥不充分,行业组织没有能力承担起自身的责任,就必然出现缺乏规范的机构对企业办学进行引导和监管,缺乏有效的评价体系对企业办学的质量进行考核、评估的局面。

二、当前职业教育形成产教融合的新生态

2014 年 6 月,21 世纪以来第三次全国职业教育工作会议顺利召开,《国务院关于加快发展现代职业教育的决定》(以下简称《决定》)提出了一系列激发职业教育办学活力的新举措,职业教育产教融合开始呈现新的生态。

(一)支持职业教育校企合作的法规有新突破

继宁波市率先制定了《职业教育校企合作促进条例》后,河南省也出台了《职业教育校企合作促进办法》,上海、湖南、广西、深圳、大连等省市也颁布了促进校企合作的地方性法规或文件,国家还将适时出台《职业教育法》,对产教融合做出相关规定。可以说立法上的突破是形成职业教育产教融合新生态的根本。

(二)行业企业成为职业教育的重要办学主体[2]

职业教育按其举办主体可分为公立办学、私立办学、社区办学、行业企业办学等,其中由于职业教育"产教融合、校企合作"的基本特征,行业企业办学在职业教育体系中具有举足轻重的地位。但长期以来行业企业都是以志愿者、帮忙者的身份参与职业教育的,导致的后果必然是企业可以多做,也可以少做,甚至不做。《决定》第一次提出要"发挥企业重要办学主体作用",并"鼓励中央企业和行业龙头企业牵头组建职业教育集团",对规模以上企业提出了明确要求:有机构组织实施职工教育培训、有人员主动对接职业院校、设立学生实习和教师实践岗位等,同时要求企业把开展职业教育的情况纳入企业社会责任报告。国家从政策层面正式明确了行业企业在职业教育投资、制定全国培训政策、确定培训重点及整个职业教育有关决策过程中所扮演的关键角色,在专业建设和课程开发、以企业人员充实优化师资队伍等方面发挥主导作用。截至目前,全国已经建成职业教育集团约 800 个、吸引了 2 万家企业参加。可以说,这些政策的最终落实,明确了行业企业作为职业教育重要的办学

主体，而这一主体的明确是改革开放以来，教育领域重大的理念创新之一，也是形成职业教育产教融合新生态的前提条件。

（三）行业企业参与职业教育的机制初步形成

当前，在创新体制机制形成职业教育产教融合的内生动力方面，我国已经有诸多探索，并形成了不少成功经验。如《决定》提出“开展多元主体依法共建职业教育集团的改革试点”，上海市按行业成立了现代护理等 9 个职教集团，按区域成立嘉定等 12 个职教集团，形成了横纵结合的集团布局；河南省成立了由教育厅、人社厅、发展改革委、财政厅等部门和行业协会、企业、职业院校组成的职业教育校企合作促进委员会，负责全省职业教育校企合作工作。《决定》明确要求行业组织发挥“发布行业人才需求、推进校企合作、参与指导教育教学和开展质量评价”等 4 个方面的作用，截至目前，全国已经组建了 59 个行业职业教育教学指导委员会，产教融合发展的大工作格局已经基本形成；天津市高职院校由央财、市财重点支持的专业，全部建立了校企合作专业建设指导委员会；宁波市教育局与行业部门合作成立了 6 个行业指导委员会，进一步强化了行业主管部门指导、评价和服务职业教育的作用。在激发职业教育办学活力方面，《决定》进一步提出“探索发展股份制、混合所有制职业院校”“积极支持各类办学主体通过独资、合资、合作等多种形式举办民办职业教育”“探索公办和社会力量举办的职业院校相互委托管理和购买服务的机制”“建立学校、行业、企业、社区等共同参与的学校理事会或董事会”，让各利益相关方都参与到学校决策中来，在机制上保证职业院校能够始终贴近产业发展需求，为创新行业企业举办职业院校的体制机制指明了方向。

（四）政府在职业教育中扮演的角色更加明确

产教融合、校企合作是职业教育的基本特色，因此，一般而言政府不应直接参与管理和决策，而是起统筹协调、宏观调控的作用。在行业企业举办职业院校的过程中，政府所扮演的角色主要有：一是行业企业办学的投资方或购买者；二是统筹者，即统筹各行各业的办学资源；三是协调者，即协调办学实体之间的利益关系；四是规范者，即为职业院校制定相关规范。《决定》明确提出“通过授权委托、购买服务等方式，把适宜行业组织承担的职责交给行业组织，给予政策支持并强化服务监管”，“对举办职业院校的企业，其办学符合职业教育发展规划要求的，各地可通过政府购买服务等方式给予支持”。目前，中国高职高专教育网上公布的各省高等职业教育质量年度报告显示，吉林、河南、江西、四川等省份已经开始通过以奖代补、购买服务等方式，支持校企共建技术工艺和产品开发中心、技能大师工作室等，推动技术技能积累。由此可见，政府在职业教育中的作用将更多是通过多元杠杆来发挥，例如，财政拨款、项目引导、税收政策、特惠政策、购买教育与培训、激励政策、行政指令等。可以说，政府在职业教育中的角色定位是形成职业教育产教融合新生态的保障。

三、对行业企业举办职业院校的新思考

由于职业院校的办学主体不同、成分各异，如何将不同的职业院校置于平等的制度环境中需要制度创新和管理模式创新。对于行业企业举办的职业院校而言，其运行机制的核心问题是各办学主体的制度环境问题和政府的管理模式问题。在这里，原本倡导的“行业指导”应上升为“行业主导”，“企业参与”则升格为“企业主体”，而“政府主导”则向“政府推动”转变职能。[3]针对当前我国行业企业举办职业教育的三大“困境”，结合职业教育产教融合办学的新生态，拟提出以下对策建议。

（一）建立和完善相关法规和职业教育管理体系

1.明确参与主体在职业教育中的权利与义务

在职业教育中，涉及受教育者、企业、行业组织和政府。这些主体在现代职业教育体系中具有各自的权利和义务。建立有效的现代职业教育办学机制，需要明确各主体之间的关系及各自的权利和义务：(1)作为职业院校的举办方，行业组织和企业是重要的办学主体。企业作为用人单位，雇佣职业院校的高技能人才能够促进企业的生产经营效率、提高经济效益，自然有分担社会职业教育成本、为职业教育提供实习、兼职教师等便利的义务，有指导职业教育为其培养所需技能人才的权利；行业组织作为本行业内企业的公益性组织，有义务协调企业、政府和职业院校，为本行业发展需要的高质量技能人才培养承担责任。因此，各类行业组织应在政府相关政策和法规的指导下，利用行业资源、技术和信息优势，积极参与到职业教育的发展中。(2)职业院校尤其是

行业企业办的职业院校，作为技术技能人才培养的专门机构，有义务根据行业和企业发展的需要提供优质服务、培养高素质的技术技能人才，有权力因其服务的公益性获得社会的经济补偿、政府的资金支持和所需的各种优惠政策。职业院校还应主动服务行业企业的需求，寻求企业的利益切入点，积极开发合作项目，为企业提供更多的技术服务和智力支持。(3)政府作为社会各方利益的协调者和社会活动的管理者，应充分发挥其宏观管理、综合协调作用。一方面，政府作为社会的管理协调者，通过法律法规的制定和环境、机制建设，规范办学主体的活动、协调相关各方的利益。另一方面，职业教育具有公益性，对国家经济社会的健康发展具有重要意义，是政府提供公共服务的核心内容之一，政府有义务在其公共支出中对职业教育有一定规模的稳定投入。在这方面，天津市政府近年来创新职业教育统筹管理体制具有积极的示范意义：面对许多地方行业主管部门将所属职业院校交给教育部门管理的新环境，天津市政府明确提出职业院校继续依托行业（企业集团）管理的体制不变，财政性教育经费的渠道不变，经费额度不减，由教育部门加强统筹规划和宏观管理。目前该市85％以上的高职院校继续由行业（企业集团）和学校共同举办，办学经费全部由地方财政拨款支持。(4)接受职业教育培训的学员，是职业教育的受益者，有义务承担部分培养成本，有权利获得高质量的培养服务。同时，根据国家的相关政策，在符合国家资助、救助条件时享受学习费用的减免和补贴。

2.为不同办学主体的职业院校提供平等的政策待遇和评价体系

属不同办学主体的职业院校，除出资人不同外，获得的政府支持、遵循的培养标准和规范、接受的政府和社会的评价标准都应该是平等一致的，都应享有“同等国民待遇”。在容许非公院校的投资者获得一定合理投资回报的基础上，所有职业院校均应在达到法律法规所规定的培养标准的条件下，通过相同的渠道获得政府职业教育办学经费的投入。

3.创新多元化职业教育培养机制为行业企业举办职业院校提供法律支持

一是明确规定企业在职业教育中有提交职业培养费用、提供职业院校学生实习的义务；企业应根据其经营规模，按比例提交职业教育培训的费用，可计入其经营成本，企业可将其对所办职业院校的投入或对其他职业院校的捐赠抵扣这一费用；企业应按职工人数比例提供一定数量的实习岗位。二是国家教育主管部门和就业保障部门应会同各行业,逐步建立系统的职业资格认证制度,将职业资格与行业的岗位挂钩、职业院校的专业方向与资格证书挂钩。建议国家出台职业资格体系,严格要求企业雇佣人员必须有相应的资格证书。三是政府统筹职业教育经费支出,并建立合理的分配机制。企业缴纳的职业培养费用(或教育附加的一定比率)和财政职业教育经费由教育主管部门统一管理,对各种办学成分的职业院校按相同的分配机制进行配置,如政府购买、实习基地建设、学生就业和职业证书的奖励等。四是在落实教师法等有关教师待遇的政策法规时,对不同主体办学的职业院校教师均要落实到位,并保障其享受相关的待遇。

(二)改善行业企业办职业院校的办学环境

在现有相关法规基础上,进一步明确以下几个方面。

1.认可行业企业举办职业院校的公益性

对行业组织和国有企业举办的职业院校,要认定其为公办性质,进一步改善行业企业办职业院校的政策环境,包括:与政府举办的其他公办职业院校享有同等地位和待遇,如扶持性金融政策、生均拨款、收费标准、学生享受的助学机制等;认可所聘教员的教师资格,政府相关部门协助取得教师资格并享受教师待遇,不受其企业职工身份的限制;允许其通过代理的方式取得国家贷款、获得社会捐赠等;与其他公办性质职业院校平等参与相关的政府项目申报、国培计划培训、贫困学生助学机制等。

2.明确职业教育企业办学主体的相关制度

在各地出台政策的基础上,尽快制定国家层面的职业教育校企合作制度,推进校企合作法治化。完善企业接收职业院校学生实习和教师实践制度。鼓励行业和大型企业举办、中小微型企业参与举办职业院校。建立企业举办职业教育奖励制度和政府购买企业职业教育成果制度。健全现代企业职工教育培训制度,鼓励企业把研发中心和培训机构设在职业院校,委托职业院校开展技术研发和职工教育培训。企业开展职业教育的情况要纳入企业社会责任报告。

3.完善职业教育行业指导工作体系建设

行业主管部门、行业组织作为职业院校的主办方，要加强职业教育的指导能力建设，积极参与重大政策研究和国家职业标准制定，牵头组建行业教学指导委员会和专业指导委员会，参与职业教育人才培养模式创新和技能大赛活动，定期发布第三方评价和人才需求报告等。各级政府和相关部门要完善行业指导职业教育发展制度，将适宜行业承担的工作通过授权、委托等方式交给行业，并加强政策支持、经费保障和服务监管。

（三）保障行业企业办学的资金来源

行业企业办职业院校目前最大的困难是资金问题。2014 年，财政部、教育部联合发布《关于建立和完善以改革和绩效为导向的生均拨款制度加快发展现代高等职业教育的意见》（以下简称《意见》），明确规定“2017 年各地高职院校年生均财政拨款水平应当不低于 12000 元”。目前，全国共有 23 个省份制定了高职生均经费拨款标准，有 24 个省份制定了中职生均经费拨款标准。[1]

1.明确生均拨款政策适用于行业企业办职业院校

虽然《意见》明文规定“各地建立完善高职院校生均拨款制度，应当覆盖全部所属独立设置的公办高职院校”。但是，由于各地行业企业办职业院校办学性质不同、经费渠道不一致，部分省市如天津、辽宁、浙江等均以地方财政专项的形式为本地区所有职业院校提供生均经费，但也有省份行业企业办职业院校是无法享受到生均拨款政策的。有的省份为了提高了职业教育生均财政投入水平，甚至把职业院校剥离行业企业管理[4]，这与现代职业教育理念是相悖的。建议进一步明确所有行业企业办职业院校都应享受到国家生均拨款的政策红利，对于地方财政确实困难的可由中央财政提供补助。同时，可以采用“政府购买”的方式支持高质量的行业企业办职业院校。可采用的措施包括：第一，对行业职业教育教学指导委员会认可的优质企业办职业院校，以政府购买一定年限的学生培养服务的方式，按年度提供生均培养费和办学经费。经费主要由中央财政承担，地方政府财政提供配套。第二，涉农职业教育（包括农业技术类院校建设及承担农村劳动力转移所需的职业培训），以及特定社会弱势群体的职业教育，其经费应由政府承担。政府可按学校招生的人数给付经费。第三,对于举办职业院校的企业,其缴纳的教育费附加应全额返还所办职业院校,教育费附加不足部分由地方财政投入。在利用教育费附加返还提供职业院校经费方面,可采取以下方式解决:一是企业缴纳的教育费附加,按一定比例交由省级地方职业教育主管部门统筹,为企业办职业院校提供生均经费。按生均标准教育费附加提取不足部分,由地方财政补足。二是企业缴纳的教育费附加按一定比例返还给企业,用于所办职业院校资金经费拨付。如返还的教育费附加不足,企业可以按最高比例(2.5%)提培训费,用于职业院校经费拨付。若仍不能达到当地生均经费标准,应由教育主管部门予以补充。三是中央企业缴纳的教育费附加,按公平原则,以适当的机制返还给其所办的职业院校。

2.加大行业企业办职业院校的专项经费投入

随着国家税收体制改革的深入,虽然中央财政将逐步整合专项转移支付、增加一般性转移支付比例,但是对于职业教育,中央和地方财政还是应该加大专项资金的支持力度,国有资产管理部门也应设立相关的经费项目支持行业企业办学的经费需求。专项资金遵循以教育服务质量和人才培养质量为依据的资源配置原则,按以下几种方式进行专项投入:一是加大提升企业办职业院校的扶持力度,在技术技能积累与创新、产学研协同创新基地建设、生产性实训材料损耗等方面进行立项建设;二是加大"双师型"专业教师队伍建设,重点支持教师实践教学水平和技术服务能力的培养提升以及能工巧匠型兼职教师的聘用;三是开展科学设置专业、研究产业发展趋势及技术技能人才需求状况的科研项目支持;四是在实训基地方面为其提供国际技术前沿的技术装备。

3.促进办学经费来源的多元化

充分发挥市场机制作用,积极引导社会资本投入,进一步完善多渠道筹措职业教育经费的机制,鼓励企业和社会力量采取直接投资或捐赠等形式参与举办职业教育。建议修订职业教育法中关于"由办学者承担办学经费的规定",改为"谁受益、谁负担"的原则,由受教育者、企业、行业、地方政府等共同分担职业教育经费投入。同时,建立行业职业教育基金接受社会捐赠,企业捐赠或缴纳的费用可抵扣所得税,以鼓励企业积极支持职业教育的发展。

(四)创新股份制、混合所有制职业院校促进行业企业办学

所谓“股份制职业院校”是指两个或两个以上的利益主体，以集股经营的方式自愿结合的一种院校组织形式，“混合所有制职业院校”则可以理解为不同所有制性质的投资主体共同出资组建的职业院校。就目前调研的情况看，导致企业办学积极性不高的原因主要还是机制问题，一些企业经营效益下滑也使得自主办学投入力不从心，也有一些企业在改制或上市过程中，按相关的规定的要求需要将所办院校剥离。可按以下路径和模式促进企业办职业院校可持续发展：

(1)有条件的地方政府，可将本地区的优质企业办院校转为政府、企业合作的混合所有制职业院校，在属性上转为公办事业单位，日常经费由财政拨付，企业已经投入的固定资产入股，或折价为对学校职工转制后应承担的社会保障补偿，或将企业所办职业院校直接收归企业所属国资委管辖，在属性上转为公办事业单位，日常经费由财政拨付。

(2)由行业牵头组成由多家企业剥离院校组成的股份制职业教育集团。健全职业教育集团治理结构和科学决策机制，完善董事会或理事会制度，促进集团成员深度合作，探索适应市场经济规律的集团运行机制，开展通过产权制度改革配置和整合职业教育集团资源的试点。行业企业办职业院校组建的股份制职教集团，企业持有教育集团股份，获得相关的投资收益；政府也可投资参股教育集团，形成混合所有制的职业教育集团，所持股权收益转成政府对职教集团的政府补贴。也可由国有资产管理部门整合所属企业举办的职业院校，投资组成跨行业的职业教育集团。

(3)在企业办的职业院校中择优选择一批行业特色鲜明、符合我国现代产业体系需要、为我国支柱产业培养不可缺少的技术技能人才的院校，由教育部与各行业或主管企业共建混合所有制职业院校。中央政府负责办学经费的持续投入，行业或主管企业负责切实履行校企融合的责任及基础建设投入。

(4)政府应集中使用对职业院校的办学资源，对于地方区域产业发展急需人才培养具有重要作用的行业企业办职业院校，可委托公办高职院校托管或由经济发达的县级政府共建混合所有制院校等形式，保障办学经费的运行。

注　释

①资料来源:2014 年各省(自治区、直辖市)职业教育与成人教育有关工作情况统计“各地高等职业教育生均经费拨款政策出台情况”,教育部职业教育与成人教育司编,2015 年 3 月。

参考文献

[1]郭静,现代职业教育体系建设背景下行业、企业办学研究[J]. 教育研究,2014(3):116-121.

[2]国务院. 关于加快发展现代职业教育的决定(国发〔2014〕19 号)[Z].

[3]童卫军,范怡瑜. 行业企业参与职业教育运行模式研究[J]. 教育发展研究,2012(6):25-28.

[4]马树超,王伯庆. 2015 中国高等职业教育质量年度报告[M]. 北京:高等教育出版社,2015.

高职学生参加产业学院意愿及影响因素分析①

——基于学生视角的实证研究

刘海明

摘　要:高职学生是产业学院的重要主体。问卷调查显示,高职学生参加产业学院的意愿强烈,进一步分析高质量就业、职业胜任力、学习成本、主体权益和个体特征等变量,性别、薪酬、权利保护等对其参加意愿影响显著,高职学生在此过程中秉持了经济优先、能力为主、权益并行的策略。为此,产业学院应以高质量就业为办学目标、职业胜任力为培养重点、降学习成本为内在引力、护学生权益铸良好形象等为基本举措,提升高职学生对产业学院的参与度和满意度。

关键词:高职学生;产业学院;学习成本;高质量就业;职业胜任力

一、问题的提出

产业学院最早可溯及英国倡导的"产业大学",我国在对其进行本土化移植和改造后,现已发展为高职院校与企业合办的集产学研转用于一体、互动双赢的实体性职业教育平台。[1] 作为校企合作、产教融合的升级版跨组织载体,有效实现了高职院校和企业间的知识保存、传播、创新与转化。

我国当前对产业学院的研究主要有以下几方面:一是产业学院的构成模式。国外较为成熟的有德国的"双元制"模式、英国的"三明治"模式、美国的

① 本文是教育部2020年度人文社会科学研究一般项目"产教融合视阈下新技术应用型人才培养的研究与实践——以W职业技术学院为例"(20YJC880053)的部分成果。

作者简介:刘海明,温州职业技术学院产教融合处处长,副研究员,华中师范大学教育学院博士研究生。

“合作教育”模式和日本的“产学合作”模式等。[2]我国探索构建的是混合所有制的产业学院,如“企业—高校”的二元主体模式,企业作为人才需求、培养和投资主体,是生产性知识与技术的贡献者、技术交换的享有者,高职院校则是知识的提供者、科研的合作者和教学的组织者等[3][4];“企业—高校—政府”的三元主体模式,即在二元主体结构基础上引入政府要素后构建的“三重螺旋关系”[5],该模式强调政府的参与和引导作用,以完善产业学院的政府机制支撑、法律政策保障、组织制度保障和监督管理等;“企业—高校—政府—行业”的多元主体模式,该模式将产业学院视为各方力量综合多维、互动协同的组织形式,通过理顺多个教育主体参与及其关系、利益、责任和作用,以实现多主体效能的发挥和产教深度融合等[6]。二是产业学院的运行机制。有效的治理范式是维护产业学院各主体利益的保障,也是各个子目标得到优化和整合的前提。李国杰提出构建多元主体参与办学模式下的运作机制,即建立或优化“互利共赢”的决策机制、“多元协同”的组织机制、“社会评价”的控制机制和“利益驱动”的激励机制等。[7]万伟平认为应构建横向制衡机制和纵向的权力制衡机制,通过明晰不同参与主体的权责关系,厘清权力边界和完善权利保障机制,保障各主体参与产业学院治理的权利。[8]三是产业学院的管理机构。建立多方共同参与的理事会和相关辅助机构是产业学院有效管理的基础,殷勤提出行企政校协同建立产业学院理事会作为决策机构,并构建理事会下的产业学院院长负责制的管理体系。[9]金炜强调应建立学院治理专家委员会等“参谋”机构,跟踪监测学院办学、治理与育人等各项工作的运行及绩效,实现治理科学化与民主化。[10]四是产业学院的评价。对产业学院的评价鲜有研究涉及,但当前对校企产教融合的评价却反映出较多问题,如评价的价值取向呈技术化、职业化和理性主义倾向,评价主体要素不全,主要由教育主管部门、高校领导、专家学者和用人单位等构成,评价标准描述也较为宏观、模糊、操作性不强等。[11]

以上分析折射出我国产业学院研究的重点依旧是各个利益主体的博弈以及在矛盾中寻求统合与突破的方向。但在这个自上而下的过程中,高职学生这个主体却鲜有触及。在产业学院的构建与运行过程中,高职学生始终都应是重要一极。首先,高职学生是产业学院的主要参与者。高等教育市场化后,学生作为高校生存与发展根基角色的地位日益突出,当前我国高校约21%的教育经费由学生的学费构成。学生虽有高等教育产品的属性,但其顾客或消费者的角色也日益广受认同。如何玉海从教育实质和人的本质分析，认为学生是学习的主体和社会化的主体，是“服务”的接收者和“顾客”。[12]李琴基于新公共管理与新公共服务理论的比较后指出，学生也是对高校教学效果进行评价的顾客。[13]其次，高职学生是产业学院的价值主体。一切价值都应始终是人的价值，而人则是一切价值的主体，是一切价值产生的根本标准和归宿，人是价值的实现者和被满足者。[14]校企合作的核心理念之一是“努力让每个人都有人生出彩的机会”，其中蕴含着深刻的学生“主体性”价值诉求，学生始终是产业学院的价值主体，且在其整个价值体系中处于核心性、根本性和基础性地位。再次，高职学生是产业学院的核心利益相关者。利益相关者理论认为任何影响组织目标的实现或受该目标影响的群体或个人都是利益相关者，高职学生显然是产业学院众多利益相关者中的核心利益相关者，如邵坚钢依照核心、间接和边缘利益相关者区分产教融合中的利益相关者，学生是其中的核心利益相关者。[15]吕路平等采用米切尔分类法，从权力性、紧急性和合法性 3 个维度梳理产教融合中的关键利益相关者，发现学生是 6 类关键利益相关者之一。[16]刘香萍等人也认为学生是产业学院四大利益相关者（高校、学生、企业、政府）之一。[17]最后，高职学生是产业学院的质量评价者。长期以来，对职业教育产教融合的评价体系多是关注高职院校和企业的资金、技术和利益边界的融合，强调各种量化指标，高职教育也因此趋向于技术化，教育的重要主体——“人”则被物化。[18]在教育质量观的视角下，高等职业教育评估也应转向考察学习过程的质量，即为学生学习服务的质量，学生理应成为高职教育质量评估中的主体。《国家职业教育改革实施方案》提出“以学习者的职业道德、技术技能水平和就业质量，建立职业教育质量评价体系”，进一步肯定了学生的“人”的价值诉求及其在产业学院质量评价中的主体地位。

综上所述，产业学院是我国高等职业教育发展的重要举措和实现人才培养的新载体，但当前对产业学院的研究主要集中于对企业、高校、产业和政府等主体在其中的投入和利益博弈。高职学生这个主要参加者、价值主体、核心利益相关者和质量评价者则被边缘化。在国家倡导建立新兴产业学院的政策引导和以人为本的教育理念观照下，研究高职学生需要何种产业学院、明晰哪些因素会影响高职学生参与产业学院的意愿具有重要的理论意义和实际价值。

二、研究方法

(一)研究对象

调查对象取自浙江、湖南、安徽和广东 4 省 8 所高职院校(温州职业技术学院、绍兴职业技术学院、常德职业技术学院、永州职业技术学院、合肥职业技术学院、阜阳职业技术学院、深圳职业技术学院、中山职业技术学院)的在读大学生,每所学校随机发放调查问卷 300 份,共发放 2400 份,收回问卷 2312 份,回收率为 96.33%,剔除无效问卷 22 份后得到有效问卷 2290 份。其中男生 1284 人、女生 1006 人,农村户籍 1488 人、城镇户籍 802 人,国家重点院校 524 人、省重点院校 840 人、一般院校 926 人,文科 788 人、工科 1502 人。

(二)研究工具及变量设定

本研究将影响高职学生参与产业学院意愿的因素设为自变量,分为个体特征、学习成本、高质量就业、职业胜任力和主体权益等因素;将“如果您的所在专业与企业合办产业学院,您是否愿意参加”设为因变量,并据此制定调查问卷。问卷含 6 个部分:第一部分了解高职学生的个体特征,包括性别、生源地、学校层次和专业类型;第二部分调查影响因变量的高质量就业因素,包括企业影响力、工作稳定性、高福利薪酬;第三部分调查影响因变量的职业胜任力因素,包括知识技能联系度(知识技能等贴近实际工作的程度)、素质培养全面度、职业环境融入度(产业学院教育教学融入职业环境的程度);第四部分调查影响因变量的学习成本因素,包括减免学费、奖励资助(奖学金、资助等)、实习工资;第五部分调查影响因变量的主体权益因素,包括职业发展机会(产业学院对个人的职业生涯发展有长期、合理、科学的规划)、权利保护机制(产业学院能尊重学生的利益并具备健全的保护机制)、自我管理机制(产业学院给予学生自我管理的平台及机制);第六部分调查高职学生“如果您所在的专业与企业合办产业学院,您是否愿意参加”。自变量中除个体特征外均采用李克特 5 点量表计分,对于因变量“如果您所在的专业与企业合办产业学院,您是否愿意参加”,将愿意编码为“1”、不愿意编码为“0”(见表 1)。

表 1　变量说明及描述性统计结果

变量及测量项目		变量解释	均值	标准差
因变量	如果您所在的专业与企业合办产业学院，您是否愿意参加?	1＝愿意;0＝不愿意		
自变量				
个体特征	性别	0＝男、1＝女	0.54	0.42
	生源地	0＝农村、1＝城镇	0.65	0.30
	专业类型	0＝文科、1＝工科	0.51	0.41
	学校层次	1＝国家重点、2＝省重点、3＝一般院校	2.60	0.69
高质量就业	企业影响力	1、2、3、4、5	4.28	0.72
	工作稳定性	1、2、3、4、5	3.95	0.83
	高福利薪酬	1、2、3、4、5	3.99	0.88
职业胜任力	知识技能联系度	1、2、3、4、5	4.31	0.76
	素质培养全面度	1、2、3、4、5	4.35	0.71
	职业环境融入度	1、2、3、4、5	4.29	0.73
学习成本	减免学费	1、2、3、4、5	3.96	0.74
	奖励资助	1、2、3、4、5	0.97	0.72
	实习工资	1、2、3、4、5	3.78	0.67
主体权益	职业发展规划	1、2、3、4、5	4.10	0.72
	权利保护机制	1、2、3、4、5	4.12	0.75
	自我管理机制	1、2、3、4、5	3.88	0.70

注:表 1 中学习成本、高质量就业、职业胜任力和主体权益因素的变量解释“1—5”分别代表“1＝非常不重要”“2＝不重要”“3＝一般”“4＝比较重要”“5＝非常重要”。

(三)统计方法

本研究中的因变量属于二分变量,可以进行二元 Logistic 回归分析。在回归模型中,将因变量设为 P,取值为 0 和 1,服从二项分布。影响 P 的 n 个自

变量分别记为 $X_1, X_2, \cdots\cdots, X_n$。基于此设定模型,并使用 SPSS 24.0 进行分析。

$$Logit(P) = \beta_0 + \sum_{i=1}^{n} \beta_i X_i$$

其中,P 为是否愿意参加产业学院,取值 1 表示愿意,取值 0 表示不愿意。X_1、X_2、X_3、X_4、X_5 分别为个体特征、高质量就业、职业胜任力、学习成本和主体权益。β_0 是常量,β_i 是 $X_i(i=1,2,\cdots,n)$所对应的偏回归系数。为了避免自变量较多可能发生的多重共线性,进而更清楚地体现不同层面自变量对高职学生参加产业学院意愿影响力的差异,故采用逐步回归分析法,首先逐个考察个体特征、高质量就业、职业胜任力、学习成本和主体权益因素对因变量的影响,再全面考察所有自变量对因变量的影响。

表 2　高职学生参加产业学院意愿 Logistic 回归模型

变量		模型 1		模型 2		模型 3		模型 4		模型 5		模型 6	
		B	Exp(B)	B	Exp(B)	B	Exp(B)	B	Exp(B)	B	Exp(B)	B	Exp(B)
个体特征	性别(*vs* 男)	1.23***	3.01									0.88*	2.03
	生源地(*vs* 城镇)	2.42***	4.17									1.42**	3.40
	专业类型(*vs* 工科)	1.44***	3.28									1.19**	2.98
	学校层次(*vs* 国家重点)												
	省重点	1.11**	2.74									0.98*	1.96
	一般院校	2.56***	4.68									1.97**	3.89
高质量就业	企业影响力			1.17**	2.19							1.50***	2.37
	工作稳定性			1.01**	1.87							1.38***	2.67
	高福利薪酬			1.25**	2.81							1.61***	3.32

续表

变量		模型1		模型2		模型3		模型4		模型5		模型6	
		B	Exp(B)	B	Exp(B)	B	Exp(B)	B	Exp(B)	B	Exp(B)	B	Exp(B)
职业胜任力	知识技能联系度					0.71*	1.67					1.10**	1.86
	素质培养全面度					0.63*	1.41					1.01**	1.47
	职业环境融入度					−0.59*	1.22					0.47	0.92
学习成本	减免学费							1.28***	3.06			1.37***	3.36
	奖励资助							0.82**	1.61			0.75**	1.47
	实习工资							0.77**	1.98			0.88**	1.79
主体权益	职业发展规划									1.81***	2.27	2.06***	3.90
	权利保护机制									1.26***	2.15	1.38***	2.68
	自我管理机制									0.38	0.77	0.36	0.70
	卡方值	31.66***		45.12***		33.84***		39.96***		30.81***		109.46***	
	R^2	0.16		0.22		0.15		0.19		0.12		0.44	

注：* $p<0.05$，** $p<0.01$，*** $p<0.001$。

三、结果与分析

（一）高职学生参加产业学院意愿的主要特征

结果显示，高职学生愿意参加产业学院的人数占总体的72.8%。从人口学变量分析，在性别变量中，男生和女生愿意参加产业学院的比例分别为61.0%和84.6%，女生参加产业学院的意愿显著高于男生。在生源地变量中，农村和城镇生源学生愿意参加产业学院的比例分别为81.3%和64.3%，农村生源学生的比例最高；在专业类型变量中，文科和工科学生愿意参加产业学院的比例差异较大，分别为85.7%和59.9%；在学校层次变量中，国家重点、省重点和一般院校高职学生愿意参加产业学院的比例分别为62.6%、71.5%和84.3%，一般院校高职学生愿意参加产业学院的比例最高。

（二）高职学生参加产业学院意愿影响因素的 Logistic 分析

通过建立6个模型（见表2），检验上述自变量对因变量的影响，结果如下。

1.个体特征

模型1分析结果显示高职学生的性别、生源地、专业类型和学校层次变量均通过了显著性检验，女生参加产业学院的意愿是男生的3.01倍，女生更意愿参加产业学院；相较于城镇生源学生，农村生源学生参加产业学院的意愿更高，是前者的4.17倍，生源地要素对高职学生参加产业学院的意愿有显著影响；文科学生参加产业学院的意愿更高，是工科学生的3.28倍；此外，高职学生所在院校的层次也显著影响其参加产业学院的意愿，与国家重点院校学生相比，省重点院校和一般院校学生参加产业学院的意愿分别是其2.74倍和4.68倍。将上述要素与其他因素综合分析后（模型6），所有变量的影响依然显著。

2.高质量就业

模型2分析结果显示企业影响力、工作稳定性和高福利薪酬变量通过了显著性检验。企业影响力是影响高职学生参加产业学院意愿的重要因素，若提升1个层次，高职学生参加产业学院的意愿提高2.19倍；产业学院作为集培养和就业于一体的人才培育载体，在就业压力日益突出的背景下，高职学生更希望通过参加产业学院增加工作的稳定性，工作稳定性提升1个层次，高职学生参加产业学院的意愿提高1.87倍；高职学生在参加产业学院时亦遵循经济人理论假设，相较于企业影响力和工作稳定性，高于同类毕业生的工资、福利等更具诱惑力，企业的福利薪酬提升1个层次，高职学生参加产业学院的意愿则提高2.81倍。当加入其他因素后（模型6），所有因素依然具有较高的显著性，说明高职学生对高质量就业始终保持强烈需求，这是产业学院建设时须重点考虑的。

3.职业胜任力

模型3分析结果显示所有变量均通过了显著性检验。在以高质量就业和强调个体可持续发展的目标引导下，高职学生日益重视所学知识技能与企业实际需求间的联系度，其间的联系度提升 1 个层次，高职学生参加产业学院的意愿提高 1.67 倍；高职学生能够清醒地认识到决定职业可持续发展的不仅是专业知识与技能，更希望得到对其综合素质的全面培养，对综合素质的培养全面度提升 1 个层次，高职学生参加产业学院的意愿提高 1.41 倍；增强职业胜任力的重要途径是提升教育教学的职业环境融入度，融入度提升 1 个层次，高职学生参加产业学院的意愿提高 1.22 倍。当加入其他因素后(模型 6)，上述要素的影响依然显著。

4.学习成本

模型 4 分析结果表明所有变量均通过了显著性检验，高职院校的学费相对较高，对高职学生及其家庭有较大压力，若产业学院对学费减免的程度提升 1 个层次(共 5 个层次，下同)，高职学生参加产业学院的意愿提高 3.06 倍；产业学院提供的奖学金和资助等对高职学生有较强吸引力，奖励资助提升 1 个层次，高职学生参加产业学院的意愿提高 1.61 倍；在企业参与实习或顶岗实习期间获得工资报酬也是降低学习成本的重要途径，实习工资提升 1 个层次，高职学生参加产业学院的意愿提高 1.98 倍。当加入其他因素后(模型 6)，上述因素的影响力依旧显著，进一步表明高职学生对降低学习成本的重视，这对以来自农村生源地居多的高职学生而言尤为重要。

5.主体权益

模型 5 和模型 6 的分析结果显示，长期且贴合个体实际的职业发展规划和权利保护机制通过了显著性检验。不可否认的是，部分企业参与产业学院的目标是短期的、狭隘的，企图尽可能降低劳动力成本，忽略对学生进行科学、合理和长期的职业生涯发展规划。因此，职业发展规划提升 1 个层次，高职学生参加产业学院的意愿提高 2.27 倍。在产业学院中的企业、职业院校和学生等利益相关者等一直处于博弈、合作和妥协的动态系统中，高职学生则是相对的弱势群体，高职学生在参加产业学院时对其主体权益能否得以保护也更加重视，权利保护机制健全度提升 1 个层次，高职学生参加产业学院的意愿提高 2.15 倍。相较而言，高职学生对自我管理机制并不特别重视。

模型 R^2 的数值是判断各影响因素对结果变量影响程度的重要参考，能够比较各模型的整体解释力。模型 6 考虑了所有因素，R^2 值达到 0.44，说明该模型拟合较好,研究中设置的自变量对因变量有较高的解释力。分析表明在所有自变量中高质量就业需求的影响力最大,这是高职学生最为现实、基础和迫切的需求,也是产业学院的基本目的和初衷。学习成本、个体特征、职业胜任力和主体权益的影响力依次降低,表明高职学生在参与产业学院时秉持经济优先、能力为主、权益并行的基本策略。

四、讨　论

(一)高职学生参加产业学院意愿的人口学变量分析

研究显示,高职学生愿意参加产业学院的人数占总体的72.8%,说明高职学生对产业学院在培养高素质应用型、复合型、创新型人才中的作用认识清晰、趋向明确。女生对产业学院的参与意愿更高主要由于国内劳动力市场中男女的人力资本价值实现并未完全平等,依然呈男强女弱的特点。[19]劳动力市场中性别歧视也依旧存在,男性能得到更多的就业岗位及薪酬。如中国的性别工资差距约为17.2%,仍高于全球平均水平。行为经济学的参考点依赖理论表明个体根据相对水平进行决策,性别工资差距会促使女生做出更稳妥的就业策略。[20]农村生源和院校层次低的高职学生参加产业学院的意愿更高,就业策略与个体禀赋和社会资本拥有情况显著相关,社会资本理论认为具有卓越社会关系的人能从中获取有益的影响和更多的工作信息[21],大学生的社会网络资源架构和社会资本越丰富,对其就业质量的提高就会有越多的裨益[22]。与工科学生相比,文科学生参加产业学院的意愿更高,我国的产业结构和在世界产业链中的位置决定了对工科人才有长期的巨量需求,使其在整个就业市场中有较高选择权,文科学生则相对就业面窄、薪资低。史淑桃也发现我国不同专业大学毕业生的就业质量呈工科类变化平稳,人文社科类下降明显的特点。[23]因此,集培养就业于一体的产业学院势必会得到更多文科学生的青睐。

(二)高质量就业对高职学生参加产业学院意愿的影响

高质量就业是高职学生有效体现其通过就业所获得的价值和效用的途径,也是其获得感、幸福感、安全感的重要保障。但麦可思发布的“2019年中国大学生就业报告”显示，2018 届高职高专毕业生的月收入为 4112 元，大幅低于本科毕业生的 5135 元，2018 届本科和高职高专毕业生毕业半年内的离职率分别为 23%和 42%。高职毕业生在各项指标上都明显处于劣势，说明高质量就业依然是高职学生的痛点，对农村生源居多的高职学生而言更是如此。本研究发现，实现高质量就业是高职学生最重要的诉求，也是其参加产业学院最基本的动因。其中，企业的影响力和工作稳定性等都是高职学生重点关注的，高职学生的高离职率虽然有利于提升入职匹配度，但也给其带来了较大的经济、时间和心理成本，对风险承担能力相对较差的高职学生而言更是如此。高质量就业的另一个主要标志就是高工资、高福利等，高职学生以农村生源居多，短期内可以改善经济条件是其重要诉求，在产业学院学习的大量贴近企业实际的知识技能和大量顶岗实习等，也强化了其对高薪资福利的心理预期。

（三）职业胜任力对高职学生参加产业学院意愿的影响

职业胜任力由美国哈佛大学 Miclclland 教授提出，他认为具有高绩效的员工胜任力与其相关联的知识、能力、特质与动机等有密切关系。职业胜任力可衡量个体是否具有胜任某一工作，预测其工作成效，并能够区分绩效优异者与一般者的知识、能力、动机、价值等各种个体特征。[24] 职业胜任力对个体主观职业成功（如职业满意度等）和客观职业成功（如晋升、薪酬等）均有显著影响。当前，高等职业教育主要表现为偏理论、实训设备滞后于新技术发展、知识技能与企业需求的严重脱节等，尚难达到市场对应用型、复合型、创新型人才的需求，高职学生渴望习得企业急需的知识和技能。此外，Kong 研究发现职业胜任力高的员工不仅具有较高的工作满意度，还会对工作产生高的内部动机，从而增加工作投入。[25] 因此，产业学院能否提升学生知识技能联系度、素质培养全面度和职业环境融入度都是高职学生不会忽略的。

（四）学习成本对高职学生参加产业学院意愿的影响

研究表明，学习成本是影响高职学生参加产业学院意愿的重要因素。“学生整合理论”认为大学生与学校的学术性整合和社会性整合是决定个人学业表现和是否辍学的主要因素，降低学习成本能有效反映学术性整合的程度。“学生选择理论”也认为经济资助等降低学习成本的措施会提高所在学校的吸引力,降低辍学或者转学的吸引力。[26]经合组织(OECD)成员国将高等教育学费占居民可支配收入的比例分为高中低3类,在我国该比例为32.1%,处于高比例层次,高出近邻韩国、日本10.4%和11.9%。[27]农村家庭高等教育学费支付能力相对较弱,学费占城镇家庭和农村家庭消费支出后余额的9.8%和30.6%。若家庭中读大学的子女有两人及以上,其高等教育支付能力将更弱。不同类型高校的贫困学生分布亦有不同,高职院校70%的生源来自农村,15%~45%高职学生申请贫困建档。虽然国家正积极健全学生资助政策体系,但当前我国高校学生资助政策和资源仍更多地集中于高水平或高质量本科院校。因此,产业学院若能提供学费的减免,有更多机会获得奖学金、资助和实习工资等势必会得到高职学生的追捧。

(五)主体权益对高职学生参加产业学院意愿的影响

产业学院在我国正处于探索期,保护产业学院学生权益的法律法规还不健全。《教育法》《高等教育法》《职业教育法》等都只是原则性、抽象性、倡议性和指导性的规定,尚无义务性或强制性规定,对学生权益保护作用甚微。部分企业为实现人力成本最低化,仅把高职学生作为廉价劳动力,缺乏对学生的全面培养和良好的职业规划。在现行校企合作办学实践中,对学生权益的保护则少有涉及或只做概括性规定,致使学生的权益保护及申诉渠道缺失或不畅。马斯洛需求层次理论认为人有生理、安全、社会、尊重和自我实现等需要,产业学院在我国尚属新事物,对高职学生这个相对弱势群体而言,只有其基本权益得到保障,才有可能心无旁骛地参加产业学院并积极投入学习实践中。学生的权益还包括获得职业发展,职业发展作为个体毕生工作经历和职业过程,关乎个人职业、职位的变迁以及职业理想的实现,然而部分企业错误的人才理念及制度极大限制了个人的职业发展。高职学生希望在产业学院中能得到充分的尊重,有合理的长期培养教育规划,实现企业和自身的共同发展。

五、结论与建议

本研究取得以下结论:高职学生参加产业学院的意愿强烈,女生的意愿高于男生,农村生源学生的意愿高于城镇生源学生,文科学生的意愿高于工科学生,一般院校学生的意愿更高;高质量就业是高职学生最突出的需求,其中企业影响力、工作稳定性和高工作薪酬的作用显著;提升职业胜任力是高职学生参加产业学院的重要动机,知识技能联系度、素质培养全面度和职业环境融入度都是学生较为重视的要素;降低学费对农村生源居多的高职学生而言有较强吸引力,产业学院若能减免学费、提供奖励资助和实习工资等将能显著激发学生参加积极性;高职学生对产业学院能否有效保护其主体权益也较为看重,职业发展规划和权利保护机制是其关注的重点。因此,为构建或完善更能吸引高职学生积极参与的产业学院,应从以下几方面开展工作。

(一)促进学生高质量就业,树立产业学院办学目标

高质量就业作为就业个人与企业用人需求高度契合的就业状况,是人力资源优化配置的表现,也是高职学生参加产业学院的首要动机。构建高职学生满意的产业学院,"以高质量就业为导向"的教育理念在产业学院中应有更为深刻与鲜明的体现。遴选优质企业共同建立产业学院,优先选择上市公司、跨国或全国连锁企业以及其他规模较大且可持续发展能力的优质企业,打下高质量就业的基础。从岗位群着手构建高质量就业保障体系,根据学生的专业和就业岗位,设置适合他们的主要岗位和备选岗位,并在能力培养上进行体系化的培养,使其在就业岗位上具有更多的选择性和灵活性。同时还应全面统筹产业学院的就业机制,根据实际情况建立健全"前就业机制""准就业机制"和"完全就业机制",确保学生在产业学院中高质量就业。

(二)提升学生职业胜任力,把握产业学院培养重点

高职学生对提升职业胜任力的需要迫切,集中表现为对提升知识技能联系度、素质培养全面度和提升职业环境融入度的需要。因此,产业学院应根据职业胜任力的内涵,在知识、技能、个人特征与角色定位等方面综合确定人才培养目标与定位。基于实际工作过程导向设计跨课程项目化教学模式,并在教学过程中引入开放教学形式,即教学时间、教学场所、团队合作方式和项目完成形式开放。营造真实企业氛围,创新考核机制,将项目完成度设为考核标准,实现项目即产品、教学即生产的培养理念。立足于区域经济发展的特点和产业文化的特色,联合区域行业机构、地方龙头企业和技术研究机构等,共同组建"全产业链式"的实体化产业学院。[28]大力强化"双师型"教师队伍建设,引进行业企业的技术技能人才担任产业学院教师,充实和完善高职院校现有教

师队伍，培养学生贴近实际岗位的专业实践动手能力和基本素养，全面提升产业学院学生的职业胜任力。

（三）降低学生学习成本，增强产业学院内在引力

为提升产业学院对高职学生的吸引力，高职院校要积极探索举办混合所有制性质的产业学院，引入社会力量以资本、知识、技术、管理等要素参与产业学院建设，政府要积极发挥主导作用，建立、完善产业学院奖励机制，对积极参与产业学院的企业给予倾向性的扶持，配套出台在税收、信贷等方面的优惠政策，进而激励更多的优质企业积极、主动参与其中。[29]设立企业专项奖助学金，帮助高职学生缓解在产业学院学习期间的经济负担，使其直接感受到企业对人才的重视，也使高职学生认识到自身价值。企业可赋予学生相应的员工身份，在企业顶岗实习期间给予差异化的工资报酬，使其树立积极、正确的劳动观念，凸显校企合作的文化育人。此外，学生要学会自立、自强，提高思想认识，摆脱"等、靠、要"的懒惰思想，努力学习知识技能，实现以知识改变命运、以技能提升自我价值的目标。

（四）维护学生合法权益，塑造产业学院良好形象

高职学生在多方博弈、合作的产业学院中属于弱势群体，消除学生对这个尚未普及的新教育模式的顾虑，塑造产业学院良好形象。一是完善企业参与办学准入标准。当前企业参与办学尚无明确的量化的衡量标准，致使部分高职院校在甄选企业的过程中缺少评判依据。应加快出台高标准的企业参与办学准入标准，将信誉好、责任感强、知名度高的企业引进合作办学体制。二是健全学生合法权益保护机制。产业学院是实现高质量就业的重要途径，也在一定程度上限制了就业选择权，加之部分企业短视的人才策略，使学生的发展权受到影响，应通过制度的形式对学生进行保护，并构建产业学院的学生退出机制，解决学生的后顾之忧。三是学生要树立契约精神。学生及其家长都要充分了解产业学院的属性及协议内容，对彼此进行全面评估，契约缔结后切实履行，不能随意违反。

参考文献

[1]卢坤建,周红莉,李作为.产业学院推进产教深度融合的实践探索——以广东轻工职业技术学院为例[J].职业技术教育,2018(23):14-17.

[2]贺星岳,等.现代高职的产教融合范式[M].杭州:浙江大学出版社,2015:9-17.

[3]崔彦群,应敏,戴炬炬.产教融合推进应用本科“双主体”产业学院建设[J].中国高校科技,2019(6):66-69.

[4]宋志敏.深化产教融合、校企合作的“双主导双主体四驱动”模式探析[J].高等职业教育(天津职业大学学报),2018(3):36-41.

[5]杨善江.“产教融合”的院校、企业、政府角色新探——基于“三重螺旋”理论框架[J].高等农业教育,2014(12):117-119.

[6]贺书霞.产教融合与多元参与:职教共同体融合关系构建[J].中国职业技术教育,2018(27):51-57.

[7]李国杰.多元主体参与办学模式下产业学院内部运作机制研究[J].教育科学论坛,2020(18):37-40.

[8]万伟平.现行机理下产业学院的运行困境及其突破[J].教育学术月刊,2020(3):82-87.

[9]殷勤.产业学院运行机制改革研究[J].教育与职业,2020(22):40-45.

[10]金炜.新时代高职产业学院的建设逻辑、现实困境与破解路径[J].教育与职业,2020(15):28-34.

[11]高慧,赵蒙成.高职教育产教融合质量评价中“人”的维度[J].苏州大学学报(教育科学版),2018(3):13-20.

[12]何玉海.学生是产品,还是顾客?[J].国家教育行政学院学报,2004(6):50-55.

[13]李琴.学生是顾客吗?——基于新公共管理与新公共服务理论的比较分析[J].吉林工商学院学报,2008(2):125-128.

[14]李德顺.价值论:一种主体性研究[M].3版.北京:中国人民大学出版社,2013:87.

[15]邵坚钢.基于利益相关者理论的职业教育产教融合路径探析[J].教育与

职业,2017(2):43-47.
[16]吕路平,童国通."双高计划"背景下高职院校产教融合质量评价体系研究[J].职业技术教育,2020(30):31-36.
[17]刘香萍,徐伟.基于利益相关者理论的应用型高校产业学院的发展机遇和挑战[J].景德镇学院学报,2020(4):17-21.
[18]贺璐,欧阳河.学生评价高等教育服务质量研究述评[J].当代教育论坛,2008(4):24-26.
[19]彭正霞,陆根书.大学毕业生就业质量的性别差异:基于多群组结构方程模型的分析[J].复旦教育论坛,2020(1):59-67.
[20]蓝嘉俊,方颖.稳就业视角下的性别身份认同规范与性别工资差[J].南京社会科学,2020(6):29-39.
[21]孔高文,刘莎莎,孔东民.我们为何离开故乡?家庭社会资本、性别、能力与毕业生就业选择[J].经济学(季刊),2017(2):621-648.
[22]陈宏军,李传荣,陈洪安.社会资本与大学毕业生就业绩效关系研究[J].教育研究,2011(10):21-31.
[23]史淑桃.高校毕业生就业质量专业差异的比较研究[J].黑龙江高教研究,2010(1):77-79.
[24]董云芳.社会工作专业人才职业胜任力模型分析[J].华东理工大学学报(社会科学版),2011(5):41-48.
[25]Kong H. Relationships among Work-family Supportive Supervisors, Career Competencies, and Job Involvement[J]. International Journal of Hospitality Management,2013(1):304-309.
[26]杨钋.大学生资助对学业发展的影响[J].清华大学教育研究,2009(5):101-108.
[27]柴江.我国居民高等教育学费支付能力的比较研究[J].河北师范大学学报(教育科学版),2020(6):52-58.
[28]刘海明.产教深度融合:高职院校推进区域产业转型升级的战略选择[J].高等工程教育研究,2020(6):129-135.
[29]刘海明,谢志远,刘燕楠.高职教育人才转型的战略思考:推进产教融合,服务产业发展——兼谈高职院校"新技术应用"人才培养方略[J].高等工程教育研究,2018(2):182-188.

产教深度融合
——高职院校推进区域产业转型升级的战略选择①

刘海明

摘　要：产教融合是新时代职业教育的重要使命，也是职业教育特色发展的必然选择。在新技术革命兴起的背景下，高职产教融合是推动区域产业转型升级的必由之路，产教融合需要进一步创新高职产教融合的形式结构，构建多元化的办学格局；创新产教融合对接产业发展，构建与产业链、创新链相对接的人才培养体系；创新产教融合资源集聚力，构建服务区域经济社会发展新生态。

关键词：高职教育；产教融合；产业转型升级

产教融合即产业与教育的深度融合，是新时代职业教育的重要使命。改革开放40年来，职业教育产教融合大致经历了初步探索、创新发展、不断深化3个阶段，基本形成了产教融合、校企合作的办学模式。2017年，国务院颁布《国务院办公厅关于深化产教融合的若干意见》，提出："深化产教融合，促进教育链、人才链与产业链、创新链有机衔接，是当前推进人力资源供给侧结构性改革的迫切要求，对新形势下全面提高教育质量、扩大就业创业、推进经济转型升级、培育经济发展新动能具有重要意义。"[1] 随着我国创新驱动发展战略的深入实施，高职院校产教融合进入深化阶段。2019年六部委又印发《国家产教融合建设试点实施方案》，要求"深化产教融合，推动教育优先发展、人才引领发展、产业创新发展"，目的是通过加快高职教育发展方式转变，不断增强高职院校服务人的发展和经济社会发展的能力。因此，产教融合不仅是国家统筹推进教育综合改革的制度安排，也是职业教育改革的方法论。在国家创新驱动发展战

---

①　本文是教育部2020年度人文社会科学研究一般项目"产教融合视阈下新技术应用型人才培养的研究与实践——以W职业技术学院为例"(20YJC880053)成果。

作者简介：刘海明，华中师范大学教育学院博士研究生，温州职业技术学院产教融合处处长、副研究员。

略下,创新高职院校办学模式,推进区域产业转型升级,促进高职毕业生高质量就业创业,是高职院校引领新时代教育、人才、产业、经济变革的战略方向。

一、高职产教融合推进产业转型升级的现实意义

(一)产业转型升级是经济社会发展的必然趋势

从时代背景来看,产业转型升级已成为势不可挡的潮流。从国际发展趋势看,以信息技术、人工智能为代表的新一轮技术革命浪潮正引领着时代的大发展、大变革、大创新。新技术革命的显著特征就是不确定性的增长,实体经济的运行形态和组织形态被解构和重组,凡不适应新技术革命趋势的组织和产业均被淘汰。从国内发展成就看,经过改革开放40多年的快速发展,中国的国际影响力、感召力、塑造力不断提高。40多年来成就斐然的同时,经济社会发展的不平衡不充分问题也逐步暴露。2019年全国GDP为990865亿元,比上年增长6.1%,人均GDP为10276美元,城镇化水平是60.60%,第三产业比重为53.9%,金融机构本外币存款余额为1981643亿元,比上年增长8.6%,经济发展各项指数稳居全球前列。这说明我国的工业化进程正进入以信息技术、人工智能为主导,新技术、新金融等为推动力的新型工业化阶段,产业结构正向中高端迈进,产业集聚正向创新集聚转变,传统制造正向知识创造转变,出现了动能变革和效率变革。但由于长期以来对人力资源开发投入不够重视,人力资源结构与产业转型升级出现不相适应的现状,我国面临着经济发展创新实力不足、资源环境受限、要素成本上升等重大困境。因此,必须在人力资源建设上寻求突破,为创新发展、产业转型升级提供强有力的创新人才和高素质技术技能人才支撑。

(二)产业转型升级迫切需要高职教育为其提供高素质技术技能人才

当前我国经济发展进入新常态,产业转型升级和经济结构调整不断加快,各行业对高素质技术技能人才的需求越来越紧迫。一方面,这种需求取决于各国在全球价值链中的位置——一个国家某特定时间点在全球价值链中所处的位置,决定着该国主要技术技能人才需求层次及规模;另一方面,这种需求

也取决于人才的创新实力。人才结构决定着产业结构，人才决定着一个区域的创新实力和发展潜力，在国家创新驱动发展战略下，改革高职教育人才培养模式，推进毕业生高质量就业创业，是高职院校主动适应国家经济产业调整布局、实现新技术强国战略的主体需求，如果没有大量高素质技术技能人才的支撑，区域创新发展、产业转型就无法实现，这是高职教育通过创新人才工程服务行业和企业协同创新、共同推进产业转型升级的重要发展举措。[2]因此，高素质技术技能人才在加快产业优化升级、提高企业竞争力、推动技术创新和科技成果转化等方面具有不可替代的重要作用。

（三）当前高职教育的人才培养质量尚难适应产业转型升级需要

目前，高等职业教育已然呈现出蓬勃发展态势，其契合区域产业发展的专业结构体系与经济社会发展要求相适应，有力助推我国经济社会发展和产业转型升级。然而，以新能源、新材料、人工智能广泛运用等为主要特征的新一轮科技革命已蔚然成势，在国家实施“中国制造 2025”战略前提下如何适应新一轮产业革命和科技革命的要求、如何实现“机器换人”“电商换市”、劳动密集型企业如何实现向自动化和智能化的转变、如何实现产教融合促进产业转型升级，成为高职教育的时代命题。当前，我国高职教育产教融合大多还停留在宏观政策和理念层面，具体表现在：一是学校层面的多，专业（系部）层面的少；二是实训教育、学生就业层面的合作多，科技研发、社会服务层面的合作少；三是企业为学校提供的帮助多，学校为企业提供的服务少；四是人情关系型合作多，长效机制型合作少。针对以上问题，高职院校应着眼于学校发展系统提出如何主动对接产业，服务地方发展战略，从而构建高职院校产教融合机制，以促进产教融合政策和理念的落地。

二、高职产教融合推进产业转型升级的逻辑起点

（一）高职产教融合推进产业转型升级的问题界定

“产”即“产业”，指虽有不同合作分工却在利益上互为关联的相关行业集聚而成的集合性组织，它不仅是居于宏观经济的整体和微观经济的细胞之间

的集合性概念，也是提供劳务服务活动和生产各类物质产品的集合性组织。"教"即"教育"，这里特指职业教育，结合现有的文献，主要是指在人类社会发展到一定程度，现有的生活生产方式和产业结构对人才知识素养提出全新的要求。在社会化、实践化和专业化的要求下，职业教育应运而生为独立的教育类型，为政府、行业、企业等培养高素质技术技能人才。"融合"不同于"结合"，也异于"合作"，是指两种以上的不同事物优化组合而成一体并形成了一种新事物，是相关联事物之间质变后产生的结果，其在内容、形式等各方面与原有事物可能有所不同。[3]为此，产教融合是产业与教育的深度合作，是职业院校与行业、企业各自依托自身的优势资源，积极开办专业产业，以服务经济社会发展和区域产业转型升级为出发点，以校企合作为主线，以合约和互信为基础，以共同培育高素质技术技能人才为核心，以互惠互利、合作共赢为动力，以文化互通为支撑，以共同开发合作项目、科技成果转化和技术转移为载体的产业与教育之间各要素的深度融合，各参与主体相互支持、相互促进、相互合作的一种教育经济活动形式，是职业院校为提高其人才培养质量而与行业、企业之间开展的深度合作。

高职产教融合的本质可以归结为产业和教育密切结合，相互支持、相互促进，在产中教、教中产、产中创，形成产业经济与职业教育浑然一体的互动合作的有机整体，产教融合标志着高职教育改革进入了系统性、整体性变革的新阶段。因此，需要深入探究"产"与"教"之间的内在关联点、平衡点、耦合点与逻辑关系，阐释产业转型升级的核心内涵，根据教育链、人才链与产业链、创新链"四链"的经济学理论，深入分析产教融合的理论与现实诉求，在人才培养供给侧和产业需求侧的双向结构要素中有效促进全面深度融合，构建产教融合推进产业转型升级的长效运行机制，培养高素质创新人才和技术技能人才，提高高职院校服务区域经济发展和创新驱动发展的能力。

高职产教融合的最根本任务就是将高职院校的技术创新成果通过企业转化为现实生产力，这不仅能让新技术应用人才最大限度地与本土经济产业相结合，而且能将职业院校传统的人才聚集优势转化为新技术应用人力资源优势，从而推动企业技术革新和区域产业转型升级。随着高职产教融合改革向纵深推进，高职产教融合已远超高职教育人才培养和校企合作领域的范畴。高职产教融合其内涵与外延已经延伸到包括教育和经济等在内的整个社会系统，它不仅是教育系统，更是经济系统的重要构成部分，已成为促进教育系统、人才系统与产业系统、经济系统围绕技术应用和技术进步而实现融通、共享和创新，实现政校行企协同育人，推进职业教育和产业转型升级的重要发展方式。从教育角度来看，高职院校专业设置要积极主动对接经济社会发展和区域产业布局，为支撑产业发展服务，通过科技成果、人才资源和社会服务的输出，使得教育的价值得到充分实现，使得高素质技术技能人才、职业教育与培训、教育高质量品牌效应得到有效供给，使学校成为集人才培养、科学研究、科技服务于一体的产业性经营实体，为区域产业转型升级和经济社会发展提供支持与保障。

（二）高职产教融合推进产业转型升级的政策依据

产教融合虽是国家近年来才明确提出的概念，但其理念早在新中国成立后颁布执行的政策文本中便已出现，其内涵得到了不断阐述和丰富。1958 年《关于教育工作的指示》中提出学校办工厂，工厂办学校，开始具备了产业与教育之间结合的雏形。1991 年《关于大力发展职业技术教育的决定》中明确职业教育要实行产教结合培养模式。从职业教育体系的构成来看，这时期属于职业教育产教融合的发展初期，虽然国家从理念层面提出了职业教育要产教结合、职业院校要密切联系企业，但在实践层面职业教育与产业之间的联系相对较弱，职业教育未能得到充分发展，产教融合还仅仅是一个口号。

1996 年颁布的《职业教育法》要求职业教育实行产教结合，与企业密切联系，培养实用人才。随之相继出台的《国务院关于大力推进职业教育改革与发展的决定》（2002 年）、《关于以就业为导向深化高等职业教育改革的若干意见》（2004 年）、《国家中长期教育改革和发展规划纲要（2010—2020 年）》（2005 年）、《中共中央关于全面深化改革若干重大问题的决定》（2013 年），对产教融合的理念和措施做了进一步丰富。首次在国家层面的文件中明确提出“产教融合”的是 2014 年出台的《国务院关于加快发展现代职业教育的决定》，该《决定》提出要深化产教融合、校企合作，标志着职业教育产教结合得到了进一步提升。从产教关系的发展历程看，国家不仅提出了产业部门参与职业教育的广度、深度等方面的相关要求，也进一步明确了产业部门与职业教育的关系及其在职业教育发展中的地位和作用。这些政策完善了“政府、行业、企业等部门参与职业教育的宏观（产教融合）、中观（校企合作）和微观（工学结合）的要求”[4]，并极大推进了区域产业转型升级和社会经济的快速发展。但这些政策文件并非法律文件，未能从立法视角厘清产教融合的法律关系及相关主体的权利和义务,没有清晰地界定产教融合的资金制度、办学制度、利益回报机制,对于产业部门参与职业教育的行为并不具有约束性。

产教融合是关乎高等职业教育质量提升、内涵式发展及高等职业教育机构社会服务职能充分发挥、释放区域创新能力的重大战略。在具体实践中,产教融合还存在许多堵点和痛点,亟须将产教融合上升为国家教育改革和人力资源开发的基本制度和战略,并相应予以疏通和破解。2017 年党的十九大报告中强调优先发展教育事业,职业教育要深化产教融合、校企合作,同年国务院办公厅出台了《关于深化产教融合的若干意见》。2019 年《加快推进教育现代化实施方案(2018—2022 年)》则提出明确完善职业教育和培训体系,深化产教融合、校企合作。2019 年 9 月国家发改委、教育部等六部委出台《国家产教融合建设试点实施方案》要求深化产教融合。产教融合是推动教育优先发展、人才引领发展、产业创新发展、经济高质量发展相互贯通、相互协同、相互促进的战略性举措。作为国家人力资源开发和人才储备的制度性安排,作为推动现代职教体系与现代产业体系协同发展的核心体制机制,高职产教融合对社会经济发展和产业转型升级具有基础性、引领性、全局性作用。

(三)高职产教融合推进产业转型升级的理论分析

高职教育与其他教育类型有所区别,对外部因素的依赖更大、更强,为此需要政府、学校、行业、企业形成教育合力,协同育人。产教融合不仅是国家统筹高等教育推进区域产业转型升级的政策问题、实践问题,同样也是职业教育改革的理论问题。

系统论认为,"系统是由若干要素根据特定方式组成的不断演化发展的具有一定新功能的有机整体,具有独立要素所不具有的属性和功能,它在与其他事物互动中体现自身价值"[5]。社会系统理论具备适应(adaptation)、达成目标(goal-attainment)、模式维持(pattern maintenance or latency)、整合(integration)等 4 项基本功能,其核心精髓是"系统向环境开放"并作为一个有机整体进行思考。[6]在系统论与社会系统论的视阈下,高职产教融合具有多面性、多层性及多结构性,是涉及多部门、多领域的一项复杂系统工程。宏观层面上是指高职院校专业结构与区域产业结构的适应,中观层面上涉及政校行企多方的深度合作,微观层面上则指涉及教学和生产过程的一体化。在高职产教融合推进产业转型升级的实践中,系统论与社会系统论提供了非常重要的理论基础。

教育生态理论认为，教育对社会各方面有促进作用，也需要一定的能量输入，其内在功能为育才，其外在功能主要为社会功能。美国教育学家克雷明(L. A. Cremin)主张要根据教育生态学的观点来分析各种生态环境与教育的相互关系，要把教育放在自然环境、社会环境、规范环境中，认为教育是一个与各种生态环境关系紧密结合的，由时间和空间构成的开放的生态系统。[7]在教育生态理论框架下，产教融合处于一种共生的、和谐的、良性的状态，要将教育生态学的手段、方法与各种教育理论相结合，坚持更深入、系统地研究。在高职教育领域，我国产教融合、校企合作开展多年，已经取得了较好的成果，但产教融合过程中仍存在学校无抓手、企业不来电、自身不造血、政府难撬动等堵点和痛点，教育生态理论为解决这些堵点和痛点提供了一个崭新的视野。

利益相关者理论认为，企业的生存和发展依赖于企业对各利益相关者利益要求的回应的质量，各利益相关者相互分担风险，相互监督和制约。1963年，斯坦福大学研究所提出利益相关者必须得到一些团体(包括股东、员工、客户、供应商、债权人和社团)的支持，否则不可能生存。随后，瑞安曼(Eric Rhenman)进一步丰富了利益相关者的定义，提出利益相关者依靠企业来实现其个人目标，而企业也依靠他们来维持生存。[8]利益相关者的理论核心即利益的平衡、共享和共建。针对产教融合实践过程中的“学校热、企业冷”现象，利益相关者理论认为其根本原因是利益相关的问题。利益相关者理论同样为解决高职产教融合过程中遇到的困境提供了重要理论依据。

三、高职产教融合推进产业转型升级的实践路径选择

产教融合是高职教育发展的生命线，也是高职教育的本质特色。然而，在应然状态下的高职教育产教融合仍存在政府管理缺位、合作沟通机制不畅、企业行业缺乏主体意识、利益平衡机制不完善等方面的问题。借鉴当前已有的高职院校产教融合的实践经验，作为产教融合利益主体之一，高职院校应不断深化教育教学改革，既要加强顶层设计，统筹全局，又要讲究策略方法，有所侧重，从加强制度建设、明确权责界定、深化教学管理机制改革等方面入手，与企业联手共同创建产教融合、校企一体化办学的长效机制，实现政府部门大力支

持、社会力量积极参与、高校主体自主发展,助推高职产教融合深度发展,其实践路径如图1所示。

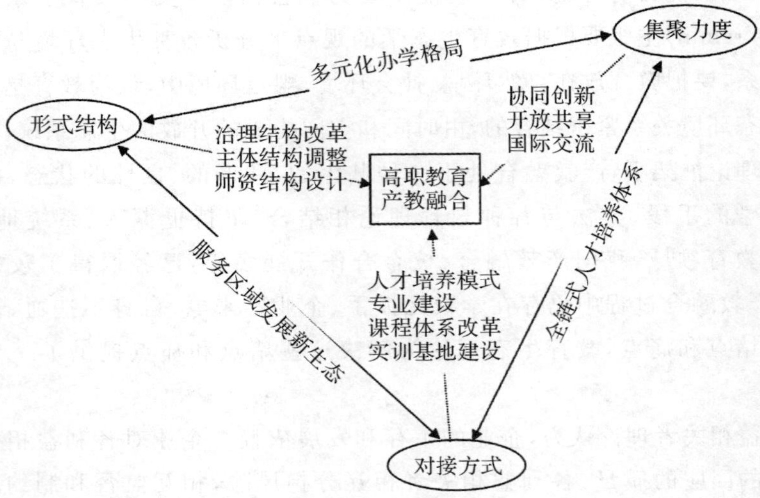

图1 高职教育产教融合实践路径

(一)创新产教融合的形式结构,构建高职教育多元化办学格局

1.深化治理结构改革,形成多元化办学体制

首先,在顶层设计上,需要引入地方政府、行业企业、科研院所、社会组织等多方参与,组建多方主体参与的院校理(董)事会、专业建设委员会、校企合作委员会并有效发挥作用,在此基础上,吸纳合作关系紧密、稳定的企业代表加入理事会(董事会),参与学校重大事项的审议。其次,在战略实施上,需要深化与政府、行业企业合作,从基地共建、专业共建、项目合作3个层次,探索产教融合的不同实现形式和载体,积极进行校地联动改革,主动为地方产业解决难题、提供智力支持。最后,在任务落实上,探索举办混合所有制性质的产业学院,吸引地方政府、行业骨干企业的投入资源、购买服务,引入社会力量以资本、知识、技术、管理等要素参与学校发展,以股份合作制的形式将合作企业、风投机构、教师、学生等多方利益主体纳入产教融合共同体。只有形成多元的、相互协调的办学体制,才能够深化产教融合的内涵,形成新的治理结构,

打通产教融合内部的关系系统。

2.深化主体结构调整，创新多主体合作模式

在主体结构调整方面，需要进一步拓宽主体合作的形式，形成互惠共赢的运行模式。首先，要培育政校行企合而为一的产教融合联盟，推进高职院校与地方政府、行业龙头企业、科研机构深度合作，基于合作各方主体的共同利益，以培养具有专业技能与工匠精神的高素质技术技能型人才为目标，提升履行契约的能力，构建优势互补、利益共享、风险共担的产教融合联盟。其次，以联盟为载体，推进与企业共建系统化课程和一体化实训基地，共享资源，共融师资团队，共育高素质技术技能人才，真正形成以产业转型升级为核心的政校行企共建共享共赢的融合结构，在此基础上创建混合所有制的职业教育集团。以高职教育优势专业群为纽带，依托地方政府，与行业龙头企业合作牵头，与行业协会、企业科研院所、院校等建立长期战略合作伙伴关系，开展多元主体共建，覆盖全产业链、辐射区域产业发展的职业教育集团，并充分调动职业教育集团内各研究院、高新企业等资源，形成校企师资互通并满足经济结构调整和产业转型升级的产学研创合作平台。最后，拓宽产教供需对接渠道，应用大数据分析，与行业组织共同制订深化产教融合工作计划，打造市场运作、专业水平、共享共赢、开放发展的产教融合服务平台。通过平台汇聚区域行业人才供需、校企合作等供求信息，注重发挥行业组织人才需求预测、用人单位职业能力评价作用，健全毕业生就业质量年度报告发布制度，定期向各类主体提供精准化信息发布、检索等服务，并形成专业的服务报告。

3.深化师资结构设计，创新多主体育人机制

在育人层面，需要加强对原有师资的改革力度，合理配置师资结构，创建多元育人的主体。首先，需要构建师资内部培养工程，注重对青年教师的培养，例如，采用以“企业人”标准锻炼新教师的先实践后上岗制度，实行“一对一”帮带培养办法，实施“双师双能型”相关教师认定标准和办法，打造“双师型”教师。其次，启用师资外部聘用工程，可聘请社会学者、科研人员以及行业企业专家和能工巧匠担任学校兼职教师队伍，建设兼职教师资源库，实行专兼教师结对互补，深化产教全方位融合的同时，助推高职教育培养技术技能型人才和多元化办学格局的形成。在此基础上，引入教师行业融入度激励机制，建

立教师外出实践制度，不仅鼓励专业教师担任社会兼职，参加与专业相关的团体组织、行业协会，通过政策支持担任国家行指委、专指委、教指委职务以及入选专家库的教师，提升教师积极参与、融入行业的积极性，同时支持在职教师定期到企业进行锻炼，将教师的行业企业从业经历作为认定教师资格的必要条件，实现教师科研与企业项目合作互通的认定。

（二）创新产教融合的对接方式，构建高职教育全链式人才培养体系

1.以新技术应用为契合，推进人才培养模式与产业相结合

建立产教融合、协同育人的新技术应用人才培养模式，实现专业链与产业链、课程内容与职业标准、教学过程与生产过程对接。探索“企业出题、学校接题、教师解题、学生答题”的实践育人模式，以新技术为导向，以企业真实需求为基点，以智能化、时尚化、数字化项目为载体，促进企业需求融入人才培养全环节，实现产学研创相结合。探索跨专业产教融合订单班人才培养模式，以创新订单班管理模式为推手，以学校资源与企业资源相融合为载体，以职业技能鉴定、培训服务企业为目标，以校内培养与企业培养相结合的教学模式为平台，实现校企合作互利共赢，按照企业人才需要，共同制定人才培养协议与人才培养方案，共同参与人才培养过程。

2.以产业先进技术为元素，推进专业建设与产业相对接

主动应对以新技术、新产业、新业态和新模式为特征的新经济发展需求，将产业发展需求融入专业建设，根据社会需求、学校能力和行业指导，形成科学设置新专业的机制，打造地方（行业）急需、优势突出、特色鲜明的新技术应用型专业，对接经济社会发展和区域产业布局。融入区域产业转型升级下的先进技术元素，健全专业设置“正负面清单”制度，建立学校统筹和社会评价相结合的专业动态调整机制，严格实行专业预警和退出机制，综合运用招生计划安排、绩效奖励等手段，集聚服务区域经济社会发展和产业转型升级的能力，调整区域产业转型升级急需的专业方向，深化专业群建设，形成专业、专业群、专业集群并存的新形态，打造“对接产业、相对集中、错位发展、优势互补”的高水平专业发展新格局。

3. 以人才培养方案为载体，推进课程体系改革与产业相适应

在现有专业基础课、主干课、专业技能应用和实践课的基础上，将产业科学管理元素引入教学管理和评价，将产业优秀文化元素融入教育教学过程，深化新技术应用课程体系改革，注重培养学生的技术技能和创新创业能力，有机融合专业教育、创业教育和产业发展，促进产教融合背景下新技术应用人才培养与企业发展的合作共赢，把企业的真实需求作为人才培养的重要参考，全面推行案例教学、项目教学，在学生毕业设计选题中引入行业企业的一线需要，营造良好的产教融合协同育人环境。使用现代信息技术推动信息化教学、虚拟现实技术、数字仿真实验、在线知识支持、在线教学监测等应用，通过校校合作、校企合作联合开发在线开放课程。坚持专业培养目标与产业需求一致，通过分层次、分阶段、分方向的课程设置，构建课程体系与岗位能力对应、课程内容与职业标准对接、教学组织形式与企业生产同步的课程框架，实现课程与岗位无缝对接，毕业即"就业"。

4. 以产学研创一体化机制为支撑，推进实训基地建设与产业相匹配

采取政府财政拨款、企业投资、学校自筹、融资租赁等多元化、多渠道投融资机制，按照工学结合、知行合一的要求，打造生产、服务的技术和流程仿真技术技能训练体系和实训实习环境，开展校内外产学研创一体的产教融合实训基地建设。鼓励和引导企业以土地、设备、资金、技术、人才资源等多种形式深度、全面参与建设产教融合实训基地和平台。通过引企入校，共建产学研创一体产教融合实训基地，实现学校和企业在新技术应用人才培养目标上的一致性；推行面向企业真实生产环境的任务式培养，实现学校实训教学与企业在就位岗位上无缝对接；多途径吸引企业将最新的技术设备用于学校教学，以实现教学设备与生产性设备在技术上保持同步。

（三）创新产教融合的集聚力度，构建高职教育服务区域发展新生态

1. 以协同创新为抓手，推进科技服务与产业相融通

鼓励将企业一线实际需求作为科技服务的重要来源，打造以企业为主体、

产教深度融合的科技创新体系,围绕区域产业的关键技术、核心工艺和共性问题开展立地式研发,推动新技术应用研究与产业化对接融通。搭建行业骨干企业联合共建协同创新中心、科技研发平台、企业研究院等科技服务平台,加强新技术、新产业、新业态研究,构建"行业领先企业＋高职院校＋专业服务机构＋中小企业群"的产教融合发展平台。加快科技研究成果向产业技术转化,推进科技服务云平台、科技资源共享平台、技术创新专利导航平台等专业技术服务平台建设。完善学校科研评价体系,鼓励行业企业参与成果转化或示范应用,并将此成果转化成效作为项目和职称评定的重要内容。

2.以开放共享为目标,推进社会培训服务与产业相衔接

在新型城镇化过程中,大批一线劳动者面临技术提升、技能深化、职业转换、城市融入等困境,高职院校要主动承接地方政府的社会培训任务,瞄准传统产业改造升级和新兴产业的发展,加强与行业和领先企业合作,创新形式多样、贴近需求的教育培训方式,联合行业企业开展职业技能竞赛、行业技术比武、创新成果评选等活动,大力发展促进先进技术应用社会培训服务,使学校成为社会依赖的培训服务基地、顺应传统产业变革的换乘站以及促进新兴产业发展的人才池。同时,高职院校要建立健全开放共享机制,校企共建"互联网＋"培训平台,开发立体化、可选择的产业技术课程和职业培训包,不仅面向院校提供学生实训、师资培训等服务,而且面向全社会提供职业培训、技能鉴定、产品生产、技术研发等多种公共服务。

3.以国际交流为突破口,推进国际化人才培养与产业相融合

促进优质资源"引进来",创新符合国情、符合高职特色的产教融合国际化人才的协同培养模式。引进海外高层次人才,以共建专业、共建基地、教师交流、学生交换、科学研究等多种合作形式,转化国际先进职业教育资源并深度整合。拓展与发达国家院校的合作办学,引进并结合自身优势开发成熟、适用的国际通用职业标准、专业课程标准以及丰富的数字化教育资源等,建立中外合作办学机构、研发机构、技术技能人才培养培训基地和教育合作平台等,成为国际事务的参与者、国际标准的建设者、国际资源的提供者和中国企业国际化的协同者。深化产教协同"走出去",配合中国企业重点在"一带一路"沿线国家和地区培养中国企业海外用人标准的本土化人才,构建产教融合视域下中国高等职业教育国际化人才培养标准,全面服务国家走出去战略,展示中国特色并

提供中国经验。

参考文献

[1]庄西真. 产教融合的内在矛盾与解决策略[J]. 中国高教研究,2018(9):81-86.

[2]刘海明,谢志远,刘燕楠. 高职教育人才转型的战略思考:推进产教融合,服务产业发展——兼谈高职院校"新技术应用"人才培养方略[J]. 高等工程教育研究,2018(2):182-188.

[3]罗汝珍. 市场经济背景下高等职业教育产教融合机制研究[J]. 教育与职业,2014(7):8-11.

[4]葛道凯. 中国职业教育二十年政策走向[J]. 中国教育科学,2015(4):51-74.

[5]闫智勇,朱丽佳,陈沛富. 系统论视域下现代职业教育体系内涵探赜[J]. 职教论坛,2013(19):54-58.

[6]王红雨,闫广芬. 大学与社会关系新探——以卢曼的社会系统理论为中心[J]. 高教探索,2016(5):5-10.

[7]Cremin L A. Public Education[M]. New York:Publishers, Inc. ,1976:52-59.

[8]爱德华·弗里曼,杰弗里·哈里森,安德鲁·威克斯,等. 利益相关者理论:现状与展望[M]. 盛亚、李靖华,译. 北京:知识产权出版社,2013:26-27.

高职教育人才转型的战略思考:推进产教融合,服务产业发展①

——兼谈高职院校"新技术应用"人才培养方略

刘海明　谢志远　刘燕楠

摘　要:当前,我国职业教育正处于转型升级的重大关口,以往传统的教育资源和社会服务优势正在逐步减弱,社会需求与人才培养之间产生了深层次的矛盾。在深化产教融合的教育发展新阶段,高职院校需要在人才发展的战略性目标上重新提炼办学理念、找寻专业特色,摆脱传统的技术应用与模仿,深入更高端的新技术应用与创新探索实践,主动对接区域经济发展,建立与企业协同育人的办学新机制,探索有步骤、有层次、有目标的产学研创分阶段实施路径,用更先进的技术手段提升办学水平,实现新技术推广与专业建设步调一致、新技术应用与创新创业项目衔接、新技术改造与产业更新及时、新技术创新与技术升级同步的产教融合纵深发展机制。

关键词:产教融合;新技术应用;高职院校人才培养

随着国家经济社会的转型,我国职业教育得到了空前发展。党的十九大报告提出,"完善职业教育和培训体系,深化产教融合、校企合作"。在国家创新驱动发展战略下,改革高职院校人才培养工作,促进毕业生高质量就业创业,是职业院校主动适应国家经济产业调整布局、实现新技术强国战略的主体需求,也是高职教育通过创新人才工程服务行业和企业协同创新、共同推进产

---

① 本文是浙江省教育厅科研项目"基于'工匠精神'的高职院校新技术应用创新创业人才模式研究"(Y201636126);温州市2017年公益性科技计划项目"基于'训研创'一体化的新技术应用创新创业运行机制研究"(R20170039)成果。

作者简介:刘海明,温州职业技术学院创业学院院长、讲师;谢志远,温州职业技术学院院长、教授;刘燕楠,温州医科大学教育理论研究所所长、特聘教授。

业转型升级的重要发展举措。在深化产教融合的时代背景下，我国高职教育需要摆脱传统的技术应用与模仿，走向更高端的新技术应用与创新的探索实践，主动适应新环境，主动对接区域经济发展，主动启用人才培养新机制，通过政策规划、制度调整和人才培养变革以适应新环境和新挑战。

一、以新技术应用型人才培养为目标，推进高职院校创新创业教育改革

2015年起，国家提出以促进大学生创新创业为目标的高校改革与发展思路，对高职院校的转型与升级提供了重要启示，也为产教融合的资源集聚、平台搭建提供了政策、资金的支持和保障，高职院校创新创业的水平和服务能力得到了大幅提升。截至目前，我国创新创业教育已经进入新的"4.0育才期"[1]，这意味着创新创业教育的内涵更加丰富、主体更加广泛、形式更加多样、成果更加突出。以创新创业为背景的新技术应用人才培养，也将成为高职院校创新创业发展的新动力；高职院校利用新技术的成果转化，将推进产业升级，助推地方经济产业快速发展。

（一）以新技术应用为导向，提升高职院校创新创业教育内涵的必要性

当下，我国的传统经济增长缺乏新动力，经济增长将更多地依靠知识创新、技术进步和人力资本积累。"三去一降一补"的有效推进需要依赖科技产业的有效供给，只有与需求匹配的科技供给才能消除科技创新的"孤岛现象"。从现状来看，我国高职院校的创新创业工作还没有真正起到实效，高职院校的专业设置与课程内容还未能充分利用各平台提供的有效教育资源、教育环境和教育方法，在人才培养目标定位上也未能体现出创新创业教育的精神品质和丰富内涵。在理念上，创新创业教育与培养大学生的创新思维、创业精神与能力密切相关，但在实践中，大部分高职院校的创新创业教育还仅停留在口号上，产教融合的发展机制还只停留在形式上，在带动传统产业升级、制造业创新等领域也相对贡献较少。同时，由于缺乏有效的人才培养机制，高职院校在顶层设计和人才培养制度安排上缺乏一套成熟的办学模式，创新创业资源较少，创业教育与专业教育融合度较低。

面对这些困境,高职院校必须从顶层设计上对人才质量进行重估,解决好如何将新技术引入高职课程、如何将高职课程引入企业技术考评机制、如何将新技术应用引入产业需求等问题,这是当前高职院校创新创业教育发展应该着重关注与研究的核心命题。新技术应用型人才作为高职院校与企业技术深度对接的转型枢纽,是可以实现将新技术转化为新能源和新动力、助推企业技术创新与技术转化的宝贵人力资源。以人工智能、清洁能源、无人控制技术、量子信息技术为代表的第四次工业革命,将互联网产业、工业智能推向产业进步的技术舞台,这些产业变革的难题,亟待具有新技术创新力的人才去破解,因此,高职院校应该立足市场需求,将高素质与高技能的创新人才引入新技术市场,促进产业结构调整与转型升级,为国家"双创战略"提供人才和智力支持,为科技有效供给提供新动能。

(二)以新技术应用人才培养为目标,推动高职院校创新创业发展的可行性

现阶段,我国的创新创业协同创新机制尚处于论证探索阶段,还未形成整体的结构性布局,这在很大程度上阻碍了创新创业教育的深入与动态发展。在新技术应用层面,创新创业教育的困境主要表现为,创业工作仍囿于政府政策扶持和产业需求的外部导向,没有形成高职独特的新技术文化自觉。在此基础上,出现高职创新与创业内生力不足、师生主体参与的积极性不高、创业渠道不畅通、效果不理想等的突出现象。为了破解这个难题,就需要重新打造以新技术应用型人才为目标的教育产业布局,深入实践"引企入教"改革,建立学校、政府、社会三位一体的协同创新机制和产教融合的实践平台,创建校企深层次互动、具有新技术引导的"职教研创共同体"。以产业需求为导向,聘请企业技术研发人员参与人才培养方案的开发,全程督导与调整新技术应用课程的实践过程,共同破解企业技术难题,真正做到有水平、有质量的产教融合,充分发挥高校和企业在人才培养中的"双主体"作用,推动产学研创新机制的动态生成。

作为一种自上而下和自下而上相结合的教育改革与创新活动,高职院校新阶段的创新创业教育工作应以"新技术"作为创新的关键词,把课程与技术、改革与研创、产业与教育对接起来,形成连接创业教育与专业教育的实践桥梁。在相互融合的路径上,如何有效挖掘和充实各类专业课程的创新创业教

育资源，建立有规模、有潜力、有特色的创业空间，是高职院校创新创业教育发展的难点。在创新创业课程设计和开发方面，依据不同产业对专业人才的技术需求，高职教育应主动调整新技术应用人才的培养方案，将新技术的理念和精神渗透创新创业教育的课程开发与实践项目之中，同步制定创业教育与专业教育实施方案，将专业教育与创业教育进行项目整合，实施项目管理，提升二者的融合度；同时，还应该把新技术人才作为支撑高职院校创新创业发展的第一资源，在提升人力资本效能中推动高职院校发展质量、效率和动力变革。最终，依托产教融合战略，加强校企深层互动，搭建与不断升级新技术应用人才的合作创新平台，提高产业界和高职院校联合的紧密程度，促进“人才培养供给侧和产业需求侧结构要素全方位融合”，推动高职院校人才战略的“供给侧结构性改革”。

在以新技术应用为核心的产教融合机制中，固化校企协同培养高层次应用型人才的模式，“健全高等学校与行业骨干企业、中小微创业型企业紧密协同的创新生态系统，增强创新中心集聚人才资源、牵引产业升级能力”[1]，是推进产教协同育人合作机制的改革路径。其中，进一步加强高职院校“双师型”师资队伍建设，凸显企业在人才培养全过程中的主体性，整合校企共建生产型实训基地、专业群的研发平台、众创空间等优质资源，把学生专业实验实训、科研项目与新技术课程有机整合，通过全程参与企业技术生产与新技术实训项目的实践课程，引导学生“学中做，做中学”；通过开发立体化、可选择的新技术课程项目包引导学生“训中研，研中创”，通过与企业共同合作开展新技术研发项目与创新项目引导学生“做中创，创中创”，以此为方向，由浅入深、循序渐进使学生掌握新技术演进的规律，形成“学训研创”一体化的实践教学体系，建立“梯次有序、功能互补、资源共享、合作紧密的产教融合网络”。

二、以新技术应用人才培养为理念，促进高职院校内涵发展

“中国制造 2025”是国家立足于新的国际环境和产业变革的大趋势，为实现“制造强国”目标而作出的重大产业布局调整，也是高职院校对照未来人才标准推进职业教育改革的目标与方向。当前，高等职业教育正处在转型升级

的重大关口,以往传统的教育资源和社会服务优势正逐步减弱,社会需求与人才培养之间产生了深层次的矛盾,需要在人才发展的战略性目标上重新提炼办学理念、找寻专业特色、提升办学水平。2017年12月,国务院办公厅印发的《关于深化产教融合的若干意见》明确提出,"要深化产教融合,促进教育链、人才链与产业链、创新链有机衔接","深化职业教育、高等教育等改革,促进人才培养供给侧和产业需求侧结构要素全方位融合,培养大批高素质创新人才和技术技能人才,加快建设实体经济、科技创新、现代金融、人力资源协同发展的产业体系"。[2]深化产教融合作为当前高职教育发展总的行动纲领,是全面提升高职教育发展质量和人才培养水平的有效途径,也是当前高职"优质校"建设的基本主线。在进一步推进产教融合、深化校企合作的办学思路下,高职院校将深入破解职业教育历史发展中"多而不强""广而不精""虚而不实"的现状,推动高职院校迈入以技术强校、科技强国、产学研创相结合进而助推产业发展变革的"高等教育强国"战略行列。

(一)助推产业革命,引领行业发展——新技术应用"新"在哪里?

当前,世界范围内正掀起一股回归制造业的热潮,国家新一轮科技革命和产业变革与我国加快转变高职教育人才培养方式形成历史性交汇,其中,技术创新与人才培养改革紧密相关。高职教育在将新技术应用转化为人力资源的过程中发挥重要的作用。按照人才结构理论的划分,社会人才可分为4种类型:"学术型人才,主要从事发现、研究事物发展的客观规律和基础原理的工作;工程型人才,包括设计型、规划型、决策型人才,主要从事与直接产生社会利益相关的设计、规划及决策工作;技术型人才,包括工艺型、执行型、中间型人才,主要在生产一线或者工作现场从事依赖特定、专门技术或者工艺的相关工作;技能型人才包括记忆型和操作型人才,主要依靠操作机器、机械或者掌握某种直接用于生产的技能完成相关工作。"[3]按照国家高端人才的结构分类,新技术应用人才,不是对于新技术的研发与创造等高端知识人才的定位,而是对原有的传统技术进行改造与创新的高端技术人才的定位,这也正是高等职业教育区别于其他普通高等院校教育的突出特征。新技术应用是新技术革命对于高职人才培养的基本要求,目的是提升技术应用的层次,对以往职业教育简单培养技术劳动力的人才变革,是当前职业院校人才培养改革的重大转向。具体而言,新技术应用包括"新的工艺操作方法、新材料、新设备以及与之相关的新系统、新管理方式,是在原有技术基础上改进革新的技术。因此,新技术应用不是形成新技术,而是利用新技术将现有的产品转化成现实的新产品和现实的生产力。新技术应用是一种崭新的理念和教育模式"[4]。

面对市场不断涌现的新智能、新科技与新技术,高职院校需要将具有新技术应用能力的人才资源挖掘出来、培养出来,从而对应国家对不同高素质人才的个性化需求。在新技术人才培养的目标维度,需要高职院校建立产学研创相结合的创新实践平台,不仅教会学生掌握技术,更要培养学生进行技术创新的能力,帮助他们掌握技术赶超、技术跨越、技术革新的本领与方法,以大规模的新技术实践来增进学生创新能力和创业精神,最终实现新技术成果的商业转化。当前,高职教育已由校企合作培养机制转化为产教融合的新机制。产教融合,是以企业、行业发展为主导的人才培养战略,是为了适应产业变革而提出的新技术应用与实践。在此基础上,高职院校将新技术应用与创新创业深度融合,在行业、企业、社会机构等多元主体参与下,对人才进行新技术培训与创新培养,从根本上满足企业对高层次技术人才的质量要求。因此,高职院校要想在以产业变革为大背景的高等教育结构性改革中异军突起,就必须在"新"字上下功夫,依靠"新技术"培养"新人"。

(二)高等教育职能分工,高职院校异军突起——高职教育改革"难"在哪里?

在世界经济产业重组与科技革命的重大背景下,高等院校职能分工格局正在重组,实现高等教育"错层经营"与"错位发展"是新技术革命对于高校人才培养改革的基本要求。高职教育作为新技术革命的主力军,应进一步调整人才战略,树立"创新驱动、质量为先、特色发展、品牌优质"的发展理念,不仅要"新"还要"创",从而将人才链与产业链、人才链与创新链有机结合,推动高职教育高效快速发展,为职业院校助力中国建成具有全球影响力的制造强国奠定坚实的人才基础。

当前,高职院校存在历史遗留的门槛低、入口松、发展难等突出问题,在短时间内很难达到对技术新人的塑造和对新技术的攻关能力。从"技术掌握"到"技术改造与创新",高职院校正在经历着一次极具影响力和挑战性的教育变革。面对国家产业结构调整与高校大规模的综合改革,高职院校需要重新定位,将自己的人才优势充分发挥出来,在新一轮高等教育结构重组中找到位置、找寻出路。新技术应用型人才作为技术产业革命的主体,是推动技术创新与科技进步的人才支撑,也是高职教育需要着力培养的宝贵的技术人力资源。高职教育作为直接与企业衔接的人才转换枢纽,其人才培养的基本定位就是打造创新创业型的高层次技术人才,提升学生利用新技术进行创新创业的能力。

高职院校"新技术应用人才培养"的重新定位,是着眼于高职院校战略发展目标、构建中国特色现代职业教育体系、深化产教融合办学机制的准确定位,而对于社会产业进程来讲,也是全面提升高职院校服务区域经济社会发展能力的根本导向和迫切需要。以此为发展目标,高职院校可以实现将新技术应用性知识与企业技术难题相互转化,从而作为新技术革命的主体,助力与推动科技成果的技术创新。在我国创新创业发展战略的引导下,高职院校可以依托创新创业活动不断将新技术成果转化为现实生产力,以适应知识转化和技术创新的行业需求。在产教融合的背景下,把提升技术的科技含量作为高职院校新技术应用人才的专业标准,形成专业设置直接对接地方支柱产业、创新人才直接对接新技术,建立技术创新平台和众创空间,通过企业团队共育与企业文化引领,打造企业家精神,实现技术与文化、技术与生产力的深层次转化。

新技术革命与国家产业结构调整为高职教育的改革与发展提供了思路,也为职业教育改革创新注入了新活力。然而,在这个历史标志性的转折点上,高职院校需要充分把握地方区域经济发展的特殊性,将产业发展纳入人才培养广泛视域,创新人才培养机制,建立"专业共建—技术研发—创新创业"三位一体的新技术创新创业发展团队,探索产学研创相结合的办学模式,以破解高职院校发展难的现实危机。经过 30 多年传统的高投入、高消耗、粗放式的发展,中国经济已发生深刻变化,着力构建以企业为主体、以市场为导向、产学研相结合的技术创新体系,逐步转向创新驱动发展,并进入产业结构转型的关键时期。[5]面对层出不穷的新技术、新产业、新业态,高职院校需要培养和造就一批"适应中国经济新常态特征的新技术应用人才队伍,这样才能充分把握时代发展的战略机遇期,也是建设创新型国家与创新创业人才培养相结合在实践方面的重要探索"[6]。

三、探索分阶段产教融合的实施路径，打造新技术应用型创新创业教育特色

我国高职教育的发展经历了由校企合作到产教融合、由高校驱动到企业主导、由产学结合到产学研创结合的纵深发展阶段。过去，高职教育主要以高校为主导，以行业为导向，将教育教学、生产劳动、社会实践、技能训练等融入社会服务职能之中，此阶段是产教融合的初级阶段(即校企合作阶段)，又称为“产教融合 1.0 时代”。在这个阶段，高职院校各方资源未得到很好的整合，企业参与度不高、内驱力不强，校企合作并未对专业建设起到决定性影响，高校与企业之间的合作流于形式，高职院校也并未按照行业变革趋势进行专业设置，仅仅依靠为数不多的实训基地对学生开展实习实训和社会生产实践活动，使高职教育专业与课程严重缺乏预见性和前瞻性，对技术资源的利用也呈“片状化”趋势。当下,《国务院办公厅关于深化产教融合的若干意见》的出台预示着产教融合必须破解校企合作“两张皮”的难题，跳出知识看知识、跳出教育看教育、跳出实践看实践、跳出学校看企业，通过高职院校人才的转型和专业建设，打造新技术应用的高职院校人才培养工程，探索有步骤、有层次、有目标的分阶段发展路径，用更先进的技术手段推进高职院校战略发展，推动产教融合进入 2.0 时代。

(一)以打造新技术应用型人才为产业布局，强化新技术应用的产教融合机制

推进新技术应用人才的开发与实践，首先需要完善以新技术为理念的高职人才战略的顶层设计，建立校企协同育人机制，整合企业、行业和学校等丰富的技术资源和要素，建立立地式、立体化的新技术应用型人才培养项目质量体系，实现新技术推广与专业建设步调一致、新技术应用与创新创业项目衔接、新技术改造与产业更新及时、新技术创新与技术升级同步的产教融合纵深发展机制(见图 1)。

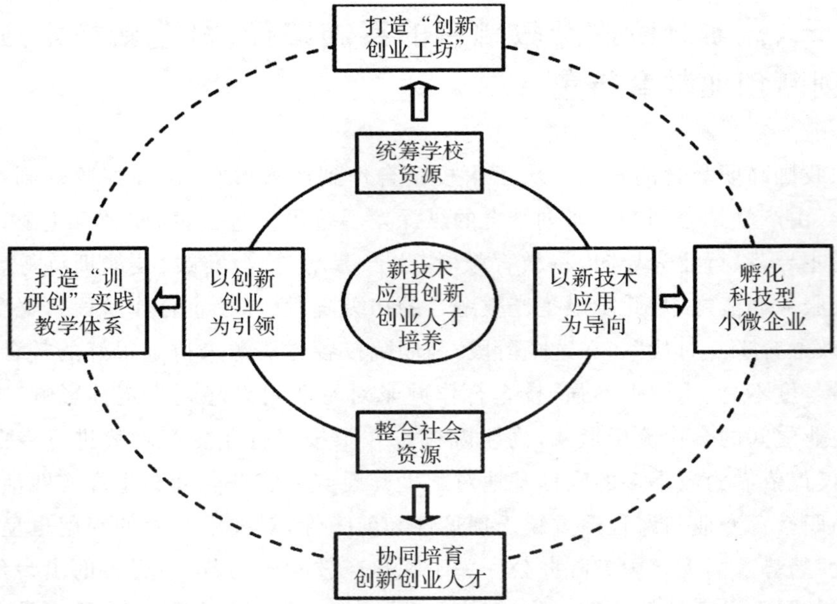

图 1　高职院校基于产教融合的新技术应用人才培养体系

1. 产学结合:建立“产业跟随”的新技术应用人才培养互通机制

在产教融合的第一层次,高职院校需要冷静分析与思考企业主导下高职教育的专业发展与人才定位,深入落实产学结合;针对曾经的“企业冷、学校热”的校企合作难题,着眼于新技术革新的产业转型与发展,构建校企共赢、持续性的深度合作制度,使企业的新技术产品深入学校课程与创新实践,让企业全方位参与、指导学校的专业建设和课程规划。从校企关系上讲,一方面,企业与职业院校之间可以实现共赢共生:企业发展需要新技术人才的支持,企业进行技术改造、产品研发和项目培训也需要依靠有技术创新水平和能力的技术人才,企业完全可以按照行业新技术需求对高职人才培养提出要求;另一方面,高职院校要想与产业紧密贴合,提升综合改革的层次与成效,也必须将企业放在产教融合的主导地位,建立资源共享、互利共赢的制度理念,充分发挥自身人才聚集的优势,通过实施人才战略将优秀的企业引进来,形成“产业跟随”的常态化课程机制,让企业充分参与和管理学校的人才培养工作。因此,从这两个主体共同的需求来看,校企合作并不是学校和企业的简单相加,而是彼此的刚性需求,需要彼此间深度融合,共同创新。以此为基础,职业院校的人才优势和企业的技术优势才能够叠加在一起,形成技术合力,推进产教融合与人才转型。

2.产学研结合:推动"产业互助"的新技术应用人才培养创新孵化平台建设

在产教融合的第二层次,需要将以产业为主导的课程运用在技术实践之中,推进产学研相结合,体现高职院校专业"求新""求变"的课程改革思路。首先,在政策引导上,高职院校要开放办学,发挥集团化办学的制度优势,让行业、企业、科研机构和社会组织等共同参与学校治理和人才发展规划,促进人才培养链与产业链无缝对接。其次,在运行机制上,建立"产业互助"机制,将新技术在高校平台上进行推广和应用,让学校的课程与产业知识和技术对接,让学生充分参与企业的产品制造和技术革新,在新技术支持与服务产业转型发展的维度上,深化校企合作机制。再次,要搭建"全产业链式"创新创业实践平台,建设以新技术应用为指导的创业实训基地和创业孵化园,引入风投企业,组建创业基金,进一步落实与推进高职院校与科研院所、政府、企业、行业以及国际合作组织的协同育人制度。

3.产学研创结合:打造"产业领跑"的新技术应用人才培养创业引领目标

在产教融合的第三层次,就需要整合优秀的技术资源,进行立地式产品开发与技术转化实验。立足于区域经济与文化特征,将产学研创相结合,形成高职院校利用创新人才优势进行"产业领跑"的技术创新新局面。产学研创,就意味着学以致用、用以创新,需要深度对接区域特色、支柱产业的转型发展需求,构建以实训为基础、以新技术应用为核心、以研发为动力、以创新创业为导向的"实训＋科研＋创新创业"一体的实践教学体系。通过项目平台,开展技术创新,把高职教育人才路径向"做中创""创中创"中延伸,让人才优势转化为技术优势,利用人才资源,拿到行业的技术话语权,最终实现以职业院校为中心的产业结构布局的优化与调整。

（二）以新技术应用人才培养改革为契机，开展高职创新创业教育新实践

高职院校需要着力创新融合专业、创新引领创业、创业融入课程、创业带动就业的新技术应用人才培养新模式，深化高职院校创新创业教育改革。

1.立足地方产业文化特色，打造“全产业链式”新技术应用与创新实践平台

在传统产业改造与更新过程中，“中国制造”的标签逐渐被“中国智造”和“中国创造”所更替。技术变革依赖于本土资源和区域经济发展的优势，需要不同产业在规模上形成区域产业链，才能推动产业布局由单个企业到块状经济的连片式发展，最终实现高品质、高水平的本土制造。高职院校新技术应用实践改革，能够在技术人才培养上精耕细作，依托创新创业教育，提升人才社会服务与创新能力，利用人才优势为产业输出新技术应用“最后一公里”的技术源。要想达到这个目标，就需要高职院校的专业设置必须立足于地方和区域经济发展的特点和产业文化的特色，凝练出地方高职院校办学特色和专业特色，在此基础上，联合区域行业机构、地方社会组织、地方龙头企业和相对应的新技术研究机构等，共同组建“全产业链式”新技术应用与创新实践平台。

在以新技术为导向的创新创业实践机制上，需要搭建不同层次、类别和形式的“众创空间”，在创业教育中引发学生对新技术应用的理性思考，激发他们对新技术应用的实践兴趣，引导他们掌握对新技术改造创新的方法。通过理论与实践融合互动的项目平台，持续激发大学生对新技术研究的热情，将技术研发与成果转化结合起来，形成“涵盖项目发掘、团队构建、投资对接、后续支撑的全过程孵化服务，使这个平台成为创意（好点子）推广、创新（好方法）探索、创造（好作品）推广、创业（好商机）实践于一体的创新创业载体”[7]，夯实学生的创业资本。在运用新技术打造“众创空间”的过程中，还需要着力推进创业文化建设，将优秀的企业文化与企业家精神内化于技术创新理念之中，让学生形成企业文化自觉，从而打造出新技术创新性强、商业文化底蕴深、竞争机制合理的大学生科技创业园。

2.专业教育与创业教育深度融合，创设高品质的技术创新生态系统

实现产学研创协同发展，还需要根据产业设置专业，依托专业建立平台，通过开展创新创业活动，推动专业教育与创业教育深度融合。在人才培养模式上，必须以创业教育为导向，建立师生共创的人才合作项目，重点在信息技术、智能创新、时尚设计和新材料等新兴的新科技领域培养和扶持大学生创新创业能力，通过“师研生随”（吸纳学生参与教师项目研发）、“师导生创”（启发学生在项目研发过程中的创新思路）、“师生共创”（带领学生共同完成新技术研发实现共同创业）形成“教学研创”的分层互动机制，最终将“创”落实在新技术应用型人才培养质量的评价体系中。在创新创业目标引领下，专业教育需要整合课程资源，充分满足创业企业对于发展空间、技术研发、人力资源、市场开拓等方面的个性化需求，同时，坚持面向区域经济发展的原则，与地方政府、行业企业联合共建孵化器和创新创业公共服务平台，采取“创投＋孵化”的发展模式，将师生共创成果与相关企业对接、合作、转化为可供实施的项目，形成构建团队、发掘项目、对接投资、支撑后续的循环体系。在课程设置上，需要进一步完善产教融合与创新创业实践课程体系，形成平台化思维，建立行业、企业、高校三位一体的资源整合平台，依托“创新创业工场”“学训研创”相结合的创客空间，孵化科技型小微企业，协同培育高职教育创新创业人才。

在创新创业教育引导下，高职院校人才培养还需要主动对接产业发展需求，调整学科专业结构，推进产教融合、校企合作、互聘教师、共享基地等人才培养模式，建立地方高校与相关部门协同培养机制的策略，共同创设高品质的技术创新生态园，使创业文化渗入校园，让企业文化影响学生，将校园文化建设与企业家精神相对接，用产学研创一体化创业模式打造新技术产业精品，建立高职院校与企业共创的文化氛围，从而影响、辐射地方产业发展，加快新技术产品快速升级。

注　释

①按时间划分，我国的创新创业教育可分为 4 个阶段：1999—2014 年为创新创业教育的启蒙期，高校学生的勤工俭学演变为创业，部分高校开设了“创新班”和培养创业精神的通识课，这个阶段叫作“1.0 启蒙期”；2014 年 6 月—

2016 年 6 月，自国务院下发《国务院办公厅关于深化高等学校创新创业教育改革的实施意见》（国办发〔2015〕36 号）开始，教育部和地方教育主管部门出台大量的创新创业教育政策，“大众创业、万众创新”时代正式来临，这个阶段叫作“2.0 政策期”；2017 年初，创新创业教育引起了高校和社会的广泛热议，高校的创新创业教育是为了培养企业家还是为了育人？高校创新创业教育绝不是为了培养几个企业家，教育的本质是为了育人，这个阶段叫作“3.0 育人期”，是创新创业教育内涵认识的回归期；2017 年开始，随着党的十九大对国家新时代的定位，建设创新型国家成为中国强大的必由之路，创新创业型人才培养成为“十三五”期间高校的重要任务，这个阶段叫作“4.0 育才期”（培养创新创业型人才）。

参考文献

[1][2]国务院办公厅关于深化产教融合的若干意见[EB/OL].（2015-05-13）. http://www.gov.cn/zhengce/content/2017-12/19/content-5248564.htm.

[3]薛喜民. 高等职业技术教育理论与实践[M]. 上海：复旦大学出版社，2000：56.

[4][6][7]谢志远. 高职院校培养新技术应用创业型创新人才的研究[J]. 教育研究，2016（11）：107-112.

[5]杨公安. 应用技术大学——经济提质增效升级的强劲动力[J]. 中国职业技术教育，2015(24)：24-28.

基于产教融合的高职教师专业发展研究①

潘玲珍

摘　要：在我国加快现代职业教育体系建设，深化产教融合、校企合作的发展战略背景下，高职教师专业发展内涵包括内部结构与外部结构。内部结构是构成高职教师个体专业发展一系列核心要素的组合，外部结构是旨在促进教师专业发展制度体系、公共治理机制、考核与评价机制等，内部结构发展路径和质量受到外部结构的影响。高职教师专业发展将更加强调内部结构与外部结构间的关联，通过一系列创新性路径实现教师教学、科研、社会服务等三大能力的融合。

关键词：产教融合；高职院校；教师专业发展

2014 年 6 月国务院颁发了《关于加快发展现代职业教育的决定》，提出加快现代职业教育体系建设，深化产教融合、校企合作，培养数以亿计的高素质劳动者和技术技能人才。实现这一目标的关键要素是拥有一批能够体现高职教育本质特色的教师群体。他们不仅承担了教书育人等学校教育的一般性功能，同时又掌握了丰富的实践技能和前沿性的行业信息，能够与行业企业进行技术创新、产品研发、科技攻关、课题研究、成果转让等一系列面向市场、面向产业、面向行业的活动。因此，有效促进高职教师专业发展、提高教师的专业水平，是提高高职教育办学水平的关键，也是发展现代职业教育体系，深化产教融合的重要内容。

① 本文是 2014 年浙江省教育厅研究课题“基于产教融合的高职教师专业发展路径研究”（Y201432255）研究成果。

作者简介：潘玲珍，温州职业技术学院院长办公室副主任、助理研究员。

一、产教融合背景下高职教师专业发展面临的问题

产教融合是指高职院校在办学过程中,整合学校、政府、产业部门以及社会组织等多方面的资源,以市场需求为导向,与产业部门之间形成共生演进、深度融合的协作创新机制。其基本内涵就是产教一体、校企互动,实现职业院校教育教学过程与行业企业设计、研发、生产、服务等各环节的深度对接,打破职业与教育、企业与高校、工作与学习之间的藩篱,将高职院校的教育教学、素质培养、技能提升等功能与行业企业的科技研发、经营管理、生产设计、社会服务等功能融为一体,最终促成高职院校与行业企业之间合作共赢的发展共同体。产教融合具有3个方面的含义:一是促进高职院校及时调整发展方向,服务区域产业发展;二是促进学生就业,为学生实践课程提供平台;三是促进高职创新研究成果的快速转化,为教师提供专业发展的平台。[1]综上所述,产教融合更加强调高职院校与产业部门在合作形式、合作范围、合作内容等方面的深度融合,在提升高职院校办学水平和办学质量的同时,推动行业企业的科技研发和产业部门的转型升级。

产教融合给高职教育发展带来了新机遇,也对高职教师提出了新要求。从产教融合内涵特征来看,当前我国高职教师专业发展存在以下几个问题。

第一,高职教师专业发展的内涵和边界还较为模糊,没有将高职教师专业发展的要素与其他类型教师进行区分,不能科学地对教师专业发展的结构进行分析,从而造成了现有的教师专业发展体系无法满足高职教师的发展需求。我国高职教师队伍建设是以培养“双师型”教师为主要方向,使教师既有理论知识又有实践能力,这是高职教师的职业独特性的体现。然而,长期以来对何为“双师型”教师存在一定程度的误解,或把“双师”等同于“双证”,即拥有教师资格证书和专业技能证书;或把“双师”等同于“教师+技师”;甚至有学校将从企业招聘的教师也归于“双师”之列。这种对教师专业发展内涵的认识不清,导致了高职教师专业发展目标定位的不明确及专业发展内容的模糊,不能反映高职教师应该具有的专业知识、专业能力、专业认知、专业态度,由此造成了大多数高职院校无法针对教师的专业发展需求,建立起旨在融合教师专业理论知识、实践应用能力、技术研发能力的教师专业发展体系。

第二,高职教师的专业发展形式单一,主要以理论学习和培训为主,培训内容和培训方式无法对教师的理论知识和实践知识有效整合,教师在培训过程中难以提升自身的科研水平。高职院校组织形式多样的培训项目,也系统地印发相关材料以促进教师专业发展。可以看出,这种校内组织、自上而下、缺乏校外合作的传统培训方式虽然对教师专业理论知识有所裨益,却对高职教师实践能力的发展很少有帮助。高职院校的教师专业发展缺乏与行业企业之间的深度合作。虽然我国部分高职院校近年来在校企合作、产教融合方面取得了较大突破,但是由于在理念上对教师专业发展缺乏认同和支持,因此很多高职院校在企业发展实践实训基地、与行业协会加强合作的同时,更多的出发点是提升学生的就业率,并没有将教师专业发展的诉求融入这一过程中,教师对于自身专业发展的积极性和创造性没有受到重视。环视德国、日本、新加坡等职业教育体系非常发达的国家,我们可以看出一个明显的特征,就是行业协会与企业在与高职院校合作过程中所体现出的对高职教师专业发展全方位的支持,如在企业内部成立教师—工程师联合研发实验室、支持职业院校教师参与企业研发活动、高职院校中设立产业教席职位,以企业内部的中高层管理人员或技术研发人员对教师进行培训等多种形式。反观我国,现有的以校企合作的方式推动教师专业发展的路径还较为单一,基本上还是以教师带学生赴企业进行实践锻炼为主。从校企融合的背景来看,高职院校和行业企业还没有意识到教师专业发展在深化校企融合过程中的重要性和必要性,没有在高职教师的专业知识与实践技能之间的融合、教师与企业间的合作研发体系、教师的知识产权转移与技术转让等领域建立起全面开放的合作机制。

第三,高职教师专业发展的结构尚不完整,缺乏系统性的制度设计和实施路径。教师专业发展的内部结构是推动教师专业发展的内源性要素,外部结构则是保证教师专业发展的一系列制度与环境支持,二者之间的关联与协调则决定了教师专业发展的整体质量。但是,目前我国高职教师的专业发展体系建设还处于较为滞后的状态,大部分高职院校并没有形成完整的教师专业发展体系,教师专业发展的内容、路径、方式、评价标准与考核方式等多个方面都存在着碎片化的态势,系统间的要素无法实现结构整合。

二、产教研融合背景下高职教师专业发展的特征与结构分析

(一)产教融合背景下高职教师专业发展的特征

高职教师专业发展在个体层面,可以理解为高职教师在其专业生涯中,通过各种理论学习和专业实践活动,形成强烈的专业认同感、熟练掌握专业领域的知识和技能,不断提高自身的教学能力、实践能力和科学研究能力,并能够获得专业成长阶段所需的职称和待遇。由于“高职教育具有高等教育和职业教育的双重属性,这本质属性决定了高职教师的跨界特质,也决定了高职教师专业发展具有自身特征”[2]。产教融合背景下我国高职教师专业发展应体现以下特征。

第一,高职教师专业发展是长期性和阶段性的统一。高职教师专业发展不在于一门课程的进修或少数几日的培训,而是一个长期的发展过程。在产教融合的背景下,高职院校与产业部门之间的合作将会更加灵活多样,高职院校的专业设置、课程设计、教学内容、教学方法等都会发生持续和动态的革新。伴随着产业部门与高职院校之间合作的深化,教师也需要在不同阶段对专业发展的不同纬度进行提升。

第二,高职教师专业发展的内容需要体现教学、科研、企业合作等三大能力的统一发展。高职教师有别于其他院校教师的一大特征就是其既要掌握扎实的理论基础,还要熟悉企业生产实践的过程,掌握行业企业的发展动态,也要具备一定的科研能力,通过与产业部门之间的合作研发,提升自身的创新能力。

第三,高职教师的专业发展具有其独特的内涵与要素。就其内涵而言,高职教师专业发展涵盖其知识积累、技能娴熟、能力提升、态度与认知转变等多个维度;就其要素而言,高职教师专业发展的过程中必须提升教师在专业知识、专业技术科研能力、教育教学态度与情感等方面的发展质量,通过一系列创新性的培训项目和制度设计,将上述领域核心要素的培育嵌入教师专业发展的过程之中。

(二)产教融合背景下高职教师专业发展的结构

产教融合的背景下，高职教师专业发展的结构分为内部结构与外部结构。内部结构是构成高职教师个体专业发展一系列核心要素的组合，它们体现了高职教师职业发展的特征与核心价值；外部结构则是旨在促进教师专业发展的政策和制度体系、公共治理机制、科学的考核与评价机制等，它们保证了高职教师专业发展的持续性和稳定性。

1.教师专业发展的内部结构

高职教师专业发展的内部结构由专业认同、专业知识、专业能力和生涯规划4个方面构成。专业认同涉及高职教师对自身身份的确认。高职教师具有区别于其他教师的专业特性，即在教学、科研之外还要侧重于与企业部门之间的技术合作，通过在行业企业中的实践与实训提升自己的专业能力。因此，高职教师的专业认同会促进自我效能感、责任感和对自身职业的认同感，进而从心理层面增强高职教师的专业归属。

专业知识则主要包括课程与教学的知识、本专业的理论知识以及行业企业的实践知识。在上述3个领域中，课程与教学方面的知识是教师作为教育者应该掌握的基本知识，属于专业知识构成中的基本要素；本专业的理论知识则使教师对所在领域的框架有系统性的了解，对理论知识的掌握和娴熟决定了教师是否胜任于本学科的基本教学工作，因此是专业知识构成中的核心要素；行业企业的实践知识是为高职教师所独有，也是高职教师专业发展的核心，因此属于教师专业知识的本质要素。

高职教师的专业能力主要包括教育教学能力、实践能力、科研能力和沟通能力。其中教学能力和科研能力为一般普通高校教师专业发展所共有的内容，而高职教师在传授学生理论知识的同时，重点要配合产业和企业部门培养学生的实践操作能力以及开展相关的应用研究，因此实践能力和沟通能力对高职教师而言更为重要。研究者提出高职教师成为“三能”教师的观点，就是基于此认识，即高职教师“掌握理论知识，能胜任理论教学；提高动手能力，能指导学生实训、实践；参与企业相关研发工作，能够帮助企业克服技术难题，开展应用研究”[3]。

生涯规划指教师在专业成长的各个阶段在知识水平、专业能力水平方面所要达到的程度,在我国的高职体系中主要体现为职称评聘。

2.教师专业发展的外部结构

在健全现代职业教育体系,实现产教融合的趋势下,高职教师专业发展的外部结构包括如下内容。

第一,引导高职教师专业发展的政策与制度体系。我国为健全现代职业教育体系,促进高职院校的发展,国务院专门印发了《关于加快发展现代职业教育的决定》,从有序推进现代职业体系建设、创新职业教育办学模式、推动职业教育治理机制创新等多个维度制定了全面的框架,从而为高职教育的转型发展指明了方向。具体到高职教师专业发展方面,教育部也下达了2014年职业院校教师素质提高计划,例如:专业骨干教师国家级培训、专业骨干教师出国进修、职教师资培养培训专业点建设项目、职业院校青年教师企业实践项目等。

第二,推动高职教师专业发展的治理机制。传统的高职院校强调自上而下的管理,这种管理哲学和价值观并没有将教师群体看作是推动学校改革发展的重要力量,教师群体没有权力参与到涉及自身利益的各项改革事务之中,导致了教师群体并没有充分的心理意愿和动力去进行持续性的专业发展。因此,高职教师专业发展的治理机制,首先应该是以尊重教师的职业角色为本源,减少学校对教师专业发展的过多干涉,建立起包括高职院校、行业协会、企业、社区等涉及教师专业发展的利益相关者在内的董事会或理事会,从而真正激发教师对自身专业发展的内源性支持。

第三,科学合理地反映高职教师专业发展水平的考核与评估机制。推动教师专业发展的制度是否合理、经费使用是否得当、是否有效促进了教师的专业发展,都需要在产教融合的背景下,考察教师在专业知识、专业能力、行业企业实践能力等方面的提升程度。科学合理的教师专业发展评价机制必须符合评价周期合理、评价主体多元、评价标准个性化,并与教师的个体生涯规划相结合等多项原则。

第四,通过行业企业促进高职院校教师专业发展的合作机制。高职院校的特色决定了教师专业发展的提升只能依托于实践环境的锻炼、与行业企业的合作及对企业需求的满足。教师专业发展的内容、过程、标准、考核依据,都应该更好地适应技术进步和生产方式的变革以及社会公共服务的需要。

高职教师专业发展内外结构是相互作用、相互促进的,内部结构是外部结构的目的，所有的外部平台搭建和机制创设都是为教师专业发展内部结构各要素的发展；而外部结构的效益在于全依赖于内部结构发展才能实现。为了促进内外结构的关联，职业教育管理部门、高职院校以及行业企业要在相互协调的基础上，对高职教师专业发展的内部结构形成统一的认识，整合制度、政策和资源等外部结构要素，有效推动高职教师的专业发展。

三、产教融合背景下促进我国高职教师专业发展的路径选择

在产教融合的背景下，促进高职教师专业发展主要措施不仅需要协调以管理部门为主导的培训和以校企合作为基础的实践，实现高职教师理论知识的提升和实践能力的发展，还需要加强制度建设，完善相关保障机制。

(1)建立研发平台—行业企业—高职院校三方结合的机制，以提升高职院校教师的教学能力、科研能力和社会服务等3种能力，实现教师3种能力之间的协同发展。高职院校应当为教师创设多种条件，在政策导向、职称评聘、绩效考核、奖励荣誉等多方面鼓励教师参与校内校外研发平台相关的科研创新活动；高职院校也可利用自身具有的社会资源，为教师参与行业企业的技术创新活动提供便利，通过与行业协会、地区商会之间建立起长期稳定的合作关系，以合作研发协议、联合研发实验室、短期企业项目参与等方式鼓励教师参与到行业企业的各项研发活动中。此外，高职院校还可以利用自身在专业设置和人才培养方面所具有的独特优势，支持教师以行动研究、实践情境教学等多种方式融合教学—科研—社会服务。采用灵活的学分替换制度和学期制，教师可以将教学活动直接置于行业企业的生产和研发过程中，这不仅提升了教师自身的专业理论知识，同时也使教师对企业实践有了更深入的了解。

(2)建立高职教师在学校和行业企业之间的自由流转机制，促进高职院校与产业部门之间的沟通和协调，发挥教师在沟通协调机制中的“润滑剂”作用。产教融合一般需要多方参与，最直接的主体是高职教师。学生的实践教育目标由高职院校制定，而企业为学生和教师提供参加实践的机会，在此过程中一方面需要企业兼职教师或专业人员的指导，另一方面高职教师需要与企业兼职教师不断沟通，以使学生实践紧紧围绕教育目标展开。在此沟通过程中，教

师既保证了学生实践的质量,同时教师也可以与学校的相关机构沟通邀请所实践企业的专家到学校做讲座指导。在加强教师自由流转的过程中,进一步结合高职教师的专业能力结构的各个要素,将专业理论能力和实践能力结合发展。优化高职教师的知识结构和能力素养,促进高职教师学术性、专业实践性和师范性的有效整合,推进高职教师专业发展。同时,建立高职教师的企业实践制度,规定高职教师每年到企业参加生产实践或提供技术服务时间,完善高职兼职教师的聘用政策,确保高职教师流转机制顺畅。

(3)根据产教融合的发展要求,突显高职院校教师三大能力融合的特征,改革和完善高职院校教师培训体系。在教师培训方面我国已有的政策比较完善,能够基本满足教师专业理论知识、教育教学知识和科研能力的发展,但是在教师专业实践能力与不同社会组织之间的协调能力以及资源整合能力方面的培养还存在着较大的差距。因此,高职院校需要借助教师专业发展中心的作用,使其对内成为提升教师三大能力、促进三大能力融合的平台,对外成为以促进教师能力融合为目标的连接教师与外部组织的桥梁。教师专业发展中心可以通过组织论坛、行业培训、企业项目实习、课程进修、教师学习共同体等多种创新性的方式发展全方位的培训体系,特别是重视对教师在职期间的培训和提升。

(4)创设鼓励产教融合的学校办学理念和学校文化,在此基础上推进教师专业发展价值取向的转型。根据我国学者的分类,“教师专业发展主要有三种价值取向:知识—技能取向、实践—反思取向和社会生态取向”[4]。所谓知识—技能取向指以教师的学科专业知识的发展为重点,突出强调教师的教育教学能力和专业知识,很显然在高职教师专业发展的内在结构上,这一取向忽略甚多,但是培训和进修大都依循这一取向;实践—反思取向则同时强调教师的专业知识、能力和教师的专业品质,在目前的关于高职教师发展的讨论中,实践—反思取向占主流;第三种取向是社会生态取向,要求为教师发展创设良好的环境,主要体现为良好的文化氛围。在产学融合的背景下,“主要是加强校园文化和企业文化的融合,促进彼此间沟通和理解,形成共同发展愿景,并在合作中吸收企业在管理、技术、企业文化等方面的优点和长处”[5],在相互融通的过程中促进高职教师的专业发展。

参考文献

[1]刘博智.深化产教融合,推动转型发展[N].中国教育报,2014-04-28(3).

[2]祝成林,张宝臣.高职院校教师教学实践智慧:内涵、价值与生成路径[J].中国高教研究,2014(6):94-97.

[3]丁金昌.高职院校“三能”师资队伍建设的思考与实践[J].中国高教研究,2012(7):90-92.

[4]陈玉萍,王志明.高职院校教师专业发展及其途径[J].中国成人教育,2013(3):115-117.

[5]丁金昌,童卫军,黄兆信.高职校企合作运行机制的创新[J].教育发展研究,2008(17).

现代职业教育产教融合研究范式论析①

易森清　方益权

摘　要：范式研究形成对问题的总体性观照和研究的共同信念。职业教育产教融合研究范式是基于职业教育的元研究，从认识论、本体论、方法论3个维度诠释产教融合的思维方式、价值判断、研究内容、研究途径等，为具体研究构建一个相对完整的思想体系和逻辑框架，以把握特定时空中职教改革的多元与流变，以及职业教育产教融合运行背后的深层脉络。

关键词：职业教育；产教融合；研究范式

一、引　言

范式(paradigm)一词来源于库恩(Kuhn)的开创性著作《科学革命的结构》，是指引研究共同体成员发现谜题和寻找谜底的学术指南和规则。其通用的解释来自野家启一，指在一个时代里人们对事物具有绝对占支配地位的看法，特别是指代某个时期人们普遍公认的处理科学问题的前提以及有系统的思想体系。“范式”概念在社会科学和自然科学界被广泛运用，职业教育研究领域也不例外，研究者从各自研究视角提出职业教育研究的不同范式，从而派生出不同的职业教育理论与实践。当下，产教融合已成为我国职业教育改革发展的核心理念与根本指引，就其对整个社会发展的重要意义而言，更需要在纵深的基础上将产教融合问题归因到更为宽阔的职教研

① 本文是全国教育科学规划课题国家一般项目“我国职业教育产教融合立法研究”(BJA190092)成果，主持人：方益权。

作者简介：易森清(1976—　)，教授，温州职业技术学院产教融合处副处长、创业学院副院长，主要研究方向为职业教育、产业经济；(通讯作者)方益权(1971—　)，博士，教授，博士生导师，温州职业技术学院院长，主要研究方向为教育法学、民法学。

究领域和当代社会发展研究的话语体系中。研究职业教育产教融合范式将有利于厘清职业教育发展的总体态势和轮廓，明晰职业教育与产教融合之间的逻辑关系与运行机制，弥合产业领域与教育领域在产教融合问题上的认识分野，助推产教融合理论体系的构建，助力产教融合、校企合作，加快推进现代职业教育体系建设的步伐。

二、范式研究与职业教育研究范式

（一）范式研究

在库恩提出“范式”一词后，相关学者就范式研究的内涵、方法做了进一步探索。顾巴（Guba）指出，范式是指引研究共同体成员日常行动或科学研究的一套基本信仰，通过回答认识论（epistemology）、本体论（ontology）、方法论（methodology）3 个问题，把当今社会科学研究的主要范式归纳为实证主义（positivism）、后实证主义（postpositivism）、批判理论（critical theory）和建构主义（constructivism）4 类。然而，库恩本人在《科学革命的结构》一书中对“范式”并没有形成概念的统一，但他列举出了 21 种不同含义的范式。为了再次细化并申明自己的观点，他在《必要的张力》一书中指出：“范式是一个综合意义上的，囊括一个学科集体所共有的全部规范。”这个补充是库恩对“范式”多元定义做出的提纲挈领式框架。虽然其定义是多元的，但“科学共同体”共有的信念、空前成就的理论体系以及研究结构式的框架等构成了“范式”概念的核心要义；研究范式则沿袭库恩“范式”概念的三大核心要义，即运用综合性思维工具、技术工具及符号工具，依循从发现问题到解决问题，再到正确结论检验的顺序与规范，并将这些规范、程序与工具进行特定结构的组合。可见，研究范式聚焦于研究过程，在研究过程的形式上往往上升至哲学的高度，形成形式抽象。按照叶澜的观点，研究范式关系到科学认识本质及合理性的问题研究，往更深层次上来讲与哲学中认识论的一系列问题相关。从总体来看，范式与研究范式两者本质上存在内在的逻辑附属关系，即对研究范式的探讨不能独立于学科范式之外，因为后者规定着范式内在的基本研究逻辑。因此，要对职业教育产教融合研究范式进行建构，就要立足于职业教育学科共同体的信念与价值取向而进行。

(二)职业教育研究范式

1986 年,全国教育科学规划领导小组下设职业教育学科组,标志着我国职业教育学作为独立的一门新兴学科正式诞生。对职业教育学科体系、理论体系、研究逻辑、研究方法及研究实践等的构建与完善是职业教育作为一门独立学科存在并得以不断完善的标志。而范式研究作为所能容许的更深层次的研究,是衡量一个学科在其发展领域中是否达到成熟的标志。

职业教育的范式研究既是对职业教育研究的元研究,更是职业教育研究从"自在"走向"自为"与"自觉"的深度反思过程。自"范式"概念引入教育研究领域之后,职业教育的研究者们出于自己的研究方向和需求从不同的视角对职业教育的研究范式进行了个性化解读,形成了各式各样的关于职业教育研究的范式(见表 1)。

通过以上对职业教育研究视角与研究范式的整理发现,职业教育研究范式的讨论已成为热点,而且从不同触点引申出来的理论框架、研究传统、研究方法等所形成的共同信念在实践中都取得了一定的成果,可以说职业教育研究范式已形成一个"职业教育研究范式族群"。在这个"族群"中,职业教育研究范式虽然呈现多元化甚至相对碎片化的形态,但其已打破了研究范式单一的独白话语的局面,对职业教育研究的发展起到了举足轻重的推动作用。然而,面对当下复杂多元的研究范式,抛开基础理论、基本概念与基本方法等内容,还需要从纵向扎根于职业教育实践理论、职业教育发展目标与人才培养等职业教育内在发展要求入手。作为职业教育理论重要领域的产教融合,聚焦了职业教育最核心、最本质的内涵,即人与职业发展、人的发展与生产的发展、教育发展与产业发展相互渗透协调。基于职业教育研究范式基础论析构建并完善产教融合的范式研究,对整个职业教育研究领域来说具有重要的方法论意义。

表 1 职业教育研究范式列举

序号	研究视角	研究范式
1	职业教育学的研究与实践	思辨范式、批判范式、实证范式、行动范式
2	职业教育研究的叙述方式	科学主义研究范式、人文主义研究主范式
3	职业教育本质属性、概念和基本问题	基本研究范式(共存的研究传统,理论框架,理论和方法)

续表

序号	研究视角	研究范式
4	职业教育的研究起点	经济学范式、人才学范式、技术学范式
5	职业教育研究取向	本土取向研究范式、实践取向研究范式
6	结构功能主义	职业教育史学范式
7	语言结构与研究方法	要素范式
8	职业教育研究主体和研究范围	学科范式和经验范式
9	多学科宏观理论视域	以问题为中心的跨学科研究

三、职业教育研究范式下的产教融合研究

(一)产教融合

2017年12月,国务院办公厅印发《关于深化产教融合的若干意见》指出:人力资源供给侧结构性改革的关键在于促进教育链、人才链与产业链、创新链的有机衔接,造就了人才培养供给侧与产业需求侧结构改革各要素全方位的融合。2019年4月,孙春兰副总理在全国深化职业教育改革电视电话会议上指出,产教融合是职业教育的精髓和改革方向。2019年9月,国家发改委、教育部等六部委印发的《国家产教融合建设试点实施方案》更加明确了新时代教育、人才、经济、产业变革的战略方针。产教融合成为我国职业教育改革发展的核心理念与根本指引,同时也成为学术界研究的焦点。

首先,以"产教融合"为检索主题词,从研究增长的数量趋势上来看,其研究的分水岭出现在2014年,源于2014年国务院印发了《关于加快发展现代职业教育的决定》,明确提出要"深化产教融合与校企合作,助推并加快现代职业教育体系建设"。相关研究由此迅速升温,产教融合一举成为职业教育研究领域的重要一隅。

其次,以CNKI中国引文数据库为主要数据源,以2007—2019年间发表的有关高职教育产教融合的论文为样本,采用Bicomb进行词频分析后得出,职业教育产教融合研究主要聚焦在理论概念、合作办学、人才培养模式、现代学徒制、创新创业等方面的诠释。通过文献及词频梳理可以看出:当下职业教

育产教融合研究大致集中在目的、机制、路径等方面,在研究目的与价值认识、产教融合发展机制与动力等问题上的研究相对丰富且到位。但产教融合的实质性内涵更应该从职业教育的特征、属性、职能和社会经济发展等维度去把握,特别在当前经济社会“新常态”背景下,职业教育产教融合研究应该有更深的视域,以体现职业教育改革“坚持产教融合发展,推动职业教育融入经济社会发展和改革开放的全过程”的基本要求。

(二)产教融合范式的引入

目前,职业教育直接作用并服务于产业经济的“经济属性”越加显著,职业教育教学改革与产业转型升级的衔接配套更加紧密,成为职业教育的基本特征和职业院校发展的基本指引。借助库恩的范式理论将有助于从现代教育与产业发展的总体视域中加深对现代职业教育产教融合问题的认识与理解,从而梳理并建构出最具普适价值、最具广泛意义的范式形态。相对而言,现代职业教育产教融合范式是由职业教育共同体在产教融合内涵、人才培养标准、产业服务内容、产教融合评价标准等体系建设等方面趋于相对一致的整体,包括产、教之间的运行规律、整体效能、制度体系以及共有的信念。具体地说,现代职业教育产教融合范式是指在一定时期内职业教育体系对产教融合占有支配地位的看法。但是,需要特别指出的是,对研究范式的讨论不能脱离学科范式的范畴,即职业教育研究范式,因为它规定着这个范式的基本逻辑。在此,依据顾巴关于范式研究的方法,可以在研究中遵循本体论、认识论和方法论,即范式的 3 个基本原则,分别回答职业教育产教融合本质性问题、教育与产业之间的关系问题以及研究方法的理论体系问题。产教融合的研究范式可以概括地看作是科学群体在共同信念与价值取向下,选择研究什么以及如何研究的问题。

四、职业教育产教融合研究范式的合理路径

职业教育产教融合研究要取得实质性和突破性的进展,必须有一个相对完整并能融合大量研究资源的框架,这一框架必须包含整体研究领域并在意识形态上对研究共同体内部形成一种普遍的倾向性,即关乎现代职业教育产教融合理论及概念、标准与规范、观念与方法的共通社会思维态势。

（一）认识论（epistemlolgy）：职业教育产业端与教育端相互关系的重构

哲学被称为一个实在领域的观念。美国实用主义教育学家杜威的认识论可以成为解读职业教育的一个理论支撑。杜威在经验主义哲学引导下提出“知行合一、实践主义、经验的连续性”等核心观点，既契合职业教育的特殊性，又为职业教育产教融合寻见了一个哲学根基和信念共识。

1. 产业技术元素融入教学全过程——职业教育产教融合“知行合一”认识

“职教 20 条”提出“知行合一，工学结合”的职业教育产教融合框架，要求及时将新技术、新工艺、新规范纳入教学标准和教学内容来强化学生实习实训。可见，加快构建职业教育产教融合“二元论”体系成为当下职业教育改革和人力资源开发制度的一个突破点。从职业教育内在运行规律以及发达国家职业教育发展历程分析，维系职业教育系统正常运转的能量或动力来源于外部，这决定了职业教育自身必须主动寻求企业、行业的支持参与。不仅将企业先进的设备设施和优势的资金技术作为重要资源导入人才培养中，更重要的是要将企业先进的生产知识、完整的运营理念、优秀的企业文化纳入专业教育标准和专业教学大纲，实现“专业对接产业、课程对接岗位，生产即教学”的人才培养模式，以此推动职业教育与产业发展深度对接。这种在“做中学，产中教”的方法使“知行合一”应然成为职业教育产教融合认识论中的共识之一（见图 1）。

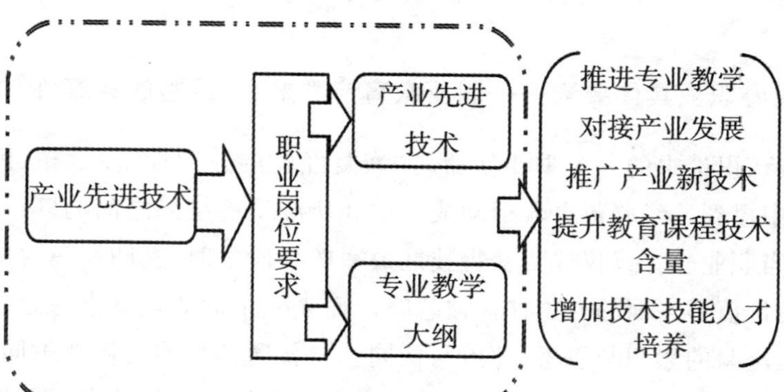

图 1　职业教育产教融合“做中学，产中教”运行逻辑

2.产业生产经验融入教学实践——职业教育产教融合“经验主义”认识

即使是过去的经验,也是一种工具而不是最后的事物。教育本身来源于经验的改组,教育的过程既能增加经验的意义,又对后来经验的获取能力起到促进作用,当知识工具化后,工具本身具有的行动属性使知识也活动化了。职业教育区别于普通教育最本质的特征在于直面工作岗位以强化实践操作技能培养,直面产业技能需求来整合基础理论与专业实践,将产业生产经验切入教育教学实践环节构成产教融合人才培养的实践路径。纵观2014年以来职业教育产教融合改革中产生的经典人才培养模式(见图2),虽其侧重点不同,但其核心原则均聚焦于以“经验”为主轴的“人”的核心素养培养并对其进行检验,以期能证明在实际工作与生活中可以凭借经验来解决问题,从而使知识变得更具有价值和实际意义。

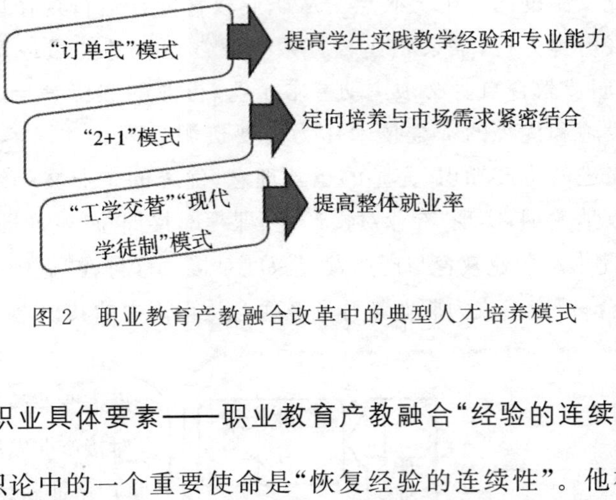

图2　职业教育产教融合改革中的典型人才培养模式

3.关心职业具体要素——职业教育产教融合“经验的连续性”的认识

杜威认识论中的一个重要使命是“恢复经验的连续性”。他在《民主主义与教育》中提到,“经验包含着行动或尝试和所经受的结果之间的联结”。有学者指出,当职业教育仅仅成为获得技能效率的手段之时,其间所蕴含的更多意义和人类价值等方面的自由往往被忽略。而人一生的职业寻求与定位恰恰来源于过往经验的累积与思考、评价与认同。与普通教育的通识性不同,职业教育强调的职业性和岗位性清晰指向受教育者接受教育的目的在于获取连续性经验进而产生经验禀赋,并将其与寻求职业方向达成统一。职业是职业教育的逻辑起点，推进产教融合办好职业教育必须以产业的需求引领职业需求，遵循“由产至教”的逻辑顺序，引职业具体要素于产教融合教育，最终满足受教育者职业技术能力培养和终身教育的需求。

(二)本体论(ontology)：职业教育产教融合本质的共识

本体论(ontology)一词来源于希腊，是用来表示对概念化及其之间关系的精确描述，它回答的往往是“本质是什么”“事物的一般特征是什么”等一些基本的问题。清晰、一致、可扩展性、编码偏好程度最小、本体约定最小构成当前本体方法的基本原则和评估指标。从职业教育的角度理解职业教育产教融合的本质，需要解决3个问题。

(1)要寻找到双方之间的一个逻辑起点或逻辑次序。开展职业教育的前提条件是职业，只有“职业”才是开展一切职业教育活动的逻辑起点，通过服务于社会、经济与产业领域的发展需求锚定职业需求导向，以此设定职业人才的培养方法与发展路径，实现职业教育与经济社会同步发展。任何脱离“职业”的知识教育、素质教育、技能教育都不是职业教育。

(2)理顺职业教育与产教之间的运行规律。职业教育本身的开放性与产业经济的多层性决定了职业教育产教融合的运行一定是内外部条件共谋、知识共享、技能共创的有机结合。职业教育系统只有在不断地与外界进行要素及能量的深度交互过程中才能保证正常运转，这也就决定了职业教育与产业二者关系是相互依存、互为动力、协同共生。

(3)确立职业教育产教融合的普适性概念。对其概念上的界定首先需立足于教育部2015年8月印发的《关于深化职业教育教学改革全面提高人才培养质量的若干意见》，该文件首次明确了深化产教融合的政策内涵及制度框架，将产教融合解释为基本办学模式、人才培养模式、创新动力机制、推动教育教学改革的配套。其理念虽将产教融合从职业教育拓展到整个以高等教育为主的教育体系，但其概念的侧重点还是倾向学校教育的角度。然而，将现代职业教育产教融合置于本体论框架上的话，其概念解释的空间和维度将更加明确，其要素之间的关系将更加明朗。笔者认为，现代职业教育产教融合体现出多主体、多维度、多要素的共生互融之态。具体是指：以推进教育改革、人才发展、技术创新、产业转型升级为终极目标；以实现教育教学改革与产业转型升级衔接配套为基本原则；以产业需求导向与教育目标导向相互统一为顶层设计;以面向产业需求深入教育内容和课程体系改革为培养路径,从而构建起以教育端与产业端内部多元主体基于资源融通、供需协调、利益共享和愿景共创的跨界合作的复合型教育形态。

(三)方法论(methodology):职业教育产教融合研究方法的解构与突破

如果说,本体论正确提出了概念性问题并附之以具体的、形象的解释,为研究指明了对象,方法论则为研究指出了研究方向,框定了研究范围。在科学研究中,如何获得问题的正解,往往比什么是问题的解更为重要。

1.职业教育产教融合研究方法的学理解构

职业教育产教融合不能单纯归结为一种职业教育模式,其最大的价值在于产教融合背后的公共政策与多元实施主体的互相协同。基于职业教育所具有的整体性、开放性和生产性等特征,现代职业教育产教融合的研究方法应在正确把握职业教育理论与实践研究方法本质的基础上,根据产教融合引领下的"教育形态""职业需求""教学与实践"与"产业服务"在时间维度和空间维度双重复合,从而建立正确的表达方式与研究逻辑。职业教育产教融合在其发展历史进程中应然体现出多重利益主体的内生性诉求,在研究中需借鉴和吸收其他学科如职业教育学、经济学、管理学、社会学等的研究方法,不仅要形成一个独立的研究领域,更要建立独特的多学科研究范式、思维特征并选择合适的、具体的研究方法。

2.现代职业教育产教融合方法论逻辑

"职教20条"开篇明确指出,职业教育与普通教育是两种不同的教育类型,具有同等重要地位。职业教育基于实践和技术技能发展的积累为区域经济社会发展和产业转型升级提供更为灵活的再生优势,因而,职业教育产教融合需遵循更开放的方法论逻辑。

首先,现代职业教育产教融合方法论逻辑更应以客观实践和主客体(教育+产业)运行的逻辑与规律作为基本准则,即职业教育端依托自身学科与人才培养等基础优势,企业端借助自身资金与创研等资源优势实现校企共建、共享、共赢,以此响应产教融合方法论的价值诉求(见图3)。其次,现代职业教育产教融合方法论逻辑还要以产业体系决定下的多元办学格局为依托，以此培养多领域复合型人才作为逻辑轴的核心体。“职教 20 条”提出“多元办学格局”并积极鼓励社会力量以股份制、混合所有制等形式参与或兴办职业教育培训（机构），对目前职业教育办学格局形成有利且充分的补给，从另一侧面也显现了职业教育与产业需求的多面性与交叉性。纵观当下职业教育的办学形式，既有处于正统教育体制中的初等、中等和高等教育，也有基于社会人力资源开发的面向社会或行业基层的岗位培训。20 多年来，我国职业教育取得长足发展，但基于教育类型概念认知的滞后性，整个职业教育体系内部各子系统仍然处于无序、多元且各自为政的状态。因为不同级别和类型的职业教育（培训）都与产业体系决定下的社会分工相联系，引入产教融合理念，将职业教育纳入产业体系和教育体系的关系范畴后便会发现，现有职业教育各子系统可以形成一个相互联系且相互依存、相互补充的有机统一体。职业教育或职业培训的不同层次和不同类型实则构成了企业劳动力市场供求关系和社会人力资源用人结构要求的有序系统。可见，职业教育系统的组织过程是借助外部力量实现从无序到有序的自我调节过程。

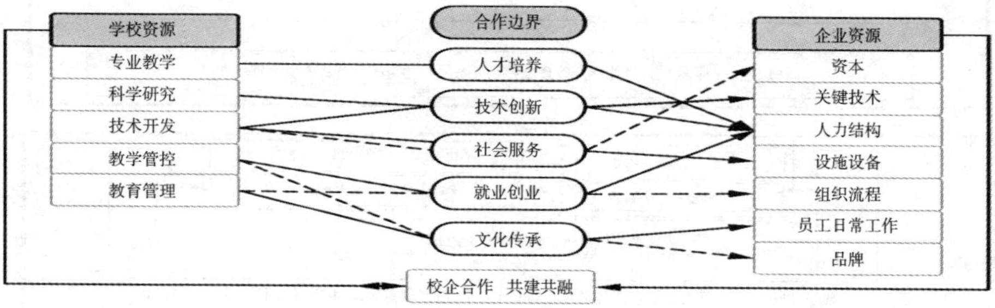

图 3 教育端与企业端资源互融及运行逻辑

（四）职业教育产教融合研究范式的逻辑建构

范式不是理论，它是模式、型式或图式，更确切地说，它是思维方式或研究形式。职业教育产教融合研究范式从产业端与教育端二者跨界的话语体系出发为研究提供了学理性支撑，解决了认识论问题。在认识论的基础上剖析职业教育产教融合研究逻辑起点与本质内涵，并就此对职业教育产教融合进行普适性的概念解释，可以说，本体论为产教融合研究范式提供通识性表达的途径。方法论是在研究过程中遵循的方法体系和原则,对研究方法的学理解构及其运作逻辑的阐释,为职业教育产教融合研究范式提供了哲学性思维,为形成自身独特的思维模式和认知框架打下基础。总之,文章所探讨的范式不仅仅是产教融合研究的一种研究方法,而是从本体论、方法论、认识论三方维度诠释包括职业教育产教融合研究的思维方式、价值判断、研究内容、研究途径等在内的一个思想体系和逻辑建构(见图 4),以期为当代职业教育产教融合的研究提供思维方式与信念指导。

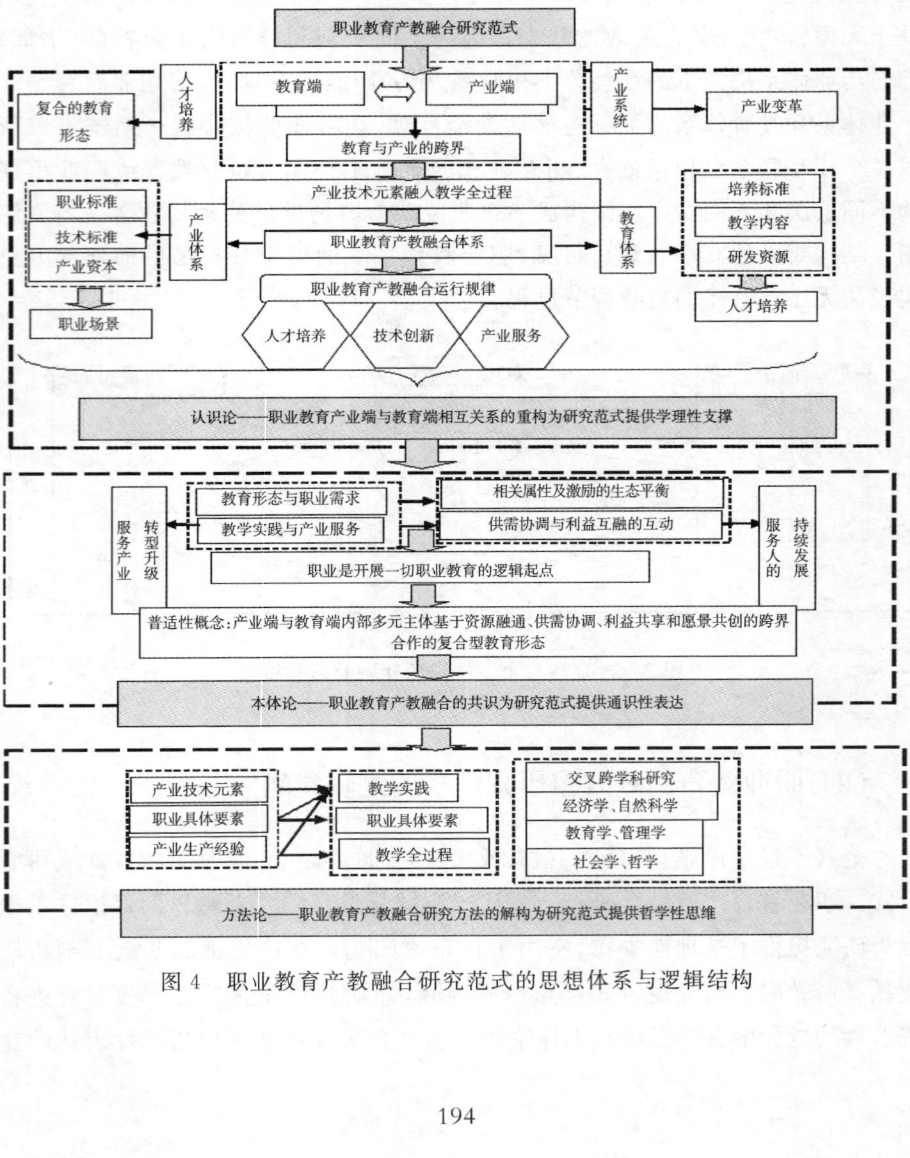

图 4　职业教育产教融合研究范式的思想体系与逻辑结构

利益相关者视角下高职教育产教融合长效机制研究①

池春阳

摘　要：产教融合是适应教育内涵式发展的路径突破，需要学校、政府、行业、企业、个人和公众等多方利益相关者的广泛参与。基于利益相关者理论，从合法性、权力性、紧迫性3个属性对高职教育产教融合的利益相关主体进行多维诉求分析，构建持续内生的动力机制、多元核心的运行机制、合理有效的评价机制，实现高职教育产教融合全员全过程参与，促进各利益主体的价值实现与和谐共赢。

关键词：高职教育；利益相关者；产教融合；校企合作；动力机制；运行机制；评价机制

2021年4月12日至13日全国职业教育大会召开。习近平总书记对职业教育工作作出重要指示强调，在全面建设社会主义现代化国家新征程中，职业教育前途广阔、大有可为。[1]会议出台的配套政策《关于强化类型特色、完善体系建设、推动职业教育高质量发展的意见》提出，要坚持以习近平新时代中国特色社会主义思想为指导，继续做好6个“坚持”。其中，要求坚持产教融合、校企合作，创新体制机制，形成教育和产业良性互动、学校和企业优势互补的发展格局。当前，为适应教育内涵式发展需要，产教融合正逐步走向深入发展和全面发展的阶段。这就需要突破传统路径依赖，构建高等教育与产业集群联动发展机制；要进一步引导高校瞄准与地方经济社会发展的结合点，探索教育链、人才链与产业链、创新链有效衔接，实现不同利益主体要素资源的流通协同。目前，政府、行业、企业、学校在产教融合中的定位与职责在理论上是清晰的，然而在实践中仍需调动各方主体积极主动地履行职责并发挥作用，促使

①　本文是2020年温州市基础性科研项目“区域高职教育与产业集聚协同发展的模式及对策研究”(R2020023)的研究成果。

作者简介：池春阳(1984—　)，女，浙江乐清人，温州职业技术学院学报编辑部副研究员、硕士，主要从事高等职业教育研究。

各方主体彼此交融、互为作用,实现产教融合利益相关者共同治理。基于利益相关者的理论分析,本文系统研究了高职教育产教融合利益相关者的多维诉求,明确不同的利益相关者在高职教育产教融合过程中的参与途径,谋求各方整体利益最大化,这在理论与实践上具有双重意义。

一、利益相关者理论与高职产教融合的逻辑契合

(一)利益相关者理论

20 世纪 60 年代,斯坦福研究院首次对利益相关者进行了概念界定,认为利益相关者是指企业发展过程中存在着一些相关的利益群体,如果没有利益群体的支持,企业将无法生存和发展。[2]这一概念强化了利益相关者在企业经营管理中的地位。20 世纪 80 年代,美国经济学家弗里曼(Freeman)对此概念进行了延伸,认为利益相关者是"能够影响组织实现目标或者在目标实现过程中受到影响的群体或个人,是企业价值创造过程中的参与者"[3]。这一定义中的"利益相关者"不仅包括影响组织目标实现的团体或个人,还包括因实施行动去实现组织目标的过程中而受影响的团体或个人,进一步延伸和扩展了研究对象的外延和范畴。随之,学术界逐渐形成了运用利益相关者理论来分析问题的基本框架,并不断发展完善。

(二)高职教育产教融合的内涵

从学术研究的角度看,施也频、陈斌的《产教融合,特色办学》(2007)一文最早讨论"产教融合"一词,但该文仅限于讨论校企合作的问题。随着产教融合的深入发展,研究发现,产教融合不仅是学校和企业合作培养技术技能人才,更是整个产业价值链和教育资源的融合,体现了教育与产业经济发展的一体化互动关系,呈现出基于共同利益的产业和教育所有元素高度互补的整合和一体化合作。随着产教融合的不断深化,其内涵和外延也在不断演进,不仅涵盖职业教育领域人才培养范畴和校企合作机制体制建设等问题,也囊括了教育系统、产业系统和经济系统之间的互动演进,以创新、融合、共享推动整个教育系统和产业体系的发展。从高职教育的角度看,产教融合是拓展职业教育社会服务职能的现实路径,也是职业教育的基本特征。其通过成果和人才

的输出转变了教育和产业的发展方式，促使高职教育的价值得以实现，为产业转型升级提供了有力保障。[4]

（三）利益相关者理论与高职产教融合的逻辑契合

继利益相关者理论被应用于企业治理、财会管理等领域之后，教育系统尤其是高等教育人才培养质量评价、产学研合作、社会办学等领域也陆续运用该理论。从教育属性来看，高职教育属于公共事业领域，不以营利为目的，具有较强的社会外部性，其特性决定了高职教育的发展需关注经济社会领域的方方面面。同时，高职教育作为一种不可或缺的教育类型，其可持续发展需要学校、政府、行业、企业、个人和公众等多方利益相关者的广泛参与。而各主体利益的实现是影响其参与高职教育的直接因素。高职教育产教融合是产业与教育的融合，不仅要解决学校、企业和学生之间存在的利益诉求冲突，还要发挥地方政府、企业、学校、行业协会各方面的优势和作用。从利益相关者理论出发，明确产教融合过程中投入方式、运行模式、合作形式和评价机制等问题，满足利益相关者的共同需求。

综上所述，结合利益相关者理论和高职教育产教融合的特点，本研究所指的高职教育产教融合的利益相关者，是指能够影响高职教育产教融合进程和目标的实现，以及在产教融合过程中受到影响的群体和个人。

二、利益相关者视角下高职教育产教融合的多维诉求

结合米切尔评分法，本研究根据合法性、权力性、紧迫性 3 个属性，对高职教育产教融合的诉求进行了多维度分析。其中，合法性是指产教融合相关群体在产教融合过程中的索取在法律上具有效力；权力性是指产教融合相关群体在产教融合过程中具有的地位和能力；而紧迫性是指产教融合相关群体的需求能否快速引起相关管理层的关注。能够满足以上 3 个属性的利益相关者在高职教育产教融合发展中发挥着重要作用，可分为权威利益相关者和核心利益相关者，满足两个属性的为预期利益相关者，而满足一个属性的利益相关者对高职教育产教融合的发展影响不大，但有一定的联系性，可称之为边缘利益相关者。[5]三者之间的联系如图 1 所示。

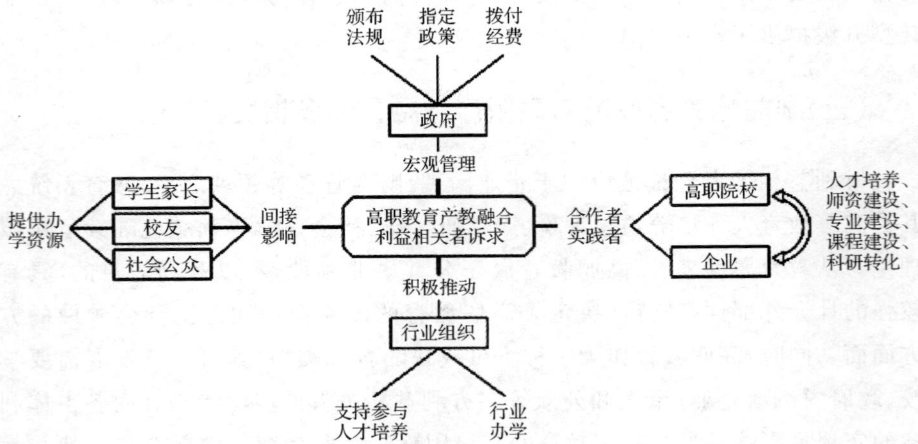

图 1　利益相关者视角下高职产教融合的多维诉求

(一)权威利益相关者的诉求

高职教育产教融合的权威利益相关者多指地方政府部门,如与高职教育产教融合息息相关的教育管理部门、财政部门、人社部门、省市各级人民政府等。权威利益相关者主要通过颁布法规、制定政策、投资办学、拨付经费等方式对高职教育产教融合进行指导,发挥宏观管理、统筹规划和综合协调等功能。政府兴办高职教育,期望最大限度地发挥高职教育的社会经济价值、文化价值和政治价值,进而提高政府的执政满意度。从人力资本角度看,政府部门根据产业发展状况制定相应的发展规划需考虑充分发挥当地人力资源优势,促进高职教育产教融合,为社会培养高素质技术技能人才,增加就业率,在缓解社会就业压力的同时,也有利于维护社会治安稳定。

(二)核心利益相关者的诉求

高职教育产教融合的核心应为代表教育一方的高职院校和代表产业一方的企业,因此,高职院校和企业就必然成为产教融合的核心利益相关者。

作为高等教育的一种类型,高职教育承担着人才培养、科学研究、社会服务、文化传承与创新、国际合作与交流等功能。从高职教育的自身功能、价值取向看,高职教育的整体需求在于完善教育结构、人才结构,培养高素质技术技能型人才，提升高职教育的文化自觉与文化自信，推动经济发展和社会进步，创新和发展中国特色的职业文化体系，构建开放、动态的高职教育生态。教育是知识、技能服务的提供者和人才培养者，需考虑施教者和受教者的需求。从施教者角度来看，其对高职教育的人才培养模式、教学内容、教学方法与手段等方面有相对控制权，是高职教育产教融合过程中的主动型利益相关者。施教者在提供教育服务时，期望得到学生和社会的尊重与信任，期望在教学过程中保证教学的相对自由，有权参与教学改革，做出个性化的决策，并通过教育管理行为获取更大的经济收益与社会收益。从受教者角度来看，其作为高职教育人才培养的对象，属于依赖型利益相关者，希望通过接受高职教育获得相应的社会职业岗位，满足初次就业需求、转换职业需求以及职业提升需求等。

在高职教育产教融合中，企业与高职院校进行人才培养方案设计、师资队伍建设、实习实训场所搭建以及专业建设、课程建设等方面的全过程合作。企业的职能定位既是产教融合的合作者，更是产教融合共同体的实践者。同时，企业也关注高职院校的师资和科研力量，与高职院校共同承担科研项目，期望高职院校能提供技术服务，不断提升企业研发能力，降低技术吸收消化的风险和障碍，在很大程度上加速高职院校科研成果的产业化进程。在产教融合的过程中，企业普遍期望高职教育能够更加积极灵活快速地反映其需求，培养大批应用型人才，使学生毕业后能快速实现与岗位要求“零距离”对接。

（三）紧密利益相关者的诉求

紧密利益相关者，是与高职教育产教融合有密切关系，但又不具备核心利益相关者相关性特征的群体。本研究所提及的高职教育产教融合紧密利益相关者主要指行业组织。全国行业职业教育教学指导委员会（2020—2024 年）推荐名单显示，全国共有 55 个行业职业教育指导委员会，汇聚各方专家，不仅促进高职教育与经济社会需求的紧密对接，也积极推动高职教育教学改革和特色办学。

行业组织主要通过行业主管部门、行业协会及其他行业组织参与高职院校产教融合，在产教融合过程中，其诉求之一是希望能得到行业发展所需要的专业人才，尤其是高素质的技术技能型专业人才，同时，用高职院校的教育资源使行业内的职业人员接受职业培训；二是通过产教融合促进行业的科技创新,利用高职院校在专业技术和智力支撑等方面的优势,推广新技术、新工艺、新产品和新方法,使行业可以获得技术服务;三是通过高职教育培养的优秀人才和取得的高技术科技成果提升行业的社会声誉。

(四)边缘利益相关者的诉求

高职教育产教融合的边缘利益相关者多为学生家长、校友、社会公众等。这类利益相关者能为高职院校产教融合提供各种办学资源,通过间接作用影响高职教育产教融合。边缘利益相关者从满足个人利益需要或情感需要出发,往往期望相应的投入能带来符合预期的经济收益和社会收益。例如,学生家长、社会公众通过了解产教融合的相关信息,掌握产业资讯或人力资源市场最新动态,不断开拓自身的职业生涯视野。

三、利益相关者视角下高职教育产教融合长效机制的构建

在教育链、人才链和产业链、创新链彼此交融、目标一致的前提下,基于价值取向趋同的视角构建高职教育产教融合的动力机制、运行机制和评价机制,有助于扩大产教融合参与主体的利益交集面。

(一)强化持续内生的动力机制,促进价值实现

动力机制是驱动高职教育产教融合顺利、深入、有效进行的一切有利因素的机构体系,是推动高职教育产教融合有效开展的根本动力与力量。产教融合的核心主体是高职院校和企业,双方在产教融合过程中互为要素、互为动力、互为制约的关系。然而,高职教育产教融合是一项复杂的系统工程,不仅涉及教育界、产业界两大领域,还与政府、行业及所处的整个社会大环境有密切的关系。从高职教育产教融合的利益相关者角度看,需要准确把握政府、高职院校、企业、行业及其他社会力量的利益诉求和动力源泉,充分调动其主动性和能动性,强化“政府推动、行业指导、学校和企业双主体”的产教融合动力机制。

1. 发挥政府协同作用，构建产教融合生态系统

在产教融合过程中，政府职能从“管理”向“治理”转变，从“主导”向“推动”转变，积极打造产教融合生态系统，制定产教融合政策，并推动政策贯彻执行，充分发挥市场调节作用。政府必须整合产教融合相关职能部门，以顶层设计为出发点，制定高职教育产教融合系列政策，并配套实施职业教育政策、产业政策、人力资源政策、财政政策及其相关法律等，优化改进高职教育资金投入新机制，促进多元社会性投资。同时，还需构建以主导和监控为主要内容的支持体系，即政府在广泛调研的基础上，结合高职教育产教融合价值实现的需求，从宏观上完善产教融合相关法律和政策，明确各利益主体的权利和义务，鼓励或牵头组建高职教育产教融合的对接平台，以满足在产教融合过程中各利益主体的发展需要，达到资源统筹、综合协调、共享人才红利的效果。

2. 强化行业服务功能，发挥指导监督协调作用

行业组织代表本行业全体企业的共同利益，对企业、政府和高职院校的合作发挥着极其重要的参谋、服务、监督和协调作用。行业组织可以为产教融合提供有效的信息交流平台、人才共享平台。例如，行业组织通过对本行业的市场调研，将相应的人才需求、技术需求等反馈给高职院校，促使培养的人才更加贴近社会需要。因此，行业组织在产教融合过程中可以及时反映高职院校与企业的合作诉求，充当参谋者和合作方案设计的提供者，深化增强校企双方的合作效果，促使产教融合形成可持续发展。同时，行业组织具有监督协调作用，及时公开产教融合项目进展情况，更好地维护高职教育产教融合双方的共同利益，提高高职院校的技术成果转化率。

3. 提高企业主体地位，激发参与产教融合热情

企业的“逐利性”和高职院校的“公益性”在一定程度上存在冲突。盈利是企业的基本属性，同时，也是企业与高职院校合作的最大动力。因此，产教融合要始终立足于服务国民经济发展、地方经济和企业发展，激励企业积极参与高职院校科技创新和人才培养。在产教融合的过程中，高职院校要有正确的定位，清晰认识到企业是科研成果转化为现实生产力的实施者，科研成果只有通过企业才能走向市场。要充分激发企业和学校的共同发展需求和愿景，不

断强化和提升企业在产教融合中的主体地位,构建产教融合的长效机制,最终实现产业化。

4.发挥高职院校优势,不断创新产教融合模式

在产教融合过程中,应充分发挥高职院校的优势和潜力,使得双方合作的成果既能为企业所需,又能体现教育与学术的优势。尽管可能存在经济利益与社会利益的考量,但高职院校要始终围绕着人才培养、科学研究、社会服务等主题,将产业元素融入教育教学过程,推进专业群对接产业链,使专业建设适应地方产业发展需求,同时,为企业提供人力资源和技术支撑,参与企业的生产经营活动,提高企业的生产效率。此外,高职院校要根据不同合作主体的实际情况,协调好合作双方不同的目的与需求,不断探索和创新合作模式[6],既要保证合作的最终成果能转化,给企业的技术创新和学校的人才培养带来实实在在的益处,又要确保利益的"最合适"。

(二)优化多元核心的运行机制,达成和谐共赢

运行机制是制约、引导决策并和人、财、物相关的根本准则和对应制度,是决定各主体行为的内外影响因素及其相互关系的总和。从层次上看,高职教育产教融合运行机制分为国家宏观层面、区域中观层面以及院校微观层面;从功能上看,高职教育产教融合运行机制分为统筹监管机制、资源共享机制、协同创新服务机制等。

1.统筹监管机制

在高职教育产教融合中,利益相关者可通过契约等形式确定各自的权利、身份、地位和责任。但在实际运行中,由于指令性条款较少,利益相关者对产教融合的认知、行为问题需要政府这一公共部门的监督。因此,还应以教育链和产业链为基本结构要素,设置专门的产教融合统筹管理机构,总体负责统筹、规划、引导、组织、监管高职教育产教融合工作,制定宏观层面的教育与产业统筹发展规划,科学谋划高职教育与产业发展的规模、结构,以教育的形式促进产业化发展,以产业化的方式实现教育功能,为产教融合工作指明方向和实施路径,实现教育链与产业链、人才链与创新链、人才培养供给侧与产业发展需求侧的多方融合,打造统筹协同、优势互补、和谐共赢的产教融合生态系统。

2.协同共享机制

各区域的产业发展和高职教育发展的特征有所不同,高职教育产教融合的特色也有很大差异,需要构建高职教育产教融合利益相关者协同共享机制,才能使产教融合工作顺利开展。区域层面的协同共享机制是推进产教融合政策落地实施的重要运行机制。一是资源共享机制,充分调动、整合和利用人力资源、物力资源、财力资源、文化资源、信息资源等内部资源,进行资源的优化配置,进而创造价值,达到产教融合的目的和效果。二是协同发展机制,在宏观层面促进高职专业与区域产业在结构、内容、规模、质量等方面的总体协同发展;在微观层面根据区域内高职院校的自身特色、资源禀赋对接产业调整专业结构,打造院校层面的与相关产业发展之间的协同,实现专业和产业的协同发展。

3.创新服务机制

针对高职院校的特征,打造高职院校技术技能创新服务平台,协同政府、行业、企业、社会等各方力量,进行技术研发、技术服务、技术咨询、技术积累、技术普及等,进而增强高职院校自身能力建设和服务社会能力。高职教育产教融合不再是单一的产学合作或校企合作,其运行机制是新形势下高职院校多元核心要素的融合,是政产学研社等多层面的融合,其核心要素是打造技术技能协同创新服务平台,构建协同创新服务平台的运行机制。一是注重原创性研究,通过探讨新原理、新理论,为新的技术发明创造提供理论前提;二是结合应用和开发研究,通过创新服务平台整合人力、财力和物力资源,提升研究队伍的实力,将基础研究成果转化为实用技术并应用于生产实践。

(三)完善合理有效的评价机制,提高保障能力

高职教育产教融合的评价机制,不仅包括对产教融合各利益相关者的资源共享效果的评价,同时还包括利益相关者全员参与高职教育评价的全过程。产教融合的评价指标是一个非常宽泛的概念,要想全面考察其绩效,应包括教育、产业、经济和社会等方方面面的内容。但从本质上看,高职教育产教融合更多地是从教育的角度来考察其绩效,在促进高职教育发展的基础上推进教育与产业的协同发展。从这个意义上来说,教育绩效是产教融合绩效中最重

要的方面,产教融合最重要的作用是促进职业教育的发展。在考察高职教育产教融合的教育绩效时,还应认识到产教融合需高职院校、企业、行业等组成的利益联合体共同推进,各利益相关者之间的协同和资源共享是最重要的考察指标。因此,高职教育产教融合的评价机制应将重点放在高职院校人才培养上,以高职院校的发展为核心,同时兼顾企业、行业等利益相关者的共赢,要构建利益相关者全员全方位参与的第三方评价机制,实现政策制度推进、认证机制引导、独立主体培育、监管机制规范、反馈机制促进的评价运行模式。

产教融合提升了高职教育校企合作的内涵,是主体组织的内在需求,是新形势下高职教育发展的价值取向,有助于解决教育与产业、院校与企业之间存在的矛盾和冲突,有利于提升产业竞争力,提升产业、企业承担社会责任的自觉性,提升学生知识、能力和素质。因此,构建高职教育产教融合全员全过程参与的长效机制,能发挥产教融合的实质性效用,实现利益相关者高度互补、资源整合、相互交融,进而促进高职教育系统性变革。

参考文献

[1]习近平.加快构建现代职业教育体系　培养更多高素质技术技能人才能工巧匠大国工匠[DE/OL].新华社"新华视点"微博,2021-04-13.

[2]姚树伟.职业教育发展动力机制研究:基于利益相关者理论分析框架[D].长春:东北师范大学,2015.

[3]Freeman R. E. Strategic Management: A Stakeholder Approach[M]. Cambridge:Cambridge University Press,1984:5-10.

[4]谢笑珍."产教融合"机理及其机制设计路径研究[J].高等工程教育研究,2019(5):81-87.

[5]唐小艳.利益相关者视角下高职产教融合机制研究[M].成都:西南财经大学出版社,2020:28.

[6]柴美娟.产教融合背景下高职校企合作研究[J].教育理论与实践,2020(3):25-27.

中　篇

实践应用，打造产教融合新生态

第三章 “双元四共”发力，打造产教命运共同体

温州职业技术学院紧随区域经济发展，积极整合政、行、企、研等多方资源，不断深化校企合作、工学结合，全力构建产教融合新生态。紧扣产教融合主线，深入实施“双元四共”，推动教育链、人才链与产业链、创新链“四链”有机融合。聚焦“四个领域”，采用“四个策略”，打造“战略、治理、育人、利益”4个共同体，推动校企合作模式创新，全力打造产教融合新生态典范（见图3-1）。

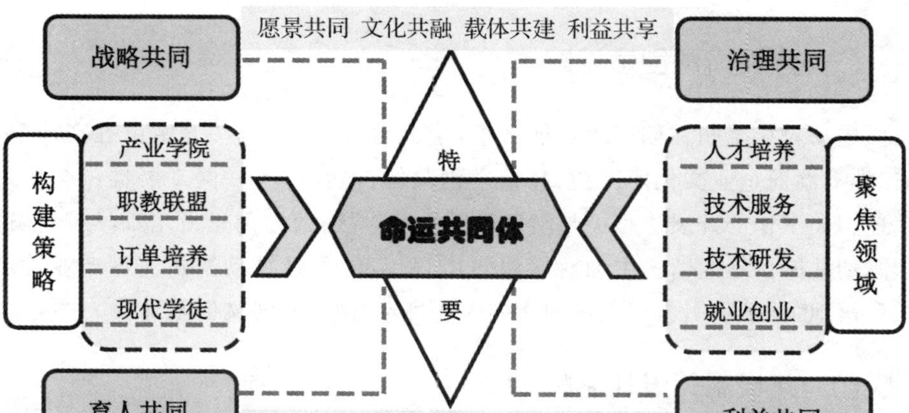

图3-1 校企合作命运共同体建设体系架构

一、重构产教融合布局,打造“战略共同体”

实施战略紧跟,以国家以及省市重大战略为指引,深度融入区域产业价值链与创新链完成五大项目建设,系统构建产教融合新布局,打造“当地离不开”的高职院校(见图 3-2)。

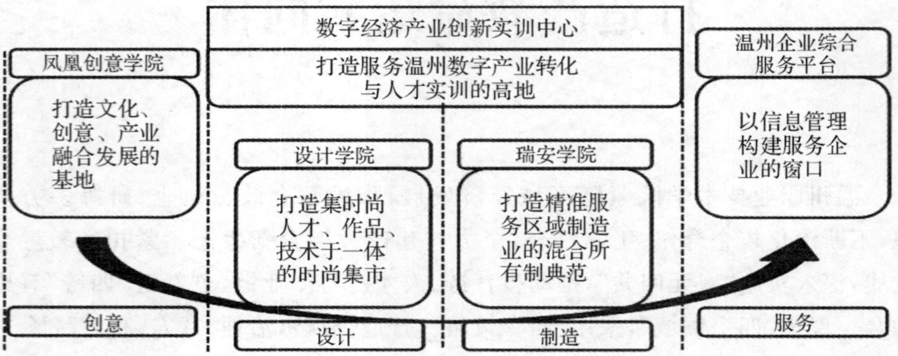

图 3-2　基于价值链构建的产教融合新布局

(一)建设凤凰创意学院

主动对接温州文创产业发展需求,全面融入温州打造“五城市五高地”战略,推动温商企业文化促进会、高校文创联盟、温州市互联网发展促进会落户基地相关工作的开展。积极与阿里巴巴展开对接,落地阿里云培训学校,推进国际幼儿园落地运营。主动对接温州市宣传部,积极推动温州文创产业发展项目落地,精准吸引文创企业和文创人才集聚,做大做强文创基地。

(二)建设温州设计学院

充分利用特色小镇政策优势,配合瓯海区政府开展设计学院的项目谋划和项目入驻工作,将设计学院打造成为最优秀设计人才的集市、最时尚设计作品的集市、最先进设计技术的集市。加强与凤凰卫视 · 数字媒体产业教育集团合作,打造数字媒体产业学院。

（三）完善瑞安学院

加大与瑞安市政府合作力度，探索校地合作新模式，系统推动混合所有制改革。加大与瑞安支柱产业和骨干龙头企业的合作力度，利用校内场地推进校企共建生产实训基地落地。

（四）优化温州企业综合服务平台

以“五朵云”为基础，深入开展校企需求对接，优化综合信息管理系统，加快服务能力提升，打造校企合作新窗口。

（五）建设温州数字经济产业创新实训中心

落实浙江省数字经济“一号工程”，紧密围绕温州数字产业化、产业数字化发展需求，携手联通、安恒、广联达等行业龙头企业，打造浙江省特色鲜明的数字经济产教深度融合的“催化器”。

二、夯实校企合作载体，打造“治理共同体”

创新校企合作机制，优化校企合作载体，推动产业学院、职教集团、实训基地、科教平台以及产教融合示范基地等创新发展，实现校企“合作办学、合作育人、合作就业、合作发展”的总体目标（见图 3-3）。

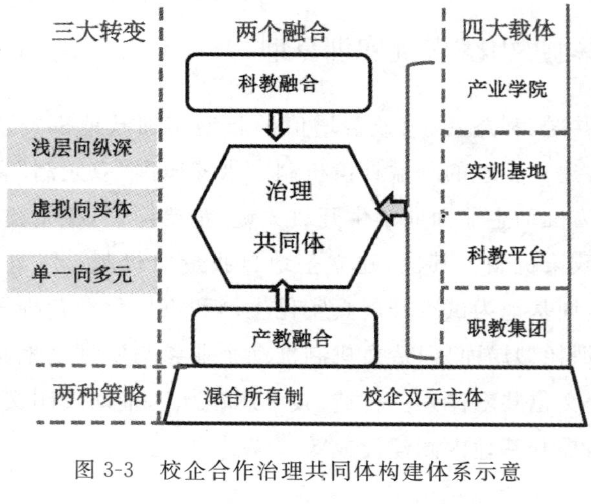

图 3-3 校企合作治理共同体构建体系示意

(一)以“架构优化”做强浙南职教集团

以完善组织结构强化合作机制,推动浙南职教集团内人才共享、设备共享、技术共享、文化共享,增强对职教发展、产业提升的支撑作用。首先,健全集团组织结构。完成“政行校企”四方联动的工作委员会与专业(群)分会建设,提高集团服务专业对接产业、助力转型升级以及提高职业教育水平的作用。其次,强化集团合作机制。推动专业(群)分会、集团内科研院所、行业协会的横向合作,积极开展理论课题研究、人才供应、信息沟通与技术服务。第三,完善集团服务体系。统筹布局集团成员院校的专业设置与人才培养,建立集团成员对话机制,建设产教融合专家人才库。

(二)以“机制序化”做大产业学院

加大与世界500强以及龙头骨干企业合作,推进凤凰、安恒等7家产业学院建设。首先,建立有效的约束治理机制。持续优化完善产业学院治理体系,建立刚性的董事会决策机制,形成决策、执行和监督三者权利相互制衡的现代法人治理结构,依法破除行政管理的干预。其次,建立市场化运行机制。以瑞安学院混合所有制改革为切入点,充分探索产业学院自我造血功能机制的构建,引入市场机制实现校企资源的高效配置。最后,建立全方位合作的保障机制。推进各投资主体利益保障机制,建立规范化的决策机制和业务机制,助推校企合作深入开展,充分发挥产业学院的平台功能。

(三)以“激励物化”做优实训基地

构建校企共融、利益共享、效益增值的新型实训基地模式,确保基地优质可持续。首先,建立合理的利益补偿机制。借鉴德国“双元制”和澳大利亚“新学徒制”模式,为推动企业面向学生开放关键、重要岗位,探索建立面向企业的设备场地补偿政策机制。其次,建立基地自我造血机制。以电气自动化实训基地等15个实训基地为试点开展真实化生产和市场化经营理念,破解传统校内实训基地纯消耗型局面,以造血机制推动企业参与实训基地建设的积极性。最后,构建校企文化共融体系。打造“技·思论坛”,推动校园文化和企业文化的对接与融合,提升基地内涵建设成效。

三、创新人才培养方式,打造“育人共同体”

创新共同育人机制,深入实施“引企驻校、引校进企、校企互通、合作共赢”策略,充分调动学校、企业、行业优势资源提升协同育人成效。

(一)实施“双师共建”完善现代学徒制

在酒店管理、家具学院等产业学院现有现代学徒制试点基础上,加大与企业在课程、标准、师资等方面的合作力度,系统完善现代学徒制人才培养机制,形成可复制、可推广的模式。首先,改变由院校单一主体开发课程体系及课程标准的局面,推进校企双主体开发机制的建立。其次,对照企业对岗位能力需求、岗位任职标准、岗位任职与晋升考核标准等方面最新最实际的内容,融入职业院校专业、文化、基础素养教学特征,制定出符合学徒成长规律、认知规律、学历教育与岗位培训融合的科学可行的课程标准。最后,深入研究现代学徒制的教学特色,加强对教师教学质量的考核评估,参考企业的用人标准和理念,通过与合作企业签订协议的方式,吸收有利于现代学徒制发展的优秀人才来充实教师队伍,以确保提升教师的师资力量和水平。

(二)引入“孵化+”人才培养模式

首先,采取“师生共创”实施人才培养。联合企业加强师生科研成果转化,以温州产业科技众创空间为依托,促进产教融合背景下的创新创业人才培养。其次,利用各类型孵化基地实施人才培养。积极利用各级政府、大学科技园和企业孵化器,建设校外创业教育基地、创业实训基地和创业孵化园,进一步完善学校与一流高校、科研院所、政府、企业行业以及基于国际合作的协同育人机制。最后,与企业共建“双创”园实施人才培养。与万洋集团等企业共建浙江小微创新园,推动师生项目转化,构建“项目孵化+人才培养”模式,孵育100余家小微企业。

(三)实施“双师共评”构建学分互认与弹性学分制

探索与校企合作制改革与产教融合多元育人模式相适应的教学管理制

度,拓展学生学分获取途径。以项目参与度和项目成果考核为导向,建立赋分机制。经企业导师考核通过的课程成绩,其学分校方予以承认,非常规授课学习方式获取的成绩如网络课程、现场实践等学分在通过考试后可以获得相应学分。将项目教学中属于第二、三课堂形式的项目,纳入学校"博雅行动"的考核计分体系。鼓励学生通过社会实践、发明创造或参加科技、竞赛活动获取创新实践学分替代选修课学分,对毕业论文(设计)、调研报告等学生成果被社会有关部门采用,或在解决生产实际问题中取得较好的社会效益和经济效益者,可替代相应课程学分(见图 3-4)。

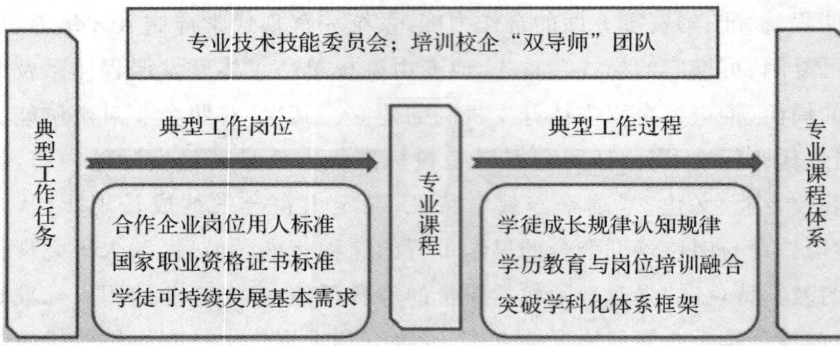

图 3-4　课程体系建设途径示意

四、构建成果转化平台,打造"利益共同体"

依托学校技术研发、工程设计、员工培训等力量,聚焦校企合作双方人才培养、技术创新、社会服务等领域的成效转化,采取"创投孵化+技术咨询+信息服务"的成效转化方式,与合作企业实现成果共享、效益共享,打造"利益共同体"。

(一)构建"创投孵化"平台

创建"一体两翼"的新型项目孵化器,"一体"是与浙南科技城、校友企业等联合共建智能制造孵化器,"两翼"分别是温州大学城创新园和浙南科技城创业园。在温州职业技术学院以智能制造产教融合基地为核心建设创新园,构建创新创业公共服务平台；在浙南科技城建设创业孵化空间载体，大学城创新园负责项目的培育和样机试制，项目初具规模后入驻浙南科技城的创业园进行企业孵化、产业培育，最后入驻产业园、小微园实现产业化。

（二）构建“技术转化”平台

以温州智能制造公共服务与实训中心为依托，对接温州传统产业高端化和装备制造产业数字化需求，校企共建虚拟仿真中心与企业研究院。与库卡、阿里、华为、SIMENS 等知名企业共同打造全链式柔性虚拟仿真中心，设置虚拟仿真实验资源与仿真生产流水线，为企业提供全链条式模拟服务环境。联合行业协会、龙头骨干企业以及职教研究机构，打造民非法人性质校企产教融合研究院。与冠盛、泰力、申瓯等企业共建国家级、省级企业研究院，加大校企共同研发并实现成果溢出转化，为传统产业转型升级和新兴产业培育提升注入新动能。

（三）构建“信息服务”平台

依托温州企业综合服务平台，贯彻温州“百企上市、千企上规、万企上云”战略，构建“线上＋线下”综合服务系统。线上建设企业服务云（帮企云），共设有政策云、服务云、产融云、培训云、咨询云五大模块；线下重点引进一批温州市较为缺乏、行业首位度高、示范带动明显的优质服务机构落户，构建服务便捷的企业综合服务平台，为全市企业提供一体式的精准服务。通过服务，助推国家级产教融合型企业 50 余家，实现增效 20 亿元，完成产教融合项目 1000 个，项目资金达 1 亿元。

五、取得成效

紧扣产教融合新要求，紧密对接区域主导产业和龙头骨干企业，校企合作成效显著。校企共建载体“质量高”，率先组建联通 5G＋产业学院、奇安信网络安全学院、服装学院等 9 个产业学院；牵头组建浙南职教集团、全国职业院校技术应用服务联盟等产教融合组织；联合凤凰教育、华为等知名企业成功立项国家、省、市级产教融合基地 5 个。校企合作育人“特色明”，实施“导师—团队—项目”化特长班教学，设立金蝶、奥康等校企合作订单班 12 个；创业者联盟连续4年斩获“全国高校创业社团百强”荣誉。《根植温州、依托产业、产学研创相结合,培养新技术应用的创新创业人才》案例成功入选2019教育部高校创新创业教指委高职院校创新创业教育特色典型案例。校企合作国际办学“模式新”,携手浙江亚龙集团在柬埔寨成立“亚龙丝路学院”;以“4+4+4”模式与浙江泰力实业有限公司共同培养南非留学生。校企合作开发“成果实”,5年来,完成校企共同开发课程305门,教材143本,人才培养标准32个,共建实训基地1016个,研发机构49个,年均科研到款2000万元。“与民营经济互动、与行业企业共赢”的办学实践被《光明日报》等主流媒体誉为高职教育的“温州模式”。

第四章　多元一体化，打造职业教育集团

整合区域资源，打造浙南职教集团

关键特征：浙南职业教育集团由温州职业技术学院牵头组建，由温州市人民政府主管，以浙南地区高职和中职学校为主体，相关产业园区、科研院所、行业、协会、企事业单位参与成立的产教融合、校企合作的非营利性职业教育联合体。

创新要点：政、行、企、研、学校等多方协同，整合优化集团内部资源配置，充分发挥集团资源共建共享、集团人才共育、集团师资共建等特色优势，构建集团内产业学院、职教综合体、专业群综合体等，打造可持续发展的集团内循环。

一、集团简介

温州是我国东南沿海重要的制造业城市。近年来，温州市委市政府助推传统产业高端化，积极实施高端产业培育，形成了低压电气、鞋革、服装、泵阀和汽摩配等五大传统制造业集群和以物联网及新能源汽车、生命健康产业为

核心的战略性新兴产业集群。丰富的制造业为职业教育奠定了坚实的产业基础,温州率全国之先,提出了"产教城"融合发展的生态系统,深入推进产教融合、校企合作,职教理念超前。目前,温州拥有 5 所高职院校和 39 所中职学校,数量和在校学生数均处于同类城市前列,其中国家重点学校 3 所,省级重点学校 9 所,开设 18 大类、84 个专业的课程,基本覆盖了浙南支柱产业。近年来,国家以提高人力资源素质为导向,深化供给侧结构性改革,推进产教融合,强化教训资源整合,鼓励加快组建以资本为纽带、紧密对接区域产业的实体化职教集团。

浙南职业教育集团由温州职业技术学院牵头组建(见图 4-1、图 4-2),温州市政府主管,以浙南地区高职和中职学校为主体,相关产业园区、科研院所、行业、协会、企事业单位参与,是在自愿基础上成立的产教融合、校企合作的非营利性职业教育联合体。目前有会员单位 107 家,其中副理事长单位由 3 家浙江省内高职院校、3 家行业协会和 7 家行业龙头企业担任。作为温州职业教育的龙头,温州职业技术学院成功入选全国"双高校",成为"国内高水平、国际有影响"的高职院校,办学实践被誉为高职教育的"温州模式",打响了温州职教品牌。

图 4-1、图 4-2 浙南职业教育集团成立大会现场

二、集团重点任务

(一)创办特色产业学院

浙南职业教育集团充分发挥温州民营经济机制体制优势,围绕县域特色主导产业发展需求,积极鼓励和引导民营企业加入产业职教集团,创办特色产

业学院。以温州职业技术学院等高水平职业院校为依托，采取县(市、区)政府提供土地，企业行业提供资金，职业院校代管运营等形式创办乐清低压电器学院、永嘉泵阀学院、文成旅游学院等股份制、混合所有制特色产业学院。在具体运营中，以民营资本为主体组建实体化运作平台，采取理事会领导下的企业法人和事业法人的“双法人”制运作模式，并按照现代企业制度，不断优化资产结构和内部治理体系，提高平台运营效率和盈利能力，增强职业教育对区域特色主导产业的支撑功能。

(二)打造滨海职教综合体

浙南职业教育集团根据产业与专业对接原则，引入社会力量在滨海职业教育中心建设“中职＋高职＋研究院＋产教联盟”职教综合体，将其打造为“政校企”深度合作、“公私外”资产混合、“产城人”有机融合、“产学研”协同创新的职教新平台，探索“公私混合、校企双元、中高一体”办学新模式。滨海职教综合体将以滨海职教中心为支撑，整合浙南产业集聚区企业资源和温州市职业教育资源，面向教育教学、实习实训、职业培训、创新创业、应用技术研发等领域打造“训育研创用”一体化平台，通过实体化、市场化运作提升综合体自我造血功能，并将优质教育资源落实到人才培养上，构建起职业教育的立交桥。

(三)组建集团专业集群

浙南职业教育集团紧密对接温州数字经济、智能装备、时尚制造和现代服务业等产业领域，以集团内部资本为纽带、内部人才平台为支撑，构建“校企双主体、行业支撑、专业承载”的专业集群综合体，推进温州产业链、创新链和温州人才链、教育链融合。其中，以温州职业技术学院、浙江工贸职业学院等院校的特色优势专业集群为载体，引企业资本和行业资源进校园，依据职业岗位需求打造开放式专业集群微生态，力图在全市建设 15 个左右的专业集群，聚焦人才培养、技术创新和社会服务能力的提升，精准服务区域主导产业集群式发展需求。

三、集团产教融合特色

(一)集团资源共建共享

温州市“十三五”期间急需培养重点产业高技能技术型人才。结合温州五大传统优势产业及五大战略性新兴产业的区域布局特征,浙南职业教育集团可紧密对接各产业园区、产业集聚区的服务,高效构建集团内部资源共建共享(见图 4-3)。首先,浙南职业教育集团计划通过“职教集团网站”和“职教集团公众号”两个媒体,搭建集团成员之间的信息共享、技术交流与业务合作平台。其次,充分利用“职教新干线”,促使各职业院校全面开放校内教学资源库,实现教学资源共享;建立集团内职业院校之间学分互认制度,让集团内部学生有更好的课程及实训平台,特别是网络精品课学分共享;另外集团计划共同建设集生产、教学、研发、培训于一体的实习实训基地,并以此为带动新建 40～45 个校外顶岗实习基地,每年为成员学校提供顶岗实习岗位数达到集团内职业院校相关专业毕业年级学生数的 85%以上。再次,集团规划建立总数 1000

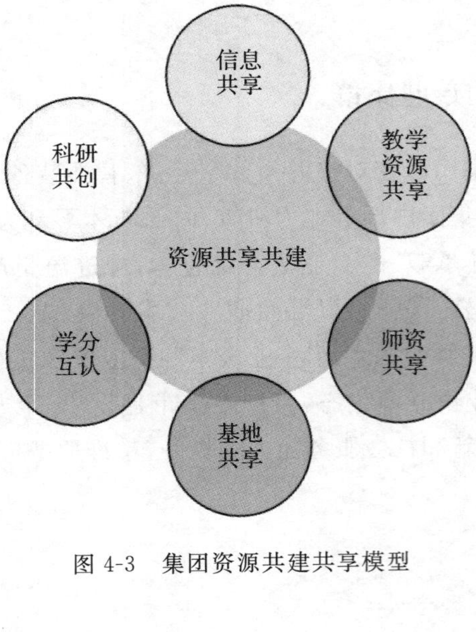

图 4-3　集团资源共建共享模型

人，动态的职业院校兼职教师库，企业一线技术人员到职业院校担任兼职教师达150余人次以上，参与教学能力培训和教研教改时间年均超过65学时，成员院校主体专业教师参与企业技术服务活动和现场锻炼的时间年均超过40天。最后，集团内部规划加强合作型应用技术科研机构（包括研究所、协同创新中心、工程技术研究中心等）与科研团队建设，并通过共享型研究基础条件建设，整合集团成员单位科研力量，提升研发与服务能力，做到科研共创。

（二）集团内人才共育

浙南职业教育集团以专业合作建设委员会为依托，利用集团资源规划建立纵向延伸和横向合作机制。每年召开1～2次研讨会，宏观上研究探讨集团内各职业院校的专业结构调整，加强新专业建设的论证和协调，减少重复建设，促进成员院校特色化发展，做到集团内部专业互补、差异化发展，不仅有利于减少集团内部生源竞争，还可形成职业院校之间专业布局合理、集中优势错位发展的格局；制定人才培养方案和行业内20个专业的"专业人才培养标准"，以项目合作的方式启动实施一批专业实践课程建设，针对不同层次人才培养的需要，根据对应工作岗位群的要求，共同开展课程学习大纲、课程考核标准、校本教材等，形成集团内部人才培养标准；推动集团内企业与职业院校深度合作实施教学，遵循"教、学、做合一"原则，结合行业企业紧缺人才需求，集团成员之间积极开展"订单、委托、学徒培养"，集团内主体专业"订单培养"学生覆盖率达45%以上；校企合作共同建立以学生职业能力为核心的质量评价体系，集团内部校企共同推进"1＋X"证书制度，特别是集团内部教学硬件和师资相对薄弱的高职院校，可以同集团内部企业共同推进"1＋X"证书；集团办学有利于提高集团内"双证"即理论证书＋职业资格证书的完成率，职业技能鉴定或职业资格考试项目的专业覆盖率达到集团内各职业院校主体专业的100%，集团内职业院校主体专业毕业生"双证书"获取率100%；集团可建立校企合作推进毕业生就业的长效机制，定期举办"人才供需见面会""校企人才对接会"，集团内职业院校主体专业毕业生在集团内企业的就业率70%以上，其中对口就业率85%以上，毕业生满意率85%以上；依托成员院校和共建基地，逐步推进中高职一体化的具有区域特色的专业；围绕集团成员单位共建职业岗位和专业，建立稳定的竞赛机制，积极开展集团院校学生和企业员工的技能竞赛；结合全国、省职业技能大赛的具体要求和区域经济及人才需求特点,积极承办行业、企业等各类职业技能大赛,为行业、企业做好竞赛服务(见图 4-4)。

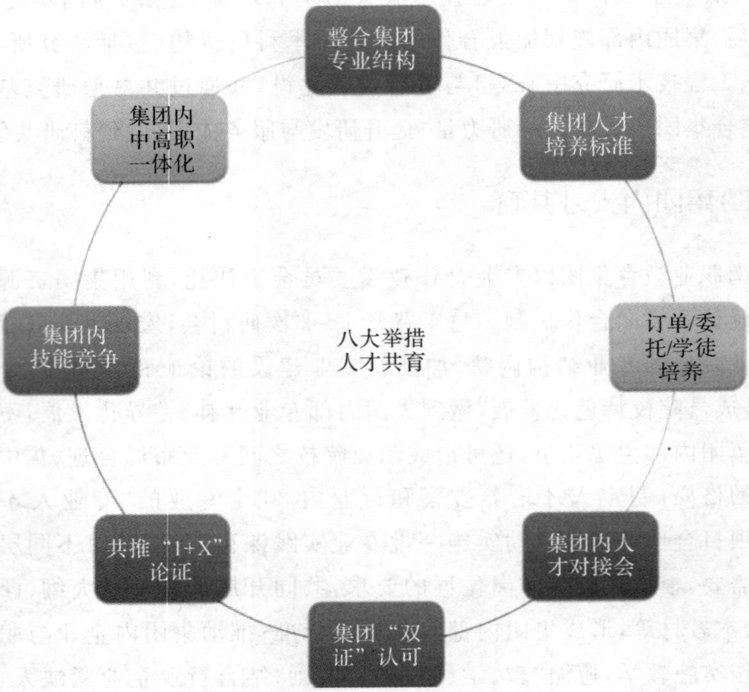

图 4-4　集团人才共育模型

(三)集团内师资共建

浙南职业教育集团会员中包括浙江及温州行业协会 17 家,合作企业 54 家,研究机构 4 所,为协会内 18 所职业院校壮大兼职教师队伍提供了良好平台。如图 4-5 所示,集团内企业派遣技术或管理能手,输出实践技能,获取理论知识,也可以被聘为职业院校兼职教师的形式上讲台授课,通过理论提升,最后更好地服务集团内部企业;另外,职业院校派遣专业教师,输出理论知识,获取实践技能,可被聘为企业培训讲师兼职做企业培训,以短期培训、定向培训等形式,积极开展面向在岗和下岗职工、农民工转移、企业职工提升、创业技能培训和鉴定工作,为地方经济发展服务。通过实现学校专职教师能力提升,更好地服务学校。另外,通过集团化发展有利于出台各项政策、开展会议或者是建设工作室平台，如内部出台有利于企业专业技术人员到集团各院校兼职的有利政策，按照教职工编制总额的20%可用于聘用专业兼职教师的比例要求，加大集团各院校兼职教师聘任力度。亦可联合开展专兼职教师培训工作，提高兼职教师教学能力、专职教师实践能力；开展院校教师管理经验交流和专任教师业务交流活动，推动专任教师下企业锻炼，提高教师实践教学能力；建设“双师资”工作室，依托企业实践基地，建立专兼职教师1对1的结对互助机制，推广“双师”培养基地建设，在院校和企业互建工作室，为专兼职教师的教学和下企业锻炼与技术服务提供便利条件。

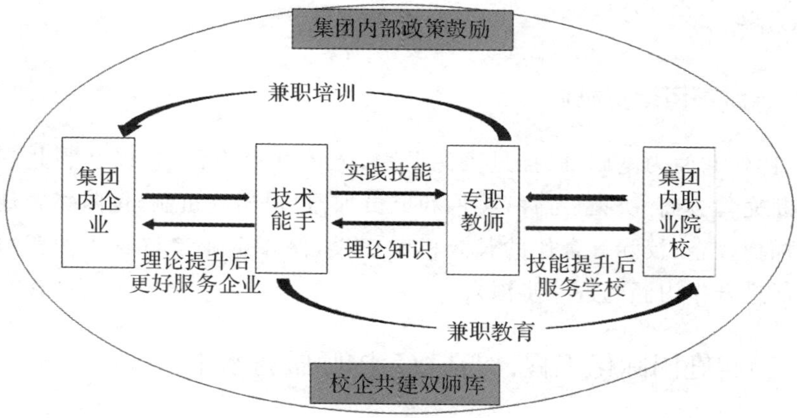

图4-5　集团师资共建模型

四、集团未来发展

（一）创新机制，提升集团运行效率

1.完善集团治理模式

根据国家、浙江省市出台的职业教育集团化办学政策制度，建立集团紧密层院校、行业企业等共同出资的法人型职业教育集团；修订集团章程，改进集团治理结构和治理模式，进一步吸纳和调整成员单位，扩大集团办学覆盖面，

逐步形成紧密层、半紧密层、松散层的集团成员组成结构,进一步提升集团化办学能力。

2.健全集团组织结构

在集团现有组织机构基础上,依据市级各部门的职责分工,构建基于政府部门—行业协会—院校专业(群)—行业骨干企业参与的工作委员会与专业(群)建设分会,结合职业教育发展和温州市产业转型升级需要,进一步完善集团分支机构工作职责,提升集团分支机构工作效能,推动集团各成员单位在专业对接产业、服务转型升级、提高职业教育水平等方面发挥更大作用。

3.创新集团运行机制

以协作共商为基础,以推进资源共建、人才共育为目的,以互利共赢为动力,不断完善会商、决策、考评、奖惩和成员加盟、退出等机制,保障集团规范化管理;加快校企、校际等合作的长效机制建设,保障企业参与职业教育的利益回报,促进合作内涵的进一步深入。

(二)实施国际化工程,提升教育国际服务水平

1.引进境外优质教育资源

引进国际先进、成熟适用的人才培养标准、专业课程、教材体系、数字化教育资源、教学方法、评估机制、国际证照等教育资源,鼓励与境外院校合作开发课程和教材。加强与境外教育机构合作,积极申报举办中外合作办学项目。推进与境外教育机构合作建设联合实验室或实训中心。

2.建设国际化师资队伍

建立集团师资出境培训规划,有计划地选派优秀中青年教师到境外进行深造、培训、进修和开展科学研究。支持集团各成员院校与境外友好院校进行师资交流,支持教师加入国际学术组织。推动引智工作,积极引进国外文教专家、技术专家和优秀管理人才,提高集团内聘任外籍教师比例。

3. 合作培养学生

加强出国留学政策引导宣传，建立出国留学资助制度，增加集团内学生出国留学的形式和拓宽相应的渠道，扩大出国留学规模。优化来华留学生学习和生活环境，建设对外汉语教学资源库，打造国际生项目精品课程，加强对外汉语师资队伍建设，设立来温留学生奖学金制度，重点资助"一带一路"沿线国家和地区来温留学生、友好城市来温留学生，拓展留学生生源地，扩大来温留学生规模。

4. 提升教育国际服务水平

依托"一带一路"倡议，在沿线国家建立境外办学机构，承揽国际教育服务项目。积极参加对外汉语教师选派工作，推进汉语国际推广工作，积极推进集团内学生到境外实习或就业，提升学生就业层次。

（三）形成可持续发展的政策环境

集团可持续发展离不开政府和行业的高度重视。政府可根据实体化职教集团组建的工作目标要求和建设任务，给予配套政策支持，在项目建设、人才培养、人才引进、学科发展、日常办学经费补助等方面给予政策倾斜支持。对集团申报的校企合作项目、集团承担产业优化升级技术研发项目优先立项。集团制定校企合作项目管理办法，并建立评价监测体系，对校企合作项目进行有效的过程监控和绩效评估。温州市政府加大投入力度，切实保障集团正常运作财力、物力、人力，让集团更好地为温州城市发展出力。

第五章　校地一体化,打造服务县域典范

移校入区,双元定向

——瑞安学院一体化育人模式的实践

关键特征:瑞安学院是经温州市委、市政府批准,全国首家公办高职院校与县级政府合作共建的二级学院。以服务瑞安区域经济发展为目标,积极打造全国中高职衔接典范、混合所有制典范。

创新要点:推行移校入区,打造"政行企"混合所有制教学工厂,探索德国"双元制"的本土化创新。实践产教融合型现代学徒制,实施招生·培养·就业一体化班、培养·就业一体化班两种"双元定向"培养模式,为助力瑞安产业转型升级搭建优质的人才供给平台。

一、基地简介

近年来温州瑞安市制造业发展增速快,形成了以汽摩配和制鞋行业为主的产业集群。随着国家智能制造战略施行,瑞安市政府聚焦制造业高质量发

展，助推全市制造业由高速增长迈向高质量发展阶段。然而企业转型升级离不开人才的支撑，落户在瑞安的温州职业技术学院瑞安学院（见图 5-1）为此搭建了良好的人才供给平台，为深化产教融合、校企合作搭建桥梁。

温州职业技术学院瑞安学院是经温州市委、市政府批准（温委办发〔2013〕114 号），作为全国首家公办高职院校与县级政府合作共建的二级学院，瑞安学院是地方政府促进高职教育综合改革试点工作的一次创新与实践。目前在校生 2000 余人，设有机械设计与制造、汽车电子技术等 14 个专业。温州职业技术学院以“移校入区”战略高度，确立瑞安学院办学定位，并以建设全国中高职衔接典范、混合所有制典范及高职院校服务县域经济发展典范为目标，积极推进办学体制和育人模式的改革探索。在人才培养方面，瑞安学院针对区域市场人才需求，实施职业素养、产教融合、精准就业三大特色工程，探索德国“双元制”的本土化，并创新实践产教融合型现代学徒制招生·培养·就业一体化班（以下简称一体化班）、产教融合型现代学徒制培养·就业一体化班（以下简称预就业班）两种“双元定向”培养模式。

图 5-1　温州职业技术学院瑞安学院

二、基地特色

瑞安学院将产教融合贯穿人才培养全过程,构建政府、学校、产业、企业协同推进产教融合的四位一体合作格局,促进人才培养供给侧和产业需求侧结构要素全方位融合,培养高素质创新人才和技术技能人才,提高服务区域经济发展能力。瑞安学院作为温州职业技术学院探索产教融合的重要基地,经过5年的实践,初步形成了产教融合协同育人的一体化教学工厂模式。

(一)“政行企”混合所有制打造教学工厂

瑞安学院依托瑞安及周边区域支柱产业开设专业,借助瑞安市人民政府强力推动支持,实行产教融合(4+2+4)模式,形成与4家政府部门(开发区、工商联、教育局、商务局)、2家区域支柱行业协会、多家地方龙头企业合作的4种典型合作方式,充分发挥优越高职教育产教融合政府资源、行业资源、产业资源、瑞安籍学生家校紧密联系共育等优势条件,共建“教学工厂”(见图5-2),着力推进服务区域经济发展的产教融合办学实践。此外,校政合作方面,瑞安市工商联与瑞安学院通过混合所有制在校共同建立瑞安市产学研创服务中

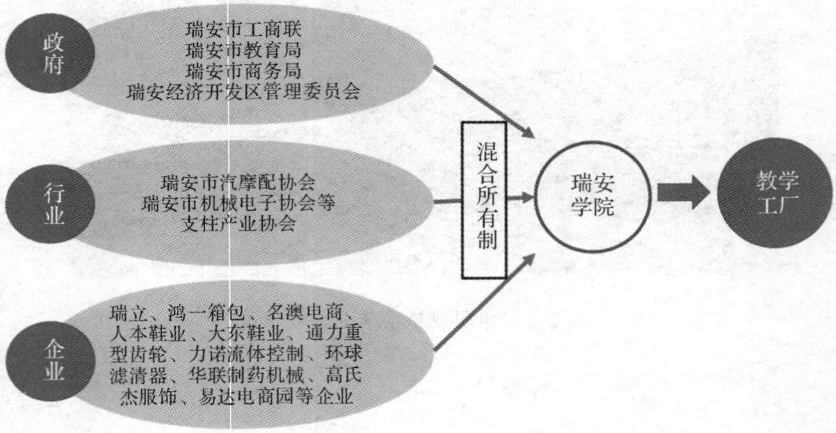

图5-2 “政行企”混合所有制教学工厂

心，并通过混合制引进瑞安工匠技术大师投资入驻；与瑞安市商务局合作，成立瑞安市电商商务实训基地，通过混合所有制引进鸿一箱包投资入驻，组建瑞安学院电商孵化基地；校企、校行合作方面，瑞安学院与汽摩配、机械电子等协会和相关龙头企业成为“共同体”，高校为企业需求量身定制专业，企业园区变成高校校区，推动解决技术人才紧缺难题。

（二）“双元定向”一体化/预就业班

瑞安学院两种培养模式在培养过程中，均需政企校方、学生及家长共同签订“双元定向”培养协议。一体化班根据企业需求，由单个或者多个企业组建一体化班计划，学生初中毕业即可择班、择企，学生入学前就具备企业准员工身份。满16周岁后参与暑期实践及顶岗实习，之后企业学生双向选择，学生可选择退出一体化班，企业亦可选择淘汰学生，最终双向选择成功者成为企业正式员工（见图5-3）。一体化培养以中高职衔接为载体，通过“校内框架性培养＋企业真实性实训”，实现招生即招工、入校即入职。

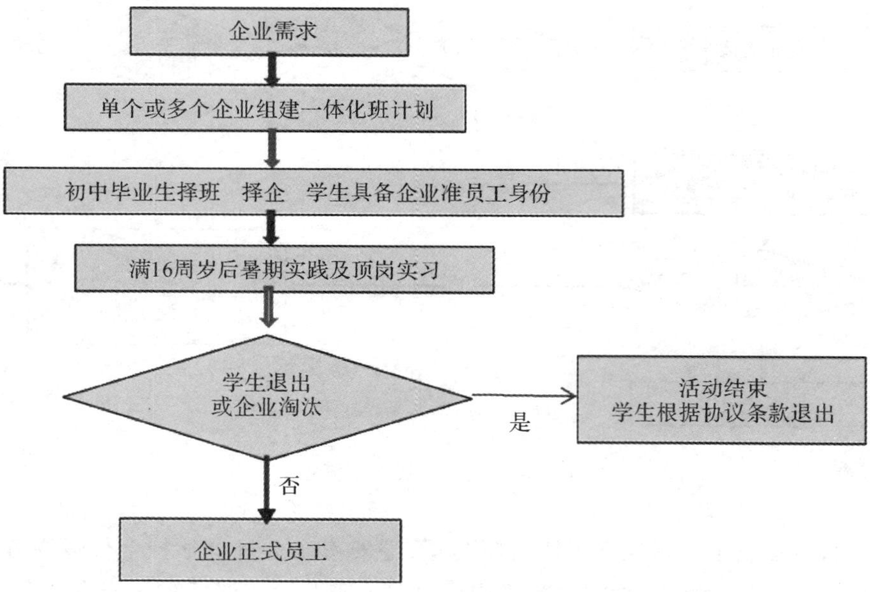

图5-3　一体化班实施流程

另外,瑞安学院创新实行预就业班模式,预就业培养面向在校的大一、大二学生,提前预订就业,实现精准实践育人。按照企业需求在学生大一、大二期间举办双选会,企业进校宣讲,学生进企参观,在认可企业的基础上学生正式报名,企业组织面试,学生参与预就业准员工暑期实践顶岗实习,之后企业学生双向选择,学生可选择退出预就业班,企业亦可选择淘汰学生,最终双向选择成功者成为企业正式员工(见图 5-4)。

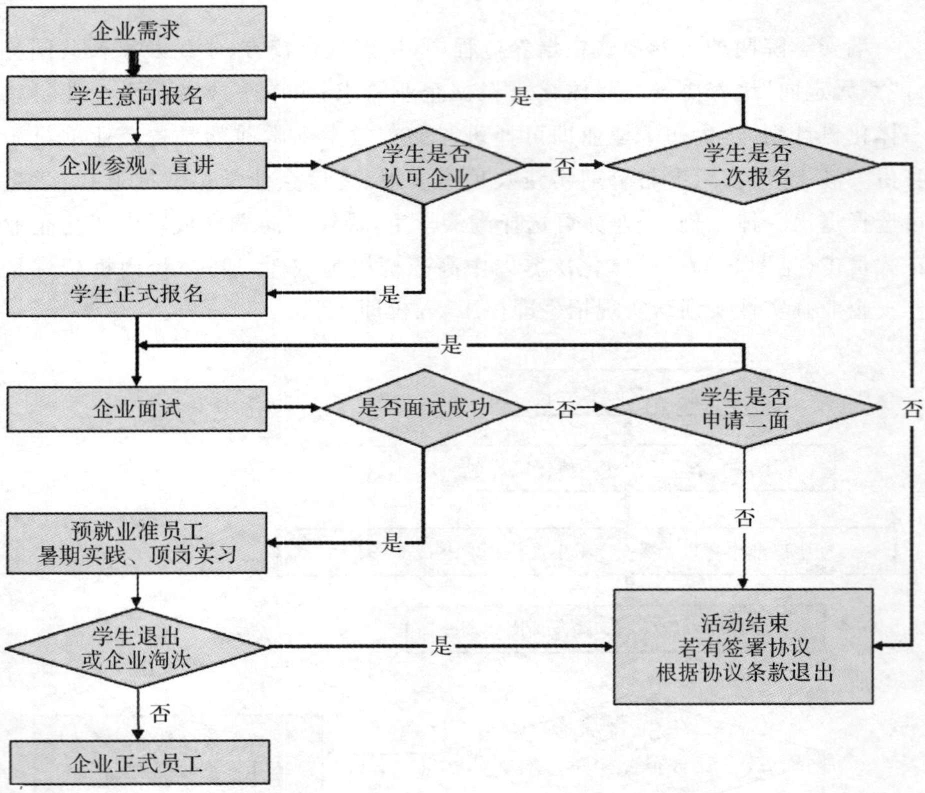

图 5-4　预就业班实施流程

目前瑞安学院与瑞立集团有限公司、瑞安市永久机电学校合作成立五年一贯制的现代学徒一体化班,根据岗位以及未来职业发展所需的能力要求,瑞立集团有限公司与瑞安学院共同研究确定人才培养方案,前 2 年在瑞安市永久机电学校完成技能的培养,达到中级技能水平,后 3 年在瑞安学院完成技术的培养,达到岗位的能力要求。瑞安市教育局提供招生政策支持,在保证教育公平的前提下，建立以瑞安学院、瑞安市永久机电学校与瑞立集团有限公司的共同意愿为导向的招生方案。三方共同制订招生细则，招收满足企业需求的学生，实现精准招生。学生毕业后即在瑞立集团有限公司就业。瑞立集团有限公司按照学生的技术技能水平发放对应的工资报酬，并根据事先规定的职业规划，调整学生至相应的岗位（见图 5-5）。

图 5-5　一体化班开班仪式

（三）校企“双导师”，培养大国工匠

瑞安学院成立技术研创服务中心，引进瑞安工匠技术大师，开展来自企业真实课题研发，实行契约管理和校企“双师”指导。以机电类新技术应用研发与创新为核心，重点针对瑞安印刷与包装机械产业以及其他“机器换人”、智能制造的技术研发与创新的需求，围绕真实项目，采取企业主导、学院专业教师与企业技术工匠团队协同（双导师）、学生参与的模式，开展新技术应用研发与创新，帮助企业科技创新成果的转化，服务区域经济，助推产业转型升级（见图 5-6、图 5-7）。

图 5-6　企业师父指导

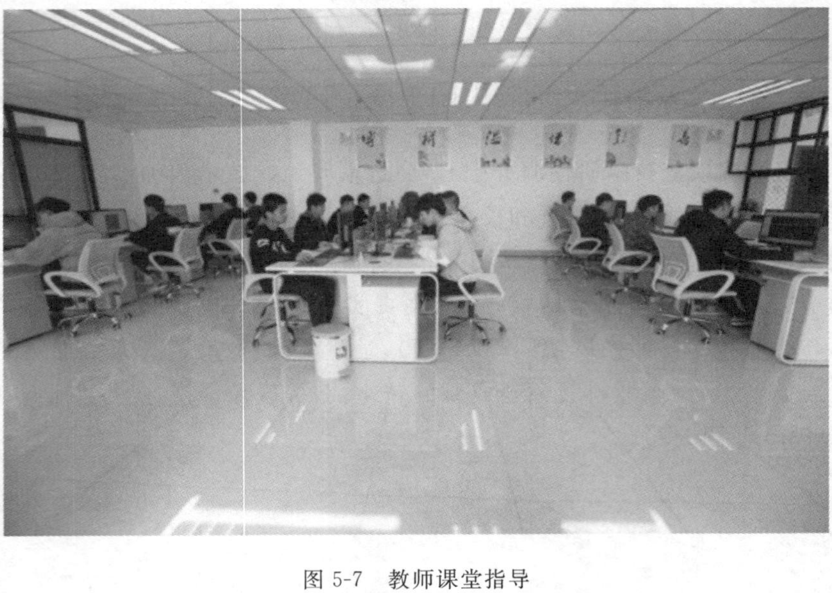

图 5-7　教师课堂指导

此外，校企合作过程中量化主要合作指标，如最低专利指标，发明专利申请受理 5 项，其中授权 3 项；实用新型专利申请受理、授权并成果转化 3 项；最低经费指标，企业在合作期内必须以瑞安学院技术研创服务中心名义引入横向课题项目经费不少于 60 万元。

三、实施成效

（一）教学工厂一体化育人成效

目前瑞安学院本地化人才培养占比 50％以上，一体化 13 个班级、522 名学生，预就业 52 个班级、216 名学生，合计 738 名学生被瑞安区域 41 家龙头骨干企业提前预订并订单培养，成为“准员工”，实现了校企双元定向共育（见图 5-8、图 5-9）。

图 5-8　瑞立一体化班专家组招生现场

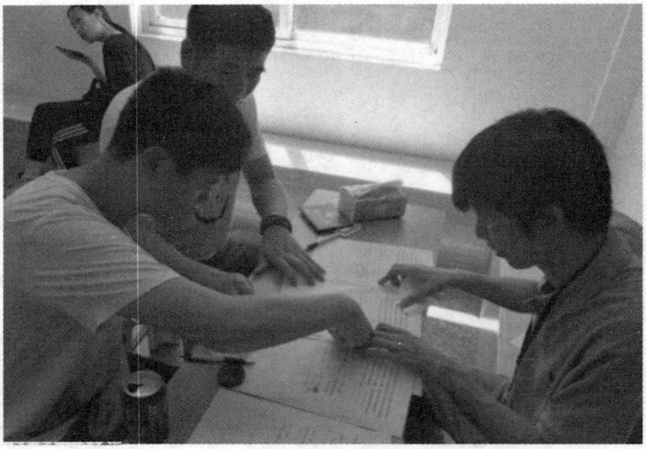

图 5-9　家长、学生签订协议

(二)新技术应用研发成果显著

新技术应用研发与创新团队中,学生占到了 50%。3 年完成师生共创 5 个发明专利、3 个转化成果的实用新型专利的指标要求,4 项产品达到国际水平。2 名学生在外交部和教育部等部门组织的"2018 一带一路暨金砖国家技能发展与技术创新大赛"中荣获"数控多轴加工"赛项二等奖(见图 5-10、图 5-11)。

图 5-10　瑞安学院技术研创服务中心与瑞安学院签约项目

图 5-11　实践学生荣获“数控多轴加工”赛项二等奖

（三）助力企业转型升级成效明显

学院与鸿一箱包、名澳电商组建瑞安学院电商孵化基地、电商创业基地，为民营企业提供人力资源支持。2018 年，入驻瑞安学院的 2 家合作企业完成营业额 1.45 亿元。其中，名澳电商入驻瑞安学院后，年产值达 1 亿元，比 2017 年提高 3 倍，人均产值 300 万元。同时，2 家企业经浙江省电子商务促进会和浙江省商务认证中心认证（浙电促联发〔2018〕3 号），入选浙江省电子商务实践基地名录（第四批）。鸿一实践团队的江鑫参与电子商务技能竞赛，获得浙江省一等奖佳绩。

“设计+技术”助力瓯海打造时尚智造小镇

——温州时尚智造公共实训与服务中心

关键特征:温州时尚智造公共实训与服务中心在瓯海区政府的支持下,落户省级特色小镇——瓯海时尚智造小镇。以服务瓯海区经济发展为目标,按照“一个平台、两大支撑、多点应用”的模式,以“时尚设计、技术研发”两大核心支撑领域,打造服务地方经济的具有特色化“多点应用”服务中心。

创新要点:联合政府、企业、相关高校等各种社会资源,以招商引资、交流合作等方式建立产教合作,依托学校时尚智造专业群,以“时尚设计与技术研发”两大核心功能,助力瓯海时尚产业转型升级。

一、中心简介

中共温州市委于2014年提出发展时尚产业建设时尚之都,并在《温州市文化创意产业规划(2015—2020)》中提出:“至2020年,文化创意产业增加值年均增幅达到15%以上,全市文化创意产业增加值总量达到450亿,占GDP比重达到7%以上。”与此同时,浙江省“两会”工作报告确定时尚产业为浙江省七大产业之一,提出“我省将实现从传统产业加工制造中心向以创意设计引领的时尚产业创造中心转变,成为国内时尚产业发展的先行区和示范区”。近年来温州的鞋革、服装、家具等传统优势产业在企业的转型升级过程中需要大量高素质时尚产品设计、开发生产、技术研发人才。为贯彻国家创新驱动发展战略,助推区域时尚设计产业全面繁荣,进一步深化职业教育产教融合、校企合作和工学结合,温州时尚智造公共实训与服务中心应运而生。

中心在瓯海区政府的支持下，落户省级特色小镇——瓯海时尚智造小镇。项目新增国外知名大师工作室 6 家，省级企业技术中心 2 家；技术技能大师工作室 6 家。项目包括服装产业、家具产业、鞋革产业、未来文化产业等 12 个服务与应用板块。按照“一个平台、两大支撑、多点应用”的模式，以“时尚设计、技术研发”两大核心支撑领域，打造服务地方经济的具有特色化“多点应用”服务中心。温州时尚智造公共实训与服务中心是温州职业技术学院标志性的产教融合项目，根据行业企业需求，构建以实训为基础、以新技术应用为核心、以研发为动力、以创新创业为导向的覆盖温州时尚产业的公共实训平台，助推浙江传统产业转型升级（见图 5-12）。

图 5-12　温州时尚智造公共实训与服务中心组织架构

二、中心布局：特色化“多点应用”

温州时尚智造公共实训与服务中心根据温州产业经济特色，结合未来 5 年内文化产业发展规划，组建了四大平台和 12 大中心，即包括服务温州服装产业、鞋革产业、家居产业、未来文化产业的四大平台，以及以引领服装产业为代表的服装设计开发服务与应用中心、陈列搭配服务与应用中心；带动家具产业的家具定制工程服务与应用中心、家居软装设计服务与应用中心、创意家具设计服务与应用中心、促进鞋革产业的鞋类设计服务与应用中心、鞋类个性化制造服务与应用中心；影响未来文化产业的产品虚拟可视化技术服务与应用中心、视觉传达技术服务与应用中心、工业设计服务与应用中心、舞台表演及编导服务与应用中心、形象造型设计服务与应用中心,以上应用中心将致力于推动浙江智造与服务产业转型升级。具体包括以下实训室(见表 5-1)。

表 5-1　温州时尚智造公共实训与服务中心实训室功能

序号	产业	实训室名称	功能	合作院校/企业
1	服装产业	面辅料实训室	面辅料的展示、辨识、应用	浙江纺织服装职业技术学院
		综合设计开发实训室	一站式解决设计、制版、工艺、立裁功能,为综合类课程、毕业设计环节、学生创业开发团队创造条件。为举办大型赛事、省级、国家级技能大赛的举办创造条件	杭州职业技术学院
		Gene K. Lakin 国际咨询工作室	国际设计资讯、国际服装发展趋势、服装品牌建设	美国帕森斯设计学院
		陈彬大师工作室	服装新智造、开发;省级、国家级、国际级技能大赛研究与实践	东华大学
		鲁闽大师工作室	高级定制产品研发	清华大学
		Seakey 私服创衣工作室	产品设计、CAD 制版、样衣制作、样品展示、微型摄影棚等	观止服饰
		信息化工艺实训室	服装工艺制作信息化教学	庄吉服饰
		“训研创”成果试水区	优秀“训研创”成果展示、销售	浙江纺织服装职业技术学院
		数字化服装技术应用中心	三维扫描、虚拟设计、制板、3D 试衣等	温州智造信息科技有限公司
		服装生产技术研发中心	服装生产新技术的研发与推广、应用与培训	温州智造信息科技有限公司
		服装设计工作室	服装设计与开发、时尚交流	雪歌服饰
		立体裁剪与创意礼服设计工作室规划	立体裁剪、礼服制作培训、创意礼服展示等	

续表

序号	产业	实训室名称	功能	合作院校/企业
1	服装产业	行业名师皮饰创意设计实训室	名师名家工坊教学，产教融合提高学生的创新能力和创业能力	丝素五域皮具工作室
		一行一线手工服饰定制工作室	手工服装服饰定制产品的设计制作	观止服饰
		产教融合工作室	用于结合专业、行业的创新研讨，赛事及活动的研究与实践	温州科艺体中心、温州齐星文化传媒有限公司、温州吉田美学造型有限公司、浙江纺织职业技术学院等
		研创实践平台	团队教学交流与研讨，与前沿信息交流，时尚发展趋势分析；与企业对接开展项目合作，项目建设研讨；新媒体运营、网络营销实践	
		形体训练厅（包括形体健身区）	形体训练、健美训练、造型训练、舞台表演、学生实践教学	温州学大健身管理有限公司
		多功能展示中心	动静态表演展示、服装发布会、企业服务、社会服务	温州齐星文化传媒有限公司、温州E元素模特经纪公司
		化妆造型室	化妆造型、发型设计、形象设计，企业服务，课程实践	温州吉田美学造型有限公司、温州郑响化妆造型学校、铭造型工作室
		服装陈列搭配室	产品搭配，卖场陈列设计实践，学生课程实践	温州索玛服饰、欧陆天使服饰等
2	鞋革产业	Robin Kerr大师工作室	国际设计资讯、国际鞋服饰品发展趋势、鞋类企业服务	——
		足踝健康研究院	构建足踝健康产业研发、创业、创新公共技术服务平台	温州市生物医药协同创新中心
		院士工作站	皮革材料研究及应用	——
		鞋类运动生物力学实验室	鞋类运动力学研究	足踝健康研究院
		鞋类舒适性技术实训室	舒适性技术研究	——

续表

序号	产业	实训室名称	功能	合作院校/企业
2	鞋革产业	鞋类结构设计实训室	鞋类产品设计与应用推广	康奈集团、意尔康、红蜻蜓、起步等
		鞋类工艺设计实训室	鞋类创新产品样品制作与推广	康奈集团、意尔康、红蜻蜓、起步等
		手工鞋及皮雕设计工作室	手工定制鞋设计与制作、个性化产品设计与制作	康奈集团、意尔康、红蜻蜓、起步等
		鞋类楦型技术工作室	脚型与楦型转换研究、脚型数据库建立	康奈集团、意尔康、红蜻蜓、起步等
		鞋类产品电商工作室	鞋类产品创业及电商推广	康奈集团、意尔康、红蜻蜓、起步等
		皮艺设计工作室	个性化产品设计与制作	——
		鞋类计算机辅助设计工艺室	鞋类计算机辅助设计研究、新技术研究与推广	康奈集团、意尔康、红蜻蜓、起步等
3	家居产业	定制家居工程技术研发中心	定制家居产品样品制作、新技术研发与推广	温州市定制家居商会
		家居软装设计工作室	家居软装设计教学、企业服务	温州合心空间陈设工作室
		创意家具设计工作室	产品设计、开发	
		家具质检中心	家具质检研究与教学,对企业开展家具质量检测服务	温州市家具商会
		定制家具信息化生产实训室	用于开展全屋定制的数字化生产实训,以及面向企业开展数控设备操作培训	温州市定制家居商会

续表

序号	产业	实训室名称	功能	合作院校/企业
4	未来文化产业	黄涛大师工作室	产品设计、开发、省级、国家级、国际级技能大赛研究与实践	——
		手工实训室	产品设计、开发	正泰集团、海霸洁具、创维集团、嘉兰图设计中心等
		维度创新工作室	工业设计研发平台、教学与科研任务、产品定义与开发、学生实践场地、企业服务、社会服务	
		广告设计工作室	VI设计、包装设计、海报设计	迈利达集团、夏朗卫浴、蜂彩眼镜等
		网店视觉营销工作室	网店详情页设计、网店装修、网店广告	
		艺术教学中心（画室）	基础课程教学、学生艺术活动场所	——
		传统与时尚转化中心	体现传统与时尚的融合，兼具教学（艺术课程）、实践（传统艺术创新）、社会服务（艺术课程对外体验活动）功能	中国美术学院
		艺术作品展示厅	作品展示（大师作品、教师作品、学生作品）与销售	——
		MR虚拟现实中心	为设计及研发的新产品进行综合虚拟展示	——
		智慧教室	设计类课程教学、实验	——
		摄影工作室	产品摄影	——

三、基地特色

（一）"设计＋技术"双领域协同支撑

平台全面发展时尚设计服务与技术研发服务，助推区域产业转型升级。针对温州传统特色产业，主要提供加大鞋、服、小商品制造产业对时尚领域的品质化、品牌化的设计服务;提升温州地区鞋、服、小商品等传统产业品牌竞争力,协助企业从传统技术方向转型升级,用品牌化技术研发服务助推温州时尚产业腾飞,实现“时尚设计与技术研发”两大核心功能。具体来说(见图 5-13),时尚设计服务整合意大利、法国等前瞻性高端设计资源,联合清华、国美等国内知名院校以及温州澳珀家具设计工作室等设计机构的设计资源,聘请国内外知名设计师担任顾问或合作伙伴,为温州地区打造高端设计人才孵化基地,逐步形成高端设计人才交流机制。而技术研发服务以鞋类舒适性与数字化创新技术优势为“核心”,服装定制技术服务与家具信息化技术服务为“两翼”,面向地区产业企业推广专利技术成果应用产业化、材料创新技术研发、服装高端个性化定制技术研发、家具产品个性化定制体系构建与信息化技术转化应用研究服务,扩大中心的技术服务经济与社会效益。

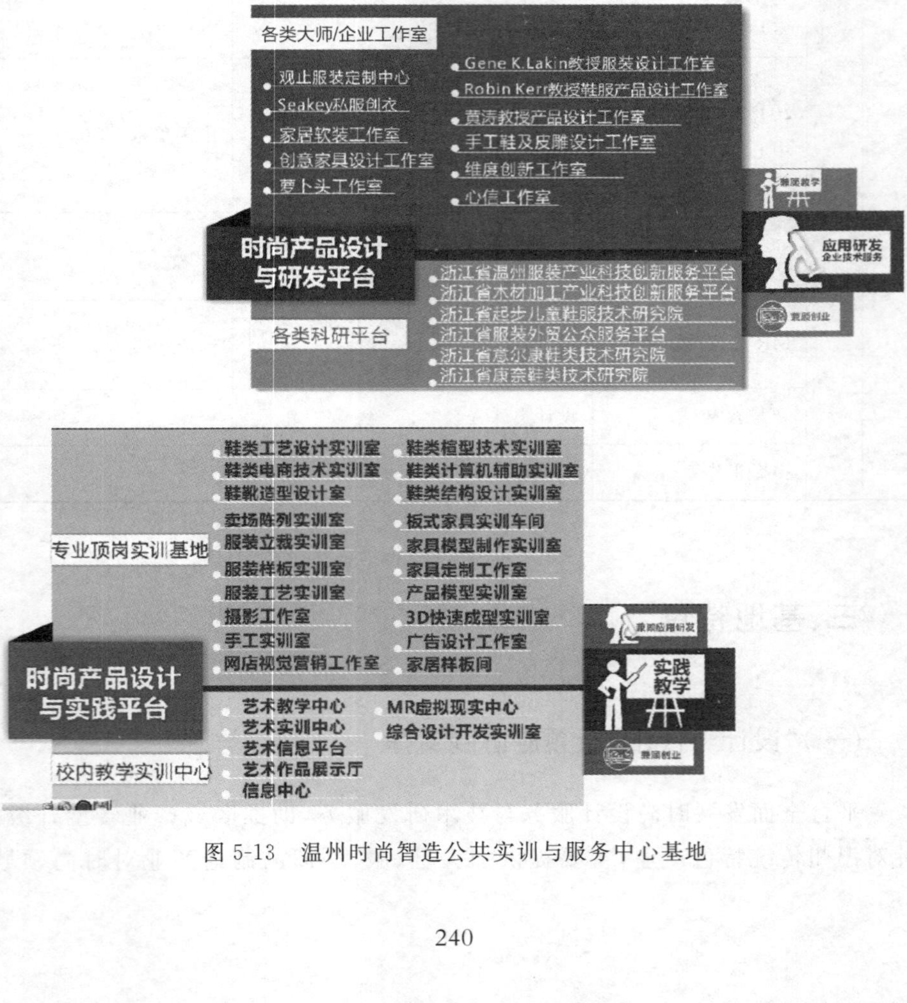

图 5-13　温州时尚智造公共实训与服务中心基地

（二）“政企校”多方联盟

联合政府、企业、相关高校等各种社会资源，通过招商引资、交流合作、创新创业和咨询服务等，吸引地区各龙头骨干企业、行业协会、民间资本等通过企业联盟形式达到合作研究与开发、共享资源等多种模式合作结成的优势互补、风险共担的运行机制，形成应用开展技术研发、产业培育和企业孵化，实现多方共赢。以中心为载体，建立资源整合机制，吸引浙江红蜻蜓鞋业股份有限公司、意尔康股份有限公司、庄吉集团、温州智升服装有限公司、正泰集团等龙头骨干企业共同建立相应的运作实体与运作标准。通过技术服务，服务行业企业，按照企业联盟的建设，吸收一批行业优质骨干企业，集合其行业智能制造的共性需求，并建立成果共享机制，推动行业转型升级。目前在建的联盟包括与起步公司共建儿童鞋服技术研究院，和康奈集团建设鞋类技术研究院、足踝健康研究院、院士工作站、大师工作室等。

四、基地预期成效

温州时尚智造公共实训与服务中心面向区域时尚产业，契合时尚设计与技术研发两大核心领域，覆盖鞋、服、家具产品等多个专业，为浙江省的时尚产业、温州服装产业、鞋革产业、家具产业、文化创意产业等时尚产业发展提供智力支撑。通过建设，新增国外知名大师工作室 6 家、省级企业技术中心 2 家、技术技能大师工作室 6 家。科技到款额 1000 万元；申请市科技奖 2 项；申报发明专利 10 项；申报省部级项目 3 项；申请省部级科技奖 1 项，开展社会职业培训 2000 人次；开展社会职业鉴定 1500 人次。获得德国 Red Dot Award 红点概念设计等国际大赛奖 2 项，挑战杯等省级、国家级大赛奖 3 项；创新创业团队 16 支，孵化时尚产业类小微型企业 5 家；提升学校为区域经济社会发展服务能力。其主要建设成果见表 5-2。

表 5-2　公共实训平台建设标志性成果

项目		预期成果
教学条件	优质教学资源	以年 10%的比例持续更新国家级鞋类教学资源库； 申报省级精品在线课程 2 门； 建设 8 本国家级规划教材，编写 10 本符合本专业教学特点的校本教材； 3 个专业教学资源库； 各专业建设一系列课程微信公众平台，涵盖 4～6 门专业核心课程资源
	校内实践教学基地	改建艺术教学中心(画室)，定制家居工程技术研发中心； 新建传统与时尚转化中心、艺术作品展示厅、服装工程技术研发工作室、陈彬大师工作室、Gene K. Lakin 国际咨询工作室、Robin Kerr 大师工作室、鲁闽大师工作室、石碧大师工作室、黄涛大师工作室、足踝健康研究院； 共建省级企业技术中心 2 个，技术技能工作室 6 个
	校外实践教学基地	8 家校外示范性实训基地； 新增 40 家校外实训基地，含深度合作校外基地和普通合作校外基地
人才培养	三课堂联动	每学年开展职业生涯规划辅导 2 次； 精品项目、特色(共享)项目、一般项目共 40 项； 每学年开展暑期社会实践，队伍数 15 支； 每学年新青年下乡组织 7 次； 每学年组织日常志愿服务 20 次； 每学年组织创业实践活动 2 次
	创新创业	学生创新创业团队 16 个； 孵育时尚产业类小微企业 5 家
	作品成果展	每学年举办一期评聘动态展； 每学年举办专业文化艺术节活动 1 次
	技能竞赛	德国 Red Dot Award 红点概念设计等国际大赛奖 2 项； 天府宝岛工业设计大赛等大赛奖 3 项； 挑战杯等创新创业竞赛省级、国家级奖 3 项； 省级高职院校技能大赛奖 2 项
	毕业生就业质量	毕业生就业率达到 98%以上； 毕业生进名企率达到 30%以上； 毕业生专升本率达到 5%以上

续表

<table>
<tr><th colspan="2">项目</th><th>预期成果</th></tr>
<tr><td rowspan="3">社会服务</td><td>时尚设计服务</td><td>新建大师工作室6家以上；
大师工作室服务地区企业20家；
力争科技到款额达200万元；
申报发明专利4项；
申请市级科技奖1项</td></tr>
<tr><td>技术研发服务</td><td>增建省级企业技术中心2家；
力争科技到款额650万元；
申报发明专利10项；
申报省部级项目3项；
申请省部级科技奖1项；
申请市级科技奖1项</td></tr>
<tr><td>前瞻资讯服务</td><td>开展社会职业培训2000人次；
开展社会职业鉴定1500人次；
实现科技到款额150万元</td></tr>
</table>

育电商人才,助产品出海
——国际商务专业与平阳商务局双元育人模式

关键特征:项目在平阳商务局的支持下,依托省级特色专业国际商务,以服务平阳县域经济发展为目标,在人才培养、技术创新、就业创业、社会服务等方面开展合作,实现了跨境电商人才培养的规模效益与标杆效益。

创新要点:联合平阳政府、电商行业等各种社会资源,通过电商专家进校园、电商平台进校园及人才培养方案改革等方式,探索双元育人、构建"双元"师资库,实现在校学生"学中做,做中创"。

一、项目简介

一方面,随着中国开放型经济的迅速发展及国家"一带一路"倡议的实施、我国产品在国际市场占有率的不断提高,国际商务交流愈发频繁;另一方面,国务院力挺跨境电商发展,跨境电商渐成外贸增长新引擎。温州职业技术学院国际商务专业隶属于工商管理系,是浙江省特色专业。本专业结合经济社会发展对人才的需求,对接温州支柱产业,与温州外贸公司、外贸工厂、跨境贸易电商企业合作,培养国际商务领域从事外贸进出口业务、跨境贸易电商运营的高素质技术技能型人才。《国家职业教育改革实施方案》("职教20条")全面推动校企深度合作。在促进产教融合校企"双元"育人的方针指引下,温州职业技术学院国际商务专业于2018年根据自身特点和人才培养需要,主动与平阳商务局和平阳跨境电商协会在人才培养、技术创新、就业创业、社会服务等方面开展合作(见图5-14)。产教融合育工匠,国际交流促发展,产教融合是实现国际商务专业自我发展及服务地方经济发展的重要途径,也是提高学生就业能力的重要需求。

图 5-14　学院组织考察平阳商务局

二、项目实施

自国际商务专业与平阳商务局和平阳跨境电商协会签订合作协议以来，以更好地培养国际商务专业及建设更好的国际商务师资团队为初心，通过政府平台与行业平台不断探索产教融合发展途径，如邀请专家进校园、校企共建产教基地、共同制定人才培养方案及共同开发实操类课程等等。

（一）专家进校园

2018 年以来，国际商务专业利用平阳电商协会平台组织暑期精英实践团队，实践团队深入平阳电商企业参与岗位实践；部分课程实操性强，专业就邀请具有资深行业经验的平阳电商协会成员为专业学生讲授“跨境电商营销实务”和“跨境电商物流实务”课程，每学期受益学生达到 150 名以上；部分专家甚至进驻学校创业园，手把手指导国商专业学生，如平阳电商协会两名跨境电商大咖进驻学校创业园，带领 20 名学生开展跨境电商贸易实战，直接和间接受益学生达到 80～100 名(见图 5-15)。

图 5-15　速卖通大咖为国际商务专业学生授课

(二)校企共建平台

校企合作过程中,双方均在合作平台投资了大量的软硬件。学校为平阳跨境电商产教联盟提供创业园 105 作为产教合作基地、学生培训基地和学生创业的孵化园;多位领导带领专家远赴平阳县数字电商园考察,并洽谈合作方式、签署合作协议。平阳商务局为项目总投资金额达人民币 300 余万元。平阳电商协会为创业园 105 提供了 20 台当时最高配置的电脑、电商虚拟专线和办公桌;企业提供了跨境平台 30 多个店铺,涉及跨境电商平台有亚马逊、速卖通、执御、VOVA、锋芒、Shopee、Fordeal 和 Club Factory,供学生学习经营;企业还提供各种产品储备、产品包装、产品运输等店铺后台服务;并有两位跨境电商大咖每天驻守,手把手教会学生跨境电商网店运营(见图 5-16)。

图 5-16　参观平阳菜鸟云仓库

（三）校企共建国际商务人才培养方案

校企合作过程中，平阳专家多次对 2017 级、2018 级的专业人才培养方案提出修订意见，包括课程开设和课时安排等问题。专业结合互联网＋国际贸易新业态发展趋势，全面改革 2019 级专业人才培养方案，将传统贸易与跨境电商方向合并，以传统贸易技能为基础，以跨境电商技能为核心，集中为社会培养跨境电商人才，此外，为适应我国开拓"一带一路"的市场需求，特别增加了法语、意大利语、西班牙语和韩语等小语种课程，供学生选择；将多门开得过细的课程整合，比如将"国际货运代理实务"与"跨境电商物流实务"合并成"国际货运物流实务"等。另外，2020 级的人才培养方案根据贸易业态发展，增加培养学生的直播带货能力。

另外，合作双方还共同开发建设实操类课程：依据岗位的典型工作任务，分析该岗位所应具有的能力，选择相应的课程内容，并且尽可能地直接明确具体的知识点、技能点等，打破传统课程学科的束缚；同时依据国家统一的职业资格证书制度要求确定专业课程的内容，将课程内容与职业技能有效衔接。贸易实战类课程讲授方式：涉及职业核心能力课程将由企业和学校双方共同讨论确定教学大纲,并共同授课,采取“讲解+示范+跟做”方式,形成专业教师讲解—企业专家示范—学生跟做的课程教学模式。

三、项目特色

(一)实施双元培养模式

在两年的合作实践中,专业实现了两个层次的双元培养:第一层是实操类课程的教授方式,采取“讲解+示范+跟做”方式,形成专业教师讲解—企业专家示范—学生跟做的课程教学模式;第二层是实战类课程的教学,专业教师提供理论指导,企业专家帮助解决实际问题,学生成为贸易实战的核心主力,实现双元培养(见图5-17)。

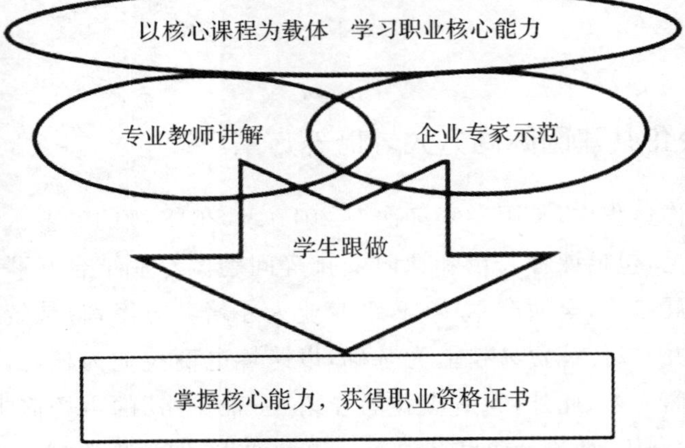

图5-17 贸易实战类课程讲授方式

(二)构建“双元”师资队伍

经过两年的合作运行,国际商务专业形成完整的“双元”师资队伍。师资团队中80%的专业教师具有海外学习经验,熟悉多国实际情况,外加平阳跨境电商协会教师团队作为兼职教师,为学生提供贸易实际操作指导。这支外聘教师队伍是主要由跨境企业老总组成的精英团队,包括几大跨境平台的大卖家，经营范围涉及温州支柱产业的所有产品。行业企业专家型师资队伍也是高手云集（见图 5-18）。不仅为学生提供技能培训，还提供跨境平台店铺、产品储备和包装运输服务等。

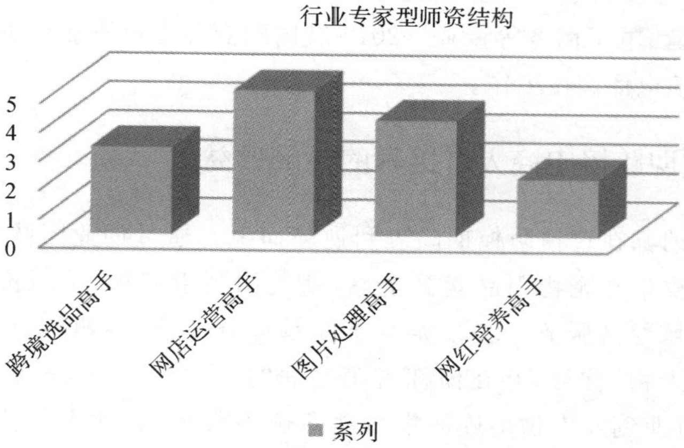

图 5-18　行业专家师资结构

（三）"学中做、做中创"，动力十足

产生学生明星——创业明星＋学霸，引导学生从"要我学"到"我要学"，2020 届毕业生魏叶林，在校期间在专业教师引导下创业，成立川益跨境电商公司，目前在四大跨境平台亚马逊、WISH、速卖通和敦煌上拥有 8 家店铺，2020 年 1—6 月订单量有 8000 多单，销售额达 18 万美金，利润率达到 30%左右。同时还带领 12 名同学在跨境平台创业，主营温州生产的鞋类、眼镜、皮带和宠物用品等。

四、项目成效

（一）实现跨境电商人才培养的规模效益

目前已经有 40 多位学生在独立经营平阳电商协会提供的 30 多家店铺，每年有近 500 万美元的平阳制造商品从学生经营的网店售出。培养出 2017

级2个跨境电商创业团队——文辉创业和川益跨境电商创业项目，每个团队日订单额1000美元以上，最高一日（黑五）达到10000美元，利润率30%以上，疫情防控期间订单不降反升。以课程为载体，学生获得企业导师的学徒式培养，每年有300多名学生受益，覆盖了国际商务、商务英语、市场营销和中小企业创业与经营、电子商务等专业。2017级国际商务专业毕业生中，有80%的学生获得跨境电商岗位工作。

（二）实现跨境电商人才培养的标杆效益

创业店铺都在疫情防控期间盈利逆势而上。通过创业团队把平阳制造的商品——皮带和宠物用品卖到全球，从美国到俄罗斯，从亚洲到欧洲，真正实现为区域经济服务。2020届毕业生魏叶林荣获“温州市首届大学生创新创业典型人物”称号，并在浙江省第三届“闪亮的日子——青春该有的模样”大学生就业创业人物事迹征集活动评选中荣获“大学生创业典型人物”称号（见图5-19）。

图5-19　2020届魏叶林获得“温州大学生创新创业典型人物”“浙江省大学生创业典型人物”称号

第六章 产教一体化，打造温企服务平台

政策的百度，服务的京东

——温州企业综合服务平台

关键特征：温州企业综合服务平台是由温州市经济与信息化局委托温州职业技术学院运营的市级综合性公共服务平台，是浙江省唯一一家由高校运营的企业服务平台，获评国家企业公共服务示范平台。平台通过线下与线上相融模式，汇聚专业人才服务资源和海量信息政策资源，打通产教互通壁垒，服务温州中小企业，助力温州营商环境优化。

创新要点：以校政企行四方合作为支撑，打造互联网＋产教融合新模式，通过构建线上5个云端模块和线下3个窗口协同服务机构，为温州中小企业提供信息、技术、创业、培训、融资等政策信息与公共服务，为职业教育与政、行、企各部门产教合作搭建桥梁。

网址：http://wz.96871.com.cn/

一、平台简介

为贯彻落实国务院促进中小企业发展的政策措施,国家启动中小企业公共服务示范平台项目建设,拟通过公共服务平台建设,支持中小企业健康发展,为中小企业提供信息、技术、创业、培训、融资等公共服务。温州是中国民营经济的发祥地,“温州模式”是全国改革开放的特殊符号。现有工业主体25万个,99%以上为中小微企业。2019年初调研显示,现阶段中小微企业迫切需要管理咨询、技能人才、产品研发、培训服务等各种专业化服务。契合区域中小微企业发展需要,在国家及温州市政府政策支持下,温州市企业综合服务平台应运而生(见图6-1)。

图 6-1　线上平台——温州市企业综合服务平台“帮企云”网站

温州市企业综合服务平台是由温州市经济与信息化局成立，并委托温州职业技术学院运营的市级综合性公共服务平台，是浙江省唯一一家由高校运营的企业服务平台，也是温州职业技术学院产教融合标志性项目。运营期间被评为浙江省中小企业服务网络体系优秀平台及国家中小企业公共服务示范平台。平台通过线下与线上相融模式，为温州职业技术学院与政、行、企各部门产教合作搭建桥梁。目前线下平台入驻温州滨江CBD世界温州人家园8～9层，面积约3960平方米，共设政策服务区、专业服务区、平台服务区三大功能区域(见图6-2)。线上平台通过建设温州市企业服务云(帮企云)网站，温州市企业综合服务微信公众平台，并设置政策云、服务云、产融云、培训云、咨询云五大模块。力图通过政策推送、服务对接、产融合作、诉求反映、在线评估等功能，打造企业的“政策的百度、服务的京东”，全力提速“最多跑一次”改革，助力区域营商环境的优化。

图6-2　线下平台——温州市企业综合服务平台服务大厅

自2016年运营平台以来，学院共组建了33人的项目团队，从业人员全部为本科学历或中级职称(含)以上，其中高级职称21人，占64%，教授7人。通过集聚学院各类专业人才资源优势，创建一支专业化、社会化的企业综合服务队伍，积极助推温州市产教融合发展。平台运营期间，学校高度重视平台产教融合项目建设，2019年2月25日，温州职业技术学院王靖高书记、方益权院长带领学院领导班子及10余个处室负责人到平台调研，并对平台产教研融合发展提出具体指导意见。2月28—31日，由温州职业技术学院领导带队，前往绍兴、宁波市两个全省较为优秀的中小企业公共服务平台考察，学习先进运营模式和项目建设。截至2021年底，线上“帮企云”上注册企业超10万家，入驻服务机构1800多家,服务产品3000多个,共收集国家、省、市、县各类涉企政策近千条。2021年以来,累计收集涉企服务问题7033个,化解问题7002个,线下已举办各类公益助企服务64场,服务32540人次,企业200余家次,该项工作被温州市列为“两个健康”创建一周年改革创新亮点之一。平台连续4年获评浙江省中小企业服务网络体系优秀平台,2019年获评国家中小企业公共服务示范平台,2020年获评温州市“两个健康”3年来最受企业欢迎的10项创新举措,2021年获评浙江省服务“专精特新”中小企业公共服务示范平台;工业和信息化部部长苗圩、浙江省高兴夫副省长均现场对平台成效给予肯定,教育部学校规划建设发展中心陈锋主任对平台模式高度肯定,认为高校运营平台是产教融合的一大创举。

二、平台特色

温州市企业综合服务平台积极推进线上线下服务结合,促进服务与需求精准对接,激发中小企业创新活力、发展潜力和转型动力,在推动学院产教融合及企业创新驱动发展方面具有突出的特色和示范性。归结起来有3点:一是多元融合,打造产教新平台;二是协同线上线下,打造“互联网+”产教融合;三是政府政策扶持,提供重要坚实保障。

(一)多元融合,构建产教新平台

温州职业技术学院通过温州市企业综合服务平台积极搭建学院与政府、学院与企业、学院与行业、政府与企业、企业与企业的信息平台、科研平台、人才平台、产融平台和服务平台。平台作为温州职业技术学院与温州政府、行业、企业的桥梁(见图6-3),一方面,政府、行业、企业通过平台发布各种信息与需求,增加了政策及服务信息的透明度与可达性,此为“政策的百度”;另一方面,学院产教融合项目落地综合性平台,能更好地服务政府、行业、企业。学校通过此平台,不仅能优化学院产教融合项目效率、提升学校人才培养质量、提高师资社会服务能力,还打通了产教融合人才链、产业链与创新链,增加了学校人才服务的供给侧与行业、企业需求侧的匹配度,高效助推温州区域经济发展与转型升级,此为“服务的京东”。

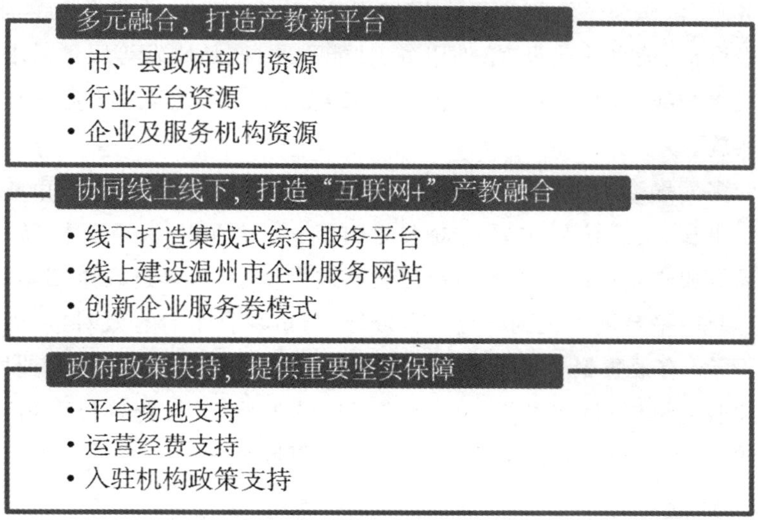

图 6-3　企业综合服务平台三大特色亮点

如图 6-4 所示，温州职业技术学院通过学校师资团队搭建运营温州企业

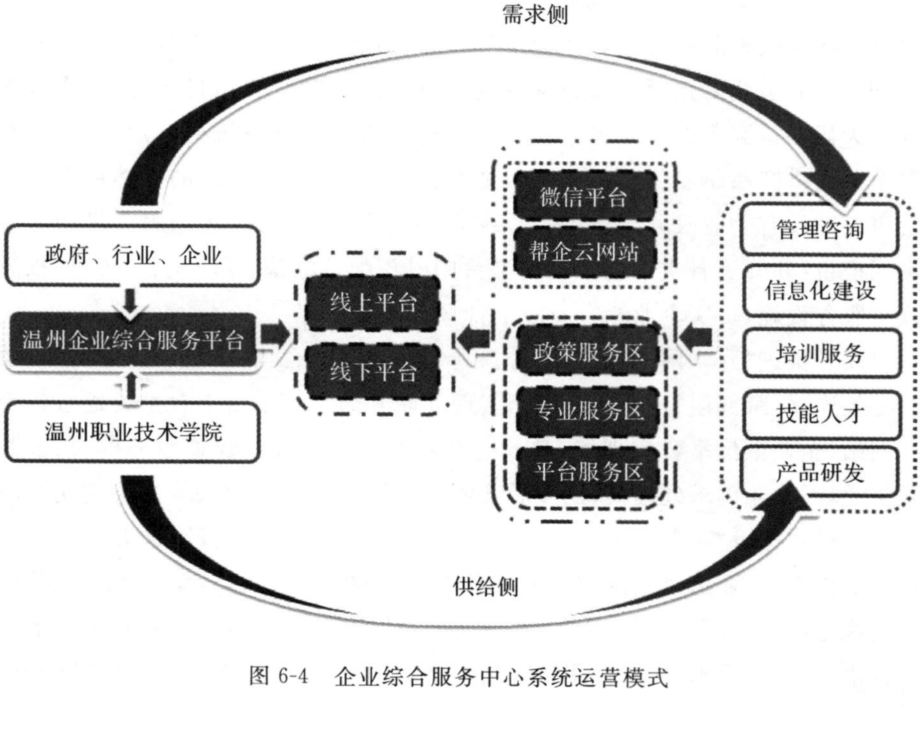

图 6-4　企业综合服务中心系统运营模式

综合服务平台，作为供给侧为平台提供服务；政府、行业、企业作为需求侧，提出如管理咨询、信息化建设、培训服务、技能人才、产品研发等服务需求。需求侧通过线上与线下两个渠道到达温州企业综合服务平台，由学院运营团队负责解决实施。

平台多元融合，其中政府资源包括市政府分管副市长为组长，市政府联系工作副秘书长、市经信局主要负责人为副组长，市招才局、市科技局、市财政(地税)局等成立企业综合服务平台建设推进协调小组，推进政策归集、网站互通、信息共享；平台还下沉到县分平台资源，与市综合平台有效对接，现已建成13家分平台，有效集聚了一批县级政府资源；此外，平台入驻多个行业协会、优质企业和服务机构，目前温州市已筛选引进较为缺乏、行业首位度高、示范带动明显的10家优质服务机构落户平台，服务氛围良好。

(二)协同线上线下，打造“互联网＋”产教融合

企业综合服务中心全面协同线上线下平台，实现1＋1＞2协同效应(见图6-5)。

线下打造集成式综合服务平台。线下分设政策服务区、专业服务区和平台服务区。政策服务区设置咨询引导台、服务接待窗口，开设“96871”服务热线，开展“有事我来跑”服务，为企业提供惠企政策和服务项目咨询、校企合作等全天候接待服务。专业服务区筛选引进一批优质服务机构落户平台，为在温企业提供产品研发、融资贷款、人才交流、培训教育等方面的实体服务。平台服务区设有企业服务部、技术部、综合部3个部门，为企业和服务机构对接牵线搭桥，并开展各类对接活动。平台同时还配备电脑、复印机、一体机、投影仪等服务设施，负责企业综合服务平台日常运营管理。

线上推进“互联网＋”产教融合。利用互联网平台，将学校、企业、行业、政府有效连接，跨部门打通信息孤岛，实现互联互通。线上云平台主要通过帮企云网站、企业微信平台实现校、政、行、企对接服务。包括政策服务模块、公共服务模块、企业诉求处理模块、发展环境评估模块和其他模块等主要模块。政策服务模块建设“企业政策知识库”，归集各部门的涉企扶持政策，并及时向企业精准推送，企业通过关键词查询检索政策，可获取一站式政策服务。公共服务模块建设“公共服务资源库”，与各部门网站实现统一接口，归集发布各部门项目申报、政府采购等涉企服务信息。企业诉求处理模块开设“诉求反映窗

口”，与“12345”“96871”服务热线对接，收集分析企业诉求，帮助企业排忧解难。发展环境评估模块开设“在线评估窗口”，开展全市营商环境、政策效果、服务效能的评估工作。其他模块主要包括投资温州平台、志愿服务平台、企业家培训平台和县（市、区）平台。目前入驻“帮企云”的1800余家服务机构，按低于市场价格10%的收费标准，发布服务产品3000余个。

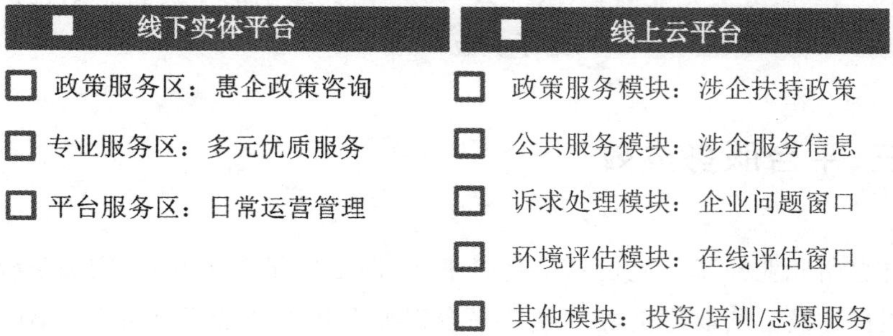

图6-5　企业综合服务中心线上线下平台

（三）政策扶持，提供坚实保障

1. 平台场地支持

世界温州人家园建成后，市政府将平台整体搬迁入驻世界温州人家园8～9层，并将原来的“温州市中小企业公共服务平台”更名为“温州市企业综合服务平台”，使平台真正拥有一个实体的大平台，对接更多的服务机构，服务更多的中小微企业。

2. 运营经费支持

根据《世界温州人家园企业综合服务平台项目建设方案》相关规定，平台营运管理机构营运管理费用（每年约300万元）列入财政预算予以保障；企业服务云开发费用（约300万元）列入世界温州人家园云社区项目予以保障。

3. 入驻机构政策支持

为招引温州目前紧缺、行业首位度高、示范带动明显的服务机构入驻线下平台,温州市人民政府办公室《关于印发世界温州人家园招商办法(试行)的通知》(温政办〔2018〕96 号)规定,平台线下入驻服务机构享受优惠政策:(1)租金补助,入驻企业或机构在世界温州人家园租赁的自用办公用房,5 年内给予租金补助,按前 2 年 100%、后 3 年 50%补助。(2)贡献奖励,入驻企业或机构形成的地方综合贡献度,按前 3 年 100%、后 2 年 50%给予奖励;总部类企业高管(限 5 人)、服务类企业高管(限 3 人),5 年内其缴纳的工资薪金纳税额等形成的地方综合贡献度按 100%给予奖励。

三、平台服务成效

自温州职业技术学院运营平台以来,在助推温州产业发展,增加学院产教融合项目建设上均取得良好成绩。平台以服务中小微企业为重点,不断完善线上"帮企云"和线下"帮企行"服务,为在温中小微企业提供全方位、高质量、专业化的精准服务,企业满意度达 98%以上。2019 年 6 月 24—27 日温州市企业综合服务平台作为浙江省市级对企综合服务平台亮相广州第十六届中国国际中小企业博览会,工业和信息化部部长苗圩、浙江省经信厅副巡视员李丹等有关领导到展区视察指导,并给予高度肯定(见图 6-6)。

图 6-6 工信部部长苗圩在广州中博会点赞平台工作

（一）线上服务成效

线上建设温州市企业服务云（帮企云），设置政策云、产融云、咨询云、服务云、培训云五大模块，重点通过政策推送、服务对接、产融合作、诉求反映、在线评估等功能，为全市企业提供一站式服务。截至2021年底，“帮企云”上注册企业超10万家，入驻服务机构1800多家，服务产品3000多个，共收集国家、省、市、县各类涉企政策近千条。

（二）线下服务成效

线下打造“帮企行”，培育专业团队、发挥高校优势、整合政校行企资源、精准把握企业诉求，重点推进“科技行”“金融行”“政策行”“法律行”进园区、进企业、进高校、进行业协会。仅2021年，线下已举办各类公益助企服务64场，服务32540人次，企业200余家次，受到当地企业和政府的一致好评。

1.“双创”服务成效

自2016年开展“浙江好项目”大赛以来，通过三届比赛，温州赛区共有150多个项目参加，其中多个项目获得创投方融资，最高投资额达1000万元，平台为创业者提供创业辅导、项目策划、政务代理、创业场地等服务19场（见图6-7）。

图6-7　2020年“创客中国”浙江好项目温州区域决赛

学院入驻电商孵化园、创客筑梦工场的大学生创业团队22支，实现营业额900余万元。2018年获浙江省高校示范性创业学院荣誉称号、学生社团—创业者联盟连续3年获“全国高校创业社团百强”荣誉。

2.研发服务成效

经平台牵线搭桥，借助高校科研能力和资源，每年为企业解决技术难题580多项，近3年授权专利600余项、转让专利140余项，帮助企业提升产品、工艺、生产流程等方面科技研发水平，实现企业研发诉求和高校科研能力在线共享。

3.人才服务成效

平台对接企业人才需求，每年组织服务机构和招聘企业，参加温州职业技术学院毕业生毕业设计作品展暨就业推荐会，为本地中小微企业发展人才需求提供了“新鲜血液”（见图6-8）。

图6-8　搭建校企人才“云”平台——在温高校毕业生就业座谈会

4.培训服务成效

3年来，为在温企业提供经营管理、市场营销、风险防范、技术和创业等培训服务 66 场，学院每年开展职业技能培训和鉴定 22000 余人。温州职业技术学院与阿里云启动建立阿里云大学温州职业技术学院认证中心、阿里云云学院 ACA 方向培训与认证、阿里云 ACP 培训与认证，这些成果通过市平台对外发布，让广大中小微企业真正受益（见图 6-9）。

图 6-9　2020 年服务型制造发展培训班专题讲座

四、平台未来发展

（一）拓展平台产教融合广度

依托平台收集整理企业产研需求，平台和学院相关部门快速对接企业，建立以应用为目的的成果灵活转化机制，鼓励系部、教师科研团队、学生创业团队与中小企业采取多种合作方式进行协作，让学院全方位融入区域创新体系和科技成果转化体系中去，加大对中小企业的技改服务力度。运用“互联网＋产教融合”模式，规范政、行、企诉求处理流程，线上建立“企业提问、问题梳理分类、流转分派至学校对口部门、跟踪督促、回复反馈、满意度征询”等步骤，实现全程线上闭环流转。提供线上信息发布、供求对接、交易撮合等一体化服务平台，提高企业资源综合利用率。

(二)挖掘平台产教融合深度

积极与温州重点企业、行业协会对接,根据不同行业企业的需求,掌握企业人才需求,学院采用行业对接、企业对接、订单班、现代学徒制等多种形式与企业实现人才定向培养合作模式;通过举办小升规企业、高成长型企业专场招聘会等形式,让人才链、创新链与产业行业紧密对接,实现学院的招生、人才培养、就业无缝对接,助力学院招生就业工作。

(三)完善平台产教融合机制建设

温州市企业综合服务平台将认真贯彻落实中办、国办《关于促进中小企业健康发展的指导意见》和《工业和信息化部办公厅关于开展 2019 年度中小企业公共服务体系重点服务活动的通知》等国家、省、市经信部门文件精神,健全平台各项体制机制,以“企业真心家人、机构贴心朋友、政府知心助手”的服务宗旨,努力打造对企服务“政策的百度,服务的京东”。接下来平台信息管理机制方面将进一步完善政策收集、政策导读、政策推送等功能,利用大数据技术定期收集国家、省、市、县各类惠企政策,经梳理整理后,形成图文并茂的政策导读,向企业精准推送;制度流程方面将规范《温州市企业综合服务平台服务模式图》《温州市企业综合服务平台企业诉求办理流程图》《温州市企业综合服务平台产教融合项目激励制度》。此外,完善企业诉求受理机制,规范诉求处理流程,线上建立“企业提问、问题梳理分类、流转分派至对学院对口部门、跟踪督促、回复反馈、满意度征询”等步骤,实现全程线上闭环流转。

第七章　产学一体化,打造人才培养高地

凤凰涅槃,产教蝶变

——凤凰数媒"三递进"人才培养基地

关键特征:依托凤凰卫视的全媒体教育资源,整合学校设计创意学院和信息技术系的多个数字媒体相关专业,打造以数字创意为核心的"知识经济圈",为温州经济的数字创意产业建设提供一体化解决方案,为区域经济社会转型发展服务,为数字媒体行业提供技术和人才支持。

创新要点:以校企共建共育形式递进式建立"实训室—导师工作室—技能大师工作室—研发服务机构—众创空间",通过工作室导师制育人,按照"技能人才—技能技术人才—创意(新)创业人才"三类型递进人才培养模式,形成"训、研、创"多层次实践教学体系。

一、基地简介

在温州"520"产业发展规划中,现代传媒和艺术设计被列入文化创意产业

的重要领域,成为"十三五"期间重点培育发展的十大新兴产业。温州地区现有传媒产业和企业中都已融合了以数字媒体为重要传播载体和手段的新媒体技术和艺术。行业、产业的兴起和发展加大了对数字媒体相关专业人才的需求。

在教育部学校规划建设发展中心和凤凰卫视·凤凰教育①联合发布的"项目方案"指导下,温州职业技术学院整合学校设计创意学院和信息技术系的多个数字媒体相关专业及其各级技术研发服务机构的力量,与区域内外数字媒体行业和企业合作,成立凤凰数字媒体产教融合创新应用示范基地。基地依托凤凰卫视的全媒体教育资源并整合凤凰卫视集团自身优势资源、国家部委资源、国际行业资源,围绕普通高等教育和职业技术教育打造以数字创意为核心的"知识经济圈",形成从人才培养、实训平台建设、科研支撑、创新创业、国际交流、产业园规划建设的一体化服务能力,为温州经济的数字创意产业建设提供一体化解决方案建设产教研创融合,集教学、研发与社会服务等功能于一体的人才培养和公共服务平台,为区域经济社会转型发展服务,为数字媒体行业提供技术和人才支持。

凤凰数字媒体产教融合创新应用示范基地设立理事会,由温州职业技术学院、凤凰卫视集团·凤凰教育相关专家、进入示范基地的合作企业负责人共同组成,负责示范基地的重大事项决策与协调。理事会下设秘书处和数字媒体专业教学指导委员会,秘书处负责日常管理工作,包括行政、基础建设、宣传外联、商务、教务、法务、实训等多部门,数字媒体专业教学指导委员会由温州职业技术学院、凤凰教育及政府相关部门专家组成,负责研讨和设计整体教学体系和方案。其组织架构如图7-1所示。

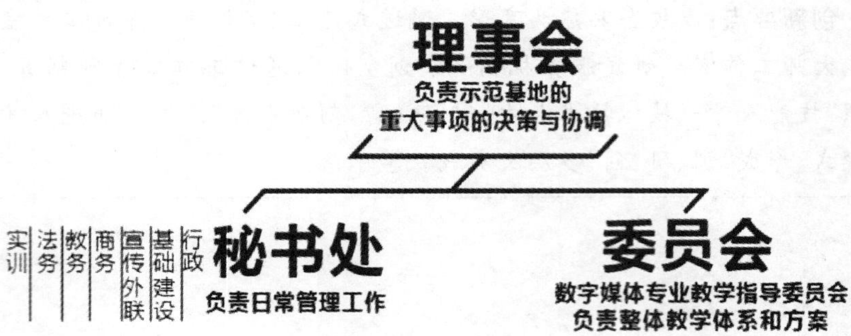

图7-1 数字媒体产教融合创新应用示范基地组织架构

① 凤凰教育是凤凰卫视集团全资子公司。

二、基地布局

凤凰数字媒体产教融合创新应用示范基地包含数字媒体产业大学生创新创业孵化中心和数字媒体产业基地。其中，大学生创新创业孵化中心设立在温州职业技术学院总院知行楼，数字媒体产业基地则设立在瓯海时尚智造小镇内的温州设计学院。

（一）数字媒体孵化中心

本孵化中心设立在温州职业技术学院总院知行楼，楼内建筑面积约为6000平方米。知行楼一层规划有凤凰数字媒体创新创业工作室、凤凰数字媒体 VR/AR 互动体验中心、凤凰数字媒体内容制作工作室、数字媒体演播大厅、基地管理办公室、基地设备存放间；二层规划有凤凰数字媒体虚拟设计工作室、凤凰数字媒体特效化妆工作室、摄影实训室、数学建模实训室、人力资源中心；三层规划有交互设计智能教室、设计操作实训室、文化艺术产品设计中心、多媒体教室、画室。其空间规划初步设想详见图7-2。

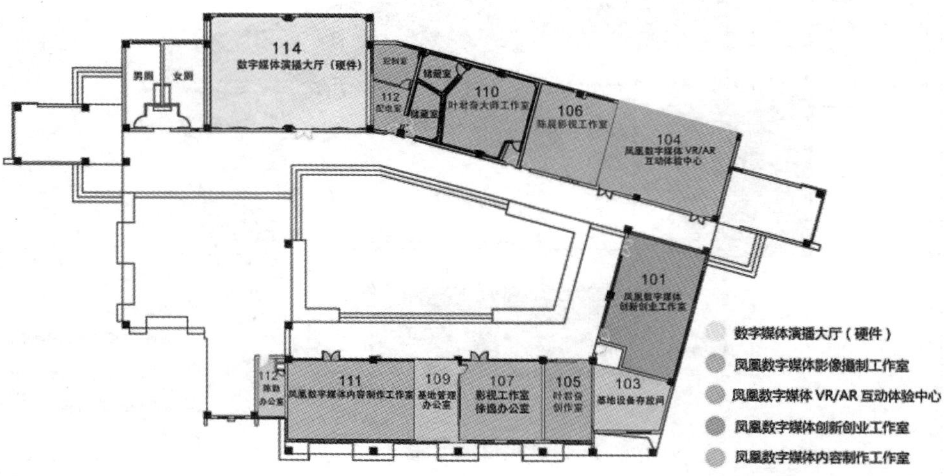

温职院知行楼一层

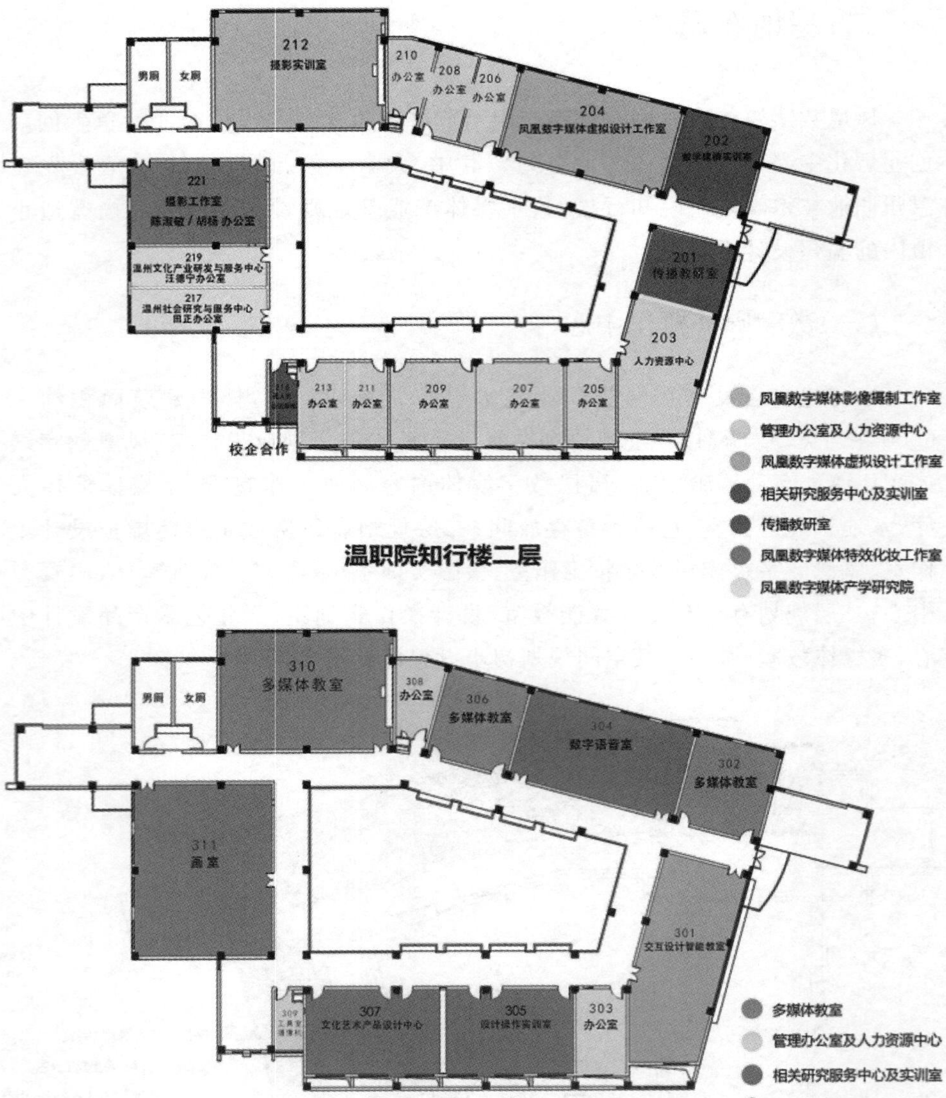

图 7-2 “数字媒体产业大学生创新创业孵化中心”规划布局

（二）数字媒体产业基地

数字媒体产业基地拟设立在温州职业技术学院二级学院——温州设计学院（见图 7-3）。温州设计学院于 2016 年 3 月批准成立，落户在瓯海时尚智造小镇，由瓯海区人民政府与温州职业技术学院合作共建。温州设计学院立足时尚、智能、生态、轻奢办学定位，整合国际、国内优质设计资源，以鞋、服、产品设计为重点，以视觉传达设计、环境艺术设计、建筑设计为支撑，多类型设计协调发展。

图 7-3　温州设计学院实景

数字媒体产业基地包括温州设计学院地下博览馆及 1、4 号楼五层，楼内建筑面积约为 7000 平方米。其中 1 号楼五层规划有人力资源中心、企业入驻空间、大师工作室；4 号楼五层规划有凤凰数字媒体学生创新创业孵化中心、凤凰数字媒体企业资源交流转化中心、基地管理办公室等（见图 7-4）。凤凰数字媒体大学生创新创业孵化中心，负责数字媒体与网络新媒体及其商业交易的运营与管理，建设凤凰数字媒体和网络新媒体创新创业平台。凤凰数字媒体企业资源交流转化中心，提供数字媒体企业与人力资源服务、实习实训外包服务、数字媒体类专业人才培养。

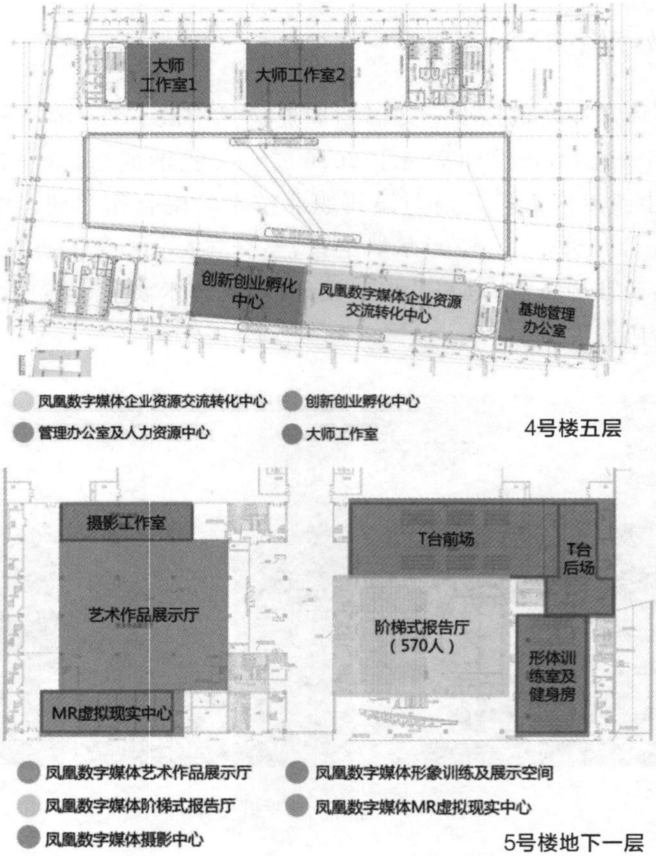

图 7-4 “数字媒体产业基地”规划布局

三、基地特色

基地从培养模式、课程体系、操作平台三大方面，以校企共建共育的形式递进式建立“实训室—导师工作室—技能大师工作室—研发服务机构—众创空间”，形成“训、研、创”多层次实践教学体系，发挥教学、研发、服务一体化育人功能，从而实现高职教育产教融合的高质量人才培养目标(见图 7-5)。

图 7-5 基地产教融合模式

(一)工作室导师制育人

基地与行业企业深度融合,通过技术、项目和人才的交流互通,建立互惠互利的长效合作机制。基地引进行业企业名家大师工作室,一方面发挥企业的项目供给功能,为师生提供生产性实训项目和研发性实践项目,实行产学和研创结合的项目教学;另一方面大师招收学徒,将课堂搬到基地,通过师徒制提高技术培养精度,以项目参与度和项目成果为导向,建立学生第二、三课堂的考核机制。

(二)“三类型”递进人才培养模式

基地着眼专业群,构建数媒专业群公共基础技能和能力课程体系,包含数字(信息)技术、审美与设计艺术、媒体(传播)技术 3 个模块。从各专业视角出发,基于基地实训实践载体,重构专业课程体系。按照“技能人才—技能技术人才—创意(新)创业人才”的“三类型”递进人才培养模式来构建相应的专业课程体系,即“单项技能课程—综合技术课程—创意(新)创业课程”体系(见图 7-6)。以数字媒体应用技术专业为例,依托数字媒体产业园以及创新中心,构建 3 个不同年级的专业课程体系。最后,以产教融合为导向,融入更多真实性、典型性项目,拓展校企共建共育课程。

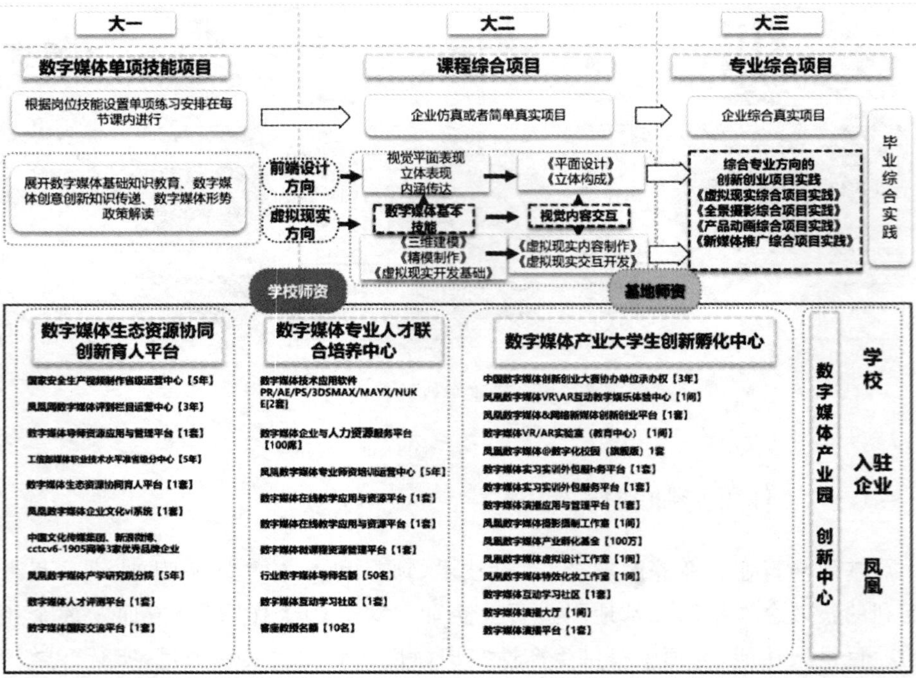

图 7-6 数字媒体专业课程体系构建思路

(三)“训、研、创”一体化实践

基地构建“训、研、创”一体化实践流程。“训”即“实践教学”,“研”即“应用研发”,“创”即“创新创业”,“训、研、创”一体化即“实践教学、应用研发、企业技术服务”三位一体,这既是相对稳固的三位一体合作模式,也是不断流变、发展、再度融合的生产过程,企业、教师、学生可以在不同的项目中扮演不同的角色、承担不同的功能,结合企业需求与校方资源优势,进行资源整合,具体分为以下 3 个阶段(见图 7-7)。

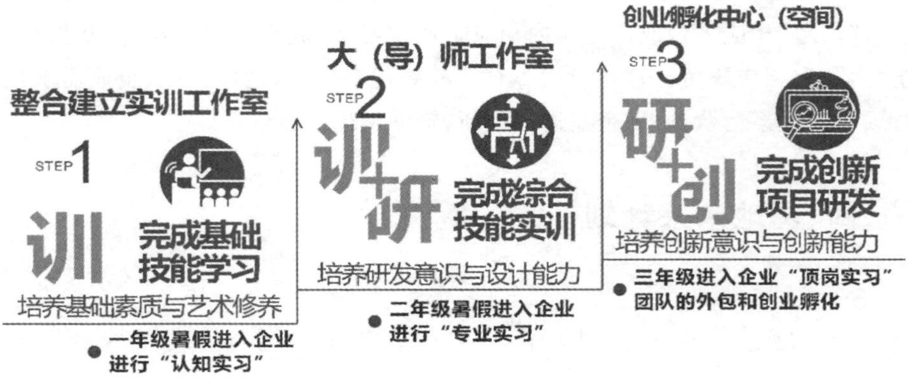

图 7-7　基地“训研创”一体化模式

第一阶段:通过基础课程学习,“训”练专业技能

教师传授学生数字媒体专业群的共同基础知识与技能,培养学生的职业素养和基础技能,学生通过这一阶段的“训”练,对本专业形成较为基础的知识结构体系与初步的专业技能。一年级学生暑假进入企业进行社会“认知实习”,了解企业和岗位。

第二阶段:通过综合实践,“研”发应用产品

由教师主理的工作室为“研”发单元,实现学徒专业单项、综合技能的学习,整合温州本地资源,进行“立地式研发”,为企业提供视频产品、视觉形象设计、数字媒体全平台营销和产品研发等技术服务。二年级学生暑假进入企业进行“专业实习”,可以在与专业对口的岗位上工作,提升自己的专业实践能力。

第三阶段:通过项目运营,“创”新创业

以大师为主,企业师父补充,教师为辅,带领学生分层次开展项目互动式、现代学徒制模式的教学,培养学生的创新研发能力,塑造工匠精神,实现数字媒体工匠的培养。三年级学生第六学期进入企业“顶岗实习”,真正以“职业人”的身份进行工作,提升自己的职业综合能力。从三年级开始,学生依据自己的专业和兴趣,通过选拔机制,进入“基地”的某个“学生创意工作团队”,承接基地内外企业的数字媒体业务项目,也可以带着毕业设计项目进行创业孵

化。未进入“学生创意工作团队”的学生,以顶岗实习实训的模式融合的形式,进入“基地”相应平台或产业园内相应企业学习,完成相应工作任务,获得相应学分,获取相应酬劳。这一阶段整合了校企优势资源,适应行业、企业需求,进行项目化全案运营,协助企业进行创新,辅助学生进行创业。

四、基地未来计划

(一)融合建设期:2019 年 5 月—2022 年 8 月

对区域数字媒体行业等相关领域进行调研分析,深入产学研第一线,找到合作切入点,在原有专业群建设基础上融入“数字媒体产教融合示范基地”合作要求,调整课程体系。

(二)周边辐射期:2022 年 8 月—2023 年 9 月

在稳定实践分层递进教学与课程体系调整后,针对周边高校、企业行业展开辐射,以人才培养模式为品牌,打造区域影响力。

(三)联合创新期:2023 年 9 月—2024 年 10 月

借助“数字媒体产教融合示范基地”平台,进行产学研多方探索,对外引进高端人才,并建立各类基地创新工作室。

网络安全实战化育人

“温州职业技术学院—安恒”模式

关键特征：依托上市公司杭州安恒企业资源及安恒网络空间安全学院，结合学校省级特色专业网络信息技术专业，打造温州网络与信息安全人才培养基地和技术服务中心，为推进网络与信息安全工作提供智力支持和人才支撑。

创新要点：构建产教融合“温州职业技术学院—安恒”模式，通过学校学生主导的X平台和政府企业主导的风暴中心协同合作，推动实战化网络安全人才培养与社会服务。学生通过X平台进行项目式、碎片化、游戏化的技术项目训练，获得相应积分等级和课程学分认定，真正实现产教无缝融合、校企协同育人。

一、项目简介

根据腾讯安全《2017年上半年互联网安全报告》显示，近年我国高校教育培养的信息安全专业人才仅3万余人，而网络安全人才总需求量则超过70万人，缺口高达95%，我国安全人才缺口问题较为突出。2016年国家相继发布《国家网络空间安全战略》《关于加强网络安全学科建设和人才培养的意见》，提出加快网络安全学科专业和院系建设，加强网络安全人才培养等。2018年浙江省六部委也联合发布了关于网络安全学科建设和人才培养的实施意见，对中央部署进行了相应的工作布置。

信息安全技术的飞速发展，要求信息安全人才急需前沿技术和企业一线经验，校企合作产教融合是当前高职网络安全人才培养的必由之路。温州职业技术学院从2011年开始在省特色专业计算机网络技术下设立了“网络安全特长生”培养方向,并挂牌为 H3C 网络学院,在高级路由交换技术方面进行人才培养和专业认证合作。2013 年专业设立了温州市网络信息安全技术服务中心,与温州本地集成商紧密合作,为温州本地提供网络安全技术服务,同年开始与杭州安恒信息技术股份有限公司的校企合作(见图 7-8)。2017 年专业挂牌安恒信息安全学院。2018 年 1 月 2 日,温州职业技术学院与杭州安恒信息技术股份有限公司正式签订产教融合战略合作协议,全面开启温州职业技术学院—安恒模式的安全人才培养(见图 7-9)。校企双方在网络与信息安全人才培养、共建态势感知平台、本地化技术服务、信息安全社会培训等方面展开深入合作,努力打造温州网络与信息安全人才培养基地和技术服务中心,为推进网络与信息安全工作提供智力支持和人才支撑。

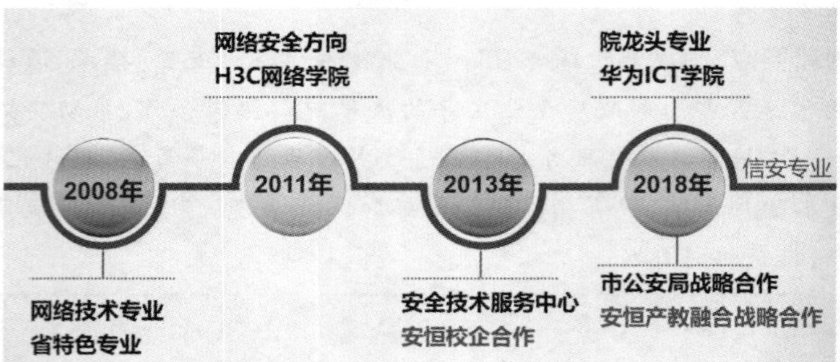

图 7-8　信息安全人才产教融合培养合作历程

图 7-9　温州职业技术学院—安恒校企合作签约仪式现场

杭州安恒信息技术股份有限公司是全球网络安全创新500强，成立于2007年，拥有数百位一线的安全专家以及具有创新力和自主知识产权的网络安全产品线，聚焦应用安全、大数据安全、云安全、物联网安全、工业控制安全及工业互联网安全等领域，提供网络信息安全产品的研发、生产、销售，并为客户提供专业的安全监测与防护整体解决方案等网络信息安全服务。安恒信息专门成立了安恒网络空间安全学院一级部门，负责校企合作产教融合工作，与国内双一流大学和高水平高职院校合作，致力于推进产教融合，共同培养实战型网络安全人才。

二、项目特色

通过多年的合作探索，温州职业技术学院与安恒摸索出一条基于X平台和风暴中心支撑人才培养与社会服务相结合的高职层次实战化网络安全人才培养的产教融合"温州职业技术学院—安恒"模式（见图7-10）。安恒在温州设立风暴中心，将技术支持业务下放到与温州职业技术学院合作的技术服务平台，协助学校进行项目带教和人才培养；学生通过X平台进行项目式、碎片化、游戏化的技术项目训练，获得相应积分等级和课程学分认定，真正实现产教无缝融合、校企协同育人。

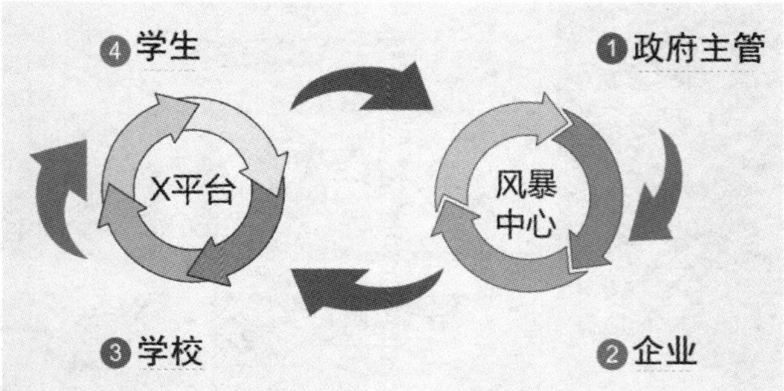

图7-10　产教融合、四方联动的"双引擎式"网络安全人才培养模式

（一）风暴平台——政企校三方受益的技术服务机构

风暴中心是经本地政府主管部门的授权和支持，校企双方在本地建设

的一个技术服务机构,企业会派遣常驻工程师进行中心的运行保障,同时协助本地技术服务指导和学生项目带教任务。在风暴平台上,首先本地政府部门可以对整个地区的网络安全态势进行掌控,获得当地网络安全监测等技术服务;其次企业实现了自己的全民联防战略,在各地市复制该模式,建立相应的风暴中心,既可节省运行成本,又能加快客户响应速度,提高用户满意度;最后学校可以为本地提供安全技术服务支持,落实落地式研发服务,同时采用真实项目带教形式进行产教融合人才培养,提高学生培养质量和就业竞争力。

(二)X 平台——学生实战项目的真实平台

X 平台融合学习管理、项目众包、攻防实训等多个平台的功能,可以将学校基础课程实训项目、CTF 竞赛项目、风暴中心技术服务项目以及通过弧聚科技、闪蝠众包等平台发布的其他技术服务项目统一纳入该平台。安恒和温州职业技术学院就人才标准制定、项目分级转化、任务积分、技能勋章、认证证书等进行统一认定和设计,将不同的学习、竞赛和技术服务项目统一转化为双方认可的任务等级,并赋予相应积分和勋章。学生可以按照自己的等级在 X 平台上承接相应的学习或技术服务项目,以积累积分和勋章,提高自己的技术等级,最后获得学校学分和企业认证证书(见图 7-11)。

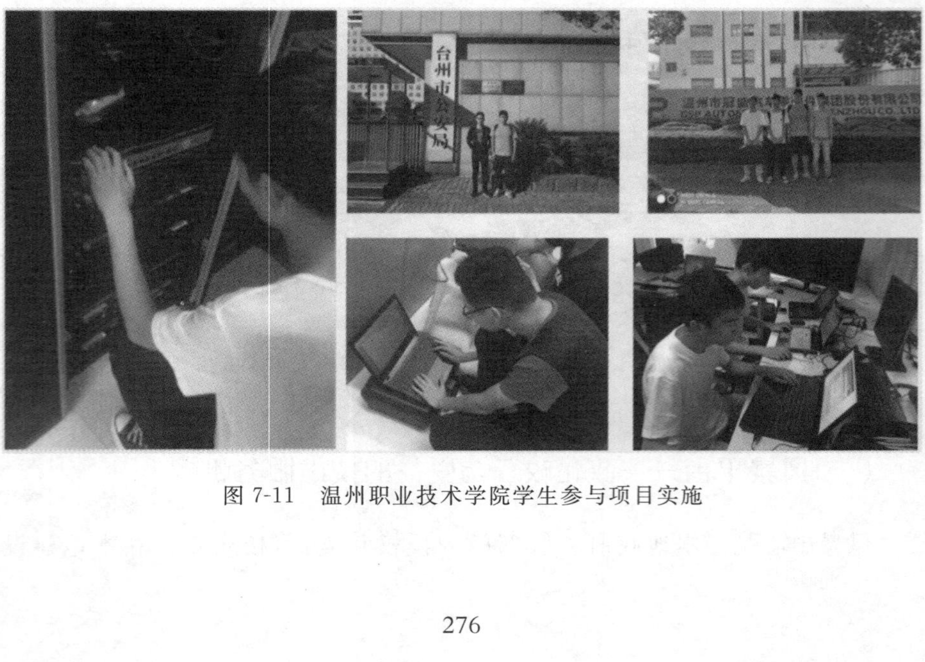

图 7-11　温州职业技术学院学生参与项目实施

三、项目成效

校企双方通过X平台和风暴中心双引擎的建立，真正实现校企协同育人，在人才培养、师资建设、实训基地、社会服务等方面均取得了不俗成绩(见图7-12)。

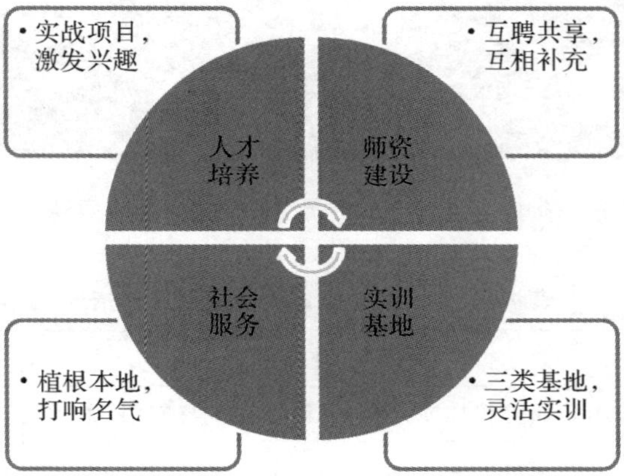

图7-12　"温州职业技术学院—安恒"模式项目成效

(一)人才培养：实战项目，激发兴趣

安恒与温州职业技术学院主要通过订单班的形式开展人才培养。2018年3月，首批应急响应订单班在温州职业技术学院开班，并在2018年"西湖论剑"网络安全大会主论坛正式亮相(见图7-13)。截至2020年8月，安恒校企合作订单班共开设5期，培养学生200多人次，内容涵盖应急响应人才、安全运维人才、等保测评人才和护网蓝军人才的培养。2020年安恒公司启动了面向毕业前一年学生定制化人才培养的"恒星计划"，面向全国高校招收实习生，温职院是仅有的两所高职院校之一。且我院毕业生中有近20人直接入职杭州安恒，有3人入职奇安信科技集团有限公司，另外还有20人入职杭州安信检测技术有限公司等等保测评公司，以及在温州本地合作集成商中担任技术骨干。在历年国家级和省级系列知名赛事中，温职院学生取得优异的成绩，如表7-1所示。这些成绩不仅是对"温州职业技术学院—安恒"人才培养模式的肯定，也极大地提升了学生的实战水平和学习兴趣。

图 7-13　第一批应急响应订单班学生亮相 2018 年“西湖论剑”主论坛

表 7-1　专业学生技能大赛主要获奖情况

竞赛时间	竞赛项目	获奖成绩
2015 年 6 月	全国职业院校技能大赛“云计算技术与应用”竞赛	国家二等奖
2018 年 5 月	全国职业院校技能大赛“信息安全管理与评估”竞赛	国家三等奖
2018 年 4 月	浙江省高职高专院校技能大赛“信息安全管理与评估”竞赛	省二等奖
2018 年 6 月	第二届强网杯全国网络安全挑战赛	全国高职第三
2018 年 5 月	全国高校“西普杯”信息安全铁人三项赛第十赛区选拔赛	华东区二等奖 (高职校第一)
2018 年 4 月	杭州第二届大学生信息安全技能大赛 (“西湖论剑杯”团体对抗赛)	三等奖 (唯一获奖高职校)
2019 年 10 月	浙江省网络与信息安全大赛	省一等奖 省二等奖

另外,校企双方在夏令营冬训营培训、CTF 周赛月赛、网安大咖讲坛等方面也进行深度合作,增强学生技能,促进行业交流,提升专业影响力(见图 7-14—图 7-16)。2017 年暑假学生首次参加安恒暑期夏令营,与华东理工

大学、中国矿业大学、南京邮电大学等众多知名本科院校学生同台竞技。2018年12月，温州职业技术学院主办了面向温州高校学生的首届“筑梦网安、圆梦

图 7-14　温州职业技术学院学生参与安恒公司暑期夏令营活动

图 7-15　“筑梦网安、圆梦温州职业技术学院”网安大咖讲坛

图 7-16 每年举办 CTF 夺旗赛

温州职业技术学院"网安大咖讲坛,邀请杭州安恒网络空间安全学院副院长吴鸣旦带来关于网络安全行业的精彩分享,200 多名温州高校学生参加了此次论坛。

(二)师资建设:互聘共享,互相补充

杭州安恒为学院订单班课程、项目带教中投入了大量的一线工程师和讲师,并在公司内部专门组建了温州职业技术学院校友讲师团;学校讲师也在企业中兼职 CISP 认证讲师,为企业客户提供 CISP 培训;双方还携手在温州市开展多次安全实战课程培训(见表 7-2、表 7-3)。此外,安恒与温州职业技术学院共建"双师双能型"教师培养培训基地,为学院相关专业教师提供师资培训服务和访工等培训锻炼机会,近 3 年培训教师达 10 人次以上,接收访问工程师 2 名,立项在研多项教改项目(见表 7-4)。

表 7-2　安恒部分外聘教师情况

序号	姓名	性别	学历	讲授课程	专业技术职称
1	张斌	男	本科	应急响应工程师培训、项目带教	技术总监
2	吴鸣旦	男	本科	应急响应工程师培训、项目带教	网络空间安全学院副院长
3	叶雷鹏	男	本科	网络安全应急响应	培训专员
4	余志远	男	本科	主机安全防护、项目带教	高级工程师
5	王云鹏	男	硕士	Web 攻防	培训专员
6	丁莹	女	硕士	物联网安全	研究员
7	王伦	男	大专	安全培训与开发	校友讲师团团长
8	傅家林	男	大专	安全服务	校友讲师团骨干

表 7-3　学院教师企业兼职情况

序号	姓名	性别	学历	职称	兼职任职	讲授课程
1	叶展翔	男	硕士	副教授	CISI 认证讲师	物理与网络安全、信息安全支撑技术
2	刘世华	男	博士	副教授	CISI 认证讲师	物理与网络安全、计算环境安全
3	张浩	男	硕士	副教授	专任讲师	Web 安全、电子取证技术

表 7-4　近 3 年专业主要产教融合教改项目一览

序号	项目名称	项目时间	负责人	级别
1	校政企共建技术服务中心,构建产教融合协同育人生态圈——以高职网络安全应用型人才培养为例	2018 年 9 月—2021 年 8 月	叶展翔	省级

续表

序号	项目名称	项目时间	负责人	级别
2	“互联网+”视角下基于产教融合的网络空间安全实训平台建设与研究	2018 年 6 月—2020 年 6 月	张浩	院重大课题
3	游戏练级式政校企协同实战型网络安全人才培养“温州职业技术学院模式”探索	2018 年 6 月—2020 年 6 月	刘世华	院重大课题
4	政校企协同网络安全产教融合建设项目	2019 年 6 月—2021 年 6 月	田启明	产教融合重大课题
5	基于 OBE-CDIO 网络安全类课程的产教融合改革	2019 年 6 月—2021 年 6 月	吴刚	院重点课题

(三)实训基地:三类基地,灵活实训

信息安全相关专业建设有校内实训室、校企共建实训基地、校外实践基地等 3 类实训实践基地(见图 7-17、表 7-5)。校内实训室主要承担校内课程的授课与实训,以及网络安全培训基地的对外培训、网警训练、CTF 竞赛等;校企共建实训基地主要承担产教融合协同育人与对外技术服务工作,合作公司在对外服务项目中提供学生职业项目带教服务;校外实践基地为学生提供暑期实

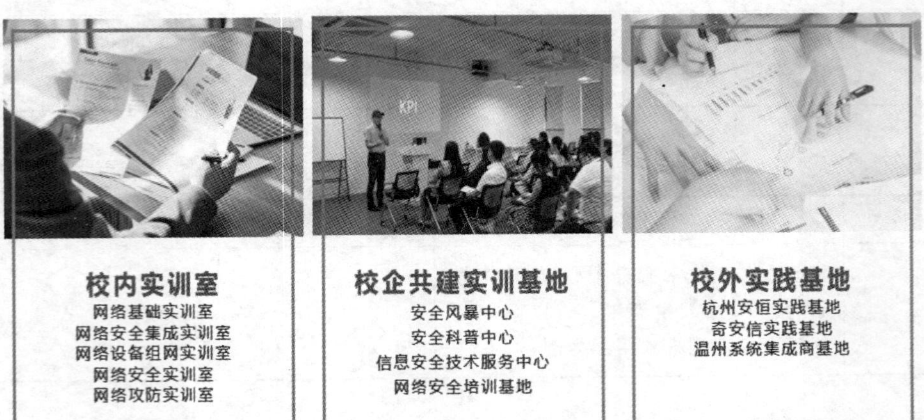

图 7-17　网络安全校内外实训实践基地

践、专业顶岗实习和毕业综合实践等项目。此外，与杭州安恒共建的实训平台还有网络安全攻防平台、态势感知平台和安恒风暴中心（见图 7-18）。

表 7-5　温州职业技术学院与安恒共建校内实训基地一览

序号	实验实训室名称	功能	主要设备配置
1	网络安全攻防实训室	安全攻防实训、CTF 竞赛、安全培训等	明御攻防实验平台
2	态势感知平台	Web 安全检测、态势感知、对外服务	安恒态势感知平台
3	安恒风暴中心	安全检测、安全防护、对外服务	安恒风暴中心平台

图 7-18　安恒共建网络安全攻防实训室

（四）社会服务：植根市地，打响名气

温州职业技术学院联合安恒，为温州当地企事业单位提供安全监测、人员培训（见图 7-19）、举办 CTF 竞赛（见图 7-20）、提供技术支持服务和安全宣传等一系列社会服务。一方面，依托温州网络信息安全技术服务中心作为立地式研发机构，为各单位开展信息系统等级保护测评、Web 安全监测与人工验证、安全系统集成、温州市网络安全员培训等技术服务工作，先后为鹿城区公安局、瓯海公安局等提供辖区 600 多个 Web 网站的监测服务。另一方面，依

托杭州安恒公司作为技术和平台支撑单位,举办温州市网络安全专管员培训和网络安全 CTF 大赛等。

图 7-19　2017 年温州市网络安全专管员培训

图 7-20　2018 年温州市瓯网杯网络安全 CTF 大赛决赛

四、未来发展

“温州职业技术学院—安恒”产教融合合作模式受到了各级领导的肯定和重视，2020 年 6 月 23 日，温州市人民政府与杭州安恒信息技术股份有限公司签署战略合作框架协议，温州职业技术学院与安恒信息签订了《温州网络安全人才培养基地战略合作协议书》(见图 7-21)。

图 7-21　市、校、企领导见证温州市网络安全人才培养基地战略合作签约

根据协议，温州职业技术学院与安恒信息在长期合作致力于网络安全人才培养的基础上，联合发起共建温州网络安全人才培养基地，该基地将依托温州职业技术学院蒋家桥校区现有的硬软件基地，结合温州地区网络安全人才培养的需求，发挥政府、高校、企业的资源优势，开展“校企政行”深度合作的多元协同育人模式。通过实践平台、课程体系支撑基本教学，通过各类定制化及认证培训、互联网模式的持续运营及竞赛演练，全面提升专业人员的基本素养和职业技能。温州职业技术学院将与安恒信息在基地基础建设、实践体系建设、推广网络安全培训及认证、网络安全竞赛等方面继续深入开展合作。

温州职业技术学院·中国联通
“5G＋”产教融合研究院

关键特征:研究院依托中国联通与温州职业技术学院大数据专业团队,通过“5G＋”应用创新实验室、“5G＋”智能制造研究院、“5G＋”工业互联网研究院,整合温州工业互联网资源,协助政府、企事业单位政策研究、项目咨询;对接学校科研、人才、实习就业。

创新要点:依靠温州职业技术学院信息技术系大数据、软件、数媒等专业团队与研究院平台,通过企业项目进行智能化诊断,为温州市企业智能化转型升级提供温州职业技术学院方案、温州职业技术学院技术及温州职业技术学院智慧。

一、研究院简介

制造业一直是温州经济发展的支柱,其中服装业、电器业、打火机行业、鞋业等都存在大规模数量的代工制造(OEM),处于价值链低端,低、散、弱的特点显著。随着国家智能制造发展规划(2016—2020 年)及“中国制造 2025”的颁布,将发展智能制造作为长期坚持的战略任务,制造业转型势在必行。随着我国 5G 商用大幕正式拉开,5G 技术已经成为新一代智能制造系统的关键使能技术,它对智能制造赋能,帮助制造业摆脱以往无线网络技术较为混乱的应用状态,对推动工业互联网实施及智能制造转型有极强意义,是实现制造强国的关键驱动力。为契合温州智能制造转型升级的迫切性与 5G 互联网技术的发展,温州职业技术学院·中国联通“5G＋”产教融合研究院应运而生,助推传统的温州制造模式在 5G 时代转型升级。

温州职业技术学院·中国联通“5G＋”产教融合研究院于 2019 年 9 月成立(见图 7-22),中国联通温州分公司为项目专项投入 2300 万元。研究院位于温州职业技术学院技术研创大楼 5 楼（见图 7-23），下设“5G+”应用创新实验室、“5G+”智能制造研究院、“5G+”工业互联网研究院。温州职业技术学院・中国联通“5G+”产教融合研究院的设立，一方面为学校与企业、教师与企业、学生与企业搭建了产教融合平台、科研平台、人才输送与就业服务平台，另一方面通过平台协助政府进行 5G 产业、智能制造、教育信息化的政策研究、标准体系和发展路线图设计，并针对企事业单位进行政策宣贯、项目征集、遴选和评审、项目过程管理和实施效果评价，开展技术咨询和活动组织等公共服务（见图 7-24）。

图 7-22　研究院成立仪式

图 7-23　研究院办公地点：研创大楼 5 楼

随着5G时代的到来,温州职业技术学院·中国联通"5G+"产教融合研究院充分发挥技术服务、人才培养、创新创业培育、产业推广的功能,成为温州首创的政产学研合作示范基地,产教融合"温州模式"高新样板。

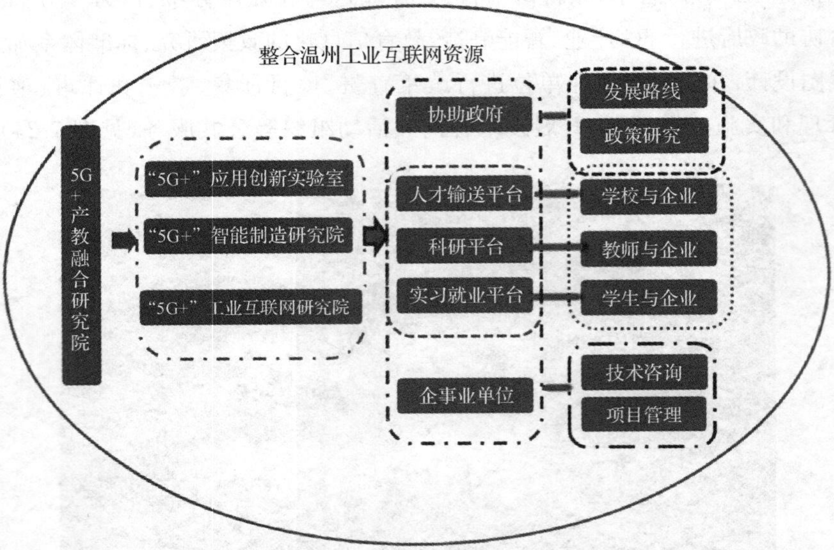

图7-24 温州职业技术学院·中国联通"5G+"产教融合研究院产教融合平台

二、项目特色

研究院通过整合温州市各相关工业互联网企业资源,根据企业需要,为企业健全服务体系、企业生产流程再造、企业智能化升级、企业技术改造等项目实施精准服务。目前温州职业技术学院派遣信息技术系大数据、软件、数媒等专业团队深入温州职业技术学院·中国联通工业互联网研究院,至今已与多家温州企业开展了多个校企合作、产教融合项目。为温州市企业转型升级提供温州职业技术学院方案、温州职业技术学院技术及温州职业技术学院智慧。

(一)助力地方企业智能化改造升级,提供温州职业技术学院方案

温州部分传统制造业还处于价值链低端,存在劳动密集型及生产技术落

后带来的生产成本高、效率低、市场竞争力低下等问题。传统的温州模式在5G时代必定需要新的转型升级。温州职业技术学院·中国联通“5G+”产教融合研究院针对温州经济现状，为温州企业提供智能化改造方案。2020年信息技术系大数据专业团队带领专业学生分别承接了研究院与温州市佳力文化用品有限公司、温州赣隆实业有限公司的企业智能化改造诊断项目，经过前期大数据专业团队一系列的企业实地走访与调查，最终为两家公司分别出具了一份“企业智能化改造诊断报告书”。企业智能化改造诊断项目流程如图7-25所示。

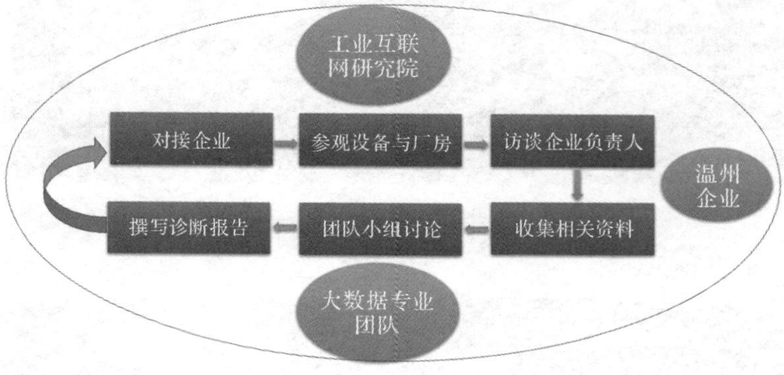

图7-25　智能化诊断项目流程

项目一　温州市佳力文化用品有限公司的智能化改造流程

温州市佳力文化用品有限公司位于温州市鹿城区仰义沿江工业区（见图7-26）有员工近260人，专门从事各式工具刀、美工刀、刮刀及其他刀片的生产和研发，月生产量可达500万只。

项目专业团队经过系列调查，总结出该企业目前存在的短板和瓶颈，如ERP系统覆盖面窄、自动化产线数量少、已有的自动化设备未实现机器联网、公司存在人才数量与水平不足、信息化建设力度不足等，对此，项目专业团队提出智能化技术改造的相关建议，如通过物联网采集器对组装机进行数据采集；采用ANDON、设备监控（可视化模块）对数据进行统计分析（见图7-27）；结合人员的工作安排和设备状态等实施设备TPM全员维护保养；根据设备的OEE效率，采用TPM项目对设备进一步优化；通过设备智能化系统的监控（见图7-28），提升设备使用效率。

图 7-26　温州市佳力文化用品有限公司厂区

图 7-27　佳力厂房车间相关设备运作情况

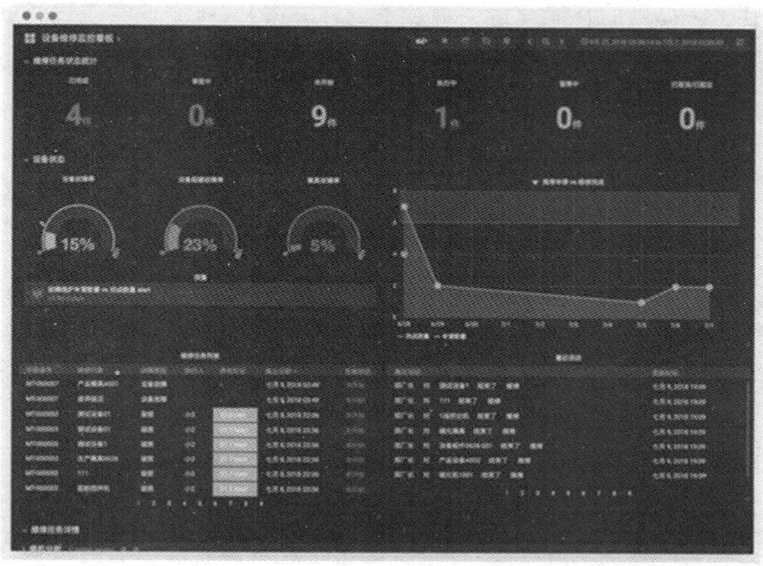

图 7-28　设备状态监控

项目团队为企业搭建了一个统一的、综合性的公司 ERP 信息化平台(见图 7-29)，保证整个公司内物流、信息流畅通无阻，能够随时了解和查询生产内部管理状况。

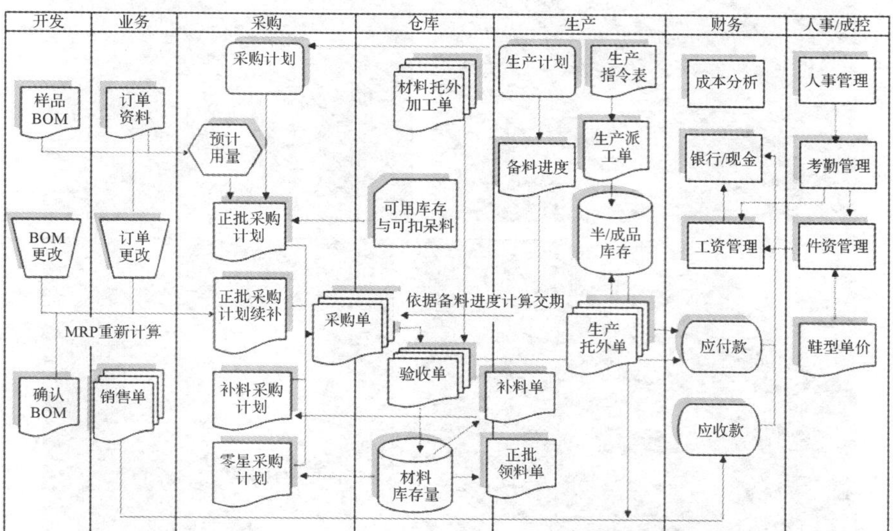

图 7-29　ERP 信息化平台

项目团队提供的智能改造关键技术设计方案,为该企业实现设备联网,组装生产线上的关键制造设备联网率超过75%,实现生产设备网络化、生产数据可视化、生产过程透明化,从而减少生产设备异常报错,降低复杂工序人工参与度和车间人员密度。

项目二　温州赣隆实业有限公司的智能化改造诊断

温州赣隆实业有限公司位于鹿城沿江工业区,公司业务涉及特种纸、金银卡纸、印刷包装等行业。企业重视关键技术研发创新,目前获得包括“环保型印刷涂布一体机”等11种实用新型专利,并获得国家知识产权局颁发的注册商标1枚。

项目专业团队发现公司存在信息化人才数量与水平不足,无法实现信息协同等问题。针对问题,项目组提出公司需要加强设备信息联网化、可视化的投入来提高整体管理响应速度,进一步优化企业资源管理。通过设备联网、信息化及智能化监控等工程集成技术,根据现场情况订制大数据统计与优化生产管理可视化看板,推动网络协同制造生产线的建设,奠定企业智能化生产管理的基础(见图7-30)。

图7-30　赣隆公司的车间现场

项目团队为企业建设了一个数字化网络协同制造生产线，通过物联网、设备 ANDON、产线可视化监控、TPM 全员维护保养模块、大数据生产优化管理的应用，实现工厂设备状态、异常处理、全员保养计划可视化，实现设备高效运行(见图 7-31—图 7-33)。

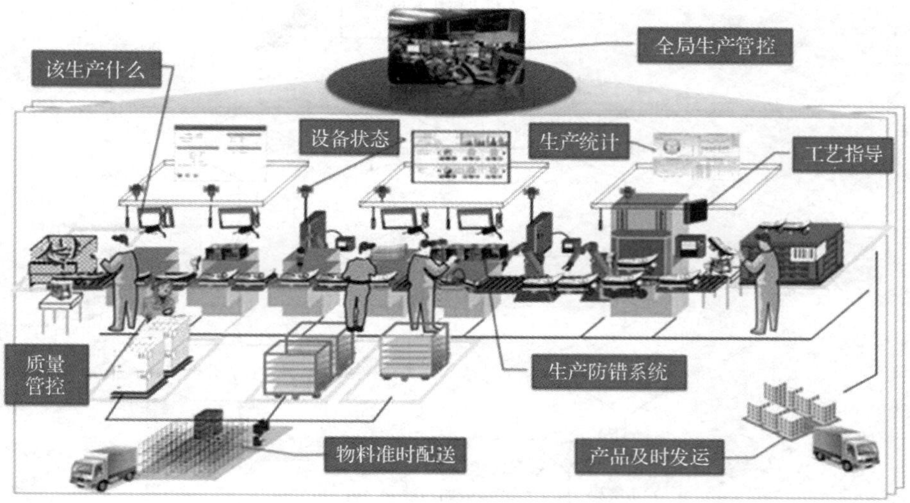

图 7-31　网络协同制造生产线总架构

企业经过研究院项目团队智能化改造升级，提高了监控设备生产进度及能力，降低现场维护工作 30%，减少停工待料时间 70%以上，故障停工时间 80%以上，从而提高总产量 150%，减少产线工人 8 人、管理人员 4 人，大幅度提高了产量、减少了成本。网络协同制造生产线建设的完成，让企业通过系统调整订单，实现柔性化生产，稳定产品质量，提高客户满意度。

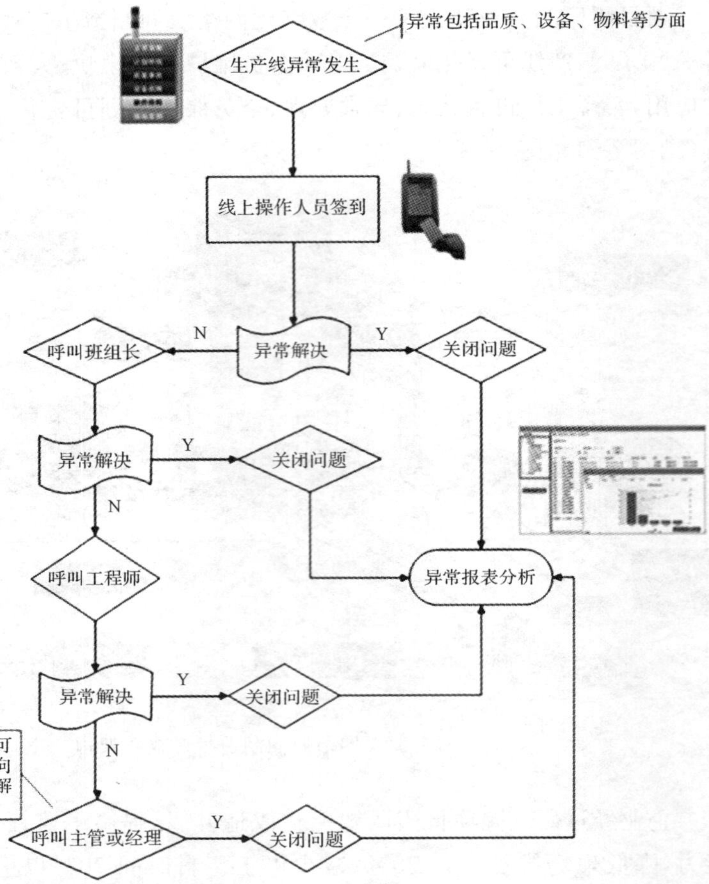

图 7-32　网络协同制造生产线异常解决流程

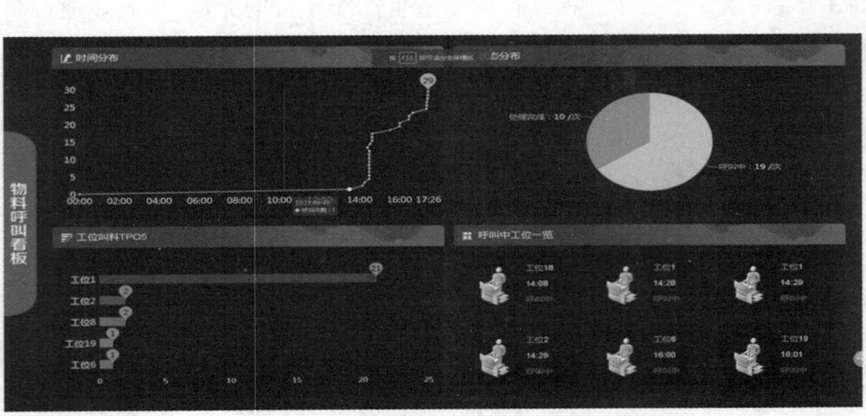

图 7-33　生产管理可视化

（二）推动智能制造新模式应用项目进程，融入温州职业技术学院技术

为了促进温州市经济持续、稳定、协调发展，温州市政府提出了“科教兴市”的战略方针，提出要依靠技术进步，重视用现代技术改造传统产业，促进产品和产业的调整。温州职业技术学院·中国联通“5G＋”产教融合研究院正是以此为契机，用温州职业技术学院技术推动智能制造新模式应用项目进程。目前已有多个项目在接洽或合作中。现以信息技术系大数据专业团队与数媒专业团队参与中国瑞立集团智慧工厂智能制造新模式应用项目为代表，该项目是工信部“2018 年国家级智能制造新模式应用项目”。

中国瑞立集团智能工厂主要从事汽车零部件的生产与研发，项目实施过程中研究院派遣大数据团队教师与中国联通温州分公司一同到中国瑞立集团参观和实地考察（见图 7-34）。首先，研究院通过优化公司整个管理流程，如SRM、MES、WMS 等信息化系统的设计、开发与实施等环节，规范与梳理了各管理节点，落实节点负责人，把控各节点完成时间等。其次，项目团队为公司制定项目模块化管理，涉及项目进度、项目风险、项目协同与管控策略机制等模块的调整，以此强化学习时间管控、分布策略、沟通机制、风险意识与版本控制等关键岗位职业技能要求。

图 7-34　瑞立集团内景

研究院在中国瑞立集团智能工厂项目中，还负责该项目生产车间零件生产以及装配过程三维动画制作与展示（见图 7-35—图 7-37）。针对企业需求，温州职业技术学院数字媒体团队全体老师运用 3Dmax、Vray 渲染器、

Premiere CC 等技术参与动画制作。动画着重体现了智能工厂 MES 系统、AGV 系统等,较好地还原了智能工厂工作工程,得到了企业方的认可和好评。

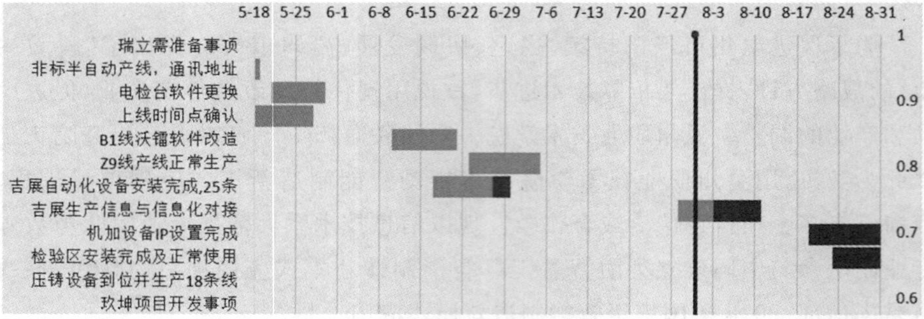

图 7-35 项目管理甘特图

在项目实施过程中,温州职业技术学院大数据专业和数字媒体专业团队全体老师将专业课程、技能融入项目中,将企业需要的技术带入课堂,通过真实项目管理案例,充实专业课程内容,反哺教学,提升教学效果与质量,同时带领学生持续跟进项目,将课程所学知识点应用到真实项目中,真正发挥教师专业技能,培养企业需要的智能制造及互联网技术人才,建设温州职业技术学院骨干"双师"团队。

图 7-36 智能车间展示封面

图 7-37　智能车间自动避障系统

（三）为企业输送人才，传递温州职业技术学院智慧

研究院平台的建设，将教育链、人才链、产业链及创新链四链充分联结，充分发挥温州职业技术学院师生智慧，为企业输送高质量人才。研究院成立以来，大数据专业部分学生提前进入企业，负责企业重要模块，如为浙江钟铮锁业提供终端设备数据采集、订单处理模块与信息模块的设计，包括数据的分析、可视化展示（见图 7-38—图 7-40）；在浙江华光汽车内饰股份有限公司负责

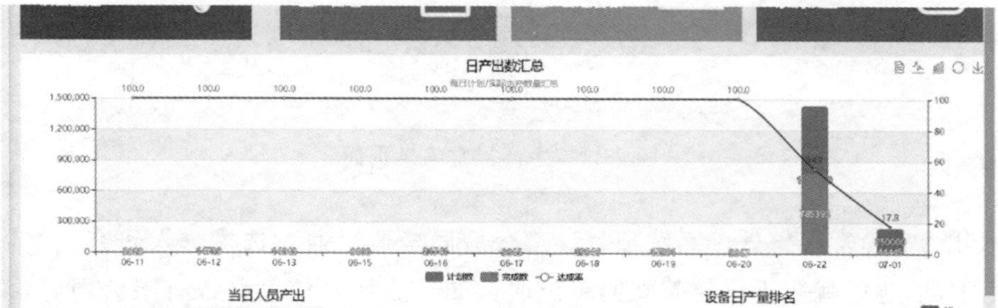

图 7-38　钟铮锁业设备监控数据报表

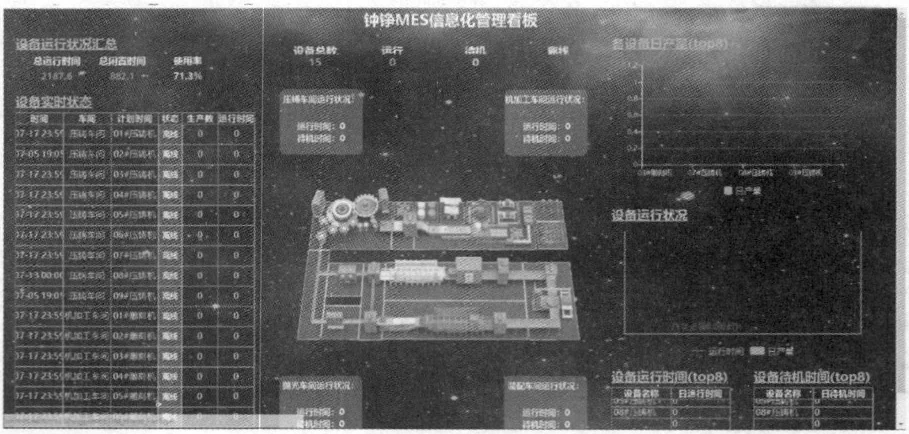

图 7-39　钟铮 MES 信息化管理看板

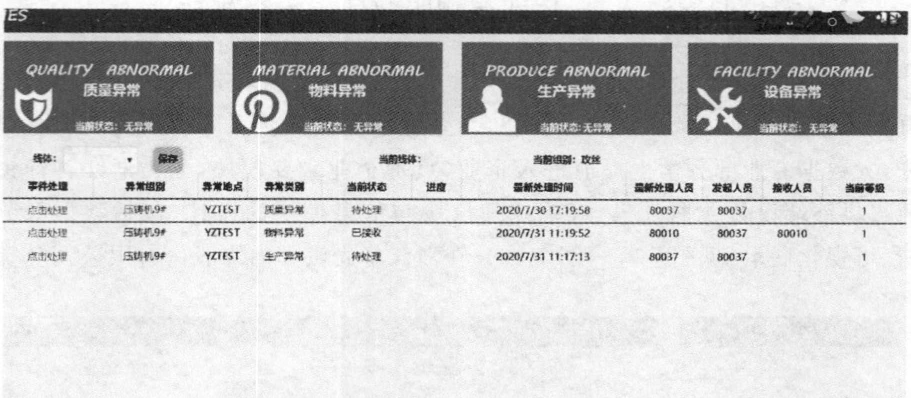

图 7-40　生产异常信息页面

ANDON 异常报警处理系统项目。部分应届毕业生通过选拔进入研究院实习任职,毕业后就职于研究院联盟单位成员如宁波智朴信息科技有限公司等,某些研究院联盟单位为提高产教融合效率,将工作地点设置在温州职业技术学院技术研创大楼 5 楼。

三、未来发展

（一）打造“5G＋”产教融合的高新样板

温州职业技术学院·中国联通“5G＋”产教融合研究院的建立，是政产学研深度合作的产教融合的新模式和新平台。接下来研究院将紧跟政府方针，推动5G教育及工业产业面向温州市乃至全国产业协同发展，推进温州市信息化和工业化融合发展，加强温州职业技术学院信息技术类专业建设、科研拓展和人才培养质量提升，加速实现温州数字经济5年倍增计划，打造温州乃至全国校企合作典范，为“5G＋”产教融合新模式提供可复制的温州样板。

（二）组建“5G＋”研究院专家智库

研究院将充分发挥5G产业联盟优势、产教融合平台优势，根据“高带宽、低时延、大连接”的5G网络特点，依托中国联通现有的云MES、电商ERP、物联网平台、智慧制造机联网等平台，进行外拓合作，组建专业领域专家团队。基于5G网络的各类场景和垂直行业应用，在“5G＋政务”“5G＋工业互联网”“5G＋未来教育”“5G＋智慧交通”“5G＋智慧医疗”“5G＋智慧环保”等领域打造一批标杆性应用。同时以“产教融合、校企合作”的模式，通过企专家＋校师生、生生等传帮带行为，为社会输送高新人才，提供信息化研发服务以及各项场景化服务。

（三）开展“5G＋”平台外拓提升

温州职业技术学院将依托自身专业、机构、人才优势，利用研究院平台和中国联通现有的云MES、电商ERP、物联网平台、智慧制造机联网平台进行外拓合作，加快5G产业发展步伐。平台还将对接企业智能制造领域转型升级需求和企事业单位信息化系统建设要求，开展信息安全服务及咨询、信息系统开发、移动应用(App)开发等专业技术服务。学院还将研究院场地作为5G产业创新创业培育基地，引导与鼓励教师与学生以温州联通“5G＋”资源进行创新创业，通过建立创新创业平台，积极引进政府资源进行项目制培育。

数字经济背景下财会订单育人探索

关键特征：依托浙江航信在财税产业、金融科技服务产业的优势，本着协作共赢的原则，搭建产教融合平台，探索创新培养模式，实现产教融合校企“双元”育人，培养复合型会计人才。

创新要点：校企双方通过共建航信订单班，构建灵活双向的师资体系，优化人才培养的课程体系，并采用企业顶岗的授课模式，培养懂数字信息技术、会运用信息数字技术、并能将会计与数字信息技术结合使用的复合型会计人才。

一、项目简介

互联网、大数据、人工智能、区块链等现代信息技术的发展，引领了会计信息数字技术变革的潮流。新的变革使得低端会计人员面临着被淘汰的威胁，提高了社会对复合型会计人才的需求。温州职业技术学院财会系下设浙江省高职高专重点专业、浙江省“十三五”特色建设专业和学院第一批特色优势专业会计专业，一直以来积极思考数字经济下以“产教融合、协同育人”为基础的校企合作动态人才培育模式。财会系 2016 年开始与浙江爱信诺航天信息有限公司温州分公司确立合作关系，公司是会计信息数字技术方面的龙头企业。财会系依托浙江爱信诺航天信息股份有限公司（下文简称“浙江航信”）温州分公司在财税产业、金融科技服务产业的优势，本着协作共赢的原则，搭建产教融合平台，3 年来不断深化校企合作，探索创新培养模式，实现产教融合校企“双元”育人。

二、产教融合育人模式

在数字经济时代，数字化的知识和信息成了关键的生产要素，会计人员必须紧跟转型，要具有"双重"技能：数字技能和专业技能。根据浙江航信温州分公司的人才需求，财会系与其共建航信订单班，培养懂数字信息技术、会运用信息数字技术、并能将会计与数字信息技术结合使用的复合型会计人才。双方在师资体系、课程体系和授课模式上都进行了创新（见图 7-41）。

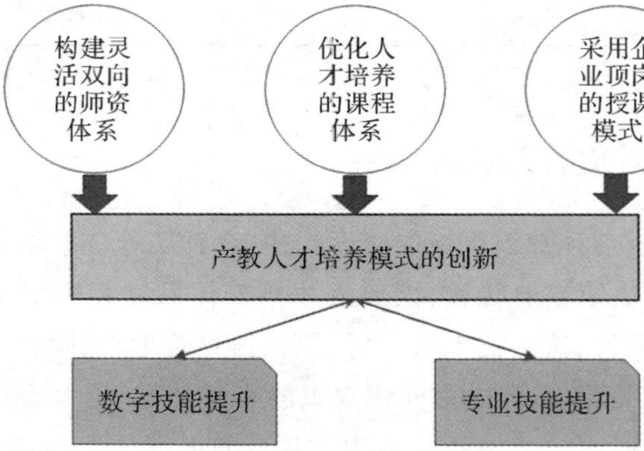

图 7-41　产教融合育人模式

（一）构建灵活双向的师资体系

构建校内专职教师、企业部门精英和行业专家等灵活来源的师资队伍。订单班课程引入浙江航信各部门精英及专家师资，在第五学期向学生传授最新财税数字信息技术及运用；同时派遣系部教师为企业部分只懂信息技术不懂会计的员工进行系统财税知识培训。

表 7-6　订单班第五学期课程及企业师资

课程内容	企业师资
增值税防伪税控系统	朱丽晓

续表

课程内容	企业师资
电子税务局	朱丽晓
云记账、云代账	温从滂
电子发票平台	孙贡第
增值税申报流程	金海燕
所得税汇算清缴	郑琪琪
外贸会计实操	董小春

(二)优化人才培养的课程体系

数字经济时代,会计知识更新的速度加快,会计工作的核心将从会计核算向财务分析与管理决策方向转移,因此人才培养体系需相应增加设置分析决策类课程,融入计算机、信息技术与分析工具、信息管理、风险管理、战略规划、资本市场运作等相关课程,促进多元化知识的有机整合,培养会计服务数字经济的思维。订单班还增加了最新的各类财税信息技术工具的应用课程,如增值税防伪税控系统、电子税务局、云记(代)账、电子发票平台、电子会计档案管理系统等。

(三)采用企业顶岗的授课模式

近年来,我国金融、财务、税务等政策变更频繁,教材改编速度已经跟不上政策变动速度。系部教师通过增加实践课程,培养学生企业实践能力,提早运用学生所学知识体系。订单班学生第六学期的课程授课是在企业进行。学生进入浙江航信温州分公司,在财税软件部、财税业务部、信息中心部进行轮岗,由各部门负责人直接进行任务指派和个性化授课,通过这个学期的学习,学生能熟练掌握最新的财税政策,熟练应用前沿的财税数字信息产品,甚至能就企业会员在财税数字信息产品使用中的技术问题提供解决方案。

三、产教融合成效

（一）社会服务成效

为了深化校企合作，促进教师提升社会服务能力和教学业务水平，提升社会服务贡献度，2017—2018 年，财会系与航天信息联合开展会计初级资格考试和会计中级资格考试辅导项目，系部派出会计专业骨干教师 10 人（王赛芝、林松池、孙俊科、郑倩嫣、项玉华、蔡伟新、付冬梅、周一凡、陈玮、陈丽君），开展培训 900 余课时，培训学员 20000 多人次（见图 7-42）。

此外，财会系教师还承接了航信温州分公司会员财税咨询业务，为 50 多家会员企业进行了财税健康体检，并就财税风险提供了专业解决方案。

图 7-42　培训上课和咨询服务合同

（二）学生就业成效

自 2017 年以来，财会系已输送 2 届“航信订单班”毕业生 42 人到用人单位，毕业生实现高质量就业。浙江航信温州分公司属于国有性质企业，薪酬及作息时间合法合规，深受学生欢迎。企业根据学生校内成绩、企业实习表现及个性特点安排岗位。部分优秀学生能快速独立进行运维工作，收入增幅喜人，如 1605 班徐海平同学，入职不到一年，工资过万。还有多名学生在入职一年的时间就成为当然项目负责人，领导项目小组开展工作。

浙江航信温州分公司还送来了感谢信。信中表示企业发展离不开人才，人才的培育和输送离不开学校和老师，此次与财会系联合培养的航天信息订单班学员（见图 7-43）在工作中表现出来的专业素养和工作态度都十分优异，校企合作育人效果远超预想，希望校企合作能走得更久、更远。

图 7-43　订单班学员掠影

（三）基地建设成效

1.学生实训基地生态建设

浙江航信温州分公司作为财会系重要实训基地，每年至少可接收 20 名学生进行岗位实习和顶岗实习。此外，公司 3000 多家会员单位每年也会提供不少的实习和就业机会，以点带面形成了良性的实训基地生态。

2.教师培养培训基地建设

浙江航信温州分公司为财会系“双师双能型”教师培养培训基地。由公司派出财税专家对系部教师开展了 4 次“双师双能型”教师培训；接收 3 名教师前往公司下属企业锻炼。公司发挥桥梁作用，通过公司商业人脉积极为系部教师联系调研企业，2019 年在张万州副总的陪同下对独角兽企业——浙江诺诺网络科技有限公司进行专业调研，并初步达成了合作财税产品开发、项目研究、课程开发、共编教材、财税大数据实训室共建等意向，促使教师多途径提升自身的专业水平和实践能力（见图 7-44）。

图 7-44　教师基地培训及调研活动

四、产教融合未来发展路径

财会系与浙江航信温州分公司的校企合作、产教融合取得一定成效,后续仍需要不断探索、深度融合。

(一)财税大数据实验室建设

财税大数据实验室平台系统以“仿真模拟”教学为设计理念,基于航天信息诺诺网在财税行业长期耕耘所积累下来的丰富的行业经验和海量的数据资源,通过全量脱敏数据获得更加准确的数据分析结果,进行风险疑点跟踪和全过程模拟实验,最终实现受训学员对财税数据和财税风险的全面认知,增强受训学员实际操作能力、业务处理能力以及风险预警能力。通过结合计算机硬件与仿真软件的优点,成功解决财税课程的校内实践难点,弥补了校外实习资源不足的缺点。这种教学模式与传统的财税实训课程有着极大差别,充分体现了院校切实提高学生的实务操作能力和社会实践能力,提高学生观察、思考、分析和解决问题的能力,为企业输送应用型、专业化的人才。

财税大数据实验室计划由浙江航信温州分公司和温州职业技术学院共同出资建设,在实验室建设基础上,后续预计会在培训产业、学生就业实习、社会化服务、产学研服务等方面开展更加丰富的交流与合作。

(二)企业深度参与人才培养全过程

学校和企业对接、专业和产业对接、课程与岗位对接、教学与生产对接、学历证书与资格证书对接,有利于创新职业教育招生制度、管理制度和人才培养模式等,有利于解决企业招工难、学校招生难、学生就业难等问题。引入航天信息股份有限公司推出的“金税财务应用职业技能等级证书”,作为财会系“1+X”证书内容,通过共同制定人才培养方案、订单培育的方式,共建培养过程,共同打造师资团队,共同培养“懂财税,会应用”的服务型人才。

共建校企实践共同体，助力学徒合法性参与

关键特征：围绕酒店用工标准，与酒店共同制定人才培养方案，设计课程体系，建立教学评价体系，实施精细化培养，逐渐建立起学校和企业的纵深合作、教师和师父的有机联合、学生和学徒的角色融合的现代人才培养新模式。

创新要点：温州酒店管理学院通过构建产教融合实践共同体，以校企双方共同参与、共同事业、共同技艺三要素夯实产教实施路径。在酒店学徒身份得到合法性认可的基础上，利用实践共同体平台，助力学徒从边缘性参与到完全参与，最后到中心参与的角色蜕变。

一、项目简介

温州职业技术学院是教育部首批现代学徒制试点单位，酒店管理专业自2016年获得现代学徒制立项以来，专业一直探索基于实践共同体合法性参与的新型产教模式，扎实并纵深推进校企合作。温州酒店管理学院是温州职业技术学院与温州市旅游局联合，经温州市人民政府批准成立，由政府、学校、协会、企业共同合作管理，温州市旅游局每年财政资助学院100万元。温州酒店管理学院自成立以来，在“合法性参与”理论体系的指导下，积极构建校企“实践共同体”，探索能确保现代学徒制持续稳定发展的内在推进机制。

“实践共同体”及“合法性参与”是人类学领域情境学习的核心要素。这一概念最初是由美国加利福尼亚大学知名学者J. 莱夫和E. 温格(Jean Lave & Etienne Wenger)在《情境学习：合法的边缘性参与》(*Situated Learning*: *Legitimate Peripheral Participation*)一书中提出，并成为人类学研究领域中关于“情境认知与学习理论”的经典名著。导入“实践共同体的合法性参与”理论的目的是试图以一种新视野、新眼光来审视学校教育中的实践教学，进

而形成一种新的实践教育观点。现代学徒制的一个重要魅力正是在于它通过将学生推入工作主战场来激发他们的学习热情和职业意识,在此基础上倒逼学校教学制度改革与创新。按照温格"实践共同体"理论,接纳学生实习的酒店、学校及实习生(学徒)符合实践共同体三要素:共同参与(mutual engagement)、共同事业(a-joint-enterprise)、共享技艺(shared repertoire)(Wenger, 1998)。

二、校企共建实践共同体

根据温格实践共同体三要素——共同参与、共同事业、共享技艺,结合校企合作目标,温州酒店管理学院从执行层梳理并具象化三要素所包含的内容及操作流程,通过构建校企实践共同体,夯实产教融合新路径(见图 7-45)。

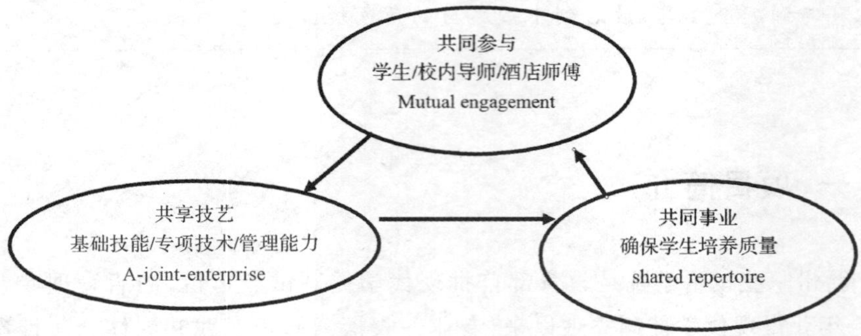

图 7-45 实践共同体构成要素

(一)共同参与——校企"双导师"

人类学家们认为,在日常生活实践中,无一不是根据文化背景的差异而不断变化的参与性实践活动。日常工作生活是在实践中理解的过程,也是学习的过程,它发生在共同参与的现实关系中。酒店管理专业学生进入酒店学习是真实工作情境下知识迁移的真实演练,是需要学校、学生、酒店等多方共同参与,且多方介入的互动性框架中的过程,涵盖从学生入学始业教育、课程实践教育、暑期社会实践、实践考核、酒店兼职、现代学徒制实习、毕业顶岗实习等全环节,体现全过程产教融合培养。为避免学生培养过程中老师或酒店师傅的角色缺位，所有环节对学校教师、酒店师父进行定岗、定责，从理论教学与实践教学两个层面入手，进行工作定量，明确分工，同时又有合作，更是让学徒明确对应责任师父，碰到问题，知道找哪位师父指导（见图 7-46、图 7-47），在此基础上形成联合考核、学分互通等机制。

一、岗位：教师——中餐服务与管理

二、岗位描述：

1. 项目一 餐饮行业认知，了解餐饮行业发展状况
2. 项目二 餐厅服务基本技能培养，含托盘/铺台布/餐巾折花
   中餐摆台/西餐摆台/斟酒
3. 项目三 餐厅服务方式，含西餐/中餐/自助餐/客房送餐等服务方式

三、岗位职责

1. 对学生关于餐饮行业认知考核负责
2. 对学生关于餐厅服务基本素养训练负责，并指导学生通过考核
3. 对学生关于餐饮服务方式的了解负责，并指导通过考核

岗位人：李俊

2018年9月

图 7-46　教师岗位职责（学校）

一、岗位：师父——中餐

二、岗位描述：

1. 项目四 餐前准备/开餐服务/就餐服务/餐后服务
2. 项目五 任务三/任务四中固定菜单的筹划与设计，变动菜单的筹划与设计
3. 项目六 采购管理/验收管理/库存管理
4. 项目七 了解现代厨房的运作

三、岗位职责

1. 对学徒关于服务语言及操作流程的正确性负责
2. 对学徒关于菜单知识考核及正确设计菜单负责
3. 对学徒采购、验收、库存知识考核通过负责

岗位人：毛晓敏

2018年9月

图 7-47 师父岗位职责(酒店)

(二)共同事业——校企携手提高学生培养质量

共同体中共同的事业是经过协商的,由成员在实践参与过程中确定并发

展起来，包括共同目标、共同信念。温州酒店管理学院在构建现代学徒制实践共同体过程中，与各合作酒店协商达成共同目标，致力于提高学生培养质量。培养过程引入 ISO 9000 质量管理体系，引用项目管理理念，针对每类项目建立评估标准与实施程序，并以项目手册记录实践过程，力图做到项目质量评估有标准可依，实施步骤有程序指导，项目回顾有记录可查。培养全过程实行标准化作业，控制教学质量，并不断完善、健全项目质量管理体系，降低实践过程中人为因素的影响，保障校企双方教学质量。同时，引入“左右表”（见图 7-48）、“任务表”（见图 7-49）与“进度表”（见图 7-50）对教学过程进行监控，实现企业化运行，做到有布置、有检查、有评估，切实对学生负责。

左右表以学期为管理周期，由酒店师父列出本教学周期内学徒需完成的实践项目及其计划时间，并在项目完成时进行及时统计。任务表是以 1 周为管理周期，由学徒自己列出本周的学习（或工作）计划，并对上周进行必要总结。进度表则以单一项目为管理对象，根据左右表的总体时间安排，对项目进行分阶段并明确各阶段时间安排，作好进度规划，以保障项目实施进程与质量。

温州酒店管理学院		左右表					
部门：				编号：			
序	项目	开始		完成		天数	
		P	N	P	N	P	N
1							
2							

图 7-48　左右表

温州酒店管理学院		任务表									
部门：工作室			周次：第07周								
周	序	项目	一	二	三	四	五	六	日	天数	
										P	N
	1	中餐包厢餐中服务工作	△	√							
	2	修改毕业实践方案	△	△	△	△	△	△			

图 7-49　任务表

温州酒店管理学院					进度表																		
序	类别	图片	名称	状态																			备注
1				P																			
				N																			
2				P																			
				N																			

图 7-50 进度表

每个项目结束,项目考核实行作品制,如前台角色扮演作品、餐饮服务或摆台作品等,进行现场考核,确保学生学习质量。

(三)共享技艺库——校企共建资源库

共享的技艺库包括共同体成员的语言、工具、做事方式、手势、符号、标志、行动或者概念等。通过组织酒店技术骨干与专业技术骨干共同研讨论证,将学生共享技艺库分为 3 个模块。

模块一:基础技能课程。主要由基础性知识课程与基础性技能课程两个部分构成,是酒店学徒进入各部门岗位深入学习与实践的必备课程,主要由校内导师完成,如酒店礼仪、酒店法律法规等。

模块二:专项技术性课程。技术性课程旨在传授学徒进入目标岗位从事技术性工作所必备的专业技术,面向大二学徒开设,由校内导师与酒店师父共同设计、监督并考核完成,如酒店餐饮管理、OPREA 操作系统与前厅管理及智能客房管理等。

模块三:专项管理课程旨在传授学徒进入目标岗位从事管理性工作的核心技能,面向大三酒店学徒开设,校内教师进酒店上课,提升实习学生管理素养,如饭店经营管理、酒店督导管理等课程。

三、实践共同体中学生合法性参与过程——“新手”到“熟手”

人们一旦获得参与到实践共同体的资格，即合法的参与，就可以在共同体中做任何合乎共同体准则的事情。这里的“合法”是参与者进入某个实践共同体的身份认可。温州酒店管理学院在学徒制学生入职第一天指定酒店师父和学校导师。“师父”是合作酒店里一个特殊的荣誉资格，酒店师父首选上一届学姐学长，且通过校企双方考核合格者，成立新一届学徒制师资库（“老手”）。其次拜师礼有足够的仪式感，如挂起“拜师仪式”的横幅，让徒弟敬师父一杯茶，师父回徒弟一份小礼物。徒弟身份得到合法性认可，可以增强师徒情感联系，对日后师父教授与徒弟学习的主动性都有重要帮助。

学徒获取合法性认可后，就正式成为实践共同体中的一员，开始“边缘性参与”到工作中，之后转化为完全参与再到中心参与，实现从实践中的“新手”到“熟手”的转化，最终调动一个人的学习意图，形成真正的实习意义（见图 7-51）。

温州酒店管理学院学徒制的“边缘性参与”是将每个师父带徒弟的工作量化，明确徒弟每一天的学习内容和要求。如对于上菜的服务员来说，第一天熟悉餐厅环境，记住包厢名称和台位号；第二天要做到不忘戴口罩，不忘戴胸牌；第三天要认识厨房负责人、大堂经理等所有管理人员……第七天，要能够尝试离开师父独立服务。“边缘性参与”的学习过程要求闭环，每天上班前，师父需用 15 分钟考核前一天学习效果，如徒弟不能通过考核，需在当天工作中增加练习时间，并在第三天同时接受第一天和第二天的工作考核。

“边缘性参与”到“完全参与”的过渡，这个阶段校企“双导师”要帮助徒弟建立目标感和方向。入职前 3 个月是徒弟心态最不稳固的时期，酒店师父须明确告诉徒弟前 3 个月职业上升途径。如第一个月试用期，要达到独立服务一个台面，完成即可涨 200 元工资；3 个月后酒店组织考核，通过即可享受正式工工资。同样，其间需对“双导师”育人绩效进行考核，如徒弟 1 个月内能独立上岗，需公开表扬校企师父；如徒弟学徒制实习结束转为自主选择毕业顶岗实习单位过程中留存率低于 50%，说明师父不合格。

第六学期毕业顶岗实习实现“完全参与”到“中心参与”的蜕变。中心表示岗位权力中心，拥有该岗位的决策权，“中心参与”标志着学徒在酒店各岗位独立上岗,享有该岗位利益及权利。

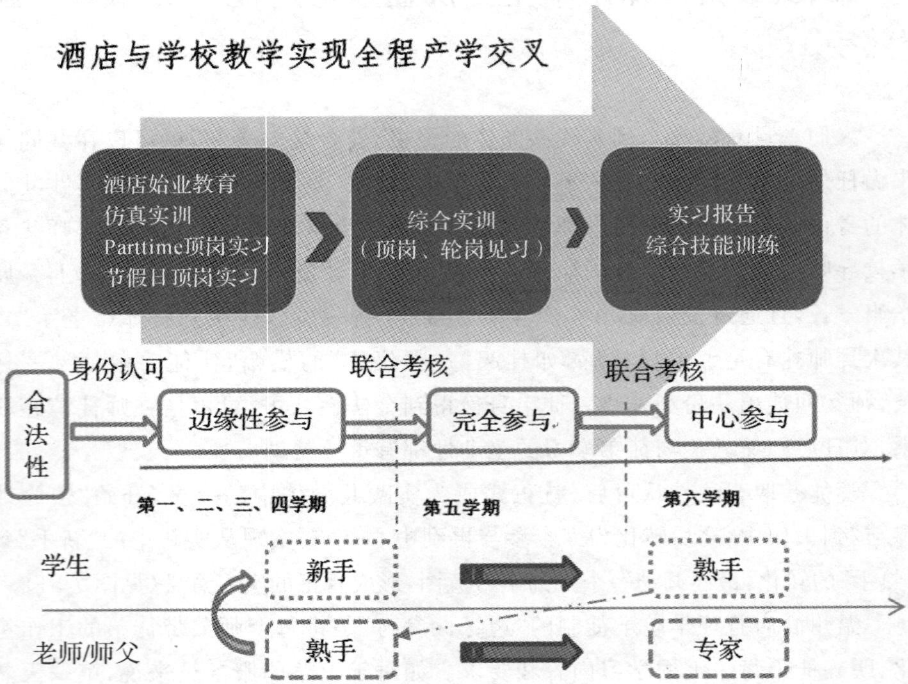

图 7-51　合法性参与过程模型

在这个过程中,徒弟身份随着参与的程度而转变,参与程度越高,熟练度越高,身份也就随之改变。同样,师父在教授学徒实践知识的过程中逐渐由熟练到精通,身份也从熟手转变到专家。身份的转变与参与程度成正相关,二者同时进行。此外,酒店专业设计了过程性保障机制,如监督机制、问责机制、考核机制等。

四、实施成效

(一)育人成效

温州酒店管理学院在打造现代学徒制产教实践共同体期间,培养现代学徒制学徒200余人。学徒制校企合作过程中，收获各酒店数封感谢信。技能竞赛方面，2016年至今获省级一等奖3项、二等奖5项、三等奖数项，世界技能大赛三等奖1项。此外，根据浙江省教育厅毕业生调研数据显示：温州酒店总管学院2016级、2017级学生就业率均达到100%。总体满意度达97.53%，平均薪酬6516.13元/月，相比2015年学生各项指标均有所提升。

（二）教改成效

依托政府支持，融合国际先进职教理念，找准校企痛点，深度联合代表性企业，开展现代学徒制教育改革，从人才培养目标出发，设计课程体系，研究人才培养方案，改革第一课堂教学，创新第二课堂教学，改革与弘扬传统师父带徒弟的技艺传授方式，不断完善学徒技能考核评价机制，建立现代学徒制人才培养体系，培养酒店适用的“本企化”高素质技术技能型人才。专业现代学徒制实施模式获学院教学成果奖二等奖。

（三）科研成效

温州酒店管理学院在打造现代学徒制产教实践共同体期间，基于现代学徒制的科研亦硕果累累，基于“实践共同体合法边缘性参与”的新型学徒制教学互动模式研究获得文旅部立项，以现代学徒制“双导师制”为主题的研究项目获得市厅级及院级项目多次立项。此外，现代学徒制实施以来，得到“中国高职高专教育网”、“浙江在线”、《温州日报》等省市级多个媒体肯定与赞誉。

五、经验总结

学校紧紧围绕酒店用工标准，与酒店共同制定人才培养方案，设计课程体系，建立教学评价体系，实施精细化培养，逐渐建立起学校和企业的纵深合作、教师和师父的有机联合、学生和学徒的角色融合的现代人才培养新模式。实践共同体的构建还得益于学校兼职教师激励制度的实施，致使酒店师父积极配合过程性工作，较高质量完成自身职责。

“五方联动、五位一体”产教融合协同育人模式

关键特征:基于智能建造与管理专业群,整合国有企业、大型民企等行业领军企业教育资源,以学生为中心,以育人为目标,以共赢为驱动,以科研为纽带,以平台为支撑,构建政、校、行、企、社“五方联动”,产、学、研、转、创“五位一体”的产教融合协同育人模式。

创新要点:探索产教融合可持续合作的新道路,强化教育与产业融合互动;构建教学、实训、科研、社会服务四平台协同育人的新范式,创新校企合作机制;营造教学过程与生产过程对接的新氛围,优化技术技能人才培养路径与方法;全面提高人才培养与经济社会发展需求的适应度。

一、项目简介

建筑工程学院设有建筑设计、建筑工程技术、工程造价、环境艺术设计和房地产经营与管理等5个专业。基于建筑业全产业链打造智能建造与管理专业群,现为温州市特色示范专业群。专业群师资力量雄厚,拥有国家“万人计划”科技创新创业人才1人、博士10人、高级以上职称21人、国家注册类资格证10余人。“双师型”教师占比高于90%。主持国家级环境艺术设计专业教学资源库,拥有国家级虚拟仿真实训中心、省级现代设计虚拟仿真实训基地、市级数字建筑产教融合实训基地,学院与5个行业协会、近百家建筑类企业开展全方位多层次的合作,是温州市住建委批准的“施工现场七大员”“BIM技能轮训”高校唯一培训点,年总培训量超3000人次。学院成立了2支科技创新团队,近3年社会服务共计72项,合计741万元,主持纵向科研项目40余项,承担省级课题20余项,授权发明专利40余项。

建筑工程学院依托区域建筑业发展,以“工程师的摇篮”为建设目标,坚持立德树人,优化职业教育类型定位,深化产教融合、校企合作,深入推进育人方

式、办学模式改革，培养了一大批高素质技术技能人才和能工巧匠，有力支撑了浙南闽北赣东地区建筑业企业转型升级。用人单位满意度、学生就业满意度均达到98%以上。

建筑工程学院基于智能建造与管理专业群，整合国有企业、大型民企等行业领军企业教育资源，以学生为中心，以育人为目标，以共赢为驱动，以科研为纽带，以平台为支撑，构建政、校、行、企、社"五方联动"，产、学、研、转、创"五位一体"的产教融合协同育人模式。探索出产教融合可持续合作的新道路，强化教育与产业融合互动；构建教学、实训、科研、社会服务四平台协同育人的新范式，创新校企合作机制；营造教学过程与生产过程对接的新氛围，优化技术技能人才培养路径与方法；全面提高人才培养与经济社会发展需求的适应度。

二、合作项目

（一）订单式人才培养

近3年，建筑工程学院陆续与浙江省建工集团有限责任公司、浙江大成工程项目管理有限公司、浙江柯勒住宅科技有限公司、泰和盛弘集团、上海园林工程设计有限公司温州分公司、万洋集团有限公司、浙江中维建筑工程设计有限公司等签署产教融合订单式委托培养协议，共同做好制订培养计划、选拔在校学生、组织实施教学、开展实习实训、完成考核上岗等各个环节的工作。企业每年将在建工学院挑选学生组成"企业订单班"。企业每年将为该项目投入30余万元，专门用于为入选学员提供助学金、实习补助等。入选"订单班"的学员在校学习期间将获得一次性助学金6600元，在参与企业安排的实习期间还将获得补助金1000元/人/月。在实习期满后，学员与公司签订就业合同后，可获得补助金2000元/人/月。其中，浙江省建工集团每年根据建筑工程学院的推荐，免试招聘应届毕业生不少于5名，并录用他们为国企正式编制员工。该合作是浙江省建筑行业的龙头企业和浙南闽北唯一一所中国特色高水平高职学校的强强联手。建筑工程学院希望在深化产教融合的道路上能够走出"新路径"、结出"新成果"，努力将产教融合培养模式做成一个品牌和示范，通过企业资金注入、大师介入和文化渗入等手段，融入现代学徒制人才培养模式，不断创新订单人才培养模式。

(二)"双师"基地暨企业教师(博士)工作站

鼓励专业教师发挥技术专长提高社会影响力,在各类行业协会、企业承担社会兼职工作。以专业群为方向与大中型企业共建"组织体系健全、管理运行规范、培训模块先进、支撑条件完善、品牌特色鲜明"的"双师型"教师培训基地,形成校企联合培养师资长效机制,促进"双师型"教师培养进一步系统化和规范化。

建工学院已经与7家企业签订了"双师"培养基地和博士工作站,旨在"优势互补、共同发展"的前提下,围绕智能建造与管理专业群建设需求,对照现有师资力量及结构,坚持对现有教师队伍的持续培养,提升"双师"素质。构建起"功能整合、结构合理、任务明确"的结构化师资团队。按教学型、科研型、技术服务型对教师进行分类,确定每类教师必须具有的关键能力和任务。搭建提升教学能力的名师工作室、培养科研能力的博士工作站和提高技术服务能力的工匠工作坊。

(三)共建企业研究院和研发中心,开展立地式研发

为充分发挥建工学院雄厚的师资优势,提高建筑工程学院在温州市建筑行业中的地位,促进科技成果转化为生产力,提高社会服务能力,应提高专业教师的专业技术水平,扩大行业影响力,提高专业的社会美誉度,推动科研和技术服务工作,促进产教融合,进一步提高专业技术应用型高技能人才的培养质量。

建筑工程学院与诚邦设计集团有限公司共建温州智苑建筑设计研究院,与温州徕图网络科技有限公司共建环境艺术与视觉表现研究院。研究院基于项目负责人制的合作方式,采用工作室的运营管理模式,由项目负责人自行筹资、自主经营、自负盈亏、自行承担经营责任。企业为研究院提供办公设备和装修(200万元)、资质、业务,学校为研究院提供场所(800平方米)。同时与温州龙头建筑企业共建8家研发中心,为校企双方进一步开展多层次、多形式、多领域的合作提供优质平台,通过优势互补、互利共赢、协同创新、共同发展,有力地推动产教融合,促进学校专业建设、科研拓展和人才培养质量提升。

研究院与研发中心除了开展立地式研究,还能承担教学工作,由教师带着学生做实际工程项目和毕业设计课题,学生学有所用、学以致用。在此基础上,建工学院近3年社会服务共计72项,合计741万元科技到款额,主持纵向科研项目40余项,承担国家、省级课题20余项,授权发明专利40余项。立地

式研发项目遍地开花，社会服务能力进一步提升，高水平科研成果不断产出。

（四）社会培训

建筑工程学院受温州市大建大美办、住建局的委托，联合温州建校和温州设计集团开展 BIM 应用专项技能轮训。本次轮训纳入温州职业技能提升三年行动计划，政府提供经费支持，企业员工免费参训。该培训前后共完成 10 多期 500 人次以上的培训业务，学员总体满意度达 95%以上。该项培训解决了企业 BIM 技术应用的最后一公里问题，打破了企业 BIM 人才盆地的尴尬局面，有效促进政校行企融通，拓宽政府、高校、优秀企业为地方经济发展服务的通道，助推温州市建筑业数字化转型升级。培训活动先后被温州市人民政府网、《温州晚报》和《钱江晚报》报道，受到企业和社会的广泛关注。

作为温州市住建委批准的“温州市现场管理专业人员职业培训”高校唯一培训点，建筑工程学院积极对接行业企业的需求，和浙江大成合作成立了监理培训学院，获得监理员和专监的培训资质，第一期监理培训已成功举办；积极适应装配式建筑行业技能人才的培训需求，与温州绿促会一起合作申请了装配式建筑专项职业能力考核点，预计未来的培训业务量将十分可观。

（五）企业捐赠

近 3 年，建筑工程学院进一步拓展产教融合合作企业，分别与浙江省建工集团有限责任公司、万洋集团有限公司等多家龙头骨干企业建立合作关系。与国企、上市公司等知名企业共建 2 个研究院，成功引入企业社会资本共计 600 多万元。

泰和盛弘集团为建筑工程学院房地产经营与管理专业设置了 100 万元泰和盛弘集团专业发展基金，为深层次推进产教融合、校企合作注入了新动能。温州市人大常委会副主任、民建温州市委会主委徐育斐出席了该专业发展基金的捐赠仪式。

企业冠名学生技能大赛逐年增多，近 5 年累计捐助资金 10 万元。如“厦泰杯”互联网＋大学生创新创业比赛、“南方测绘杯”工程测量技能大赛、“朗兆杯”房地产策划大赛、“好望角杯”营销设计大赛等。这不仅提升了校企合作的内涵，也带动了师生参与比赛的积极性，全面提高了学生的专业技能和综合素质。本着“大赛点亮人生，技能改变命运”的使命，2021 年建工学院获得国家级

(中国建筑教育协会和中国软件行业协会)大赛一等奖 2 项、二等奖 3 项、三等奖 4 项;省级职业技能大赛二等奖 2 项、三等奖 3 项。

(六)实训基地建设

建筑工程学院积极探索校企合作新模式,利用外部资源共建实训室,同时提高实训室的利用率,成功引入 2 家企业共建企业研究院,实现校企资源的有机结合和优化配置,为共同培养社会发展需要的高质量人才提供了新的途径。

聚焦职业教育。建筑工程学院与广联达科技股份有限公司共建的数字建筑产教融合实训基地成功立项。该基地聚焦现代建筑产业重点领域,服务长三角、温州市建筑高端产业,适应建筑领域的绿色建筑设计、智能施工管理、智能检测、智慧造价管理、数字化运维与管理等技术领域,打造温州市高校高水平产教融合实训基地。该基地基于产教融合、资源共建共享、工学结合,打造产、学、研、转、创"五位一体"的建筑信息化人才实训基地,促进浙江省职业教育模式创新及学习方式变革。

(七)项目申报

与广联达科技股份有限公司联合申报浙江省职业院校产学合作协同育人项目"基于产学合作的智能建造综合实践基地建设"已成功立项。"基于校企深度合作的房地产经营与管理专业'三教'改革探索与实践""基于智苑建筑设计研究院平台的产教协同育人模式探索与实践""适应建筑业现代化升级的建筑工程技术人才培养的产教融合解决方案"等项目成功立项为学院重大或重点产教融合合作项目。产教融合项目申报热情空前高涨,产教融合理论研究蔚然成风。

三、合作成效

(一)合作理念和模式

1.践行"五方联动、五位一体"产教融合人才培养路径

建筑工程学院通过整合国有企业、大型民企等行业领军企业的教育资源,

以学生为中心，以育人为目的，以共赢为驱动，以科研为纽带，以平台为支撑，融汇政、校、行、企、社“五方力量”，促成产、学、研、转、创“五类产出”，丰富了产教融合协同育人的主体，构建出教学、实训、科研、社会服务四平台协同育人的新范式，践行了“五方联动、五位一体”产教融合人才培养路径，如图 7-52 所示。

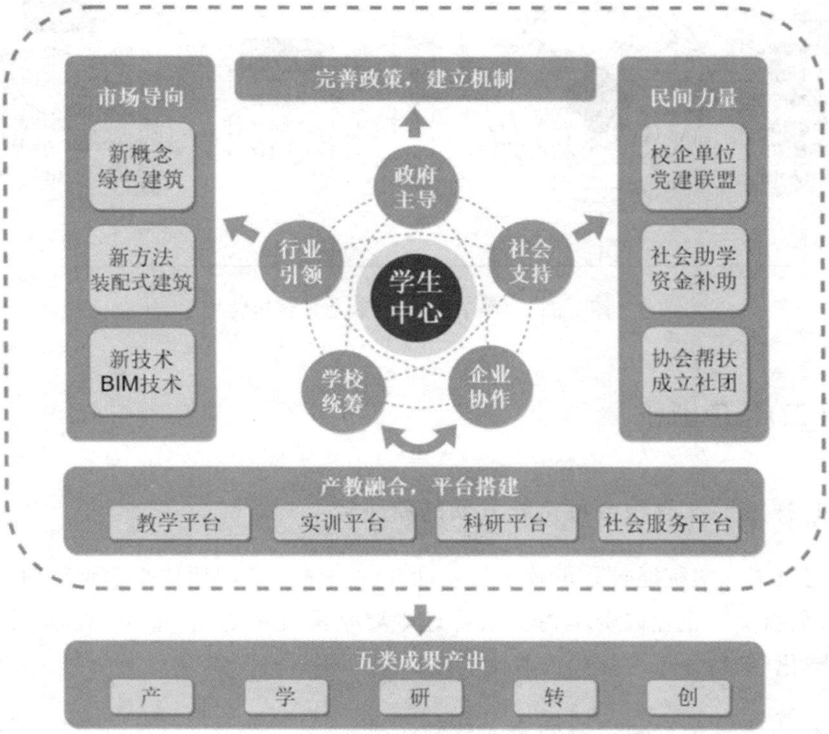

图 7-52　“五方联动、五位一体”产教融合人才培养路径

2. 搭建“产学研转创”联动平台

建筑工程学院充分发挥政校行企社多元主体的优势和资源，共建企业研究院和研发中心，专攻企业技术应用难题，促进科技成果的转换。与企业共同制定人才培养方案，共同建设优秀师资团队，共同开发理实一体化教材，共同建设实训基地，共同建立考核评价标准。通过高职院校教学环境和企业生产工作环境两种场域的切换，促进学生将学习世界和工作世界有效

连接。与龙头建筑企业组建省级实训平台,让学生在"做中学、学中做、边做边学、自学自做或互学共做",达到学以致用。"产学研转创"联动平台运转如图 7-53 所示。

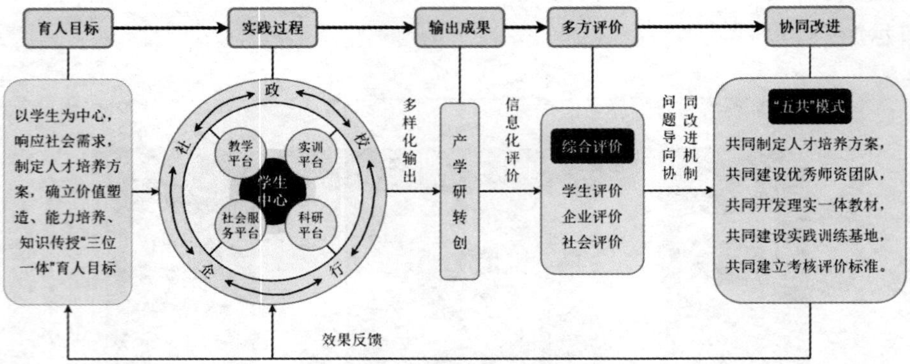

图 7-53 "产学研转创"联动平台运转

(二)特色创新

1. 探索出产教融合可持续发展的新路径

建筑工程学院通过融汇政校行企社五方主体力量,兼顾"产学研转创"5 类输出,吸引优势企业以资本、技术、管理等要素深度参与,打造集"教学、生产、创业孵化"等功能于一体的产教融合新路径。

2. 构建出产教融合协同育人的新范式

建筑工程学院致力于推广数字建筑,促进专业群建设对接温州传统建筑产业升级改造,促进建筑行业转型发展。

3. 营造出产教融合双元育人的新氛围

建筑工程学院通过实施 1+X 建筑信息模型(BIM)证书和建筑制图与识图证书试点,并与行业协会合作联合申报国家 1+X(装配式建筑)证书制度试点,构建适应建筑全过程、全要素、全参与的专业群。

（三）产生效益

（1）建筑工程学院基于产教融合协同育人的创新模式，成功立项了市级特色优势专业群、市级高校高水平产教融合基地、省级和国家级虚拟仿真实训基地，获得院教学成果一等奖、省教学成果奖等。

（2）依托产教融合新平台，建筑工程学院首次1＋X建筑信息模型（中级）职业技能考核通过率为78.57％，高出浙江省平均通过率52个百分点。2021年1＋X建筑工程识图职业技能等级证书第一次全国统考和第二次全国统考，学院报考人数总计115人。其中报考建筑设计类专业方向（第一次全国统考）31人，考试通过率100％。

（3）近2年建筑工程学院普高录取分数线最低487分，最高分559分，就业率连续14年超98％，毕业生就业竞争力及职业发展全省高职第一。

（4）建筑工程学院近3年社会服务共计72项，合计741万元，主持纵向科研项目40余项，承担国家、省级课题20余项，授权发明专利40余项，是温州市住建委批准的“市现场管理专业人员职业培训”“市BIM技能轮训”高校唯一培训点。社会服务能力显著提高，社会培训效果显著，获得《温州晚报》、《钱江网报》、温州政府网、温州住建网等多家媒体报道。

智能配电产教协同育人

——助力温州电器产业转型升级

关键特征:通过与行业龙头 ABB(浙江展杭自动化科技有限公司)智能配电技术服务供应商浙江展杭自动化科技有限公司的深度合作,组建"高水平、结构化"师资队伍,共建产教融合实训基地,并以企业真实项目为基础,规划项目化教材与课程。

创新要点:围绕"岗、课、赛、证"融通,学生及参与培训的社会人员通过项目化课程、行业技能竞赛、企业真实项目设计全方位锤炼专业技能,支持温州及浙南区域智能电器产业发展。

一、项目简介

配电产业转型升级迫在眉睫。能耗"双控",即能耗总量和强度双控,对于减碳工作具有重要意义。浙江省能源"双控"形势异常严峻,2021 年上半年浙江能耗强度降低率未达到进度要求,为二级预警,一定程度上需要实施有序用电。配电运营商正面临着对效率和电力质量日益提高的要求,配电行业节能、提质、增效势在必行。国务院发布的"中国制造 2025"中提到,智能电器是实现能源安全稳定供给和国民经济持续健康发展的基础。要加快传统电器产业优化升级,关键是要推进新一代信息技术与传统制造业深度融合。国内外电力系统项目都在朝着智能化方向发展。

智能化升级过程中,温州企业竞争力弱,人才紧缺。电器行业是温州的支柱产业,温州乐清柳市镇被称为"中国电器之都",拥有高低压电器、电子、机械、仪表等企业近万家。当前温州电气产业正在从传统的低压电器向高压电器系统集成发展,从元件产品到成套系统集成产品和智能电网配套解决方案发展。但是(1)温州电器企业数量多、规模小，没有自己的拳头产品，产品智能化进度落后于外资品牌；(2)缺乏对电力系统、智能通信系统了解的复合型人才，从而制约地区电气产业发展。

浙江展杭自动化科技有限公司，2012 年成立，坐落于温州高新区。公司是行业龙头、世界 500 强 ABB 在全国唯一一家涵盖智能配电、机器人系统、自动化系统等领域的技术服务供应商，连续多年成为 ABB“金牌”合作伙伴。

二、实施过程

围绕“岗、课、赛、证”融通，温州职业技术学院智能制造学院与 ABB 公司产教融合智能配电系列课程体系建设分 5 个阶段。

(一)共建实训平台

实训室建设是系列课程体系建设的基础。温州职业技术学院与世界 500 强 ABB 公司共建“ABB 智能技术工程中心”(全国最早)。针对智能配电系列课程，涵盖了智能中低压系统、终端驱动系统、远程运维控制系统等。深入挖掘多种典型 ABB 工业级智能化电器产品在智能配电工程案例中的运用。发挥 ABB 在供配电、电力保护、工业自动化等领域的智能技术优势，对推动温州职业技术学院智能配电方向应用型人才培养模式改革，创新校企联合培养人才的机制有很大的作用。

“ABB 智能技术工程中心”“训研创”基地(见图 7-54)，分为工程基础室(ABB 智能配电实训室)、工程应用室(智能配电联合应用中心)、智能创新室 3 个实验

图 7-54　ABB 智能技术工程中心

室。通过工业现场的实践化教学,培养学生在智能制造与生产系统中设计、系统组装、单体调试、系统联调、故障处理(柔性制造)、大规模系统集成等方面的实战能力。

(二)共建新形态项目化教材

深化教材改革,与行业龙头企业共同开发紧密结合生产实际的系列教材。增加动画、虚拟仿真、微课等配套资源,开发新型活页式、工作手册式新形态教材。

1.校企合作已出版《智能化电器及应用》课程教材

该教材由西安电子科技大学出版社于 2019 年 3 月份出版,整合利用 ABB 公司资源,是全国第一本介绍 HT600 控制系统的高职教材。教材从培养智能配电技能型应用人才角度出发,介绍变频器、软起动器、多功能电力仪表、电动机综合保护装置等智能化电器设备及其典型应用。最后基于 ABB 的 HT600 控制系统,搭建了一个融入多种低压电器设备的智能低压配电系统。目前,该教材已经收入 ABB 智能技术工程中心系列教材(见图 7-55)。

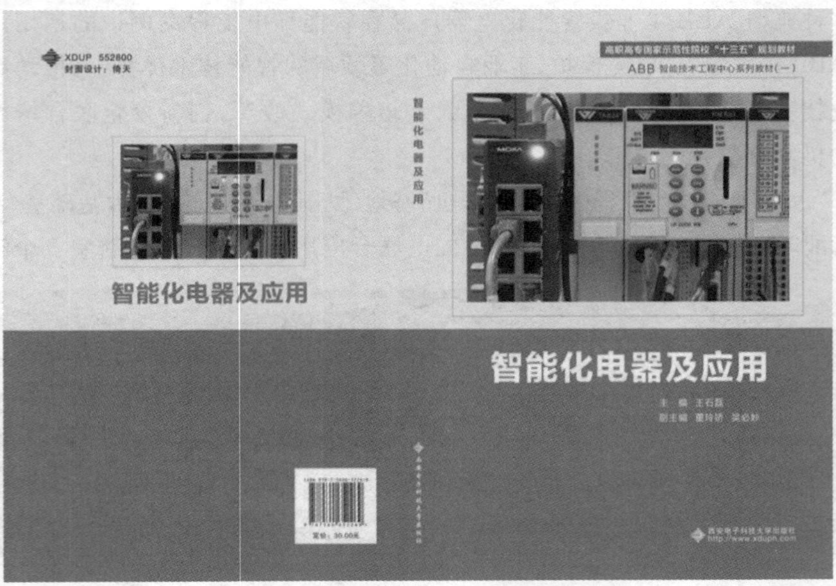

图 7-55 《智能化电器及应用》封面及封底

2. 共建《智能供配电技术及应用》教材

依托温州职业技术学院牵头成立的“长三角高职院校应用技术协同创新联盟”,联合深圳职业技术学院、重庆电力高等专科学校、郑州电力职业技术学院、ABB等院校和企业,由温州职业技术学院王向红副校长牵头组建了《智能供配电技术及应用》教材开发项目组,校企合作共同开发教材。

教材内容基于温州机场空管站智能供配电工程等项目,以设计、集成、施工和运维为主线,将企业相关岗位实际需求的知识点和技能点融入项目设计的各个环节,按照项目设计的过程将课程内容分为智能供配电工程概述、智能配电设备、负荷计算及无功率补偿、供配电系统一次设计、短路计算及设备选择、供配电系统保护、智能配电系统集成、智能配电系统运维8个项目,由浅入深、循序渐进地开展教学,并在对应子任务中融入课程主要的理论知识点,包括供配电系统负荷计算、短路计算、主接线方案、线路和设备选型、系统集成和图纸绘制等理论知识和技能内容。

结合企业工程实际,按照以“电”为主线、以数字化为基础、以智能化为手段的宗旨,将传统元件选型、安装调试、运维检修等电气技术与物联网、工业云服务、人工智能等新技术有机融合,培养配电与IT复合型工程技术人才。

(三)创新教法

1. 坚持以工程案例为导向的项目化教学

将ABB实际智能配电改造案例融入智能配电课程内容,课程学习内容与工程应用有效对接。课程内容基于工程项目,以设计、集成、施工和运维为主线,将职业岗位实际需要的知识和能力融入项目设计的各个环节。并将职业道德、素质等融入项目教学中。

智能配电课程体系计划开展的实际工程项目案例有:

◆CMS(终端智能配电系统)回路数据读取;

◆智能电力监控软件通信数据读取及显示;

◆上江路1#智能泵站排水项目;

◆人民大厦二次供水项目;

◆宁波港3#输送系统项目;

◆温州机场空管站智能供配电工程;

◆城市污水排水智能泵站水泵集控系统。

以工程案例为导向的课程建设,目标是培养学生的主要去向为设计院、研究院、工程公司、系统集成商、成套厂、终端企事业单位,从事配电产品和配电系统的设计、制造、测试、安装、调试、施工、运行、维护以及技术服务工作,并具有一定的智能设备开发能力。

2. 以"三段五环"教学模式,构建探索式项目教学

依据完整行为理念,设计"三段五环"专创融合教学模式(见图 7-56),按课前初探、课中研学、课后"固拓创"组织教学活动,通过引导知识探索,将学生的

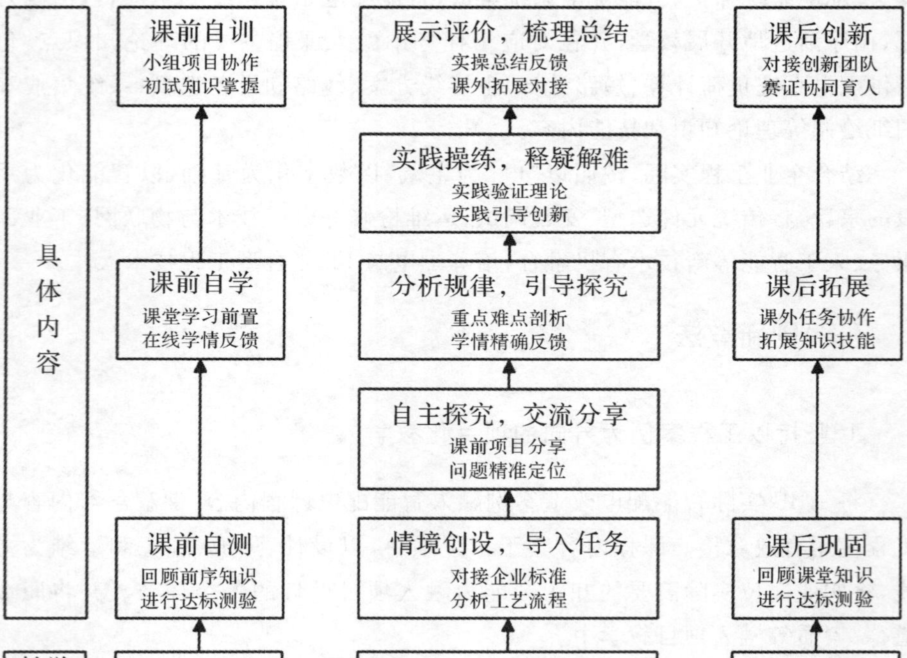

图 7-56 "三段五环"教学模式

能力培养与创新实践有机结合，培养学生的创新能力和创新意识。课前按“自测自学自训”3 步完成旧知巩固、新知引入和项目研讨，课中以“导→探→引→练→评”5 个环节掌握重点、突破难点，课后通过“巩固—拓展—创新”3 个环节层层递进提升创新实践能力。

（四）构建教学团队

建立由校内专任教师与企业技术骨干相结合的“高水平、结构化”师资队伍，校企共同承担课程教学、教学资源开发与科研项目攻关，以国家高水平专业群建设为契机，师资团队综合实力得到进一步提升。

1. 加强教师的专业实践能力培养

ABB 定期为温州职业技术学院专业教师开展培训。在校专业教师具备 ABB 智慧电力数字化应用中级讲师、1＋X 智能配电集成与运维职业技能培训师、考评员资格等行业资质（见图 7-57）。

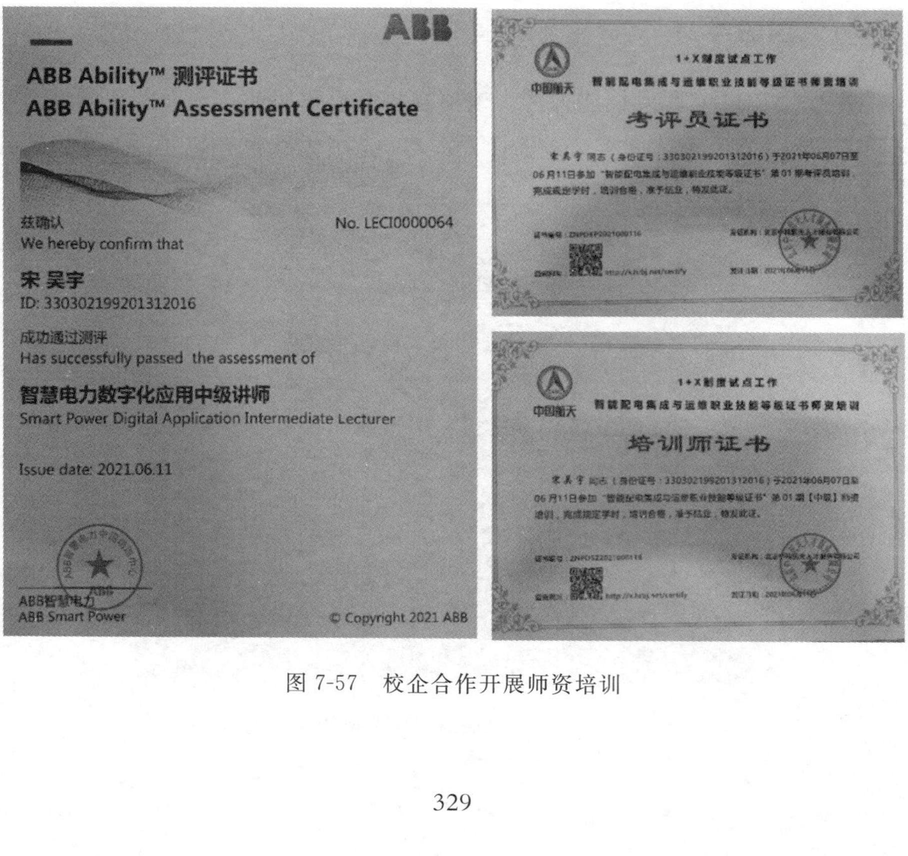

图 7-57　校企合作开展师资培训

2.积极引进企业、一线兼职教师,教师团队结构不断优化

目前拥有企业兼职教师10人,承担了授课、实习实训指导、毕业论文指导等实质性教学任务,承担的专业课教学任务授课课时达到了专业总课时的25%(见图7-58)。

图7-58 企业兼职教师发布课堂教学任务

(五)技能竞赛

举办"ABB杯"职业技能大赛。该项赛事由温州职业技术学院智能制造学院同ABB校企合作共同举办(见图7-59)。该项赛事旨在以赛促学,技艺比

图7-59 2020年"ABB杯"职业技能大赛现场

拼，不断提高学生的智能配电设备、智能电力监控系统、现场总线等综合应用实践能力。参赛的学生根据要求将教学岛的智能电量仪表、变频器等通过现场总线在后台显示、远程控制并现场安装调试。比赛均邀请来自电力、水利、民企等行业专家评判。大赛的内容、形式及学生的技能水平得到业内专家的极大肯定与赞赏。

三、特色与成果

（一）校企合作有深度，服务地方产业发展

与 ABB 技术人员合作开展智能电器应用工程实践项目，基于工程实践案例等对企业员工、教师等开展智能电器应用等方面的技术培训。教师将实际应用、培训中的各种问题反馈到教学实践中，又促进了课程内容等的更新与素材资源（企业工程案例等）的积累。已为地区电器名企、浙南地方设计院、电力局、本科院校等开设 8 次技术培训（见图 7-60）。

图 7-60　开展社会技术培训

（二）“智能配电联合应用中心”建设走在全国同类专业前列

“智能配电联合应用中心”建设内容源于工程实践，学校与世界 500 强

ABB 双方在实验设备、教材资源开放、人才培养等方面展开深度校企合作。该中心所有设备及系统均为工业级系统,学生在工程中心可在温州职业技术学院专业教师和 ABB 电气工程师的指导下开展智能配电系统 CDIO 项目化学习。该中心经过 5 年的运行,共为浙南地区输送了 320 多名专业技术人才,其中就业于设计院的有 22 名、市政单位的有 53 名,为温州智能配电行业输送了 150 多名技术型人才。

(三)支持毕业生就业

由教师、企业工程师联合指导,提供智能配电企业真实项目作为毕业设计选题,包括温州医科大学智能配电项目改造、温州机场智能配电项目等(项目负责人带领学生与企业人员一起,实际参与工程调试)。支持学生在后续顶岗实习、就业等方面,从事智能配电应用方面的技术工作。近 3 年来,温州职业技术学院智能制造学院优秀毕业生经考核合格,被 AAB 录用先后已达 20 余人,另有数十名学生将推荐到 ABB 覆盖的全球 10000 家合作企业进行实习和就业。

第八章　研创一体化，打造"双创"新标杆

温州智能装备"双创"人才的摇篮

——浙南轻工装备智能制造基地

关键特征：依托浙江省轻工机械、服装产业和低压电器及温州企业综合服务四大平台，联合政府、行业、企业和高校合作组建的浙南轻工装备智能制造基地，通过虚拟化设计、数字化生产、智能化管控、大数据驱动四大平台助推温州电气、泵阀、汽摩配、装备制造及浙江省八大万亿级产业转型升级。2019 年被教育部认定为国家级协同创新中心，成功入选 2019—2020 年度浙江省产教融合工程项目。

创新要点：汇聚学校专业群、行业企业、政府和社会多线力量，通过"一个基地、四大支柱、多线联合"运作体系，创新专—本—硕人才培养模式，构建实习、实践、研发综合性集成实训平台，深化教育链、人才链、产业链与创新链四链融合。

一、基地简介

温州是中国轻工基地,也是浙南装备基地。以电器装备、包装印刷机械、食品药品机械、鞋服装备等为代表的轻工装备是浙南的优势特色产业,也是实现与电器、包装、鞋服等本地支柱产业融合集聚发展的重要基础。但是浙南轻工装备存在新技术应用滞后、管理落后、劳动密集等主要问题。温州职业技术学院利用植根温州30多年的良好基础,在"中国制造2025"纲领指导下,依托已有的省轻工机械、省服装产业和省低压电器和温州中小企业服务四大平台,对接区域轻工制造和装备提升重大需求、行业校企融合发展需求、温州校地融合建设需求,联合政府、行业、企业和高校组建浙南轻工装备智能制造产教融合基地,助推浙江省八大万亿级产业转型升级。

浙南轻工装备智能制造产教融合基地的前身为浙南轻工装备智能技术协同创新中心,于2015年10月挂牌成立,是经温州市政府认定的重大协同创新平台,2017年10月被认定为第一批浙江省应用技术协同创新中心,2019年获教育部认定。当前基地下设虚拟化设计技术培训与应用服务中心、数字化生产技术培训与应用服务中心、智能化管控技术培训与应用服务中心、大数据驱

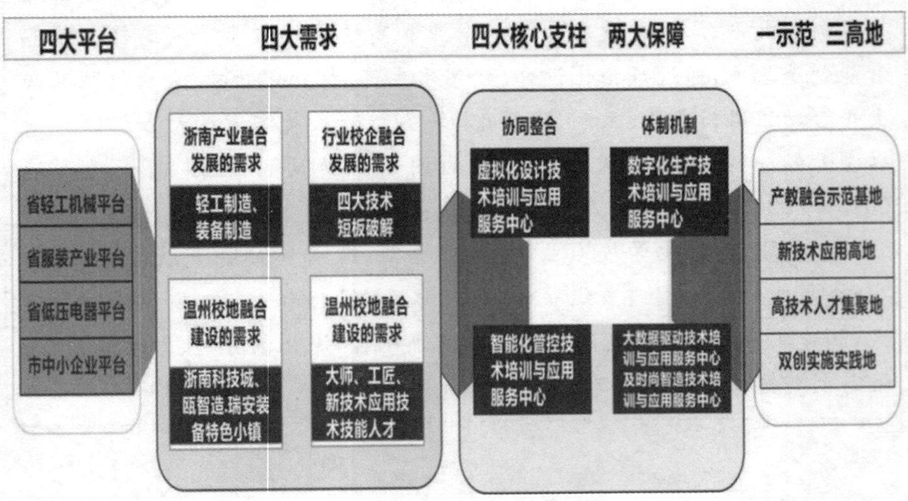

图8-1　浙南轻工装备智能制造产教融合基地建设总体思路

动技术培训与应用服务中心四大支柱平台，基于协同融合和体制机制两个保障，构建起轻工装备智能人才培养、技术研发、应用推广、行业服务为一体的立地式协同创新体系，从而努力打造成为全国高职院校产教融合示范基地，温台丽地区标杆型的新技术应用高地、高技术技能人才聚集地和“双创”实施实战地（见图 8-1）。

浙南轻工装备智能制造产教融合基地集聚了 CAD & CG 国家重点实验室等多个创新平台和企业研究院的人员，共有在职人员 100 人，其中共享院士 1 人、首席专家 1 人、技术领军人才 11 人、技术骨干与管理骨干达 60 余人，高级人才占 60%。现有省市级研发团队 5 支，共建技术平台 19 家，并遴选出企业和院校的技术专家组成双元制应用技术领军人才 14 人作为人才保障。同时基地成立理事会，常设办公室负责平台运行维护和管理事宜（见图 8-2），并提供独幢办公大楼。基地提供零租金技术研发和人才培养的场地借用，共计 15678 平方米；提供零盈利的设备共享和开放实验，设备总值共计 16439 万元；提供零费用的渠道合作、中介服务和品牌共享。

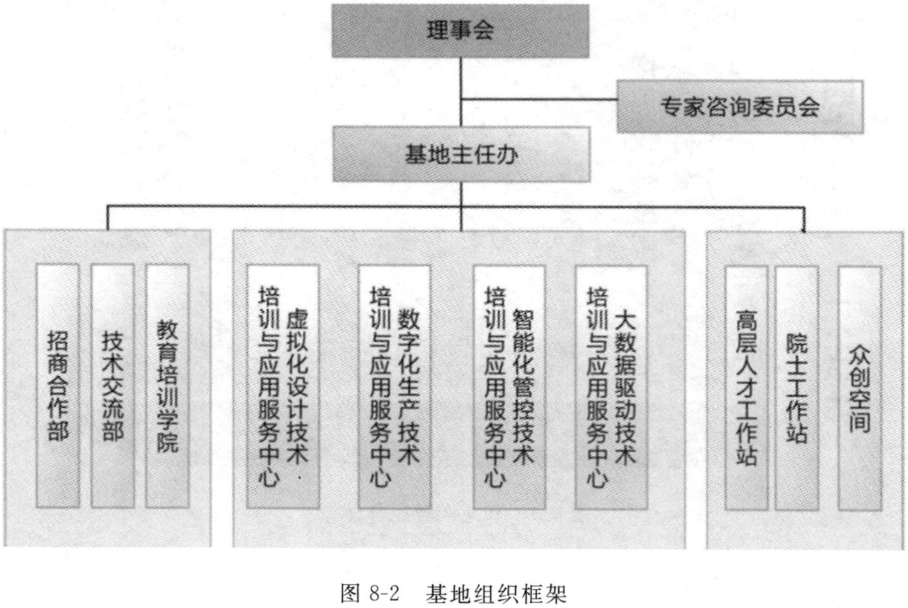

图 8-2　基地组织框架

二、基地产教运作体系

浙南轻工装备智能制造产教融合基地建设按照“人才技术集成供给、政产学研转创六驱推进”的模式,以基地为核心,聚集校内外各种人才培养要素和资源,搭建具有符合未来场景沉浸、模式智慧、功能齐备的智慧化支撑基础,建设以虚拟化设计、数字化生产、智能化管控和大数据驱动为支柱的 4 个技术培训与应用服务中心,汇聚学校、行业企业、政府和社会多线力量,构造“一个基地、四大支柱、多线联合”的体系(见图 8-3)。

图 8-3　基地产教运作体系

(一)一个基地

“一个基地”即浙南轻工装备智能制造产教融合基地,是面向温州及周边产业或企业实施智能制造提升的方案供给、系统集成以及咨询服务的综合运维平台。基地依托智能制造专业群，以温州职业技术学院机械设计与制造、电气自动化等一批省优势特色专业（见图 8-4）为支撑，通过基地平台一方面满足温州相关高等院校和职业院校的教学实训需求，为社会培养高素质技术技能人才提供实训基地；另一方面通过产学研创结合，为行业企业提供技术支持及解决方案、高技能人才培训、工程技术人员继续教育、新职业开发和技术创新等服务。

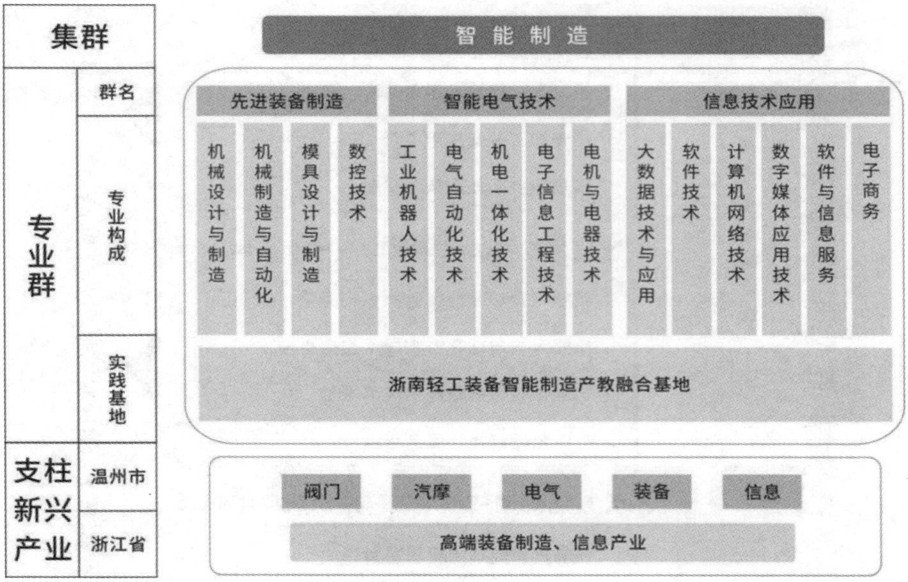

图 8-4　基地相关优势特色专业群构成与布局

（二）四大支柱

“四大支柱”是指直接围绕制造业创新链中设计—制造—控制—管理等核心节点，构造以虚拟化设计、数字化生产、智能化管控和大数据驱动为支柱的 4 个技术培训与应用服务中心（见图 8-5），以贯穿数字化车间、智慧化企业、协同化产业 3 个层级的人才培养培训、应用技术研发、创新创业服务等工作实践培训工作，并辐射到温州电气、泵阀、汽摩配、装备制造等支柱或新兴产业。

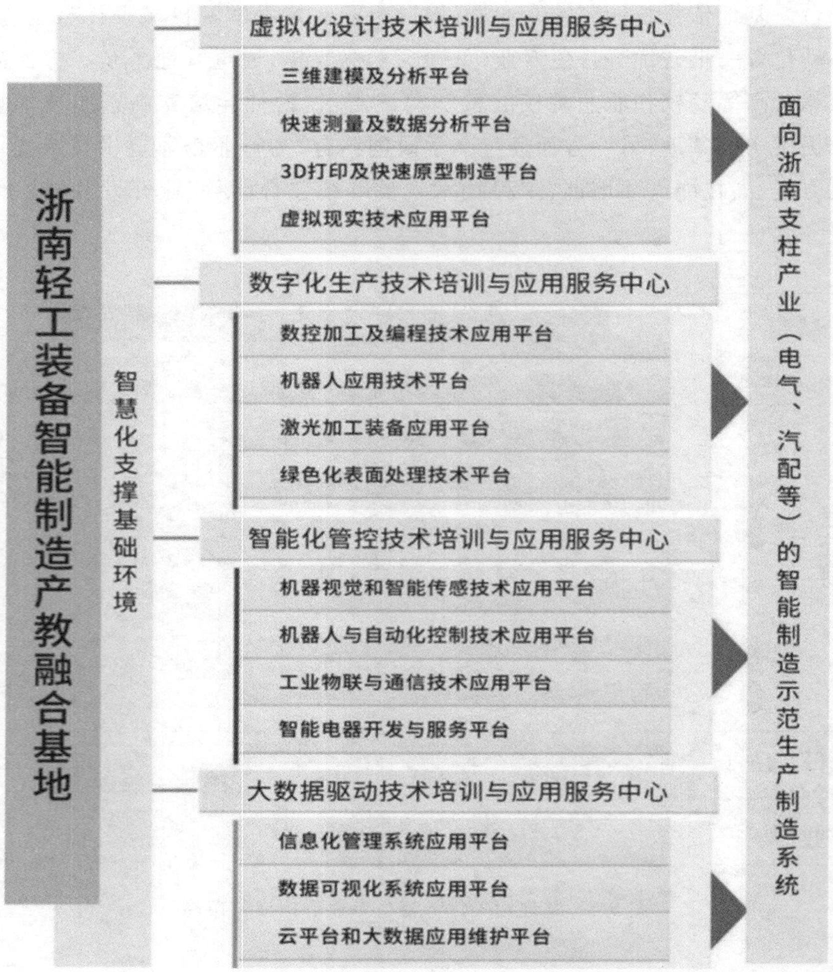

图 8-5　基地四大支柱模块功能

1. 虚拟化设计技术培训与应用服务中心

以机电产品的快速设计开发为目标,提高产品在营销、设计、加工、推广和维护的可视化水平,弥补温州企业在三维设计、反求设计、快速模具开发和推广运维等方面的短板,构建产品开发前端的全流程虚拟化技术培训的相关应用技术推广。具体建设内容包括:三维建模及分析平台、快速测量及数据分析平台、3D 打印及快速原型制造平台、虚拟现实技术应用平台。

2. 数字化生产技术培训与应用服务中心

以数控加工中心、机器人、AGV 和物料仓库为重点的生产过程数字化装备的应用为重点，并融合了激光加工等特种加工技术和 PVCD 等绿色制造工艺，提供包括新装备、新工艺应用技术的培训和推广。具体建设内容包括：数控加工及编程技术应用平台、机器人应用技术平台、激光加工装备应用平台、绿色化表面处理技术平台。

3. 智能化管控技术培训与应用服务中心

结合新型控制器、智能传感器、总线和低功耗广域网（LPWAN）的应用，推进其温州智能电器、仪器仪表、智慧感知终端和控制器等行业内的嵌入式系统开发与应用，推进制造设备和终端产品的数字化、网络化改造，进行设备、装置和终端开发与技术应用培训。具体建设内容包括：机器视觉与智能传感技术应用平台、机器人与自动化控制技术应用平台、工业物联与通信技术应用平台、智能电器开发与服务平台。

4. 大数据驱动技术培训与应用服务中心

结合大数据、云平台的应用，在中国电信、中国移动等数据通信运营商的支持下、与德国 SAP 公司、用友、金蝶等合作，在数据集成的基础上，引入 MES、PLM/PDM、SCM 等系统供应商，推进面向大数据驱动的系统集成和 CIO 人员培训。具体建设内容包括：信息化管理系统应用平台、数据可视化系统应用平台、云平台和大数据应用维护平台。

（三）多线联合

“多线联合”是指围绕智能制造新技术应用的落地，联合国内外院校、机构和系统供应商等的技术、资金和人才等多方面资源，开展产品智能化、设计虚拟化、加工数控化、过程自动化、管理信息化、运维网络化、产业协同化等多维度的人才培训培养、应用技术研发、创新创业孵化等多方面服务工作，以适应不同行业、不同企业在推进实施智能制造时的不同路线选择和现实需求，实现资源整合、应用集成、服务多元的人才技术供给。

基地以核心技术和重大任务为牵引，联合中国机械科学研究总院、中国机械工业联合会、浙江大学等院校平台,发挥“共享共赢、融合创新”的机制优势,通过与 ABB、SIMENS、FANUC、BOSCH、FESTO、SAP 等国际企业及奔腾激光(温州)有限公司等本土优势企业的合作,推进校企深度合作(见图 8-6)。

图 8-6　基地组建单位

三、基地资源保障

(一)资金投入

为扩展基地服务广度、深度和力度,在现有运行基础上,在平台建设、人才引进、设备购置和技术开发等方面持续投入,以确保基地持续发展。基地项目总投入共计 2.4869 亿元。

1.基本建设资金投入

在茶山校区内新建4层智能制造公共实训与服务中心，地上面积9675平方米，地下一层面积3920平方米，工程概算8430余万元。各年度资金及项目进度安排如下：2018年度投入1069.8万元，完成校园总体规划设计调整、工程项目立项、扩初方案设计、施工招标、进场等工作；2019年度投入4200万元，完成主体工程、装饰设计招标等工作；2020年度投入3160.2万元，完成室内装修工程、室外配套工程施工和项目竣工验收，并同步完成配套实训设备采购与安装工作。

2.仪器设备资金投入

仪器设备投入约为16439万元，2018年投入约2409万元，2019年投入约1601万元，2020年投入4866万元，2021年投入4935万元，2022年投入2629万元。

3.各中心模块资金分配

各中心模块资金分配情况，如表8-1所示。

表8-1　资金投入分配汇总

项目	资金投入	
	金额/万元	比例/%
基建工程建设	14375.20	49.57
虚拟化设计技术培训与应用服务中心	519.70	1.79
数字化生产技术培训与应用服务中心	4867.93	16.78
智能化管控技术培训与应用服务中心	3400.07	11.72
大数据驱动技术培训与应用服务中心	1706.16	5.88
时尚智造技术培训与应用服务中心	4133.00	14.25
合计	29002.06	100

（二）合作单位

基地充分调动学校、政府、企业的优势资源，以“课程为点、专业为线、专业群为面、育人为体”,着力构建“政学产研合力推进、点线面体协同发展”的校企深度合作模式,将校企深度合作的基因植入学校育人、企业创新中,推动校企合作迈向新高度。该基地已经与国内多家知名企业建立了初步的合作关系,将以“横向拓展、纵向深入”的操作思路推进校企合作各项工作的开展(见表 8-2)。

表 8-2 校企深度合作情况

序号	合作企业	合作内容
1	金蝶集团	(1)建立金蝶产教融合订单班 (2)构筑面向浙江省各地区的企业信息化服务平台 (3)成立温州职业技术学院金蝶培训考试认证中心 (4)人才培养方案论证、教材开发、毕业设计联合指导、学生竞赛、课程开发、课题项目申报、实验教学项目申报等合作教学活动 (5)金蝶负责为教学提供应用案例 (6)教师参与企业项目实施、研发等 (7)校企双方人才互通,金蝶相关技术专家来校授课、作技术专题讲座等,学校相关教师到企业作技术专题讲座、员工培训、客户培训等
2	杭州安恒信息技术股份有限公司	(1)企业与学生团队合作成立温州风暴中心技术服务团队 (2)校企共同打造网络安全实战人才培养的“安恒—温州职业技术学院模式” (3)校企双方就网络安全实战型人才共同制定职业资格标准 (4)校企双方共建专业教学资源库,包括岗位职业标准、基础课程资源、教材建设、实训项目建设 (5)打造面向具体职位的微专业(专业方向)及其相应的课程包 (6)开展安全运维工程师订单班、应急响应工程师订单班 (7)建设网络安全攻防实训平台,为人才培养和社会培训提供教学实训基地 (8)提供网络安全专管员技术培训、信息等级保护培训、CISP培训等对位技术培训服务等 (9)成立“杭州安恒信息技术有限公司温州技术服务中心”和“安恒信息安全产业学院”

续表

序号	合作企业	合作内容
3	华为技术有限公司	(1)成立了“华为信息与网络技术学院” (2)建立华为认证培训中心 (3)共同建设华为生态圈 (4)构建华为网院企业云计算实训室 (5)企业帮助学校快速构建新学科核心教学资源 (6)企业提供教师培训的机会 (7)参加华为人才联盟，学生可获得推荐华为产业链就业
4	ABB公司	(1)ABB公司参与专业培养方案、课程标准的制定，参与课程资源与教材开发，参与学生教学环节 (2)ABB公司负责实施ABB智能配电联合应用中心、ABB智能技术工程中心等实训室的规划和建设工作 (3)ABB公司参与并赞助校内学生技能大赛 (4)为优秀毕业生提供就业 (5)共建全生命周期智能制造生产示范线1套
5	泰力公司	(1)联合培养国际留学生 (2)建立电气专业群订单班 (3)人才资源共建共享 (4)共建“泰力—温州职业技术学院精益生产研究中心” (5)共建实习教学基地 (6)提供高质量就业岗位
6	蔡司(中国)	(1)共建“温州职业技术学院测量实训中心” (2)在学校成立德国蔡司浙南地区技术中心AUKOM计量能力国际认证浙江培训基地 (3)共建温州地区产品检测和快速修模中心，学生机械加工能力和成绩的考核中心等 (4)每月开展蔡司专家和产教融合基地定期研讨会，共同讨论并解决测量技术难题 (5)每季度定期邀请德国/中国总部专家来校开展专题讲座
7	华联机械集团有限公司	(1)共建学生暑期社会实践基地 (2)共同完成中非国际留学生班级的教学任务 (3)共同开发新产品，研究新技术 (4)建设共享性生产性实训基地

续表

序号	合作企业	合作内容
8	瑞安经济开发区管理委员	(1)建立产教融合型现代学徒制培养·就业一体化预就业班 (2)产教融合型现代学徒制招生·培养·就业一体化经开区营销一体化班(以下简称"一体化班") (3)打造一批校外实践基地 (4)建立联盟在师资、技术、场地、设备、管理方面的资源共享 (5)开展"职业文化月"等人文素质类活动 (6)建设瑞安市智能制造服务公共平台 (7)建立产教融合信息服务平台 (8)与基地共建温州市智能制造产教融合联盟
9	乐清经济开发区	(1)建立科技研发、服务共享机制 (2)共建实训实习基地建设 (3)提供学生就业岗位 (4)计划共建"温州职业技术学院一乐清经济开发区产教融合联盟"

四、基地服务成效

(一)教学育人成果

基地以深度契合浙南社会发展、轻工装备制造产业升级以及学生发展的"三层次需求"为导向,自成立以来荣获国家教学成果奖一、二等奖 4 项,建设国家教学资源库 2 个、国家级实训基地 6 个、国家精品课程 8 门,编写国家级教材 40 余本,创建国家 1+X 证书制度试点 41 个。现有国家"万人计划"教学名师 3 人、全国高校黄大年式教师团队 1 支、国家级教学团队 3 支,国家级"双师型"教师培养培训基地 1 个,各类国家、省市人才超 200 人,并获全国职业院校教师教学能力比赛一等奖。基地培养的学生近 5 年获国家级大赛奖项 150 余项、国际奖项 60 余项。

（二）科研技术成果

科研成果《多模式电磁场可控涂层技术及装备研发》获得 2019 年度浙江省科技进步一等奖，温职院成为国内为数不多的以第一完成单位获省部级科技进步一等奖的高职院校。其中，具有代表性的主要有表 8-3 中的 5 项。

表 8-3　近 3 年来基地科研技术成果

类别	2019 年	2020 年	2021 年	合计
论文总数/篇	134	129	105	368
权威级、一级论文/篇	23	16	27	66
发明专利授权数/项	118	139	110	367

（三）社会服务成果

面对新一轮科技革命与产业变革，基地坚持立地式研发，促进新技术应用，产教融合共育创新创业人才。基地拥有浙江省轻工装备智能技术协同创新中心等省、市、院三级研发平台 22 个，其中省级平台 3 个、市级平台 5 个；开发了一批高端智能装备技术，已获得专利 550 项，其中发明专利 264 项，并转让 167 项，实施技术开发 172 项，获得省市各项支持 208 项，实施技术技能专项培训和咨询服务 600 余项，实施技术培训 13000 多人次；设有国家级“温州产业科技众创空间”，依托科研平台，对接学生创新创业团队，培养新技术应用人才，助力浙南地区新兴产业发展。

五、基地亮点特色

基地充分发挥其现有优势和特色，进一步整合内外部资源，推动浙南轻工装备智能制造产教融合基地和产业深度融合，在应用技术创新、技术技能人才培养、技术及工艺积淀方面发挥示范引领。归结起来有以下 6 点。

(一)创新多种人才培养模式,共育高技术技能人才

一方面,基地针对在校学生,构建从高职、本科到专业硕士的复合创新人才协同培养体系。温州职业技术学院与温州大学通过师资联聘、课程共建、场地共享联合培养四年制电气自动化和机械工程高职应用本科和学位硕士,建立了“专一本一硕”相贯通的人才培养体系,为地方轻工和轻工装备企业输出一线工作的高技能技术人才8000人,连续多年实现就业率98.6%以上。另一方面,基地针对在职人才,利用产学研创产教融合平台培养企业技术骨干。利用浙江大学机械工程学院的国家重点实验室,为共建单位培训骨干技术人员263人,联合华中科技大学温州先进制造技术研究院共建国家数控技术紧缺型技能人才培养基地,与奔腾激光温州有限公司校企导师进行激光器装调、控制系统调试、机械零部件安装及激光特种加工工艺的培训等。

(二)共创实习实践集成平台,推进产学研能力提升

针对当前电气、泵阀、汽摩等行业转型提升紧迫性,结合温州积极发展的高端装备、激光光电、信息经济等新兴产业技术导向,参照智能制造的应用模型,按照“自上而下的规划、自下而上的推进”模式,构造包括传统加工机械、数控机床(CNC)、特种加工设备、3D打印和扫描设备、机器人、AGV、立体仓库等基础设备群,并在设备购置和流程优化的基础上,购置或开发符合规模化定制要求的智能制造应用系统,实现多系统综合、“训研创”复用,发挥人机协作的高水平集成优势,从而为跨学科、多方向的产学研提供可满足不同行业特征、不同企业需求的单元化基础系统平台和集成化推广应用示范。

(三)探索产教融合区域联盟,共建育人长效机制

结合浙南地区电气、泵阀、汽摩配等支柱产业及高端装备、信息服务产业提升转型的需要,立足自身的设备能力和集成优势,一方面不断推进面向企业和行业的全方位、多层次的产学研合作,另一方面加强和中国机械科学研究总院、中国机械工业联合会、浙江大学、ABB、SIMENS、FANUC、BOSCH、FESTO、SAP等国内外相关高校、科研机构、终端设备和系统集成商合作,通过纵合联横推进浙南区域的智能制造产教融合发展联盟,推进中心的技术承载和资源整合能力的持续提升。

六、基地未来计划

（一）成为职业教育在新常态下转型升级的“助推器”

深化产教融合发展，再造和创新符合智能制造实际的“训研创”职业教育与培训新模式，促进面向智能制造的“双创”人才培养和企业员工培训，为温州及浙南地区提供优良和充足的人才供给。平台建设完成后，将实现包括机、电、信息以及相关设计、制造类专业建设的改造，引进或培养智能制造相关专业双师型教师 80 名，提供年均 2 万余人次的各类智能制造技能实训，可对外提供企业员工实战化演练的短期专项培训 3 万余人次，通过两年的运作，基本可满足温州及周边地区骨干企业在智能制造重点环节的技能人才需求。

（二）成为企业实施“智能制造”技术实践的“导航器”

推动产业加速转型升级，促进行业企业提升，打造和提供符合地方产业推进智能制造应用的系统化参考，形成地区推进智能制造发展的示范模板。在“训研创”一体化公共服务平台，可集成机电信息多种支撑技术，覆盖电器、泵阀、汽摩配、装备制造和信息技术等支柱产业，涉及专业 20 余个，每年培养相关人才 3000 人，直接受益学生 8000 多人；为千余家企业提供有效技术支持和服务，解决智能制造在龙头骨干企业实施应用难题 100 余项，预计通过服务为企业创造超过 10 亿元产值增长，促进地方支柱产业智能化水平显著提升。

（三）成为“双创”人才培养和新产业培育的“孵化器”

推动创新创业支撑示范，促进创新人才的培养，构建以技术和管理、营销创新为优势的创新创业的综合集成体系，形成面向温州及海西经济区“双创”人才和技术资源富集的开放载体。在“训研创”一体化公共服务平台支撑下，可实现包括机电产品、创意设计、电子商务、两化融合、系统托管等在内的多种产品或服务的孵化，计划可年培养“双创”人才 1000 名，实现成果转化 100 项、核心技术专利 800 件、孵化技术型服务平台或科技型初创企业 30 家。

“三环一链”打造数字经济产业创新实训大楼

关键特征:依托学校信息技术应用、先进装备制造、智能电气、时尚产品设计及中小企业经营管理五大专业群,通过与联通、华为、安恒等龙头企业合作,实现集成数字化设计、数字化制造、数字化营销等数字产业生态的实训场景构建,推进多学科跨专业综合实训、产业数字化技术服务及数字经济创新创业孵化工作的开展。

创新要点:创新实训大楼以“三环一链”为逻辑主线,数字化设计、制造与营销形成一个数据管理平台,打通设计、制造、营销的数据,形成以数字集成链贯穿衔接的工业大数据闭环,实现专业与企业间共用共享共建共赢。

一、创新实训大楼简介

为贯彻落实浙江省委省政府关于全面实施数字经济“一号工程”和争创国家数字经济示范省的要求,配合温州市数字经济五年倍增(2018—2022年)计划的实施,加快温州区域产业在“互联网+”时代的转型升级,推进温州市数字产业化、产业数字化发展,助力浙江大湾区融合发展和海西经济区全面繁荣,积极培养符合未来数字产业高技能工程应用人才,温州职业技术学院承担数字经济产业创新实训大楼的建设任务,打造集“训研创培”于一体、既成为服务在校学生的跨专业融合的一流实训基地又成为精准服务地方的新型公共服务平台。

数字经济产业创新实训大楼依托学校已有信息技术应用专业群、先进装备制造专业群、智能电器专业群、时尚产品设计专业群、中小企业经营管理专业群,通过与联通、华为、安恒、奇安信等行业龙头企业及奥康等本土优势企业的合作,实现链接集成数字化设计、数字化制造、数字化营销3个数字产业生态的实训场景构建,推进多学科、多专业的融合的产业数字化技术服务工作开展,开展符合行业企业需求的定制化人才培养培训和应用技术开发等服务,推行多层次的创新创业团队建设和科技平台的孵化。

创新实训大楼总投资 6695 万元，其中基本建设经费投入共计 4000 万元，新建四层 10000 平方米装配式钢结构，投入仪器设备经费总计 2695 万元。建设期为 3 年，2019 年度投入 1000 万元，2020—2021 年度投入 3000 万元。通过项目实施，引进或培养数字经济相关专业“双师型”教师 80 名，每年提供 2 万人次的各类数字经济技能实训，提供企业员工实战化演练的短期专项培训 3 万人次，培养和输出新技术应用人才 3000 人，直接受益人群 8000 多人；为 1000 余家企业提供有效技术支持和服务，孵化技术型服务平台或科技型初创企业 30 家。

二、创新实训大楼布局

（一）数字化设计实训空间

数字化设计环以“测量—建模—原型—呈现”的产品设计过程为主线，拥有快速测量实训空间、数字化建模实训空间、快速原型（3D 打印）实训空间、虚拟现实实训空间、BIM 实训空间，并将所有实训过程设计数据采用 PDM/PLM（产品数据管理系统/产品生命周期管理）进行数字化管理，纳入数字化集成链中。其布局如图 8-7 所示，其功能定位、建设内容和建设方式如表 8-4 和图 8-8 至图 8-13 所示。

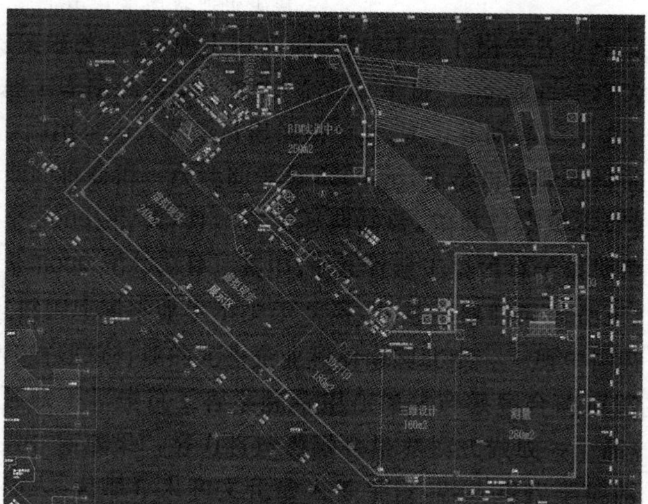

图 8-7　数字化设计环整体布局

表 8-4　数字化设计实训空间

序号	名称	功能定位	建设内容	建设方式
1	快速测量实训空间	开设三维测量与数据反求逆向工程的技能实训教学；承担竞赛集训，三维造型设计师技能证书考核，提供创客创新创业项目技术支撑；为企业提供数字化产品逆向设计制造及工艺研发	主要配备三维扫描仪和配套数据处理电脑以及多媒体教学设备	与杭州先临三维科技股份有限公司共建，企业方提供建设参考方案，并提供三维建模和逆向软件、3D打印技术支持以及教师培训
2	数字化建模实训空间	开设CAD快速产品三维建模设计的技能实训及考核；承担竞赛模型设计研发，提供创客创新项目技术支撑；为企业提供数字化设计技术培训，关键技术研发	主要配备电脑和配套正逆向设计软件以及多媒体教学设备	
3	快速原型(3D打印)实训空间	开设3D打印快速成型技术的技能实训、社会技能培训和三维造型设计师、3D打印技术职业技能证书考核；承担竞赛模型研发制作，提供创客创新项目技术支撑；为企业提供模具快速设计、打样，机械设计与零件快速制造	主要配备并联式3D打印机和配套数据处理电脑以及多媒体教学设备，配备智慧实训室管理系统	
4	虚拟现实实训空间	提供学生虚拟现实岗位课程技能实训；1＋X技能考核；国赛世赛等竞赛集训；师生社会服务；工业应用研发服务；虚拟现实展示	分为VR展示体验区、技能实训技能考核中心、竞赛集训中心、师生社会服务中心等四大区域。主要配备电脑和虚拟现实头戴设备、全息投影、互动展示设备	自行设计、自行采购
5	BIM实训空间	满足日常智能建造专业群BIM一体化系列课程教学实训的需要；为行业企业提供BIM技术支持及解决方案、人才培训及工程人才继续教育、新职业开发和技术创新等服务	划分为BIM综合实训区、BIM技术服务区、BIM协同创新与展示区、智慧工地实训教学体验区4个功能区。实际使用面积预计400平方米	与广联达有限公司共建，企业方提供配套软件，温职院负责室内装修、硬件设备、实训座椅

图 8-8　快速测量实训空间效果

图 8-9　VR 展示体验区示意

图 8-10　技能实训技能考核中心示意

图 8-11　竞赛集训中心示意

图 8-12　BIM 综合实训区效果

图 8-13　BIM 协同创新区效果

（二）数字化制造实训空间

数字化制造环按照“设备—产线—工厂—工业互联网”从局部到整体的逻辑

主线,拥有机器人应用、机器视觉应用、工业互联网安全、数据运维、工业互联网开发、云计算运维6个实训空间,应用云计算、人工智能、大数据、区块链等新技术,以MES、ERP等作为数字化管理工具,纳入数字化集成链中(见图8-14—图8-19)。其布局如图8-20所示,其功能定位、建设内容和建设方式如表8-4和图8-14至图8-20所示。

表8-4 数字化制造实训空间

序号	名称	功能定位	建设内容	建设方式
1	机器人应用实训空间	开展机器人生产线应用技术方面的实训教学、社会培训与技术服务,重点包括机器人运动控制、电气集成、应用编程等	(1)教学区 (2)ABB机器人实训平台区域 (3)机器人竞赛设备与数字化功能展示区	自建
2	机器视觉技术应用实训空间	开展机器视觉生产线应用技术方面的实训教学、社会培训与技术服务,重点包括机器视觉技术在生产线上的产品外观质检、输送线上产品位置自动定位与机器人引导应用等	(1)实训教学区 (2)展示区与研究中心	将与欧姆龙公司共建,企业方提供方案,建立欧姆龙企业服务中心
3	工业互联网安全实训空间	打造情景化的实战场景,满足专业教学及实践实训需要,同时服务于本地的网络安全工作及人才队伍建设	(1)网络安全攻防实验室 (2)红蓝对抗演练实训室 (3)城市安全指挥中心 (4)网络安全展示厅	与浙江安恒信息技术有限公司合作建设,由企业方提供设计方案、部分软硬件设备;温职院提供部分基础设施设备
4	数据运维实训空间	借助章鱼大数据平台,及金蝶、用友、伯俊等国内著名软件企业提供的软件平台和企业真实应用案例,提供大数据基础平台、金蝶ERP、用友ERP、伯俊分销等大型信息系统的实训,实现大数据系统和大型信息系统的应用、维护、实施及二次开发等功能	(1)物联网大数据采集和运输行业大数据平台展示区 (2)数据运维技能实训中心	物联网大数据采集和运输行业大数据平台展示区域将与易天科技有限公司和华龠科技有限公司共建,企业方提供产品方案和详细规格参数,温职院适当购买显示设备;数据运维技能实训中心将由信息技术系实训科统一规划新建

续表

序号	名称	功能定位	建设内容	建设方式
5	工业互联网开发实训空间	主要功能以熟练使用工业生产线智能应用为基础能力，进一步融入商业实践、技术实践及交叉学科内容	(1)3个展示区(移动互联网智能交通沙盘展示区、四自由度工业互联网手臂协作开发平台展示区、Pepper 机器人展示区) (2)一个技能实训中心 (3)一个竞赛集训中心	3个展示区分别与杭州弘翌科技、越疆科技、软银集团合作共建。企业方提供方案和详细规格参数、资源库等，温职院负责室内装修和购买相关软件。技能实训中心和竞赛集训中心将由信息技术系实训科统一规划新建
6	云计算运维实训空间	提供学生计算机网络基础、网络设备与组网等课程的实训室；1＋X 技能考核；国赛、世赛等竞赛；师生共同承接企业真实项目；网络工程布线和云计算相关成果展示功能	(1)网络工程布线墙和云计算产品展示区 (2)技能实训技能考核中心 (3)工匠工坊与竞赛集训	设备由原实训教室搬迁，并根据设计等采购相应配套设施

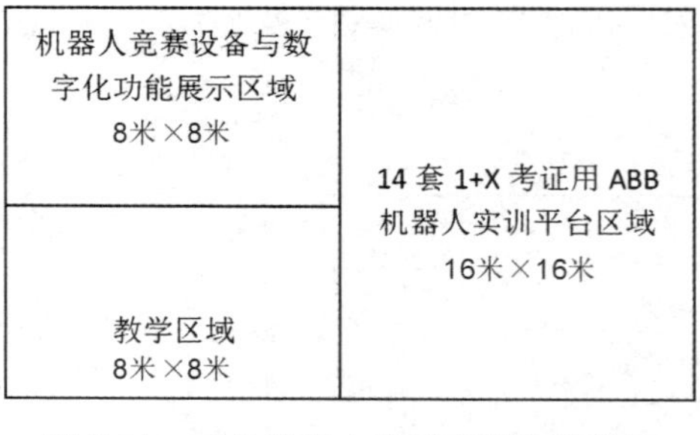

图 8-14　工业机器人应用实训空间布局

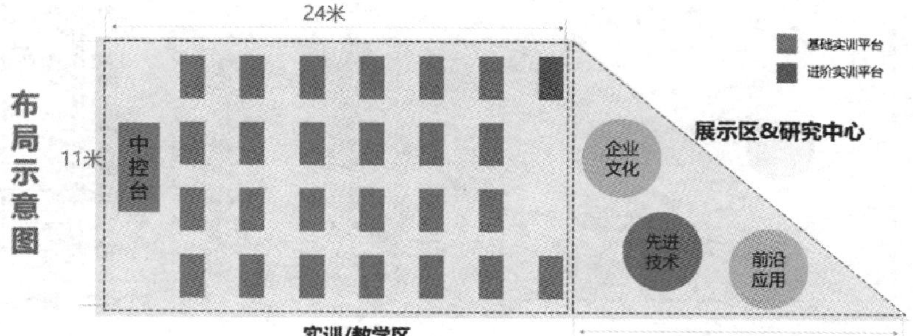

图 8-15　机器视觉实训空间布局

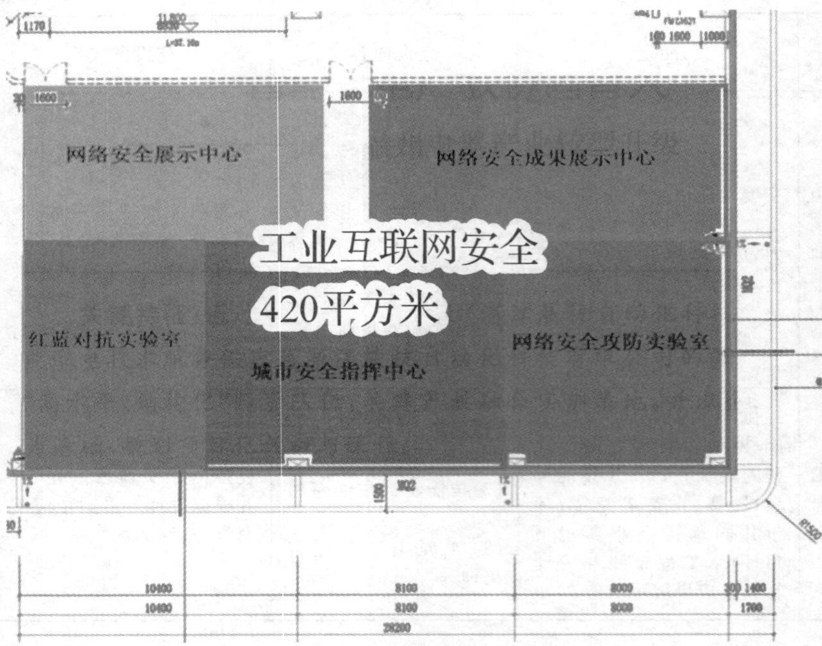

图 8-16　工业互联网安全实训空间布局示意

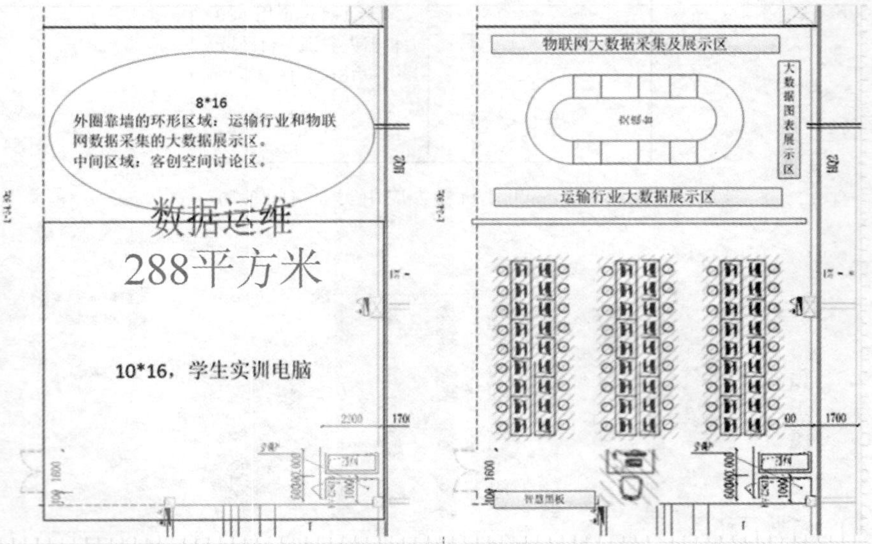

图 8-17　数据运维实训空间布局示意

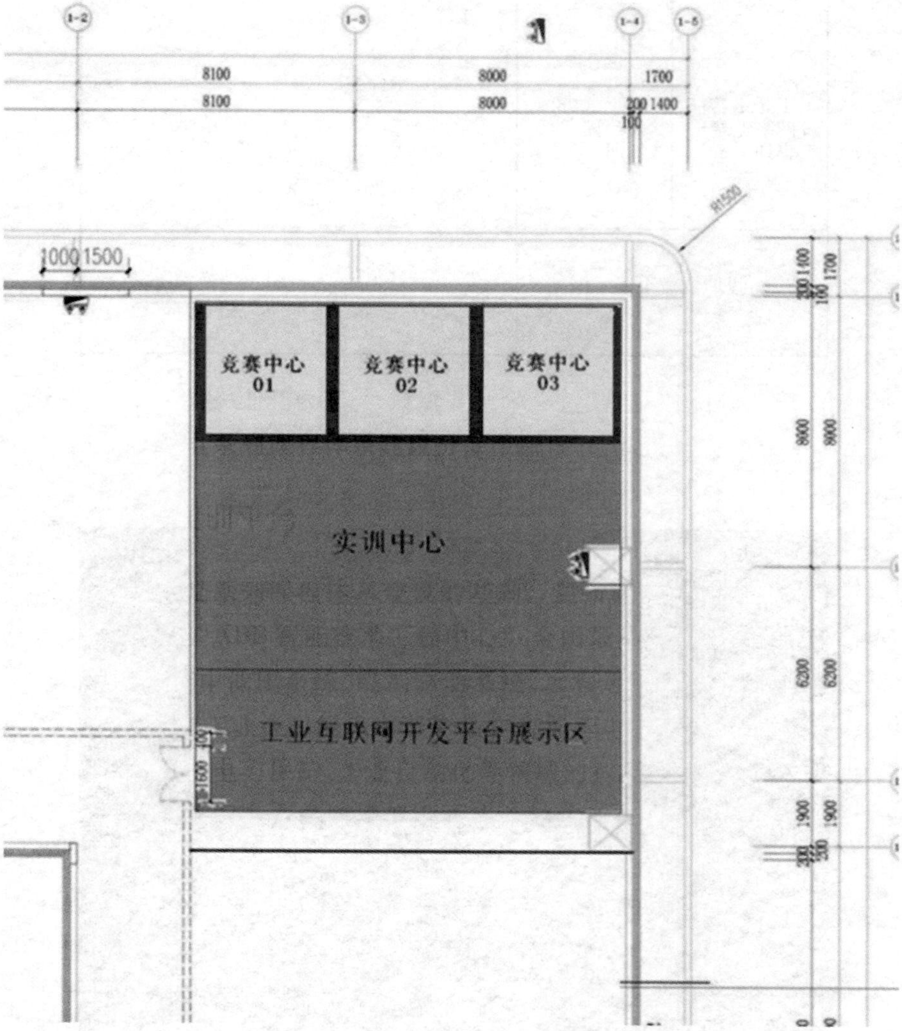

图 8-18　工业互联网开发实训空间功能布局

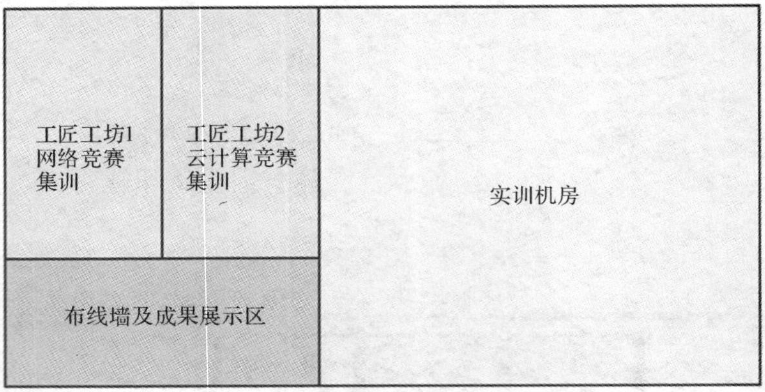

图 8-19　云计算运维实训空间功能布局

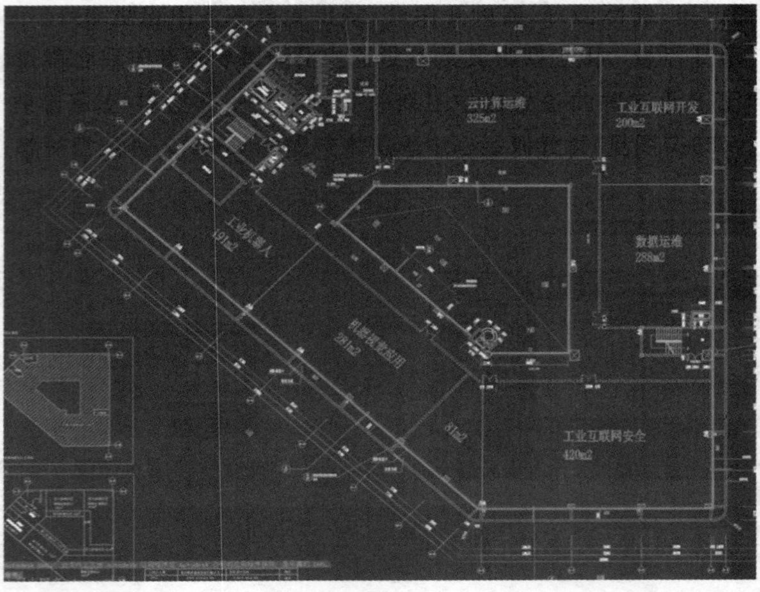

图 8-20　数字化制造实训环整体布局示意

(三)数字化营销实训空间

数字化营销实训环布置在 4 楼,以“分析—策划—运营—传播”营销实施过程为逻辑主线，拥有 BI 大数据分析、新媒体营销、数字化运营、直播、传播等实训空间，通过商务数据分析平台、BI 大数据等技术纳入数字化集成链中（见图 8-21—图 8-28）。其布局如图 8-29 所示，其功能定位、建设内容和建设方式如表 8-5 所示。

表 8-5　数字化营销实训空间

序号	名称	功能定位	建设内容	建设方式
1	BI大数据分析实训空间	集 BI 大数据分析平台展示、技能培训、技能考核于一体；搭建教学系统和集群平台，将理论学习、实践教学和 BI 大数据项目实战融为一体；涵盖云计算平台运维与开发、网店运营推广、电子商务、数据分析等多功能实训空间	(1)BI 实训空间及 1＋X 培训区域 (2)1＋X 考务会议空间	BI 实训空间及 1＋X 培训区域硬件设备由原实训教室搬迁，并配置云计算控制节点设备、管理平台软件、运维与开发镜像包软件，部分设备需新购；1＋X 考务会议空间由信息技术系实训科统一规划新建
2	新媒体营销实训空间	用于新媒体营销相关的创新活动与教学实训；兼具新媒体营销策划、竞赛指导集训、课程讨论教学、创新创业培训指导功能；结合订单班培养模式，满足面向新媒体营销岗位的实训与职业规划需求	(1)营销创新工作室 (2)教学实训室	设备由原实训教室搬迁，配置 60 个工位
3	数字化运营实训空间	用于数字化运营相关的创新活动与教学实训；结合订单班培养模式，满足面向数字化运营岗位的实训与职业规划需求	基于数据分析，构建不同业务场景，实现角色扮演式教与学	设备由原实训教室搬迁，配置 60 个工位
4	直播实训空间	技能培训和岗位实训相结合，以工学结合的形式定向培养直播专业型人才，并与奥康集团达成战略合作，用于奥康校园网红孵化基地	(1)直播互动区 (2)商品展示区 (3)活动发布区 (4)内容策划区 实际使用面积预计 540 平方米	将与浙江奥康鞋业股份有限公司共建，校方解决硬装，企业方提供软装（包含：14 间直播间设备、14 间直播间背景墙、14 间直播间桌椅、内容策划区设备）

续表

序号	名称	功能定位	建设内容	建设方式
5	传播实训空间	具有摄影、摄像、新媒体影像创作、图文设计、影视特效制作、音频制作、三维数字资产制作、影视后期校色、影视剪辑、影视包装、编导等技能实训、培训、考核、竞赛集训、技术服务的功能	(1)数字媒体4K影像摄制实训中心 (2)工业级影像后期实训中心 (3)数媒虚拟演播室	与凤凰数媒集团共同建设,企业方提供方案和数字媒体实习实训服务平台、数字媒体在线教学应用与资源平台、实训课程资源包产品、数字媒体专业学科人才培养方案等。校方负责室内装修,设备需新购

图8-21 BI实训空间及1+X培训区域

图8-22 1+X考务会议空间

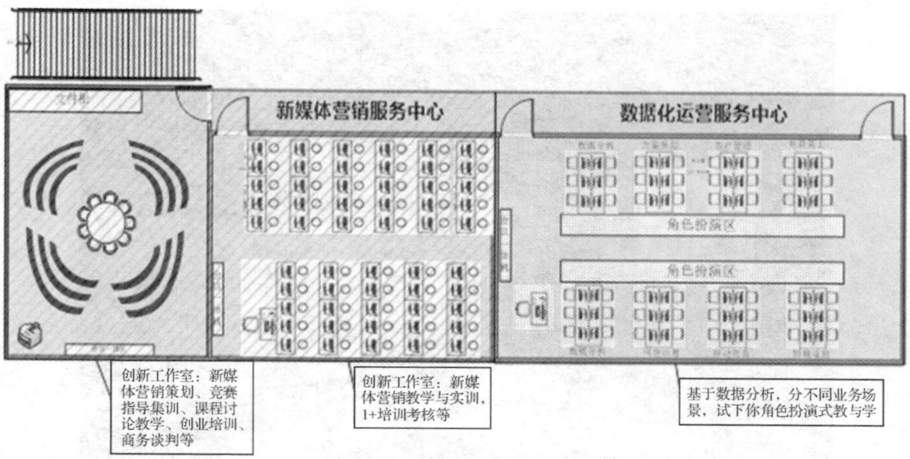

图 8-23　新媒体营销和数字化运营空间布局

图 8-24　新媒体营销实训空间效果

图 8-25 数字化运营实训空间效果

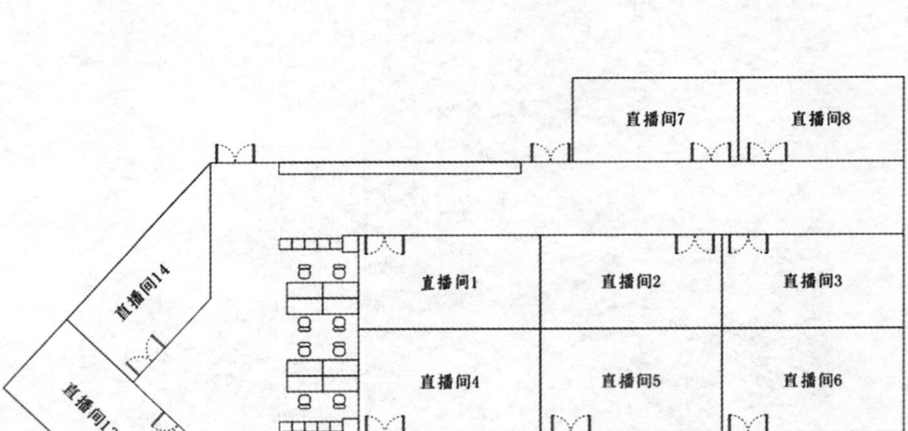

图 8-26 直播实训空间功能布局

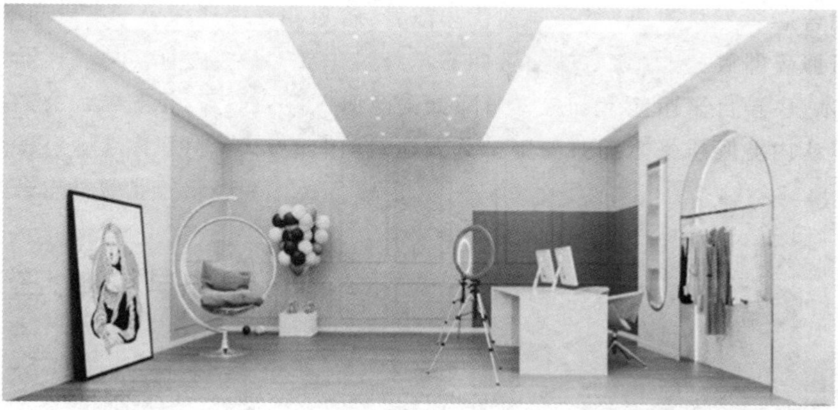

图 8-27　直播间效果

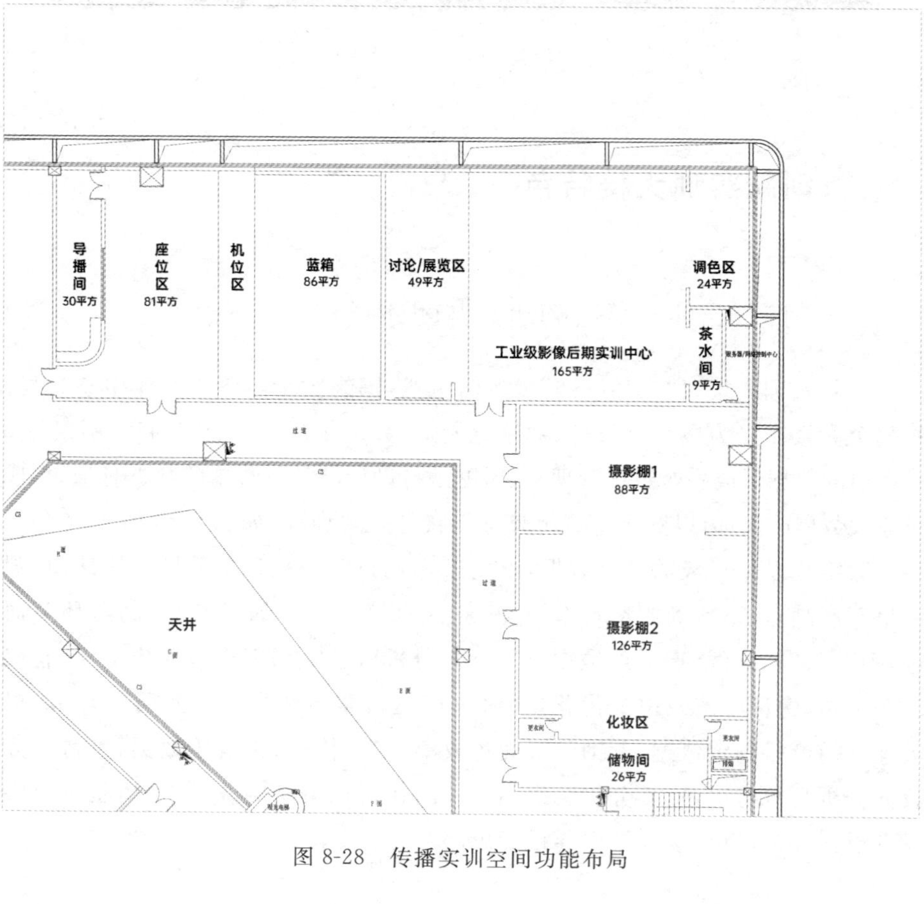

图 8-28　传播实训空间功能布局

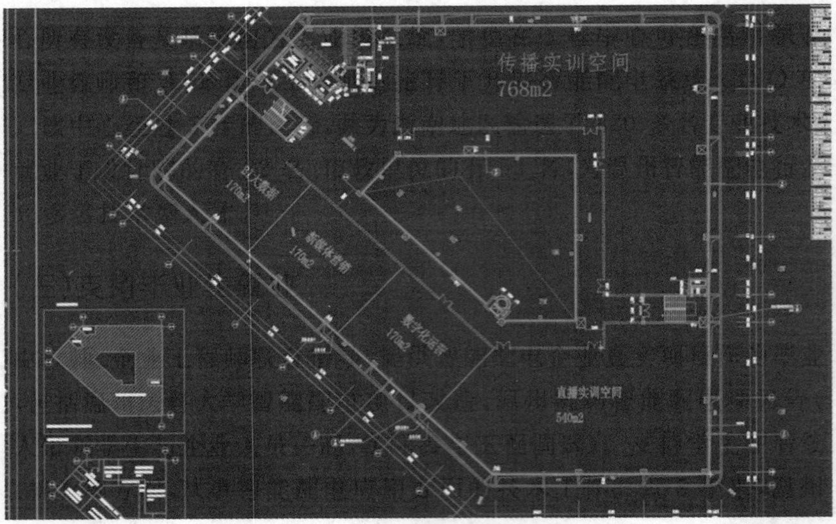

图 8-29　数字化营销实训环整体布局示意

三、创新实训大楼特色

(一)打造“三环一链”,构建数据闭环

创新实训大楼以“三环一链”为逻辑主线,围绕数字经济中产业生态布局,将整个大楼布局为数字化设计、数字化制造、数字化营销 3 个实训环,不仅将 3 个环内的数据形成一个数据管理平台,更是将设计、制造、营销的数据打通,形成工业大数据的闭环,以数字集成链贯穿衔接 3 个实训环,如图 8-30 所示。

数字化设计形成的产品数据,不仅以 3D 打印、虚拟现实的形式快速、直观地呈现产品,也链接到制造环节,给机器人直接提供了加工参数;制造环节通过 MES 设备、产线、产品的数据进行汇总分析,提供给 ERP,以对供应链、仓储动态调整,保证生产效率最优化,并将生产运营整体数据链接到营销环节,提供其营销策略制定依据;营销环节通过收集营销、传播、销售等数据,进行商务数据分析与智能决策,其分析结果不仅作用在营销策略的改进上,更是可以将提供设计环节,以市场反馈引导设计思路。

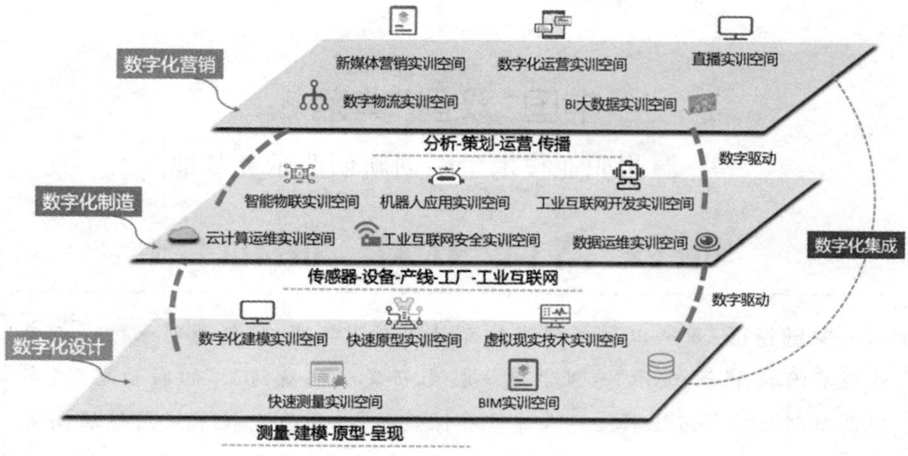

图 8-30　"三环一链"设计逻辑主线

（二）打破专业界限，共用共享互融

数字经济概念广泛，创新实训大楼建设涉及温州职业技术学院信息技术应用专业群、先进装备制造专业群、智能电气专业群、时尚产品设计专业群、中小企业经营管理专业群等 5 个专业群，创新实训大楼的建设打破原有专业界限，共享共用实训空间，将课程实训、技能考核、竞赛集训、技术服务、创新创业等功能都有机融合在一起，不仅可以避免浪费，更是有利于跨界创新与组合创新，形成互融互促的实训教学形态。

（三）引入多家企业，共建共享共赢

创新实训大楼与多家企业进行深度产教融合实践，将实训空间的投资、设计、建设、运营、管理的一个或多个环节交由企业主导，如与杭州先临三维科技股份有限公司共建数字化设计实训空间，与欧姆龙、浙江安恒、杭州弘翌科技、越疆科技、软银集团等共建数字化制造实训空间，与浙江奥康鞋业、凤凰数媒集团共建数字化营销实训空间，共同探索互利互惠的合作模式。一方面，满足温州相关高等院校和职业院校的教学实训需求，为社会培养高素质技术技能人才提供实训基地；另一方面，通过"训研培创"结合，为行业企业提供技术支持及解决方案、高技能人才培训、工程技术人员继续教育、新职业开发和技术创新等服务。

中国"双创"典范

——温州职业技术学院创新创业示范基地

关键特征:基地以创新创业教育引领专业教育,将创新创业教育与专业教育有机融合,秉承"专业共建—技术研发—创新创业"的联动思路,实现创新创业教育与技术技能人才培养深度融合,培育新技术应用领域高素质创新创业人才,打造创业实践高地、创业教育高地和创业教育研究高地。

创新要点:校内创新"双层次多方向""2+1"人才培养模式,构建"训研创"一体化育人体系;依托技术研发平台,引导师生共创共孵科技型小微企业。校外整合政府、高校、企业等社会资源,搭建"一体两翼"的新型孵化器,协同培养创新创业人才,传承温州创业精神。

一、基地简介

温州职业技术学院地处以"中国民营之都"而著称的温州,区域民营经济发展活跃,创新创业氛围浓厚。在国家大力倡导大学生创新创业指导方针的引领下,学校于2019年8月获批成立创新创业示范基地,通过基地建设推动"专业共建—技术研发—创新创业"联动改革,实现创新创业教育与技术技能人才培养深度融合,培养新技术应用领域高素质的创新创业人才。目前基地以研创大楼和电商孵化园为主要场地,拥有场地面积6400平方米,公共服务面积1950平方米,依托学院43个研发平台。此外,基地还提供创业咖啡吧、路演厅、会议室、洽谈室、食堂、体育馆、图书馆等开放共享式场所。

温州职业技术学院具有浓厚创新创业文化与历史积淀,2017年被教育部评为年度全国创新创业典型经验高校50强,曾荣获中国"双创"典型示范高校(全国共6所),是国家创新创业教育指导委员会副主任委员单位和全国高职院校创新创业教育联盟副理事长单位。创新创业基地师资团队实力雄厚，现有创新创业教育研究团队 15 人，其中教授 5 人，拥有国家有突出贡献中青年专家 1 人，省有突出贡献中青年专家 1 人，省“151”第二层次 2 人。此外，学校非常重视创新创业，校长直管这块工作，形成了由校长牵头的创业顾问委员会(见图 8-31)，从组织构架来看，学校形成了以教务处分管学分、学生处分管奖励、创业学院分管管理的创新创业教育体系。

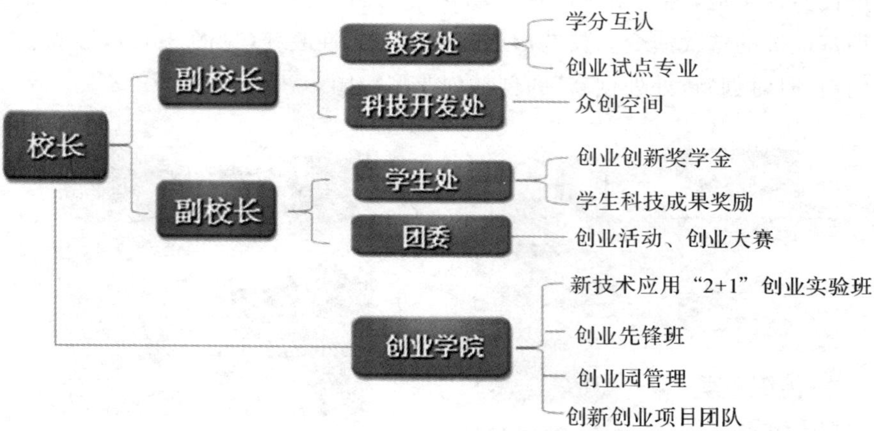

图 8-31　校长直管创新创业教育体系

学校目前以创新创业教育引领专业教育，努力实现创新创业教育与专业教育有机融合，打造国内创业教育的“三大高地”，即创业实践的高地、创业教育的高地和创业教育研究的高地，力争把温州职业技术学院建设成为区域性新技术应用的创新创业人才培养基地，成为全国深化创新创业教育改革示范校，成为全国高校开展创新创业教育的典范，为大学生创新创业教育提供“温州模式”和“浙江样本”。

二、基地建设：统筹校内资源，打造“创新创业工场”

(一)创新基地，构建创新创业型校园生态

统筹发展基地创客交流中心、创客咖啡馆、大学生创业园、青年创新工场、

公寓师生创意交流室等新型孵化服务平台。利用学校4个省级研发平台和39个市、院级科技服务平台和研发中心技术创新优势,新建或改造升级技术研创大楼一楼创新创业集聚区、创新创业工作室、电商孵化园、图书馆、高年级学生寝室,构建一批有效满足学生创新创业需求、具有专业化服务能力,同时又具有低投入、便利化、全要素、开放式的示范性众创空间,打造最优"创客栖息地"和"创客集聚区",从传统教室适合本科压缩饼干式的学科教学,到教学工厂如生产性实训基地,再到创新创业工场含学生创新创业工作室、大学生创业园、实训基地等的迭代演变。校园形态发生了根本性改变(见图8-32),形成了"人人创新、时时创新、处处创新"的创新创业型校园。

图8-32 "创新创业工场"校园形态

(二)加强服务,优化创新创业环境

引导学校各级研发平台面向学生开放,为学生创新创业提供基础条件。每年拨款400余万元用于创新创业人才的培养,并通过企业投资和社会捐助等多渠道做大创新创业基金。与温州鹿城农商银行合作签订战略合作协议,扶持成长性良好的大学生创业企业。适时更新《温州职业技术学院学生专利扶持与奖励管理办法》《温州职业技术学院大学生创业奖学金实施办法》等文件,进一步支持教师以对外转让、合作转化、作价入股、自主创业等形式将创新创业成果产业化。成立"温州大学生创业就业服务中心",为创业大学生提供低成本的生产经营场所和企业服务,细化、规范服务流程,建立了大学生创业的全方位、阶梯形的服务平台，提供创业培训、苗圃培育、项目推介、经营指导、跟踪帮扶等创业"一条龙"服务。

三、基地特色

（一）创新培养模式，构建"训研创"一体化育人体系

1."双层次多方向""2＋1"培养模式

将新技术应用的创新创业教育有效植入人才培养方案，与行业企业深度对接，共同培育创新精神、创新能力和创业意识强的高水平技术技能人才。一方面，以创新创业教育为主线，创设"双层次多方向""2＋1"培养模式。"2"是指学生在所属系完成前两年专业课程学习，"1"是指第三学年转入创业学院，进行为期一年的创业课程学习与创业实践。每个人均可根据个人兴趣从电气自动化、数控技术、鞋类设计与工艺、电子商务等4个"创新创业教育引领专业建设"试点专业中任意选择，从而制定个性化人才培养方案。学分由"实践导向创业课程、新技术应用能力提升、新技术应用转化"组成。另一方面，深度对接行业企业核心岗位需求，以"注重技能、强调技术、关注创新、兼顾人文、全面发展"为原则，深化"双层次多方向"人才培养内涵（见图8-33）。根据行业企业相关专业核心岗位需求，注重专业技能层次培养的同时，强调专业技术层次的人才培养，并根据企业岗位需要设立相应的专业方向；依托课程体系，充分发

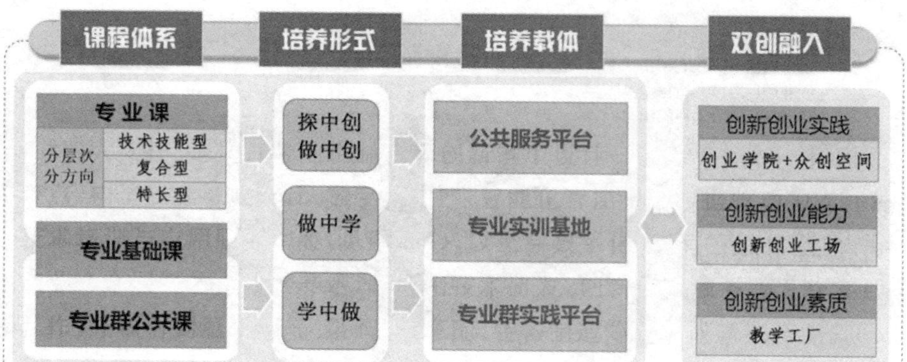

图8-33　融入创新创业的"双层次多方向"人才培养框架

挥众多实训、实践、研发、创新和创业等项目的协同作用，突出专业技能、技术、协同创新精神、专业创新能力、创业意识、人文素养、全面发展等的培养。

2.改革创新创业教学模式

深度对接温州区域智能制造、时尚产品、现代服务行业企业转型发展需求，构建以实训为基础、以新技术应用为核心、以研发为动力、以创新创业为导向的“实训＋科研＋创新创业”一体的实践教学体系，将原来的“做中学、探中学”向“做中创、探中创”延伸。“做中创”即以真实的综合实践项目、毕业设计的应用型课题、高水平技能竞赛等形式，将创业教育面向由个别学生向全体学生转变。到 2021 年“做中创”立项项目达到 400 个，覆盖 80％以上大二、大三学生。“探中创”即以研创大楼为依托，为学生提供开放实训室、加工车间、产品设计辅导、供应链管理服务和创意思想碰撞交流的空间。

3.构建“分层分类”创业教育课程体系

学校融合温州区域特质，建立了 10 余门创新创业教育相关课程，面向 3 类群体开展不同类型的创新创业教育，实现创新创业教育的“分层分类”、全面覆盖（见图 8-34）。依托创业学院，开设“企业家接班人班”“创业先锋班”，每年分别招收学员 20 余名和 100 余名，开设 KAB 创业基础班、SYB 创业实战班、淘宝创业精品班，每年招收学员 150 余名，开设“新技术应用 2＋1 创业实验班”，每年招收学员 50 余名，扩大“中小企业创业与经营”专业招生规模至两个班 90 人。修订《温州职业技术学院关于学生成绩及学分转换的指导意见》《温

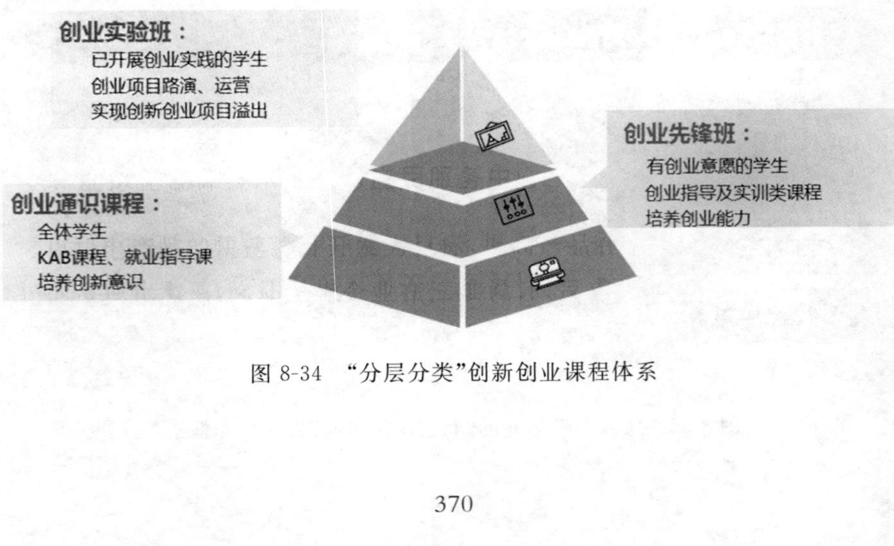

图 8-34　“分层分类”创新创业课程体系

州职业技术学院学分制管理规定》，完善学分积累与转换机制，为有创业意愿、有潜质的学生制订创业能力培养计划，鼓励学生按创业需求跨专业选修课程等。

4.构建创新创业师资库

一方面，构建优秀创新创业导师人才库。采用校内外聘用相结合的方式，构建一支150人左右的“双师”素质的导师队伍，系统涵盖成功创业者、天使投资人、创业教育教师和技术专家等，充分体现高素质、多元化以及专兼结合的特征。积极鼓励专业课教师和思政辅导员前往企业一线兼职，深入了解企业整体运作方式，成为骨干创业导师。另一方面，明确全体教师的创新创业教育责任。鼓励教师从事创新创业教育教学和创业就业指导工作，出台《温州职业技术学院创新创业导师工作量核算办法》，将创新创业教育和创业就业指导工作计入工作量，并纳入专业技术岗位评聘和绩效考核，充分调动教师投入创新创业教育教学的积极性。

（二）强化新技术应用导向，孵化科技型小微企业

1.优化众创空间，助推项目孵化

深化“温州产业科技众创空间”内涵建设，重点在信息技术、智能创新、时尚设计和新材料等领域发现、培养、扶持在校创新创业项目，培养新技术应用的创新创业人才，孵化具有科技含量的小微企业。在全院已经成立“工业自动化”等39家创新创业工作室的基础上，引导创新创业团队对接数字经济、智能装备、物联网、新能源汽车等战略性新兴产业，积极开展新技术应用项目的创新创业。此外，推动已有项目积极开拓新市场，以微信39度体育公众平台等项目为基础构建多层次项目孵化体系。

2.依托研发平台，对接创业团队

坚持“立地式”研发导向，致力于为区域行业企业提供技术开发、产品开发、成果转化、项目策划等服务，在已创建45个省、市级技术研发服务平台的基础上推动创新创业活动的深化和扩散。要求每个平台至少对接1个大学生创业团队，由此形成涵盖项目发掘、团队构建、投资对接、后续支撑的全过程孵

化服务。完成创新创业团队获授权专利 80 项，师生授权专利 22 项。

3. 实施“三师三生”项目，引导师生共创

一是师研生随，即以教师的科研项目带动学生参与研发。二是师导生创，即以学生为主体，教师给予技术指导。三是师生共创，即学生与老师按股份制形式共同创业。学校出台教师和学生自主创业的鼓励政策，在创新支撑上，学校国家级“众创空间”和各级研发平台面向学生开放，为学生创新创业提供基础条件，每年预计拨款额 500 余万元用于创新创业人才的培养，并通过企业投资和社会捐助等多渠道做大创新创业基金，为师生提供初创风投资金，鼓励师生共创股份制科技型小微企业。成立温州大学生创业就业服务中心，为创业大学生提供低成本的生产经营场所和企业服务，细化、规范服务流程，建立全方位、阶梯形的大学生创业服务平台，提供创业培训、苗圃培育、项目推介、经营指导、跟踪帮扶等产学研创一条龙服务。

（三）整合社会资源，打造创新创业人才培养协同体系

1. 构建“一体两翼”的新型孵化器

“一体”是依托温州科技局等单位，引入浙江国智科技产业开发股份有限公司等多家风投资金，建设浙南科技城创业园，使之成为学生创业企业孵化器。“两翼”分别是在温州大学城建设的创新园、在浙南科技城建立的创业园。大学城创新园负责项目的培育和样机试制，项目初具规模后入驻浙南科技城创业园进行企业孵化、产业培育，最后入驻产业园、小微园实现产业化（见图 8-35）。

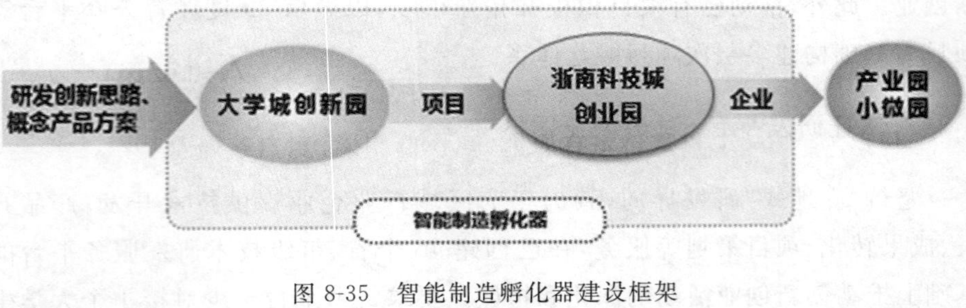

图 8-35　智能制造孵化器建设框架

2. 创建校内外资源协同育人机制

积极利用各级政府、大学科技园和企业孵化器，建设校外创业教育基地、创业实训基地和创业孵化园，进一步完善学校与一流高校、科研院所、政府、行业企业以及基于国际合作的协同育人机制。计划引入“氢创社”“维度资本”等多家风投企业，筹集创业种子基金1500万元。积极深化与浙南科技城共建温州智能制造孵化中心，与瓯海区政府共建国家大学科技园，与温州中小企业服务平台共建浙江小微创新创业园。

3. 结合区域文化传承温州创业精神

高度重视温州区域创新创业文化在推动基地建设中的重要作用，把“敢为人先、特别能创业”的温州人精神融入创新创业教育中。一是传承与引进融合，指导大学生创业教育。将国外创业教育理论与“义利并举”的永嘉学派文化精髓、“敢为天下先”的创新创业精神相融合，培育大学生创业意识。二是传承“经世致用”的温商传统务实品格，借鉴温州人“特别能吃苦、特别能创业”的“草根”创业经历，指导大学生创业实践。计划3年建设期内举办“温商创业论坛”等创新创业讲座100余场。

四、基地建设保障

（一）制度保障

1. 强调“三个层次”体系构建，运行机制有序

构建了“顶层、中层、基层”3层运行机制，基地工作开展稳定有序。强化顶层设计，建立了校长直管创新创业教育管理体制。成立创业学院，由校长直管，统筹全校创新创业教育工作。创业学院实行理事会领导下的院长负责制，学校聘请校内外相关组织机构负责人担任理事会成员，理事长由校长担任，副理事长分别由分管教学、科研、学生工作的副校长及校外专家担任。夯实中层运作，构建了系（二级学院）创新创业支撑体系。创业学院协调教务处、学生处、科研处以及各二级教学单位，将创新创业课程植入每一个专业，使创新创

业观念深入每一门课程，将创新创业实践覆盖每一个研发团队，将绩效考核明确到每一个系部。激发微观主体，出台了创新创业制度体系。实施“专业课程导师”和“企业创业导师”双导师制，对初创团队给予3000～5000元的经费资助。出台《温州职业技术学院学生专利扶持与奖励管理办法》等，完善学校科技成果处置和收益分配机制，并鼓励教师带领学生创新创业。出台《温州职业技术学院大学生创业奖学金实施办法》等制度，为创业教育教学改革和大学生创业实践活动提供充足的经费保障。

2.制定政策办法，激励师生创新创业

以《关于支持大众创业促进就业的实施意见》等国家、省市相关政策为依托，充分领会并用足相关条款，深入系统推进重点创业人群创新创业融资、社保补贴、场租补贴、税费减免等系列优惠政策。校内层面出台《关于深化创新创业教育改革的实施方案》《新技术应用的创新创业孵化基地运营管理机构设置》《新技术应用的创新创业孵化基地运营管理办法》《创新创业导师工作量核算办法》《关于鼓励师生在校共同创业的若干规定》《学生专利扶持与奖励管理办法》等文件政策，成立创新创业领导小组和创新创业深化改革小组，规范基地管理运行机制，创新人才培养方案，完善学校科技成果处置和收益分配机制，集中学校创新创业的要素、资源和管理，形成统一领导、齐抓共管、全员参与、全校师生共同关心支持创新创业教育的良好生态环境。

（二）经费保障

学校每年拨款400余万元用于创新创业人才培养和基地建设，并通过企业投资和社会捐助等多渠道做大创新创业基金。与深圳市国智金融服务有限公司签订500万创业种子基金；与温州鹿城农商银行合作，并减免第一个月贷款利息，建立以“首贷”为重点的创业信贷，对成长性良好的初创期企业给予持续支持。出台《大学生创业奖学金实施办法》《创新创业种子基金管理办法》《大学生创新创业风险基金管理办法》《大学生创新创业科技信贷基金管理办法》等机制，给予初创团队3000～5000元的经费资助，给予创业奖学金获得者2000元奖励。在下一步工作中将重点开展创新创业教育基金、大学生创业风险投资基金等保障工作，积极支持具有较强科研潜质的创业团队开展创新科研工作。

五、未来发展

（一）优化基地生态运作体系

新技术应用的创新创业基地以新技术应用为系统内核，包含“生产者”“分解者”“催化剂”和“消费者”等。内部构建由创新创业促进中心、技术研发中心、社团协会、技术转移机构等组成的动态化网络组织，以政策、基金、咨询、培训为支撑平台，在外部则与企业、政府以及其他校互动合作，进行“训研创”一体的创新创业教学模式，旨在促进新技术的应用并直接服务经济发展。基地主要由六大相互支撑的开放模块组成，即新技术应用的专业集群、创新创业教育的课程架构、创新创业教育的管理机制、学生创新创业的社团活动、创新创业教育的全球化战略、创新创业教育的竞赛体系，专业、课程和活动是贯穿于整个系统中的关键要素（见图 8-36）。

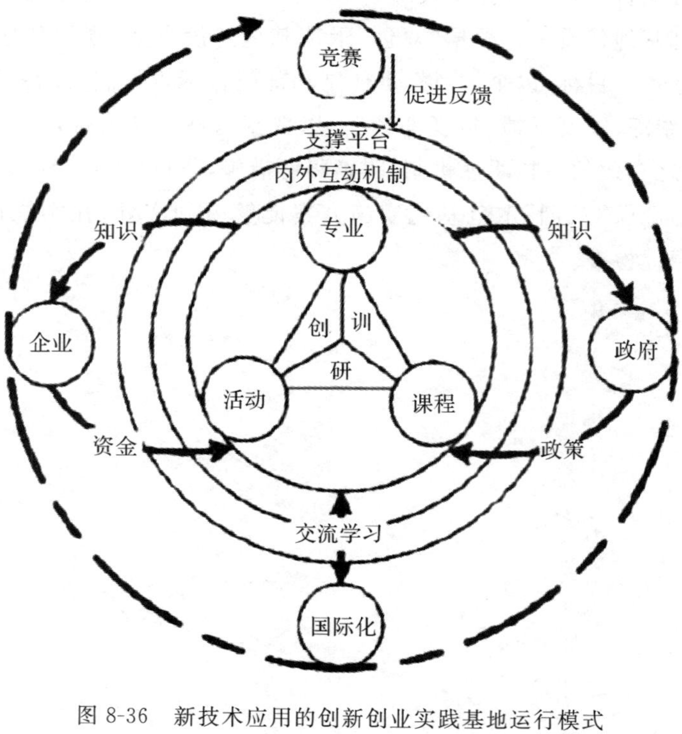

图 8-36　新技术应用的创新创业实践基地运行模式

(二)完善机制,构建创新创业保障体系

深化创新创业工作运行机制,强化校长直管创新创业工作的力度,加强创业学院、科技开发处、教务处等相关职能部门的创新创业教育工作的联动机制。强化理事会领导下的创业学院院长负责制,出台《关于深化创新创业教育改革的实施方案》等文件制度,成立创新创业领导小组和创新创业深化改革小组,集中学校创新创业的要素、资源和管理,形成统一领导、齐抓共管、全员参与、全校师生共同关心支持创新创业教育的良好生态环境。此外,以混合所有制改革为契机,分别从育人、创新、创业等 3 个方面系统推进产教融合,探索混合所有制不同的实现形式,确保混合所有制模式下的制度创新和人才培养质量提升。

(三)加强绩效量化考核方案

充分发挥考核的导向和激励作用,加强对"双创"示范基地实施方案落实情况的全程监督考核。依托学校绩效考核办法,将全员、全程绩效管理与考核制度覆盖到基地建设中。根据"双创"示范基地建设方案,规划基地工作计划及其阶段性工作目标,以个人目标责任制和部门目标责任制为绩效管理主线,实行"月度跟踪、季度反馈、年度考核"。以数据为标准结合部门评议,建立公平合理、行之有效的考核奖惩机制,明确奖惩措施,坚持"重点督办、及时跟进、奖优罚劣",确保"双创"示范基地实施方案能够落到实处、扎实推进、取得实效。加强督促检查。

第九章　中外一体化，打造国际化样板

引德国教育理念，育家具工匠之才

——温州家具学院

关键特征：依托温州家具商会与温州职业技术学院国家示范专业家具设计与制造专业，通过对院校、行业、企业、设计机构进行资源整合和共享，以学徒职业技能与素质培养为核心，以实践成果展与技能证书考核为手段，实践家具专业的现代学徒制人才培养模式，实现产教融合。

创新要点：引入德国包豪斯的现代艺术教育理念，以国学为教育思想，以企业真实项目为主要教学载体，引入企业“ERP”的管理方法，以学徒为核心构建三角架构，师父定岗定责定量，教学空间车间化，运用ISO 9000组织教学管理，采用年级混合培养等多种创新手段，实现产教融合育人。

一、项目介绍

温州家具学院于2011年由温州职业技术学院国家示范专业家具设计与制造专业与温州家具商会合作成立,并于2013年与国内知名家具企业温州澳珀家具有限公司建立合作,聘请其董事长(兼艺术总监)朱小杰先生担任执行院长,开展基于现代学徒制的人才培养模式教学改革与实践,以期解决现有家具专业教学模式下就业对口率低的困境,旨在为地区产业、行业、企业培养高素质技术技能型专门人才。

温州家具学院将传统的师父带徒弟与现代教育教学理论,特别是德国包豪斯的现代艺术教育理念相结合,以国学为教育思想,以企业真实项目为主要教学载体,引入企业"ERP"的管理方法,充分发挥平台优势,对院校、行业、企

图9-1　家具设计师侯正光与学徒合影

图9-2　北欧设计师指导师徒周例会

业、设计机构进行资源整合和共享，以学徒职业技能与素质培养为核心，以实践成果展与技能证书考核为手段，实践家具专业的现代学徒制人才培养模式，实现产教融合(见图 9-1—图 9-4)。

图 9-3　学徒布置上海展

图 9-4　BLUM 授课

二、基地特色

(一)以学徒为核心，构建三角架构，师父定岗定责定量

温州家具学院以学徒为顶层服务对象，组建"教室(工作室)""车间"与"行政"3 个服务部门，如图 9-5 所示，各部门任务分工明确，责任清晰，实施扁平化运行，对学校教师、企业师父进行定岗定责，明确分工与合作。"教室"主管基础理论教学、基础技能教学以及日常教学管理工作，以家具专业教师为主构成，旨在让学徒掌握基础知识。"车间"主要负责实践项目教学与专业核心技能培养，以澳珀家具技术骨干为主构成，旨在让学徒运用和理解知识；"行政"主管教学工作以外的相关事务，旨在让学徒提升个人修养。

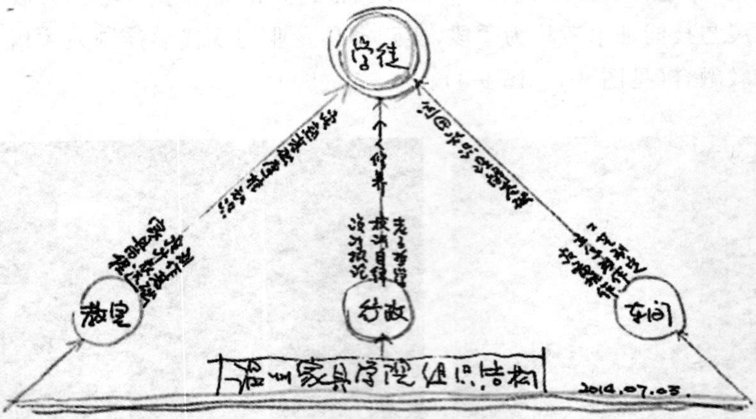

图 9-5　温州家具学院组织结构图及朱小杰先生手稿

(二)企业主导、学校配合明确“市企化”人才培养目标

以温州地区家具行业为依托背景,以温州澳珀家具拟定的人才输送为服务对象,由澳珀家具确定产品组、车间等部站的岗位人才需求,并由部门经理协同学校教师组织分析当前经济形势下企业转型升级过程中的岗位人才的职业能力、知识能力与素质能力等能力规格,明确人才培养目标,确定企业适用的“本企化”人才应具备的素质和要求,即培养有品德、有技艺、有思想、身心健康,具有家具设计师基础的技术技能型人才。

(三)对接目标岗位,构建企业特色的课程体系

组织企业技术骨干综合分析澳珀家具的产品组、车间等相关部门岗位工作内容,得出出师学徒须具备设计表达、产品制作与设备操作 3 项专业核心技能,并依据不同的岗位设置不同的技能等级要求。学校教师综合企业文化、岗位设置、工作内容与工作过程等 4 方面因素,制定基础技能模块、专项技能模块与素质能力模块三大模块化课程,见图 9-6。

其中专项技能模块课程主要由技术性课程与技能性课程两个部分构成,技术性课程旨在传授学徒进入目标岗位从事技术性工作所必备的专业技术,面向大二学徒开设;技能性课程旨在传授学徒进入目标岗位从事管理性工作的核心技能,面向大三分方向学徒开设。基于企业部门岗位数少、指导师父数

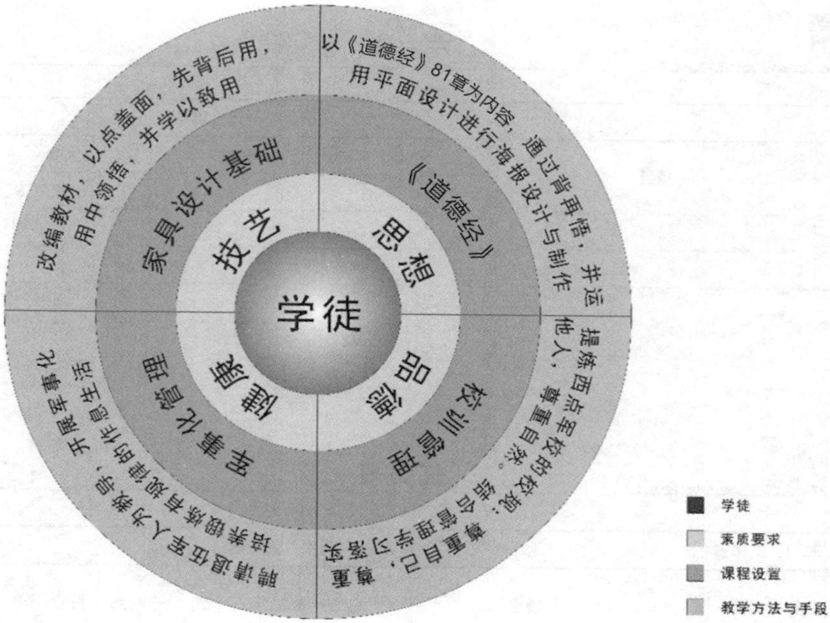

图 9-6　课程与人才培养规格对接

量有限，而学徒人数相对较多的现状，技术性课程的教学以月为教学单位，学徒分小组多课程同时开课。基于内容不变，在项目依实变化的前提下，多课程在一个学年内重复开课，学徒交替轮岗实践，以企业真实项目作为教学载体，以企业师父为主、学校教师为辅担任教学指导工作，并在大二阶段完成。技能性课程的教学安排以学期为时间单位，学徒在企业相对固定的岗位跟特定的企业师父完成学习。

(四)运用 ISO9000 组织教学管理，保证培养质量

引入 ISO 9000 质量管理体系，引用项目管理理念，针对每类项目建立评估标准与实施程序，并以项目手册记录实践过程，引入“左右表”(见图 9-7)、“任务表”(见图 9-8)与“进度表”(见图 9-9)对教学过程进行监控，实现企业化运行，做到有布置、有检查、有评估，切实对学生负责。

温州家具学院 WENZHOU FURNITURE COLLEGE

左右表

部门:		编号:					
序	项目	开始		完成		天数	
		P	N	P	N	P	N
1							
2							

图 9-7　左右表

温州家具学院 WENZHOU FURNITURE COLLEGE

任务表

部门：工作室			周次：第07周								
周	序	项目	一	二	三	四	五	六	日	天数	
										P	N
	1	落实“喷房”水电气安装	△	√							

图 9-8　任务表

温州家具学院 WENZHOU FURNITURE COLLEGE

进度表

序	类别	图片	名称	状态																			备注
1				P																			
				N																			
2				P																			
				N																			

图 9-9　进度表

(五)运用现代学徒制规范证书考核模式

以家具设计师(三级)资格证书为基础(见图 9-10),以设计表达、产品制作与设备操作三大技能证书为核心，构建 3＋1 证书考核评价体系，运用现代学徒制规范证书考核模式，促进培养质量提升（见图 9-11）。

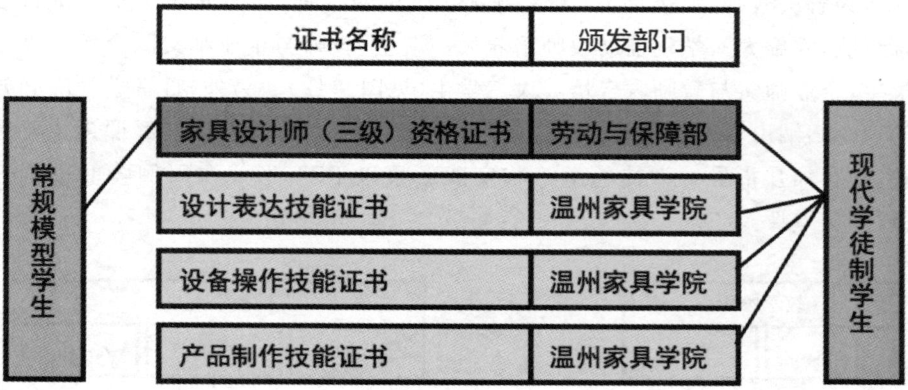

图 9-10　家具学院学徒证书要求

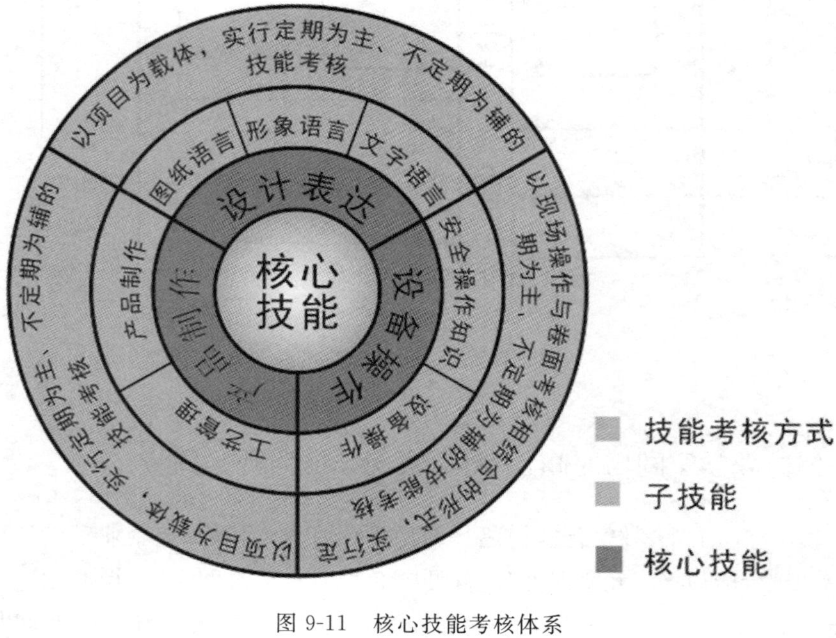

图 9-11　核心技能考核体系

(六)年级混合培养,加强考核机制

为解决教师(师父)一对多影响教学质量的问题,将不同年级学生进行混合组队,实施大三学生辅助教师培养大一新生,教师与企业师父联合培养大二学生,企业师父与教师联合培养大三学生(见图 9-12)。另外,日常教学除必要的理论归纳由学校教师教授外,各课程以项目为主要内容,以实践课为主要形式,师父加强指导。学徒的学习与实践成果以 PPT 形式在周例会上进行汇报,师父点评。

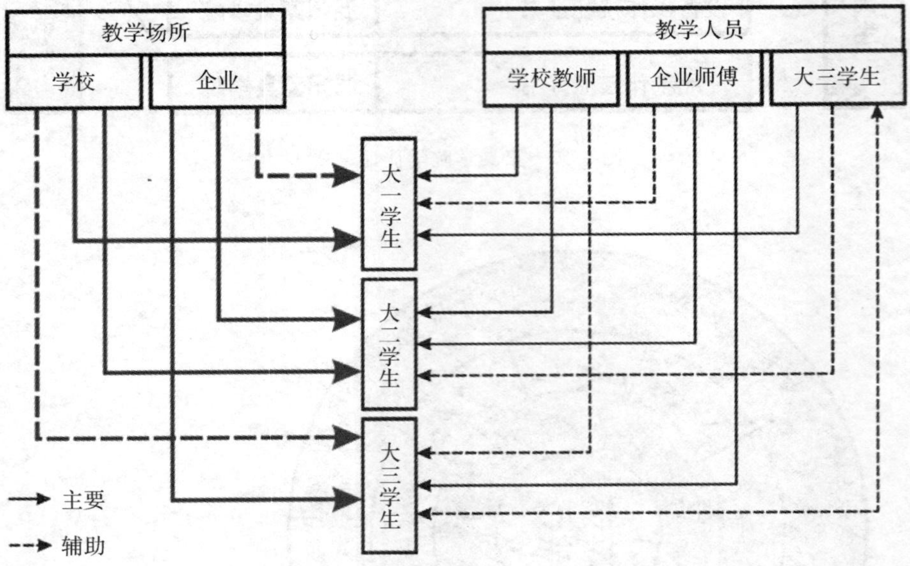

图 9-12　混合组队联合培养

(七)教学空间与时间企业化,实现学徒与师父同步

教学空间上"去教室化",构建"一人一岗"的教学环境,与企业工作环境对接,实现学习即办公,教室即办公室(见图 9-13);教学时间上"去课时化",实行一天 8 小时,一周 5.5 天工作制,对接企业工作时间,实现学徒学习时间与师父工作时间同步,学徒在学院学习时间与在企业顶岗工作时间同步。

图 9-13　教学场所

三、项目成效

企业深度参与学校的人才培养过程，实施校企“双元”育人，突出专业与产业对接、培养与岗位对接的特点。学校紧紧围绕企业用工标准，与企业共同制定人才培养方案，设计课程体系，建立教学评价体系，实施精细化培养，逐渐建立起学校和企业纵深合作、教师和师父有机联合、学生和学徒角色融合的现代人才培养模式。通过两年的不断调整完善，温州家具学院的现代学徒制人才培养模式已初具雏形，教学改革效应日益突显。

（一）深化教学改革，建立现代学徒制人才培养体系

依托行业协会支持，找准兴奋点，深度联合代表性企业，开展现代学徒制教育改革，从人才培养目标出发，设计课程体系，研究人才培养方案，改革第一课堂教学，创新第二课堂教学，融合国际先进职教理念，改革与弘扬传统师父带徒弟的技艺传授方式，不断完善学徒技能考核评价机制，建立现代学徒制人才培养体系，培养企业适用的“本企化”技术技能型人才。

（二）校企“双元”育人，学生专业技能提升显著

教师奠定学生基础理论知识与基础技能，师父提升学徒岗位职业技能，“双师”有机结合，“双元”育人，切实培养学生专业技能，提升职业素质。截至

2021年，温州家具学院已为地区行业企业输送140余名优秀学徒，如胡以迦、江笔清等学徒在短短3年时间就成为主案设计师，学生实践作品向产品转化。学徒陈俊杰的作品“道凳”在第33届广州国际家具博览会上被一家台湾设计企业相中买走；学徒江笔清的作品“立方体”在2015温州文博会上，被温州本地企业买走，用于明式家具研发；多名学徒获合作企业高度认可，提前半年以6万年薪签订就业意向，学生培养质量获就业企业充分认可。

（三）名校联合名师实行双负责人办学，扩大媒体效应，树立品牌形象

温州职业技术学院作为国家高职示范院校，在后示范期，推行“三个三结合”等一系列教学改革获得多项国家级大奖，于2015年成功入选教育部首批现代学徒制试点项目，以本项目成果为核心的设计工匠人才培养模式于2016年获省教学成果一等奖，2018年获国家教学成果二等奖。合作企业温州澳珀家具有限公司历来以设计见长，在国内家具行业已被广泛认可，其艺术总监朱小杰先生是中国美术学院等多所知名学府的客座教授，是中国家具设计的领军人物之一，在国际社会亦具有一定的知名度。因此，两强联合办学创新人才培养模式，引起行业、媒体的广泛关注。

四、项目发展方向

温州家具学院后续工作重点主要是探索校企联合招生办法与机制，进一步完善课程体系与技能考核体系，健全毕业推荐就业标准。

（一）探索校企联合招生办法与机制

温州家具学院现有生源主要来自普高自主招生，且多为温州地区，存在诸多客观地域因素影响出师学徒的专业对口就业率。因此，实施校企联合自主招生，面向社会扩大招生面，接受职业培训，实行联合培养，探索“招生即招工，招工即招生”的招生办法与机制。

（二）完善课程体系与技能评价体系建设

深入探索建立针对岗位群需求、以能力为本的课程体系，从中遴选出部分课程申报建设各级课程资源库。鼓励支持教师和企业技术人员紧密结合生产实际，编写具有鲜明职业特色、在全国具有较大影响力的高质量创新教材。改变传统职业教育理论讲授与实践训练相分离的教学方法，建立课堂、实训车间和实习企业三位一体的教学模式，即学生学习专业理论知识后及时到实训车间进行实践，在实践中遇到的理论问题及时到课堂中求证，努力做到学以致用、学用结合。并设立由行业代表、企业师父、学校教师组成的“考核委员会”，负责组织职业资格考试以及技能鉴定，强化各项技能证书的过程考核，建立完善的技能考核体系。

（三）健全毕业推荐就业标准

(1)建立就业分级机制。毕业生推荐就业需依据毕业生所取的技能等级证书，向用人单位推荐，并协助学徒明确工作方向，与用人单位协议薪资待遇。

(2)促进“毕业即就业”。学生在学徒期间，如果学徒和企业双方满意，即可直接签订劳动合同，学徒毕业后即可正式录用为企业员工。学徒如不能实现直接签约，可通过学校或人力资源市场推荐就业。

温州职业技术学院“伴随计划”,打造助力中企“走出去”的典范

——柬埔寨温州职业技术学院亚龙丝路学院

关键特征:柬埔寨温州职业技术学院亚龙丝路学院是中国第一所伴随中资企业“走出去”在柬建立的海外丝路学院,也是浙江省在柬建立的第一个海外分校,依托中柬双方政府政策支持,亚龙智能装备集团股份有限公司负责教学硬件,学校负责内涵建设。学院通过发挥温州侨乡优势,对接温州中柬商会资源,助力“一带一路”温商在柬产业建设。

创新要点:国际政府双方、企业、学校多元主体,协同打造合作新模式,构建“五位一体”国际育人新范式。通过“职业培训+学历教育”双形式、“海外+本土”双校区,以“柬埔寨+中国”双标准、“外派主讲+本土助教”双师资,讲授“知识+传承”双课程,助力中企“走出去”。

一、项目简介

在国家“一带一路”倡议和中国-东盟合作背景下,中柬两国在政治、经济、文化、教育等方面的合作和交流出现了前所未有的良好发展态势。中国企业纷纷在柬埔寨开展各项投资建设,柬埔寨的经济发展激发了当地青年学习文化知识和掌握技术技能的热情。柬埔寨相对落后的职业教育体系,为我国高等职业教育协同企业走向海外办学提供了良好环境和广阔市场。为积极响应国家“一带一路”倡议和促进中国优质高职资源“走出去”政策,更好地服务中资企业国际化发展的需求,温州职业技术学院推行中企“走出去”“温州职业技术学院伴随计划”,主动承担对东盟国家人员进行职业教育和技术培训任务,实现职业教育国际化,为中国“走出去”企业在东盟国家的创业提供服务。

柬埔寨温州职业技术学院亚龙丝路学院由温州职业技术学院和亚龙智能装备集团股份有限公司共同与柬埔寨国家技术培训学院组建而成(见图 9-14)。学院于 2018 年 7 月在第十一届中国-东盟教育交流周论坛上，由柬埔寨劳工部领导和浙江省教育厅领导共同揭牌成立(见图 9-15)，旨在推进国际化产教深度融合，服务中资企业海外发展，输出中国高职优质教育资源和教学标准，坚持优势互补、资源共享、互惠双赢、共同发展，成为两国示范性产教融合、校企合作、职业教育的办学机构和研究机构，为促进两国高等职业教育和文化交流培养高质量的专门人才。亚龙丝路学院选址柬埔寨首都金边，该地区产业定位是以服装、鞋类、五金机械、电气自动化、食品加工及农产品等为重点的劳动密集型轻工业，拥有企业 300 余家，良好的产业环境为深度融合奠定了基础。

图 9-14　中柬校企三方领导签署共建柬埔寨温州职业技术学院亚龙丝路学院合作协议

这是中国第一所伴随中资企业“走出去”在柬埔寨建立的海外丝路学院，是浙江省在柬埔寨建立的第一个海外分校，也是发挥温州侨乡优势，对接温州中柬商会资源，服务“一带一路”温商在柬埔寨当地产业建设，培养中资企业在柬埔寨生产经营需要、符合中资企业用人标准的高素质技术技能本土化人才的温州第一所海外职业院校。

亚龙丝路学院首批电气自动化专业于 2018 年 12 月开始招生，现已招收 3 批学生，共计 130 人。本项目教师团队由温州职业技术学院和柬埔寨国家技术培训学院电气自动化技术专业骨干教师共同组成。双方专业系部主任担任

图 9-15 柬埔寨温州职业技术学院亚龙丝路学院铭牌

团队负责人，柬埔寨国家技术培训学院专业教师主要负责讲授专业英语、数学及电气、电路等通识和基础课程；温州职业技术学院专业教师主要负责讲授电工技术综合实训、自动化生产线技术、现代电气控制技术、自动生产线系统设计等专业课程和中文课程。温州职业技术学院每年派遣 3 名教师赴柬埔寨海外分校开展教学工作，接收柬埔寨学生来华留学。

二、项目特色

(一)“五位一体”，国际育人新范式

亚龙丝路学院全面开展职业教育合作领域人才培养、留学生教育、师资培训、海外产教融合、技术研究、标准资格认证等方面的深度合作和交流。学校在制定境外分校人才培养方案和教学育人模式方面进行了改革探索，目前形成了多形式、多方位的教学育人范式（见图 9-16）。

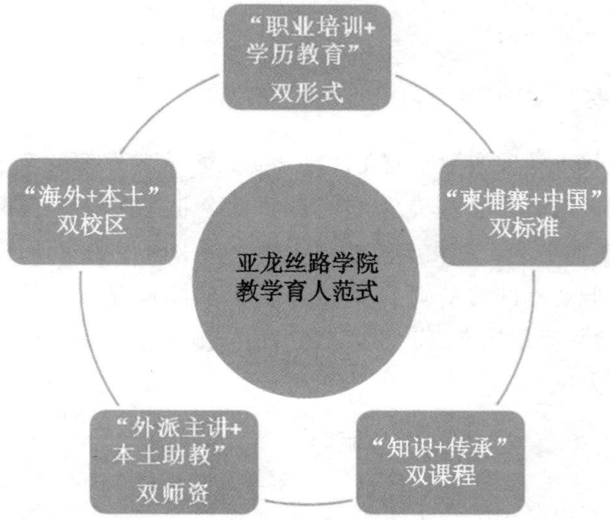

图 9-16　亚龙丝路学院五大教学育人范式

1.“职业培训＋学历教育”双形式

亚龙丝路学院多形式向当地多主体提供教育培训。一是为柬埔寨当地学生提供大专学历教育，承担了柬埔寨教师及中资企业员工的职业培训教育。二是有针对性地对当地员工进行职业指导与技能培训，满足当地学生和部分员工对提升学历的需求。并且温州职业技术学院规划将以丝路学院为平台，根据当地产业需求将国内部分成熟行业技术标准引入柬埔寨开展有相应资格认证的职业培训教育。

2.“海外＋本土”双校区

本项目在办学模式中，不仅联合企业把国内优质职业教育资源送出去，还把优秀柬埔寨留学生请进国内校本部学习技术与中国文化，实现“走出去＋请进来”相结合。2019 年和 2020 年共选拔来自亚龙丝路学院的 11 名优秀学生来温州职业技术学院攻读电气自动化、酒店管理专业。3 年的在华学习使他们有机会更好地学习专业技术并感受中国文化，最终培养成既知华友华又懂核心技术的中资企业海外中层管理人员或技术骨干人员。通过双校区的育人方式,可以从多角度、多维度更全面完善地开展人才培养工作,满足未来企业对高端海外本土人才的需求。

3."柬埔寨+中国"双标准

温州职业技术学院在制定亚龙丝路学院人才培养方案及教学标准上实行双标准。前期调研首个合作专业电气自动化专业在柬埔寨及我国的相关标准,由于柬埔寨的电气自动化专业的职业教育与中国存在差异,需在借鉴国际先进相关专业职业标准的基础上,综合双方的实际情况,修订原有课程、增设新课程、引进国际通用标准新教材,制定出适合亚龙丝路学院的国际化教学标准和人才培养方案。

4."外派主讲+本土助教"双师资

为适应亚龙丝路学院教学需求,并考虑柬埔寨当地的实际情况,采用"外派主讲+本土助教"的教学方法,创新教学方式改革。温州职业技术学院外派专业教师骨干团队赴亚龙丝路学院开展教学授课工作,在课程授课中再配以分校柬方助教(见图 9-17、图 9-18)。一方面可以更好地应对并解决教学过程中可能存在的问题,另一方面可以逐步将柬埔寨海外分校当地教师培养为专业成熟师资,为亚龙丝路学院培养师资储备力量,满足学院未来的招生规模要求并降低本项目成本支出。

5."知识+传承"双课程

温州职业技术学院在亚龙丝路学院的办学理念不仅体现在学生专业知识技能上学有所成,更重要的是培养具有中国情怀、国际视野和跨文化沟通能力的中柬友好交流亲善使者,将中国文化传播给当地丝路学院的学生们,让他们了解中国、喜爱中国,从而培养适合中资企业的本土人才,为企业生产和中柬人文经济交流发展贡献力量。语言是文化传承的重要载体和有效沟通的工具,因此温州职业技术学院在本项目上将汉语教学纳入人才培养方案,并贯穿整个学历教育周期,在外派专业教师的同时也派出资深汉语教师赴柬同步授课。

图 9-17　亚龙丝路学院师生赴柬埔寨桑河水电站进行现场教学

图 9-18　外派老师给亚龙丝路学院学生上中文课

(二)多元主体,协同合作新模式

柬埔寨温州职业技术学院亚龙丝路学院是政校企多元主体共建项目。它以企业需求为导向,为企业培养输送技术技能型人才,有针对性地对员工进行职业指导与技能培训,不断深化国际化产教融合,服务海外中资企业。

学校在本项目的顶层设计中实行政府—学校—企业三方合作模式(见图 9-19),以中柬双方政府主导政策支持,亚龙智能装备集团股份有限公司输出教学实训设备,学校负责内涵建设,解决了学校海外基础设施建设的局限性。合作三方成立专门工作小组,由双方校长和公司董事长担任项目负责人,中柬双方各派专业教师和管理人员,共同开展对合作专业的课程建设、教学管理和研究等活动。

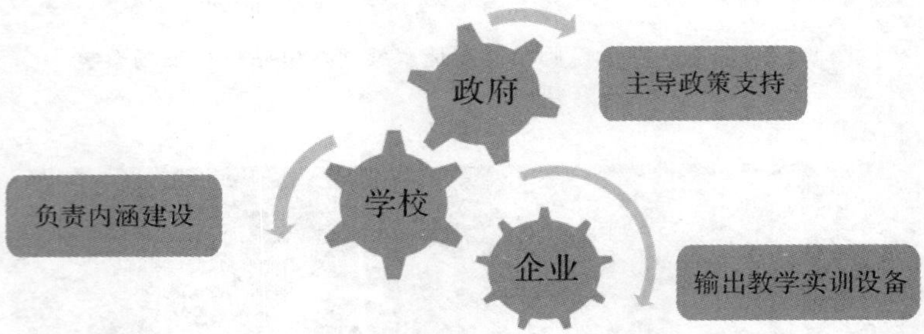

图 9-19　政—校—企三方合作共建模式

(三)温州职业技术学院伴随,助力中企"走出去"

据统计,目前有超过 2 万名浙商在柬埔寨各地经商创业,其中温商有 1 万多人,亚龙丝路学院所在地金边主营服装、鞋类、五金机械、电气自动化、食品加工及农产品等产业为重点的劳动密集型轻工业。虽然柬埔寨当地人力成本低,但技术水平和国内也有较大差距,中企在柬面临较大的人才匮乏难题。而亚龙丝路学院的成立,通过"柬埔寨＋中国"双标准人才培养体系,不但可以输出中国相对成熟的职业教育模式,还可以为柬埔寨中国企业培养既熟知柬埔寨当地文化,又熟练掌握中国技能的高素质技术技能人才,提高柬埔寨企业技术技能人才的整体水平,为在柬发展的海外企业提供符合当地生产经营需求的本土化技术技能人才,为柬埔寨温商企业的发展提供当地人力资源支撑。

三、项目成果

亚龙丝路学院成立以来,在国内和柬埔寨当地社会反响良好,中国东盟中心、《浙江工人日报》、《欧华联合时报》、柬埔寨相关报社和电视台等多家媒体都大幅做了报道(见图 9-20)。亚龙丝路学院项目被评选为“中国-东盟特色合作项目”品牌(见图 9-21),亚龙丝路学院建设得到了浙江省厅等部门的重视,校领导多次受邀在浙江省共建“一带一路”丝路学院校企对话会、第二十届中国国际教育年会、中国-东盟职业教育周等国际会议上做分享发言(见图 9-22),浙江省政协副主席、省商务厅副厅长等领导受邀到亚龙丝路学院进行实地考察调研,办学模式得到了省厅领导肯定并获群众好评。

華商日報
The Commercial News
技能培训出人才 中柬合作又新篇
温州职业技术学院在柬开设亚龙丝路学院
中国大使王文天拜访柬华理事
赞扬华社团结和谐 积极推动中柬友

图 9-20 柬埔寨相关报社报道亚龙丝路学院成立

图 9-21 亚龙丝路学院入选第二届“中国-东盟特色合作项目”

图 9-22　方益权校长受邀在浙江省共建"一带一路"丝路学院校企对话会上做分享发言

(一)提供了专科学历教育

根据柬埔寨当地职业发展及中资企业用人需求,开设电气自动化类专业学历教育(见图 9-23)。现有亚龙丝路学院学生 130 人,今后计划每年招收 50 人。2019 年 2 月,3 名来自亚龙丝路学院选拔的优秀学生来温州职业技术学院攻读电气自动化专业。2019 年底,继续选拔了 8 名亚龙丝路学院优秀学生

图 9-23　柬埔寨温州职业技术学院亚龙丝路学院启动剪彩仪式暨新生开学典礼

分别来校学习电气自动化专业和酒店专业。温州职业技术学院还提供来华留学生奖学金，全额或半额资助柬埔寨学生来校本部学习。

（二）开展了职业技能培训

通过外派多名骨干教师到亚龙丝路学院开展授课和邀请部分学员来校本部培训的方式，实现“走出去＋请进来”职业培训相结合，将国内行业技术标准输出到亚龙丝路学院开展相应资格认证的职业培训项目（见图 9-24）。2018 年由中国东盟中心牵头，由柬埔寨劳工部、青年体育教育部从柬埔寨选拔优秀教师和行政官员，派送至温州职业技术学院本部开展为期 1 个月的电子基础技术及数模电领域技能培训学习，培训由温州职业技术学院和亚龙智能装备集团有限公司联合承办，培训达 120 人次。温州职业技术学院派教师赴柬埔寨培训企业员工超 3 万人。

图 9-24　为柬埔寨国家劳动与职业培训部官方派遣的教师们提供专业培训

（三）输出了合作专业各类标准

亚龙丝路学院深化产教融合，借鉴国际先进相关专业职业标准，融入企业对本土人才技能和职业素养的需求，综合国内和柬埔寨职业教育标准差异和实际情况，重构课程体系，增加实训实践课程，引进新教材，制定并输出了合作专业电气专业人才培养方案和教学标准，以及 4 个课程标准，均得到了柬埔寨国家技术培训学院的认可(见图 9-25)。

KINGDOM OF CAMBODIA
Nation Religion King

Ministry of Labour and Vocational Training
National Technical Training Institute
Department of Electrical and Electronic Engineering

Master plan for *High Diploma* of Technology in Electricity (2.5 Year)

Nº	Subjects	Code	Allocation of weekly class hours for each semester 每学期课时分布					Credit 学分	Total hours 总课时
			1 2018.11	2 2019.4	3 2019.11	4 2020.4	5 2020.11		
1	Computer Literacy		51					3	51
2	Technical Drawing and AutoCAD		51					3	51
3	Technical English		51					3	51
4	Electrical Circuit DC		51					3	51
5	Electrical Mathematics		51					3	51
[illegible]	[illegible]		[illegible]	51	51	51		[illegible]	[illegible]
7	Electrical Measurement		51					3	51
8	Electrical Facility Installation			51				3	51
9	Electrical Circuit AC			51				3	51
10	Electrical Machine			51				3	51
11	Feedback control			51				3	51
12	Quality Control			51				3	51
13	Electrical Maintenance						51	3	51
14	Electronic Circuit (Analog)				51			3	51
15	Electronic Circuit (Digital)				51			3	51
16	Power Electronics					51		3	51
17	Motor Application Technology				51			3	51
18	PLC Control Technology				51			3	51
19	Sensor Engineering						51	3	51
20	Pneumatic Control					51		3	51
21	Inverter Application Technology					51		3	51
22	Comprehensive Training of Electrical Technology(电工技术综合实训)				51			3	51
23	Automatic Production Line Technology(自动生产线技术)					51		3	51
24	Modern Electrical Control Technology(现代电气控制技术)					51		3	51
25	Automatic Production Line System Design(自动生产线系统设计)						102	6	102
26	Professional Examination						80		80
		Total Hours	306	306	306	306	284	84	1508

***Note: 18h/week

Phnom Penh,October 13, 2018
Head of Department

PRAK SAM OL

Seen and Approved
Director

Yok Sothy, Ph.D.

图 9-25 柬埔寨温州职业技术学院亚龙丝路学院电气自动化专业课程方案

（四）创立了中柬语言文化交流中心

2019 年 11 月，温州职业技术学院与柬埔寨国家技术培训学院签署了《关于共同建设中柬语言文化交流中心的协议》，创立了中柬语言文化交流中心（见图 9-26），温州职业技术学院专业教师与资深汉语教师通过线上线下进行语言与文化的交流，推广中国文化通识教育，开展汉语言培训。筹建柬埔寨研究中心，开展职业教育区域和国别研究及双方的产业发展政策研究，为当地中资企业投资及产业发展提供服务。

图 9-26　中柬语言文化交流中心在柬埔寨金边成立

（五）成立了中柬职教联盟

2019 年 7 月，温州职业技术学院牵头成立了“中国-柬埔寨职业教育合作联盟”（见图 9-27），74 家政府、院校、行业、企业单位正式结盟，共同推动中柬职业教育合作；承办了第十届“中国-东盟职教合作联盟启动仪式暨产教融合论坛”，作为发起单位之一，参与组建中国-东盟职教合作联盟；主办了第十一届中国-东盟创新产教融合模式探索暨亚龙丝路学院洽谈会，实现 2 所丝路学院揭牌、7所院校签订丝路学院框架合作协议;策划主办第十二届"中国-东盟教育周分论坛"。

图 9-27　温州职业技术学院牵头成立"中国-柬埔寨职业教育合作联盟"

四、项目未来发展

(一)深耕丝路学院内涵建设

亚龙丝路学院将认真贯彻落实《高等职业院校境外办学指南》《教育部等八部门关于加快和扩大新时代教育对外开放的意见》《中国教育现代化 2035》等文件精神,加强专业建设,开发国际通用的专业标准和课程体系,建立健全自我评估机制,健全内部质量保障机制,推进健康有序可持续发展。

(二)拓展丝路学院合作宽度

积极探索中柬职教办学新模式,充分发挥温州侨乡优势,对接温州中柬商会资源,针对"走出去"中资企业的人才需求,开展订单培养、半工半读等方式为当地企业提供高等职业教育及职业技能培训服务。推广中国语言文化,输出专业标准,开展职业教育区域和国别研究及产业发展政策研究,服务"一带一路”中企温商在柬埔寨当地产业建设。积极筹建柬埔寨教师培训中心，每年接收一定数量柬埔寨教师来华学习，同时派出一定数量的骨干教师和管理人员到柬埔寨开展师资培训，提高柬埔寨职业技术教师整体水平。

（三）提升丝路学院示范高度

学校将把柬埔寨温州职业技术学院亚龙丝路学院建设成为拥有职业技能培训、高等职业学历教育、语言文化培训等多类型多层次，服务国际产能合作和推进中柬国际化产教深度融合的学院，成为中柬职业教育合作的典范和标杆，形成政校企多元主体共建的可复制、可推广的模式，并逐步将其发展成为国际知名的高等职业教育的丝路学院，对中国与东盟各国在职业教育合作领域的人才培养、留学生教育、师资培训、海外产教融合、技术研究、标准资格认证等方面的深度合作和交流起到示范、辐射作用，共同支撑中国职业教育和中国产能“走出去”，实现产教融合国际化。

下　篇

治理赋能，构建产教融合新机制

第十章　强化治理，构建顶—中—基产教融合运行机制

温州职业技术学院为强化学院产教融合治理，构建顶—中—基产教融合运行体制。通过顶层政策制定与规划；中层运行、评价、激励约束；基层建设执行，确实做到全面产教融合改革。具体如下。

一、顶　层

认真落实中共中央、国务院关于教育综合改革及浙江省委、省政府关于产业和教育发展的决策部署，主动适应新一轮科技革命和产业变革趋势，深入推进"四链融合"，探索校企融合发展、校地联动发展的新模式，以产教融合治理提升社会服务力，打造政校行企合作新生态，实现产教融合对人才培养、社会服务、科技创新与转化等领域全覆盖，促进学校高质量服务区域经济社会发展。

——坚持统筹协调、共同推进。加强科学规划引领，将产教融合发展纳入学校总体发展规划，构建体系完整、责任清晰、上下联动、整体推进的产教融合发展格局。

——坚持服务需求、深化改革。围绕区域产业转型升级需要，谋划产教融合布局，优化专业结构调整，完善人才培养模式，践行"产教融合、校企合作、工学结合、知行合一"的四合一办学路径。

——坚持制度创新、协同育人。完善政策保障和激励机制，充分调动全员参与产教融合、校企合作的积极性，构建产教融合、政行企合作的协同育人机

制,实现教育链、人才链与产业链、创新链的有机衔接。

二、中　层

(一)运　行

成立由学校领导、相关职能部门、各系(二级学院)主任组成的产教融合工作领导小组,确立学校产教融合的工作思路和工作机制,制定规章制度和实施方案,组织统筹规划、组织、协调、领导、督促产教融合工作;系部(二级学院)成立产教融合工作组,系主任为组长,具体负责本系(院)的产教融合工作的组织领导。各职能部门、系部(二级学院)要高度重视,协同配合,齐抓共管,为产教融合工作的开展提供有力的体制机制保障。

(二)评　价

建立健全产教融合工作绩效考核办法,出台产教融合项目资助管理办法,建立产教融合绩效评价制度,对产教融合工作执行情况进行调查和评估,并实施年度考核评价,将推进产教融合工作情况作为系部(二级学院)考核的重要内容。各系(二级学院)要结合本系(院)实际制定具体实施办法,建立深化产教融合督查机制,制定考核标准,对重点任务和重点项目要加大督促检查力度,强化事中监督管理和事后评估验收,及时通报反馈。

(三)激　励

建立以绩效为导向的资源投放机制,实施物质、精神双激励。做好宣传和舆论引导,广泛宣传国家、省、市产教融合支持政策,宣传学校产教融合成果和典型案例,积极营造全校充分理解、积极支持、主动参与产教融合的良好氛围,推动产教融合、校企合作成为各方自觉行动。强化产教融合绩效考核激励,依据考核结果在产教融合项目规划、场地安排、教师引进、设备采购等方面实施差异性的策略,对产教融合、校企合作成效显著的系部(二级学院)、教师予以表彰奖励。

(四)约　束

1.高标准严要求抓好实施

以需求为导向构建项目准入机制，以KPI为准绳实施项目评估，以绩效为依据实施项目退出。学校构建项目评估机制，系统把控项目的必要性和可行性，确保引入项目在质量、数量等方面符合专业建设、人才培养、教师提升、技术研发、社会服务等方面的需要。产教融合部门及相关职能部门要对落实产教融合进行专题研究，落实具体措施，各系(二级学院)按产教融合责任部门要求，细化工作措施，逐项推进。

2.从严从紧加强督查指导

学校产教融合和有关职能部门要切实加强对产教融合工作落实情况的检查指导，对产教融合项目的运行实施全周期的监控，及时了解进展情况，建立督查通报制度，实现督查全覆盖。督查调研后，及时形成问题清单，书面反馈给被督查相关职能部门、各系(二级学院)，并跟踪抓好问题整改。

3.层层压实产教融合工作责任

相关职能部门、系(二级学院)要对产教融合重点任务，认真履行主体责任，把落实情况纳入部门年度目标考评内容，并强化产教融合工作责任追究。

三、基　层

系统推进分布式、特色化办学，着力构建“一核四翼”的“东、西、南、北、中”产教融合新布局，以“五典范”构建产教融合新生态。

东面：建设育训结合的蒋家桥校区和温州市企业综合服务平台，打造育训结合的典范；

西面：与瓯海区政府联办温州设计学院，成为首个入驻省特色小镇的高校，打造服务特色小镇的典范；

南面：与瑞安市政府联办瑞安学院，成为全国较早与县域政府合作办学的高校，打造服务县域经济的典范；

北面:计划与永嘉县政府联办永嘉学院,开展中高职一体化办学,打造中高职衔接的典范;

中心:建设数字经济公共实训大楼,服务温州数字经济发展,打造服务数字经济的典范。

积极探索混合所有制办学模式,创新政校行企协同育人机制,牵头成立浙南职教集团,共建温州设计学院、中国鞋都技术学院、温州服装学院、温州家具学院、温州酒店管理学院、安恒网络空间安全学院、“5G+”产教融合研究院等多个产业学院。推动引校进企、引企进校,广泛开展“委托培养”“定向培养”“订单培养”和“现代学徒制”人才培养。整合优化内部资源,推动专业群、科研机构与产业互动,构建产学研创综合平台,创新温州市企业综合服务平台功能,打造产教融合职教数字大脑。

第十一章　深化产教融合的实施方案

温州职业技术学院
关于深化产教融合的实施方案

温州职业技术学院〔2018〕57 号

各处室、系部、二级学院：

为贯彻落实《国务院办公厅关于深化产教融合的若干意见》（国办发〔2017〕95 号）、《职业学校校企合作促进办法》（教职成〔2018〕1 号）等文件精神，深化产教融合、校企合作，全面提升人才培养质量，结合学院实际，制定以下实施方案。

一、总体要求

（一）指导思想

全面贯彻党的十九大精神，坚持以习近平新时代中国特色社会主义思想为指导，认真落实中共中央、国务院关于教育综合改革及省委、省政府关于产业和教育发展的决策部署，主动适应新一轮科技革命和产业变革趋势，深化改革，促进人才培养供给侧和产业需求侧结构要素全方位融合，培养高素质创新人才和技术技能人才,提高服务区域经济社会发展和创新驱动发展的能力,全面推动学校产教融合工作向纵深发展。

(二)基本思路

坚持统筹协调、共同推进。加强科学规划引领,将产教融合发展纳入学校总体发展规划,贯穿人才培养全过程,构建政府、学校、产业、企业协同推进产教融合的四位一体的合作格局。

坚持服务需求、深化改革。围绕区域产业转型升级需要,谋划产教融合布局,优化专业结构调整,持续推进产教融合深度。实践教学改革力度,创新人才培养模式,践行“产教融合、校企合作、工学结合、知行合一”的四合一办学路子。

坚持创新协同、合作育人。完善政策保障和激励机制,充分调动全员参与产教融合、校企合作的积极性,构建产教融合、政行企合作的协同育人机制,实现教育链、人才链与产业链、创新链“四链”有机衔接目标。

(三)总体目标

依托温州民营经济高度发达的优势,以产教融合为主线,全面推进教育教学综合改革与体制机制创新,通过智能制造类、鞋服设计类、现代服务类三大专业集群及五大专业群与产业深度融合,更好地服务区域经济社会发展,培养更高水平的技术技能人才,培育一批密切对接产业的产业学院、产教融合联盟、职教集团和产教融合示范专业点,总体实现教育和产业统筹融合,校企协同育人机制全面推行,需求导向人才培养模式健全完善,学校对创新发展和区域产业转型升级的贡献显著增强,力争成为全国产教融合的典范、服务产业转型升级的示范性高职院校、中国特色的高水平高职院校。

二、主要任务

(一)谋划产教融合发展规划

1.统筹产教融合发展规划

将产教融合发展纳入学校发展的总体发展规划,结合优质重点校建设将产教融合发展作为推进教育教学综合改革与体制机制创新的重要举措，贯穿人才培养全过程。坚持与温州主导产业、传统特色产业、新兴产业和新兴业态的发展需要同步规划，与产教融合发展政策制定、要素支持和重大项目建设同步推进，与区域产业建设同步实施，与技术进步同步升级，将产教融合情况列为年度考核的重要内容，优化调整相关考核指标，促进学校人才培养与区域经济社会发展协调互动，与产业转型升级紧密对接。

责任单位：产教融合处、党院办、教务处、科技开发处、系部（二级学院）

2.谋划产教融合发展布局

对接浙江省八大万亿级产业和温州"四大产业"，按照温州区域发展总体战略和主体功能规划，谋划与国家省市重大发展战略融合的布局，坚持"省市重大战略到哪里，学院布局就跟进到哪里"，东面打造企业综合服务平台，南面加强瑞安学院建设，西面推进温州设计学院建设，北面筹建文创基地，总院加快智能制造公共实训与服务中心建设，逐步形成"东、西、南、北、中"产教融合发展战略布局。

责任单位：产教融合处、教务处、系部（二级学院）

3.打造企业综合服务平台

主动对接温州市经信委等政府部门，吸引地方政府、行业、企业等资源投入，推动学校中小企业服务平台入驻滨江 CBD，筹建温州市中小企业服务联盟，参与滨江 CBD"世界温州人家园"项目筹建工作，推进滨江 CBD 与学校专业层面对接，加强与企业在产教融合、技术研发、成果转化和毕业生就业等方面的合作。加快服务体系建设步伐，坚持重点扶持、示范带动、整体推进，充分利用各种有效资源，打造企业综合服务平台，提升学院影响力和服务力。

责任单位：继续教育学院、系部（二级学院）

4.加强瑞安学院建设

依托母体、创新办学，加强和瑞安市政府、企业的合作，与瑞安知名企业、龙头行业共谋发展，以定制服务的理念，培养适应瑞安产业发展的生产、建设、管理、服务第一线需要的人才，开展混合所有制、现代学徒制、订单班培养等试点工作，逐步完善理事会管理制度，全面推动校地联动战略，使瑞安学院成为中高职衔接的示范、混合所有制的示范、高职院校服务县域经济发展的示范。

责任单位:瑞安学院、教务处、产教融合处

5.推进温州设计学院建设

契合区域经济社会发展需求,整合鞋类设计、服装设计等多个设计专业资源,对接瓯海时尚智造特色小镇,使温州设计学院成为优秀设计人才的集市、时尚设计作品的集市、先进设计技术的集市,为时尚智造特色小镇成为温州都市时尚产业发展的主平台提供人才和技术支持。

责任单位:温州设计学院、教务处、科技开发处、后勤基建处

6.启动文创基地建设

重点对接温州文化创意产业,人文传播系要向文化创意产业靠拢转型,并更名为"文创学院";继续教育学院要在满足现有业务的基础上,为文创基地腾笼换鸟;文创基地要精准定位、特色经营,依托专业、反哺教学,既要为文创学院学生提供实习空间,也要成为温州文化创意产业孵化器。要借助温州市委宣传部、媒体、文化企业等外部力量,争取政策资金支持,集聚优质文创企业和文创人才。

责任单位:文创学院、继续教育学院、教务处、高等职业教育研究所

7.加快智能制造公共实训与服务中心建设

紧密围绕温州电气、阀门、汽摩、装备制造等支柱产业和特色产业的提升发展,依托以智能制造为主线的三大专业集群,联合中国机械科学研究总院、中国机械工业联合会、浙江大学等院校平台,通过与 ABB、SIMENS、FANUC、BOSCH、FESTO、SAP 等国际企业及奔腾激光(温州)有限公司等本土优势企业的合作,打造符合温州行业需求、引领企业提升的智能制造示范生产线,建设贯穿企业创新全过程的虚拟化设计、数字化生产、智能化管控和大数据驱动为支柱的 4 个技术培训与应用服务中心,打造集"训研创"于一体,主动、精准服务地方产业行业企业的新型公共服务平台。

责任单位:产教融合处、教务处、科技开发处、后勤基建处、电气电子工程系、机械工程系、信息技术系

(二)完善产教融合发展机制

1.加快学校治理结构改革

建立健全以学校章程为核心的现代大学制度，建立理事会制度，引入地方政府、行业企业、科研院所、社会组织等多方参与。组建由地方政府、行业组织、龙头企业参加的院校理(董)事会、专业建设委员会、校企合作委员会并有效发挥作用。吸纳合作关系紧密、稳定的企业代表加入理事会(董事会)，参与学校重大事项的审议。扩大系部(二级学院)人事管理、教师评聘、收入分配等方面的自主权。推动学校优化内部治理，下移管理重心和学术权力，充分体现一线教学科研机构自主权，积极发展跨专业教学和科研组织，设立产教融合管理、协调和服务相关岗位。

责任单位：高等职业教育研究所、党院办、教务处、科技开发处、人事处、产教融合处、计财处、系部(二级学院)

2.构建全方位的产教融合组织体系

学校层面成立产教融合处，统筹协调管理产教融合工作。加强学校与相关政府部门、行业组织、企事业单位的联系，拓宽产教融合的渠道与途径，推进产教融合项目向深度和广度发展。系级层面组建由地方政府、行业组织、龙头企业和社会组织多方参与的产教融合委员会；专业层面成立产教融合专业指导委员会；教师层面根据工作实际组建项目合作组，每一位专业教师要结对一位行业大师或能工巧匠。

责任单位：产教融合处、教务处、人事处、科技开发处、系部(二级学院)

3.深化混合所有制改革

深化与政府行业企业战略合作，制定《混合所有制校内实施办法》，加快混合所有制的落地落实。推进智能制造公共实训与服务中心、文创基地、瑞安学院、创业学院等混合所有制办学载体建设，分别从基地共建、专业共建、项目合作3个层次，探索混合所有制不同实现形式。积极进行校地联动改革，主动地为地方产业解决难题、提供智力支持，吸引地方政府、行业骨干企业的资源投入、购买服务、项目合作等，鼓励有条件的系部(二级学院)与地方政府、行业组织、大型企业（集团）举办混合所有制性质的产业学院，鼓励社会力量以资本、知识、技术、管理等要素参与学校发展，鼓励合作企业、风投机构、教师、学生在学校建设股份合作制的师生共创企业。

责任单位：教务处、党院办、产教融合处、创业学院、系部（二级学院）

4.深入推进现代学徒制

在全国现代学徒制试点的基础上，大力推动家具设计、酒店管理、机电一体化技术、软件技术等4个校内现代学徒制试点专业，并要求各系（二级学院）须确定一个试点专业。明确参与现代学徒制的企业标准，制定《现代学徒制工作规范和教学标准》，确保企业在师父专业水平、实训设施设备等方面具备相应条件。院校、企业、学生签订三方协议，明确学徒的学生和职工双重身份，约定各方权利义务。大力推行“招生即招工、入企即入校、企校“双师”联合培养”的企业新型学徒制，制定《现代学徒制校内实施办法》。深化“二元制”技术技能人才培养模式改革，形成与现代学徒制相适应的教学管理与运行机制，形成学校和企业联合招生、联合培养、协同育人的长效机制。通过引企入校，校企共建生产性实训基地，推行面向企业真实生产环境的任务式培养模式。

责任单位：教务处、系部（二级学院）

5.大力推进产教融合订单班

积极探索跨专业产教融合订单班，以创新订单班管理模式为推手，以学院资源与企业资源相融合为载体，以职业技能鉴定、培训服务企业为目标，以校内培养与企业培养相结合的教学模式为平台，实现校企合作互利共赢。按照企业人才需要，共同制定人才培养协议，共同制定人才培养方案，共同参与人才培养过程，共同参与实训基地建设。坚持课程与岗位无缝对接，全面培养学生职业技能，坚持分层次、分阶段、分方向的灵活课程设置，为学生提供“菜单式”选择的自主权利。坚持专业培养目标与产业需求一致，专业课程体系与岗位能力对应，专业课程内容与职业标准对接，教学组织形式与企业生产同步，毕业生能够零距离上岗就业或自主创业。

责任单位：教务处、招生就业处、产教融合处、系部（二级学院）

6.健全需求导向的人才培养机制

发挥市场机制配置作用，强化就业市场对人才供给的有效调节，建立人才需求预测预警机制。应用大数据分析应用，与地方政府、行业组织探索建立市场化、专业化、开放共享的产教融合信息共享服务平台，汇聚区域行业人才供需、校企合作等供求信息，向各类主体提供精准化信息发布、检索等服务。拓宽产教供需对接渠道，与行业组织共同制定深化产教融合工作计划，开展人才需求预测、校企合作对接、教育教学指导、职业技能鉴定、人才培养标准制定和质量评价等服务。注重发挥行业组织人才需求预测、用人单位职业能力评价作用，健全毕业生就业质量年度报告发布制度，定期公布企业人力资源需求、专业就业状况和行业岗位职业能力标准，定期发布专业结构与产业结构吻合度状况报告，把就业质量作为人才培养考核的核心指标。

责任单位：招生就业处、教务处、系部（二级学院）

（三）深化产教融合人才培养改革

1. 推进专业建设与产业转型升级相对接

下好新一轮科技革命和产业变革的"先手棋"，主动应对以新技术、新产业、新业态和新模式为特征的新经济发展迫切需求，将产业先进技术元素融入专业教学资源，及时调整专业设置。建立行业和企业参与的专业设置评议制度，将产业发展需求融入专业建设，形成根据社会需求、学校能力和行业指导科学设置新专业的机制。主动对接经济社会发展和区域产业布局，灵活和有前瞻性地规划、调整专业结构，打造地方（行业）急需、优势突出、特色鲜明的新技术应用型专业。健全专业设置"正负面清单"制度，建立学校统筹和社会评价相结合专业动态调整机制，严格实行专业预警和退出机制，综合运用招生计划安排、绩效奖励等手段，增设产业转型升级急需的专业，减少或取消人才饱和、就业率低的专业，把市场供求比例、就业质量作为学校设置调整专业、确定培养规模的重要依据。调整升级专业定位并在原有专业群基础上再进行集群化建设，集聚服务区域经济社会发展和产业转型升级的能力。一个专业集群对应一个新的产业链，通过专业方向调整、课程体系升级、培养模式创新，形成专业、专业群、专业集群新形态，形成"对接产业、相对集中、错位发展、优势互补"的高水平专业发展新格局。

责任单位：教务处、招生就业处、系部（二级学院）

2.推进人才培养模式与产业转型升级相结合

建立产教融合、协同育人的新技术应用人才培养模式,实现专业链与产业链、课程内容与职业标准、教学过程与生产过程对接。加强实训、实习环节,实训实习的课时占专业教学总课时的比例达到30%以上,建立实训实习质量保障机制。扩大学生的学习自主权,实施以学生为中心的启发式、合作式、参与式教学,扩大学生自主选择专业和课程的权利。完善"企业出题、学校接题、教师解题、学生答题"新技术应用的创新创业实践育人模式,促进企业需求融入人才培养各环节。建立以新技术为导向,以企业真实需求为基点,以智能化、时尚化、数字化项目为载体,产学研创相结合的新技术应用的人才培养模式。

责任单位:教务处、创业学院、系部(二级学院)

3.推进课程体系改革与产业转型升级相适应

深化新技术应用人才培养方案和课程体系改革,以社会经济发展和产业技术进步驱动课程改革,整合相关的专业基础课、主干课、核心课、专业技能应用和实践课,更加专注培养学习者的技术技能和创新创业能力,促进产教融合背景下的创新创业教育,促进人才培养与企业发展的合作共赢,营造良好的产教融合协同育人的创新创业环境。认真贯彻落实《关于深化高等学校创新创业教育改革的实施意见》(国办发〔2015〕36号),将创新创业教育融入人才培养全过程,将专业教育和创业教育有机融合。把企业需求真实项目作为人才培养的重要载体,把行业企业的一线需要作为毕业设计选题来源,将产业科学管理元素融入教学管理和评价,将产业优秀文化元素融入教育教学过程,全面推行案例教学、项目教学。将现代信息技术全面融入教学改革,推动信息化教学、虚拟现实技术、数字仿真实验、在线知识支持、在线教学监测等广泛应用,通过校校合作、校企合作联合开发在线开放课程。

责任单位:教务处、创业学院、现代教育技术中心、系部(二级学院)

4.推进科技协同创新与产业转型升级相融通

围绕产业关键技术、核心工艺和共性问题开展协同创新,打造以企业为主体、产学研创深度融合的科技创新体系,推动新技术应用研究与产业化对接融通。推进科技服务云平台、科技资源共享平台、技术创新专利导航平台等专业技术服务平台建设,推进与行业骨干企业联合共建协同创新中心、科技研发平台、企业研究院等。整合现有的科技服务平台，加强新技术、新产业、新业态研究，构建"行业领先企业＋高校＋专业服务机构＋中小企业群"的产教融合发展平台。加强横向课题引导，加大纵向课题培育，激励教师将创新成果转化成教学资源用于人才培养。加快科技研究成果向产业技术转化，定期组织产业技术需求与项目成果对接活动。完善科技计划管理，鼓励将企业一线实际需求作为工程技术研究选题的重要来源，科研机构牵头申请的应用型工程技术研究项目原则上应有行业企业参与成果转化或示范应用。积极完善学校科研后评价体系，将成果转化成效作为项目和职称评定重要内容。

责任单位：科技开发处、现代教育技术中心、系部（二级学院）

5.推进社会培训服务与产业转型升级相衔接

瞄准传统产业改造升级、新兴产业发展和新型城镇化过程中一线劳动者技术提升、技能深化、职业转换、城市融入的需求，大力发展促进先进技术应用、形式多样、贴近需求的社会培训服务。创新教育培训方式，联合行业企业开展职业技能竞赛、行业技术比武、创新成果评选等活动。主动承接温州地方政府的社会培训任务，加强与行业和领先企业合作，使学校成为地方政府、行业和企业依赖的社会培训服务基地，成为适应技术加速进步的加油站、顺应传统产业变革的换乘站、促进新兴产业发展的人才池。校企共建一批"互联网＋"培训平台，开发立体化、可选择的产业技术课程和职业培训包，面向行业企业和社会开展技术培训和继续教育。智能制造公共实训与服务中心要建立健全开放共享机制，面向职业院校、企业和社会提供学生实训、师资培训、职业培训、技能鉴定、产品生产、技术研发等多种公共服务。

责任单位：继续教育学院、教务处、产教融合处、系部（二级学院）

6.推进实训基地建设与产业转型升级相匹配

按照工学结合、知行合一的要求，根据生产、服务的真实技术和流程构建知识教育体系、技术技能训练体系和实训实习环境，采取政府财政拨款、企业投资、学校自筹、融资租赁等多种方式开展校内外实训基地建设，带动骨干企业参与校企合作。建立多元化、多渠道投融资机制，鼓励和引导企业、社会培训机构以土地、设备、资金、技术、人才资源等多种形式参与建设实训基地和平台，要想办法吸引企业将最新的技术设备带到学校用于教学，以保证教学设备与生产性设备在技术上保持同步。开展生产性实习实训，健全学生到企业实习实训制度,引进企业科研、生产基地,建立校企一体、产学研创一体的学生实习实训中心,推进实习实训规范化,保障学生享有获得合理报酬等合法权益。

责任单位:教务处、系部(二级学院)

(四)拓宽产教融合发展路径

1.培育产教融合联盟

创新政校行企合作模式,推进与地方政府、行业龙头企业、科研机构深度合作,以各方共同利益为基础,以培养大批具有专业技能与工匠精神的高素质劳动者和技术技能人才为目标,以具有法律约束力的契约为保障,牵头组建优势互补、利益共享、风险共担的产教融合联盟,推进实体化运作。在永嘉县、瑞安市两家智能制造产教融合联盟的基础上,深化产教融合联盟机制,制定产教融合联盟章程,清晰界定联盟性质、目标、任务及各方责权利,建立健全联盟理事会会议制度、信息沟通制度、资源共享成本补偿制度、成员年度考核制度、成员加盟与退出制度等,推进与企业共建系统化课程和一体化实训基地,共享资源,共融师资团队,共育应用型技能人才,真正形成以智能制造、时尚设计、现代服务业等温州支柱产业为基础的政校行企共建共享共赢的示范性产教融合联盟。

责任单位:产教融合处、系部(二级学院)

2.组建职业教育集团

以温州"四大产业"和先进装备制造、信息技术应用、时尚产品设计、中小企业经营管理等优势专业群为纽带,依托温州地方政府,与行业龙头企业合作牵头,与行业协会、企业科研院所、院校等建立长期战略合作伙伴关系,开展多元主体共建,覆盖全产业链、辐射温州区域产业发展的职业教育集团。建立健全职业教育集团发展机制,强化政策支持,充分利用职业教育集团内各研究院、高新企业等资源,打造产学研创合作平台,建立校企互通师资队伍建设的长效机制,形成教育链与产业链的深度对接与融合,满足经济结构调整和产业转型升级对高素质技术技能人才的迫切需求。

责任单位:党院办、高等职业教育研究所、教务处、科技开发处、产教融合处、人事处、系部(二级学院)

3. 建设综合服务平台窗口

依托温州市中小企业服务平台，实行线上线下、网络实体相结合，优化完善综合服务生态系统，通过窗口服务平台、网站、微信公众号、服务热线等发布政策信息，借助产业互联网、线上大数据平台，利用“互联网＋”模式为中小企业提供优质精准服务。建立健全综合服务平台运营管理、绩效评价体系，实现服务有记录、能追踪、可考核。借助温州经济信息委员会等部门的资源，筹建温州市中小企业服务联盟，整合入驻中小企业、中介机构等资源，开展校企合作项目，孵化培训项目，打造服务世界温州人、服务温州转型发展、服务温州企业的重要窗口和平台。

责任单位：继续教育学院、产教融合处

4. 拓展国际交流合作

促进优质资源“引进来”，创新符合国情、学院特色的产教融合国际化人才培养和协同模式，引进海外高层次人才，转化国际先进职业教育资源并深度整合，开展共建专业、共建基地、教师交流、学生交换、科学研究等多种合作形式；拓展与发达国家院校的合作办学，引进国际先进、成熟、适用的职业标准、专业课程标准、数字化教育资源等，并结合自身优势开发国际先进、适用的职业标准、专业课程和数字化资源标准。深化产教协同“走出去”，建好中国-东盟职教联盟，推进柬埔寨温州职业技术学院亚龙丝路学院专业建设，开设“鲁班工坊”等，配合温商企业在“一带一路”沿线国家和地区建立办学机构、研发机构、技术技能人才培养培训基地和教育合作平台，培养中国企业海外生产经营需要的、符合中国企业用人标准的本土化人才。推进国际影响力“再提升”，积极融入世界职业教育话语体系，大力服务“一带一路”倡议和温州企业“走出去”，凝练具有中国特色的国际化职业品牌，构建中国高等职业教育国际化人才培养标准，全面服务国家“走出去”战略，展示中国特色并提供中国经验，成为国际事务的参与者、国际标准的建设者、国际资源的提供者和中国企业国际化的协同者。

责任单位：国际合作交流处、教务处、人事处、学生处、系部（二级学院）

5.开展产教融合建设试点

积极申报产教融合"十百千"试点项目,深化产教融合的内涵建设,探索可复制、可推广的模式和经验,构建产教融合发展的长效机制,争取进入国家产教融合建设试点行列。遴选有代表性、影响力和改革意愿的系部(二级学院)开展产教融合建设试点。出台《产教融合项目立项资助管理办法》,以项目化方式加强对产教融合工作的指导、协调与管理,对于深度参与产教融合、校企合作成绩突出、具有较大影响力的战略性新兴产业相关的产教融合项目,学校将在政策、资金等方面给予重点支持。

责任单位:产教融合处、系部(二级学院)

(五)加强产教融合师资队伍建设

1.加强"双师双能型"教师培养

实施"双师双能型"教师队伍建设计划,完善"双师双能型"相关教师认定标准和办法。制定教师"下企业"激励机制,落实专业教师每5年累计不少于半年赴企业实践制度,新入职专业教师前两年须赴企业集中实践锻炼半年以上。实施青年教师成长工程,要求新教师先实践后上岗,以"企业人"标准进行锻炼,实行"一对一"帮带培养,教师入职5年内通过"双师"素质认定。鼓励专业教师社会兼职和参加与专业相关的团体组织、行业协会,积极参与校企合作项目、承担横向课题研究,参加访工访学。建立教师实践假期制度,支持在职教师定期到企业实践锻炼。完善教师资格标准和专业技术职务(职称)评聘办法,健全将行业企业从业经历作为认定教育教学能力、取得专业课教师资格的必要条件,完善教师工作量计算办法,实现教师教科研工作量互通,激励教师投身教科研活动和提高行业融入度。

责任单位:人事处、系部(二级学院)

2.创新产教融合、校企共育共享人才机制

遴选优秀企业建立不少于20家的"双师型"教师培养培训基地和10个企业教师工作站,开展百名教师进企业、百名技术员进校园的"双百活动";建立教师行业融入度激励机制,为获评行业名师名家的教师设立名师名家工作室,

为担任国家行指委、专指委、教指委职务以及入选专家库的教师给予奖励与政策支持；聘请行业企业专家和能工巧匠，建设优秀兼职教师队伍。建设兼职教师资源库，实行专兼教师结对互补，建立优秀兼职教师奖励制度和兼职教师参与专业建设、教改教研活动激励机制，建设一支“校企互通，动态组合”的高水平兼职教师队伍。

责任单位：人事处、教务处、系部（二级学院）

三、实施步骤

（一）筹备启动阶段（2018 年 9 月—2018 年 11 月）

开展政策宣传，组织改革动员，制定产教融合实施方案，各相关责任部门、各系（二级学院）对照实施方案制定实施细则，落实任务分工，部署具体工作等。

（二）推进实施阶段（2018 年 12 月—2021 年 3 月）

各相关责任部门、各系（二级学院）按照实施方案的统一要求，全面推进各项行动，落实相关保障措施，通过各种渠道广泛收集产教融合典型做法，宣传产教融合成果和典型案例，推进产教融合改革实践向纵深发展。

（三）总结提升阶段（2021 年 4 月—2021 年 9 月）

集中攻关，切实加强对产教融合改革实践中新问题新情况的研究，及时总结好的做法和有效模式，建立健全增强内生动力、推动科学发展的产教融合长效机制，提炼形成可复制的经验，逐步向全省和全国推广。

四、组织保障

（一）加强组织领导

成立由学校领导、相关职能部门、各系（二级学院）主任组成的产教融合工作领导小组，确立学校产教融合的工作思路和工作机制，制定规章制度和实施方案，组织统筹规划、组织、协调、领导、督促产教融合工作；系部（二级学院）成立产教融合工作组，系主任为组长，具体负责本系（院）的产教融合工作的组织领导。各职能部门、系部（二级学院）要高度重视，协同配合，齐抓共管，为产教融合工作的开展提供有力的体制机制保障。

（二）强化考核评估

建立健全产教融合工作绩效考核办法，出台产教融合项目资助管理办法，建立项目绩效评价制度，定期对产教融合项目执行情况进行调查和评估，学校对产教融合工作实行年度考核评价，将推进产教融合工作情况作为系部（二级学院）考核的重要内容。各系（二级学院）要结合本系（院）实际制定具体实施办法，建立深化产教融合督查机制，制定考核标准，对重点任务和重点项目要加大督促检查力度，强化事中监督管理和事后评估验收，及时通报反馈。

（三）营造良好环境

做好宣传和舆论引导，广泛宣传国家、省、市产教融合支持政策，宣传产教融合成果和典型案例，推动产教融合、校企合作成为各方自觉行动。加强对产教融合的理论与实证研究，及时总结推广产教融合典型做法和有效经验，引导产教融合改革实践向纵深推进。表彰产教融合、校企合作成效显著的系部（二级学院）、教师，加强政策激励，凝聚学校主动服务经济社会发展的普遍共识，积极营造全校充分理解、积极支持、主动参与产教融合的良好氛围。

温州职业技术学院

2018 年 10 月 11 日

第十二章　深化产教融合重点工作及责任分解

关于印发温州职业技术学院深化产教融合重点工作及责任分解的通知

温州职业技术学院〔2018〕66 号

各处室、系部、二级学院：

现将《温州职业技术学院深化产教融合重点工作及责任分解》印发给你们，请结合《温州职业技术学院关于深化产教融合的实施方案》（温州职业技术学院〔2018〕57 号）文件精神认真贯彻执行，确保学院深化产教融合重点工作任务顺利完成。学院根据三年规划，每年按步骤将深化产教融合重点工作列入学院年度重点工作。

温州职业技术学院

2018 年 11 月 23 日

温州职业技术学院深化产教融合重点工作及责任分解

序号	项目名称		主要内容和要求	责任单位
一	谋划产教融合发展规划	1. 统筹产教融合发展规划	(1)将产教融合发展纳入学校发展的总体发展规划	产教融合处、党院办
			(2)将产教融合发展作为推进教育教学综合改革与机制体制创新的重要举措,贯穿人才培养全过程	教务处、系部(二级学院)
			(3)将产教融合情况列为年度考核的重要内容,优化调整相关考核指标	产教融合处
		2. 谋划产教融合发展布局	(4)谋划"东、西、南、北、中"产教融合发展战略布局	产教融合处、党院办
		3. 打造企业综合服务平台	(5)推动学校中小企业服务平台入驻滨江 CBD	继续教育学院
			(6)推进滨江 CBD 与学校专业层面对接,加强与企业在产教融合、技术研发、成果转化和毕业生就业等方面的合作	继续教育学院、产教融合处、科技开发处、招生就业处、教务处、系部(二级学院)
		4. 加强瑞安学院建设	(7)开展混合所有制、现代学徒制、订单班培养等试点工作	瑞安学院、教务处
			(8)完善理事会管理制度,全面推动校地联动战略	瑞安学院、教务处、产教融合处
		5. 推进温州设计学院建设	(9)整合鞋类设计、服装设计等多个设计专业资源,对接瓯海时尚智造特色小镇	设计创意学院
			(10)建设具有混合所有制形式的大师工作室	

续表

序号	项目名称		主要内容和要求	责任单位
一	谋划产教融合发展规划	6.启动文创基地建设	(11)积极申报文化创意等新兴专业	设计创意学院
			(12)对接温州文化创意产业,为设计创意学院学生提供实习空间,打造温州文化创意产业孵化器	继续教育学院、设计创意学院
		7.加快智能制造公共实训与服务中心建设	(13)建设虚拟化设计、数字化生产、智能化管控、大数据驱动等4个技术培训与应用服务中心,打造新型公共服务平台	产教融合处、教务处、科技开发处、后勤基建处、资产管理处、电气电子工程系、机械工程系、信息技术系
二	完善产教融合发展机制	1.加快学校治理结构改革	(14)建立健全以学校章程为核心的现代大学制度,建立理事会制度	高等职业教育研究所、党院办
			(15)推动由地方政府、行业组织、龙头企业参加的院校理(董)事会体制机制建设	党院办、教务处、产教融合处
			(16)扩大系部(二级学院)人事管理、教师评聘、收入分配等方面的自主权	人事处、计财处
			(17)推动学校优化内部治理,下移管理重心和学术权力,积极发展跨专业教学和科研组织	高等职业教育研究所、党院办、科技开发处、教务处
		2.构建全方位的产教融合组织体系	(18)明确产教融合处工作职责,理顺与系部、二级学院和职能处室关系,发挥好战略规划、政策制定、检查监督等职能	产教融合处
			(19)学校层面成立产教融合工作领导小组	
			(20)系级层面组建产学融合委员会	系部(二级学院)
			(21)推进智能制造公共实训与服务中心、文创基地、瑞安学院、创业学院等混合所有制办学载体建设	产教融合处、教务处、创业学院、系部(二级学院)

续表

序号	项目名称		主要内容和要求	责任单位
二	完善产教融合发展机制	2. 构建全方位的产教融合组织体系	(22)探索系部(二级学院)与地方政府、行业组织、大型企业(集团)举办混合所有制性质的产业学院	产教融合处、系部(二级学院)
			(23)探索合作企业、风投机构、教师、学生在学校建设股份合作制的师生共创企业	创业学院、系部(二级学院)
		3. 深入推进现代学徒制	(24)大力推动家具设计、酒店管理、机电一体化技术、软件技术等4个校内现代学徒制试点专业,各系(二级学院)根据专业特色大力推进现代学徒制试点专业	教务处、系部(二级学院)
			(25)制定《现代学徒制工作规范和教学标准》	教务处
			(26)制定《现代学徒制校内实施办法》	
			(27)深化"二元制"技术技能人才培养模式改革,推行面向企业真实生产环境的任务式培养模式	教务处、系部(二级学院)
		4. 大力推进产教融合订单班	(28)探索跨专业产教融合订单班的建设,实现毕业生零距离上岗就业或自主创业	教务处、招生就业处、产教融合处、系部(二级学院)
		5. 健全需求导向的人才培养机制	(29)发挥市场机制配置作用,开展校企合作对接,建立人才需求预测预警机制	招生就业处、系部(二级学院)
			(30)建立地方政府、行业企业组织等人才供需信息共享服务机制	招生就业处
			(31)开展教育教学指导、职业技能鉴定、人才培养标准制定和质量评价等服务	招生就业处、教务处、系部(二级学院)
			(32)健全毕业生就业质量年度报告发布制度	招生就业处

续表

<table>
<tr><th>序号</th><th colspan="2">项目名称</th><th>主要内容和要求</th><th>责任单位</th></tr>
<tr><td rowspan="11">三</td><td rowspan="11">深化产教融合人才培养改革</td><td rowspan="5">1. 推进专业建设与产业转型升级相对接</td><td>(33)将产业先进技术元素融入专业教学资源,及时调整专业设置</td><td rowspan="3">教务处、系部(二级学院)</td></tr>
<tr><td>(34)完善行业和企业参与的专业设置评议制度,将产业发展需求融入专业建设</td></tr>
<tr><td>(35)主动对接经济社会发展和区域产业布局,重点培育 3～5 个龙头专业</td></tr>
<tr><td>(36)健全专业设置“正负面清单”制度,完善学校统筹和社会评价相结合专业动态调整机制,严格实行专业预警和退出机制</td><td>教务处、招生就业处、系部(二级学院)</td></tr>
<tr><td>(37)制定、完善专业群建设实施方案,加快 6 个专业群内部资源整合共享,充分发挥专业群的凝聚效应</td><td>教务处、系部(二级学院)</td></tr>
<tr><td rowspan="3">2. 推进人才培养模式与产业转型升级相结合</td><td>(38)各系与 5 家以上世界 500 强企业或龙头骨干企业建立产教融合、协同育人的新技术人才培养和应用合作</td><td>产教融合处、教务处、系部(二级学院)</td></tr>
<tr><td>(39)建立实训实习质量保障机制,实训实习的课时占专业教学总课时的比例达到 30%以上</td><td>教务处、系部(二级学院)</td></tr>
<tr><td>(40)完善“企业出题、学校接题、教师解题、学生答题”新技术应用的创新创业实践育人模式</td><td>创业学院、教务处、系部(二级学院)</td></tr>
<tr><td rowspan="3">3. 推进课程体系改革与产业转型升级相适应</td><td>(41)深化新技术应用人才培养方案和课程体系改革,以社会经济发展和产业技术进步驱动课程改革</td><td>教务处、系部(二级学院)</td></tr>
<tr><td>(42)促进产教融合背景下的创新创业教育,营造良好的“产教融合”协同育人的创新创业环境</td><td>创业学院、教务处、系部(二级学院)</td></tr>
<tr><td>(43)将现代信息技术全面融入教学改革,通过校校合作、校企合作联合开发在线开放课程</td><td>教务处、现代教育技术中心、系部(二级学院)</td></tr>
</table>

续表

<table>
<tr><th>序号</th><th colspan="2">项目名称</th><th>主要内容和要求</th><th>责任单位</th></tr>
<tr><td rowspan="11">三</td><td rowspan="11">深化产教融合人才培养改革</td><td rowspan="4">4. 推进科技协同创新与产业转型升级相融通</td><td>(44)推进集科技服务、科技资源共享、技术创新专利导航等功能于一体的科技服务云平台建设</td><td>科技开发处</td></tr>
<tr><td>(45)推进与行业骨干企业联合共建协同创新中心、科技研发平台、企业研究院等</td><td>科技开发处、系部(二级学院)</td></tr>
<tr><td>(46)加快科技研究成果向产业技术转化,定期组织产业技术需求与项目成果对接活动</td><td>科技开发处</td></tr>
<tr><td>(47)完善学校科研后评价体系,将成果转化成效作为项目和职称评定重要内容</td><td>科技开发处、人事处</td></tr>
<tr><td rowspan="4">5. 推进社会培训服务与产业转型升级相衔接</td><td>(48)大力发展促进先进技术应用的社会培训服务</td><td>继续教育学院</td></tr>
<tr><td>(49)创新教育培训方式,积极参与行业企业组织开展的职业技能竞赛、行业技术比武、创新成果评选等活动</td><td>继续教育学院、系部(二级学院)</td></tr>
<tr><td>(50)校企共建一批“互联网+”培训平台,开发产业技术课程和职业培训包,面向行业企业和社会开展技术培训和继续教育</td><td>继续教育学院、教务处、系部(二级学院)</td></tr>
<tr><td>(51)建立健全智能制造公共实训与服务中心的开放共享机制,面向职业院校、企业和社会提供实训、产品生产、技术研发等多种公共服务</td><td>产教融合处、教务处、科技开发处、系部(二级学院)</td></tr>
<tr><td rowspan="3">6. 推进实训基地建设与产业转型升级相匹配</td><td>(52)建立多元化、多渠道投融资机制,鼓励和引导企业、社会培训机构以多种形式参与建设实训基地和平台</td><td rowspan="3">教务处、系部(二级学院)</td></tr>
<tr><td>(53)开展生产性实习实训,健全学生到企业实习实训制度,建立校企一体、产学研创一体的学生实习实训中心</td></tr>
<tr><td>(54)推进实习实训规范化,保障学生享有获得合理报酬等合法权益</td></tr>
</table>

续表

序号	项目名称		主要内容和要求	责任单位
四	拓宽产教融合发展路径	1. 培育产教融合联盟	(55)组建优势互补、利益共享、风险共担的产教融合联盟，推进实体化运作	产教融合处、招生就业处、系部（二级学院）
			(56)深化产教融合联盟机制，制定产教融合联盟章程	系部（二级学院）
			(57)建立健全联盟理事会会议制度、信息沟通制度、资源共享成本补偿制度、成员年度考核制度、成员加盟与退出制度等	
		2. 组建职业教育集团	(58)探索组建多元主体共建，覆盖全产业链、辐射区域产业发展的职业教育集团	党院办、教务处、产教融合处、科技开发处、高等职业教育研究所、系部（二级学院）
			(59)建立校企互通师资队伍建设的长效机制	人事处
		3. 建设综合服务平台窗口	(60)借助产业互联网、线上大数据平台，利用“互联网＋”模式为中小企业提供优质精准服务	继续教育学院
			(61)建立健全综合服务平台运营管理、绩效评价体系，实现服务有记录、能追踪、可考核	
			(62)开展校企合作项目，打造服务世界温州人、服务温州转型发展、服务温州企业的重要窗口和平台	

续表

序号	项目名称		主要内容和要求	责任单位
四	拓宽产教融合发展路径	4. 拓展国际交流合作	(63)引进海外高层次人才,转化国际先进职业教育资源并深度整合	人事处、国际合作交流处
			(64)开展共建专业、共建基地、教师交流、学生交换、科学研究等多种合作形式	国际合作交流处、教务处、高等职业教育研究所、人事处、学生处、系部(二级学院)
			(65)引进国际先进、成熟、适用的职业标准、专业课程标准、数字化教育资源等,并结合自身优势开发国际先进、适用的职业标准、专业课程和数字化资源标准	教务处、国际合作交流处、系部(二级学院)
			(66)充分发挥中国-东盟职业教育联盟的作用,伴随温州企业"走出去",推进柬埔寨温州职业技术学院亚龙丝路学院建设	国际合作交流处、教务处、系部(二级学院)
			(67)充分发挥世界温州人优势,依托侨领作用,对温州籍华人华侨集聚区开展教育服务,推进海外培训中心建设,打造服务世界温州人的教育品牌	国际合作交流处、教务处、系部(二级学院)
		5. 开展产教融合建设试点	(68)积极申报产教融合"十百千"试点项目	产教融合处、教务处、科技开发处、党院办、系部(二级学院)
			(69)每个系部(二级学院)建设4个以上与战略性新兴产业相关的产教融合项目	产教融合处、系部(二级学院)
			(70)遴选有代表性、影响力和改革意愿的系部(二级学院)开展产教融合建设试点	产教融合处、系部(二级学院)
			(71)出台《产教融合项目立项资助管理办法》,强化产教融合的项目管理、落实监督和效果评估	产教融合处

续表

<table>
<tr><th>序号</th><th colspan="2">项目名称</th><th>主要内容和要求</th><th>责任单位</th></tr>
<tr><td rowspan="10">五</td><td rowspan="10">加强产教融合师资队伍建设</td><td rowspan="6">1. 加强“双师双能型”教师培养</td><td>(72)实施“双师双能型”教师队伍建设计划，完善“双师双能型”相关教师认定标准和办法</td><td>人事处</td></tr>
<tr><td>(73)完善教师“下企业”激励机制，落实专业教师每5年累计不少于半年赴企业实践制度，新入职专业教师前两年须赴企业集中实践锻炼半年以上</td><td>人事处、系部(二级学院)</td></tr>
<tr><td>(74)实施青年教师成长工程，实行“一对一”帮带培养，教师入职5年内通过“双师”素质认定</td><td>人事处、系部(二级学院)</td></tr>
<tr><td>(75)建立专业教师实践假期制度，支持在职教师定期到企业实践锻炼</td><td rowspan="3">人事处</td></tr>
<tr><td>(76)完善教师资格标准和专业技术职务(职称)评聘办法</td></tr>
<tr><td>(77)完善教师工作量计算办法，激励教师投身教科研活动和提高行业融入度</td></tr>
<tr><td rowspan="4">2. 创新产教融合、校企共育共享人才机制</td><td>(78)遴选优秀企业建立不少于20家的“双师型”教师培养培训基地和10个企业教师工作站</td><td rowspan="3">人事处、教务处、系部(二级学院)</td></tr>
<tr><td>(79)开展百名教师进企业、百名技术员进校园的“双百活动”</td></tr>
<tr><td>(80)建立教师行业融入度激励机制，设立名师名家工作室，为担任国家行指委、专指委、教指委职务以及入选专家库的教师给予奖励与政策支持</td></tr>
<tr><td>(81)聘请行业企业专家和能工巧匠，建设兼职教师资源库</td><td>人事处、系部(二级学院)</td></tr>
</table>

注：责任单位如有两个及以上的，以排在第一位的部门为牵头单位。

第十三章　进校企业管理规定

温州职业技术学院进校企业管理暂行规定

温州职业技术学院〔2020〕8 号

第一章　总　则

第一条　依据《国务院办公厅关于深化产教融合的若干意见》(国办发〔2017〕95 号)、教育部等六部门关于印发《职业学校校企合作促进办法》的通知(教职成〔2018〕1 号)和国家发展改革委、教育部关于印发《建设产教融合型企业实施办法(试行)》的通知(发改社会〔2019〕590 号),为规范进校企业秩序,建立和完善校企合作运行机制,深化产教融合,有力助推国家级产教融合型企业建设培育工作,根据上级部门的相关文件,结合本校实际,制定本规定。

第二条　本规定所称的进校企业,是指进驻温州职业技术学院,在人才培养、实践教学、实习实训、招生、就业、科研、技术服务、培训、文化建设等环节或领域与学校开展合作的独立经济实体。尤其鼓励与省级以上产教融合型企业开展以上合作。

第三条　产教融合型企业是指深度参与产教融合、校企合作,在学校办学和深化改革中发挥重要主体作用,行为规范、成效显著,创造较大社会价值,对提升技术技能人才培养质量,增强吸引力和竞争力,具有较强带动引领示范效应的企业。

第四条　产教融合处是学校产教融合、校企合作的主管部门，具体负责进校企业的统筹与协调工作。

第二章　企业进校的条件、程序和应提供的资料

第五条　进校企业应具备的基本条件

（一）具有独立的法人资格，经济运行正常，管理规范，企业无重大环保、安全、质量事故，具有良好信用记录，无涉税等违法违规经营行为。

（二）在本地区、本行业有一定知名度，社会形象较好。

（三）所经营的业务和承担的职能与学校相应专业对口，产品具备较高的技术含量。

（四）有符合国家规定的劳动保护、环境保护、安全生产和职业防护设施，遵守学校的相关制度和规定。

（五）工业企业注册资金为人民币200万元及以上；商业企业注册资金为人民币50万元及以上；在本地区具有一定知名度的研究机构、事务所、影视类企业无注册资金要求。

（六）法律、行政法规规定的其他条件。

第六条　具备以下条件之一的企业优先合作

（一）世界500强企业、省级以上产教融合型企业、龙头骨干企业。

（二）以校企合作等方式共建产业学院、产教融合实训基地，或者捐赠教学设施设备等。

（三）承担现代学徒制、订单班等形式的合作任务。

（四）承担实施1＋X证书（学历证书＋职业技能等级证书）制度试点任务。

（五）面向社会开展技术技能培训服务或者参与组建行业性或区域性产教融合（职业教育）集团。

（六）主动服务国家和地区重大战略，积极实施制造业转型升级的优质企业，以及数字经济、智能制造、高端装备、新能源、新材料以及研发设计、数字创意、现代物流、电子商务等领域急需企业。

（七）主动加大人力资本投资，技术技能人才需求旺盛，发展潜力大，履行社会责任贡献突出的企业。

第七条 企业进校办理流程

(一)向学校相关系(二级学院)提出书面申请,填写《企业进校申报表》。

(二)系(二级学院)同意立项后报学校相关职能部门初审。

教务处:主要负责人才培养、教学、实训、教材、基地等合作内容的审核;

招生就业处:主要负责招生、就业等合作内容的审核;

学生处:主要负责学生管理、学生资助、评优、奖励、暑期实践等合作内容的审核;

科技开发处:主要负责进校项目资质和科技项目合作内容等方面的审核;

人事处:主要负责教师培养培训、师资资源共享等合作内容的审核;

产教融合处:主要负责学院战略性合作或者涉及两个及以上职能部门需要共同审核的合作内容,由产教融合处负责牵头相关职能部门会签审核。

(三)相关职能部门初审通过后,由各自分管校领导代表学校签字并加盖学校印章;涉及资金引入的合作项目需上报院长办公会议或党委会审议。

(四)审议通过后,合作协议及《企业进校申报表》须提供一份原件报产教融合处备案。

第八条 企业办理进校备案手续须提供的资料(原件核对后归还)

(一)《企业法人营业执照》(副本)、《税务登记证》(副本)原件及复印件。

(二)在校负责人的企业法人代表授权委托书,企业在校负责人、技术负责人、财务负责人的身份证、职称证书、劳动合同的原件及复印件。

(三)主要技术人员的职业资格证书或其他从业资格证书原件及复印件。

第三章 管 理

第九条 日常管理

企业进校后,应组织项目管理机构,配备与项目规模、技术复杂程度相适应的管理人员,其中项目负责人、技术负责人、质量管理人员、安全管理人员必须是本企业职工。

进校企业应加强生产现场管理,建立健全产品质量、安全生产、文明生产保证体系和各项管理制度,技术工种操作人员必须持证上岗,并对实习、顶岗学生进行上岗培训。

进校企业应遵守本校有关规章制度,按规定向学校保卫处等部门办理相关手续,并接受有关部门的检查、监督和管理。

第十条　年度效益评价

学校相关部门依据现有文件制度对企业进校项目进行年度效益评价。年度效益评价，主要评价校企合作项目的资源使用、人才培养、实践教学、科研成果、师资培养、社会培训、功能利用等情况。学校相关部门根据年度效益评价情况，对进校项目协议履行情况开展检查和考核，并决定项目的调整与退出。

第十一条　资产管理

企业进校后，各系（二级学院）应明确协议书所涉及的固定资产的权属，并明列仪器设备清单及价格。属进校企业承诺或书面约定赠予学校的仪器设备，应办理入账手续。

企业进校后与温州职业技术学院合作建立的产业学院、实训基地、科研机构等，学校参照有关规定给予政策支持，并纳入协议书范围，以协议书规定为准。

第十二条　知识产权归属

企业进校后，校企合作项目研究所获得的产学研成果，其知识产权归属按学院相关规定管理。项目研制过程中形成的共有技术（专利保护技术），属共有方共同所有。

第十三条　财务管理

（一）企业进校的场地装修须征得学校的同意，装修费用原则上由企业方承担。

（二）进校企业的水费由学校承担，电费原则上由企业方承担，有特殊用水、用电要求的项目其费用另议。

（三）进校企业的电话、传真、网络等业务，可向学校相关部门申请，费用由企业自行承担。

（四）进校企业的财务实行独立核算，属于校企双方共同承担的项目所产生的利润，在保证项目可持续发展的前提下，若有盈余，双方按约定比例进行分配。

第十四条　进校企业有下列行为之一的，视情节轻重，给予责令整改、通报批评、终止合作协议书的处理：

（一）未办理进校备案手续，擅自进校的。

（二）实际情况与进校备案登记的资料不相符的。

（三）企业管理不规范，安全生产保证体系不健全，管理人员设置与项目规模复杂程度不相适应，生产的产品或经营业务与学校相应专业不对口的。

(四)出租、涂改、伪造或采用不正当手段骗取备案资格的。

(五)不及时办理相关变更登记手续的。

(六)在校期间发生违规行为或安全事故的。

(七)发生造成恶劣影响的各类事件的。

(八)有其他违反法律、法规、规章行为的。

第四章　附　则

第十五条　其他校企合作项目根据相关法律、法规参照本规定进行管理。

第十六条　本规定由温州职业技术学院产教融合处负责解释。

第十七条　本规定自印发之日起施行,原温州职业技术学院教〔2011〕5 号文件同时废止。

温州职业技术学院

2020 年 1 月 14 日

第十四章 《温州职业技术学院高质量发展行动计划(2022—2025 年)》

关于印发《温州职业技术学院高质量发展行动计划(2022—2025 年)》的通知

温职院党〔2022〕6 号

机关党委、各党总支,各处室、二级学院:

为贯彻落实中共中央办公厅、国务院办公厅《关于推动现代职业教育高质量发展的意见》,促进学校高质量发展,特制定《温州职业技术学院高质量发展行动计划(2022—2025 年)》,现印发给你们,请认真学习贯彻执行。

中共温州职业技术学院委员会

温州职业技术学院

2022 年 2 月 19 日

温州职业技术学院高质量发展行动计划（2022—2025年）

一、指导思想

二、工作要求

三、主要目标

四、重点任务与主要举措

（一）以高质量党建为引领，推动学校高质量发展

1. 强基固本，打造党建工作新格局
2. 立德树人，建立三全育人新模式
3. 德技并修，形成思政教育新常态
4. 培根铸魂，构建校园文化新体系

（二）以混合所有制为突破口，构建产教融合新生态

1. 主体协作，构建学城联动新关系
2. 要素融合，丰富校企合作新内涵
3. 利益共享，开创多元协同新局面

（三）以职教本科建设为方向，强化职教类型特色

1. 层次突破，稳步发展本科层次职业教育
2. 纵向贯通，探索中高职一体化人才培养
3. 提质培优，创新学训研创用人才培养模式
4. 育训结合，有效开展高水平技术技能培训

（四）以岗课赛证育人为核心，深化专业内涵建设

1. 聚焦技术，抓牢课堂革命的演进方向
2. 以研促编，推进职教新形态教材建设
3. 虚实一体，增强实践教学职业适应性
4. 赛证融合，提升多层级训赛平台效能

（五）以科技成果转化为导向，提升科研平台能级

1. 凝练方向，打造高水平研发平台
2. 注重转化，产出高质量研发成果

3. 提升能级,提供高水平技术服务

(六)以"双师"队伍建设为重点,夯实高质量发展根本

1. 梯队培育,提升教师"双师"素质驱动力

2. 团队共建,提升教师协同发展凝聚力

3. 双向流动,提升人才流转机制协调力

4. 评价激励,提升教师干事创业执行力

(七)以生源质量提升为抓手,巩固高质量培养基础

1. 数据驱动,优化学校整体生源结构

2. 三全招生,建立内外互动协调机制

3. 双向联动,开创就业促招生新局面

(八)以温台职教大脑为载体,实现数字化转型发展

1. 数据互联,构建智慧教学"一张网"

2. 系统重塑,打造校园智治"一幅图"

3. 联通产业,建设职教数字"一个脑"

(九)以职教标准输出为目标,实现国际化迭代升级

1. 接轨国际,提升职教标准竞争力

2. 服务中企,强化职教标准生命力

3. 培育英才,扩大职教标准影响力

(十)以治理体系建设为保障,护航学校高质量发展

1. 强化自治,完善校内治理体系

2. 合作共治,健全多元治理框架

3. 走向善治,打造高职治理样板

五、优化高质量发展环境

附件1 温州职业技术学院高质量发展任务(项目)一览表

附件2 温州职业技术学院高质量发展监测指标

温州职业技术学院高质量发展行动计划（2022—2025年）

为贯彻落实中共中央办公厅、国务院办公厅《关于推动现代职业教育高质量发展的意见》，促进温州职业技术学院高质量发展，现制订如下行动计划。

一、指导思想

以习近平新时代中国特色社会主义思想为指导，深入贯彻党的十九大和十九届二中、三中、四中、五中、六中全会精神，坚持党的全面领导、坚持社会主义办学方向、坚持职教类型特色、坚持立德树人，牢牢扎根浙南大地，以高质量党建、中国特色高水平高职学校、“活力温台”职业教育创新高地建设为引领，以混合所有制改革为突破口，聚焦职教本科、专业内涵、成果转化和“双师”队伍，注重生源质量提升、职教大脑建设、职教标准输出，构建高职院校现代治理体系，有效激活职能处室和二级学院内生动力，切实增强职业教育适应性，培养更多高素质技术技能人才、能工巧匠、大国工匠，为全面建设社会主义现代化国家提供有力人才和技能支撑。

二、工作要求

职业教育高质量发展的根本目标是增强职业教育适应性。“彰显新职教类型特色、建设高水平职业院校，培养新时代工匠人才、服务高质量经济发展”是学校新时期的办学使命。

实现学校高质量发展要明确“三个适应”。一是要适应新阶段、新理念、新格局。立足新发展阶段、贯彻新发展理念、构建新发展格局，面向经济社会发展需要，助力技能型社会建设，为区域社会发展提供技能支撑。二是要适应新兴产业及传统产业转型升级。面向高端产业和产业高端，不断推动产业基础高级化、生产过程智能化、产品服务定制化，适应高质量发展需要。三是要适应“四新”经济背景下新岗位需求。面对新技术、新产业、新业态和新模式，更加关注学生创新思维能力、社会情感能力、人机交互协同和终身学习能力等高阶能力发展，适应更高质量、更充分的就业需要。

探索职业高质量发展的实现路径，要把握“三个关键”。一是要彰显职业教育类型定位。积极探索本科职业教育、中高职一体化培养，服务“纵向贯通、横向融通”中国特色现代职业教育体系建设。二是要坚持产教融合、校企合作。推动形成产教良性互动、校企优势互补、教学科研相长的发展格局。三是要不断创新人才培养模式。坚持面向市场，推动专业设置、人才培养与市场需求相对接；面向人人、因材施教，营造人人努力成才、人人皆可成才、人人尽展其才的良好环境。

三、主要目标

到2025年，学校综合办学实力进入全国前30名。学校职业本科教育招生规模不低于高等职业教育招生规模的30%，高职教育类型特色更加鲜明，人才培养质量、“双师”队伍水平、技术服务能力实现质的提升；产教融合、信息化、国际化取得长足发展；学校内外有效衔接、相互促进、高效运转的双循环治理体系成为高职院校治理样本。

到2035年，学校综合办学实力进入全国前10名。全面建成一所引领改革、支撑发展、中国特色、国际水平的职业技术大学，成为中国职业教育高质量发展的“排头兵”。

四、重点任务与主要举措

(一)以高质量党建为引领，推动学校高质量发展

深入贯彻“红色根脉强基工程”，全面实施高校党建与教育事业、师生需求、属地党建以及高校内部党建工作体系“四个融合”行动，以高质量党建引领高质量内涵式发展，打造党建工作新格局、建立三全育人新模式、形成思政教育新常态、构建校园文化新体系，推动学校党建思政工作创新发展，为培养德智体美劳全面发展的社会主义建设者和接班人提供坚强政治保证。

1. 强基固本,打造党建工作新格局

坚持党的全面领导,把政治建设放在首位,增强"四个意识",坚定"四个自信",以衷心拥护"两个确立"、忠诚践行"两个维护"的政治自觉推动学校高质量发展。坚持和完善党委领导下的校长负责制,将党建工作和学校事业发展同谋划、同部署、同推进、同考核。完善意识形态工作体制机制,落实意识形态工作责任。构建"标准+特色"党建工作质量保证体系,使学校党委严格做到"六个过硬",二级党组织普遍做到"五个到位",基层党支部全面做到"七个有力",各级党组织党建特色品牌建设成效显著。落实全面从严治党主体责任,持续加强作风建设,实现责任、监督、建议、整改、问责互动的闭环效应,推动形成风清气正的政治生态。到 2025 年,争创国家级党建工作示范高校,党建工作标杆院系、党建工作样板支部等国家级党建培育创建单位 2 个以上,省级党建培育创建单位 5 个。

2. 立德树人,建立三全育人新模式

紧紧围绕立德树人根本任务,以理想信念教育为核心,以社会主义核心价值观为引领,以全面提高人才培养能力为关键,加快完善全员全程全方位育人体制机制,构建以"十大育人"体系为基础的育人新格局。深化以习近平新时代中国特色社会主义思想铸魂育人,充分用好"四史"学习教育成果,加强爱国主义、集体主义、社会主义教育。推进德育与智育、体育、美育、劳动教育有机融合,实现理论与实践、育德与育心、课内与课外、线上与线下、解决思想问题与实际问题的多维结合,深化"一站式"学生社区综合管理改革,持续推进新 π 青年养成计划,实施时代新人培育工程,加强学生会、学生社团建设管理,更好地把立德树人融入思想道德教育、文化知识教育和社会实践教育各环节。到 2025 年,争创教育部高校思想政治工作精品项目、名班主任工作室、德育特色案例等国家级项目 2 个以上,打造国家级社会实践优秀团队 1 支或志愿服务品牌 1 个,创建全国"三全育人"典型学校。

3. 德技并修,形成思政教育新常态

系统构建马克思主义学院事业发展规划,公开选聘具有创新思想和战略思维的高层次领军人才,坚持引育结合,加大博士引进力度,鼓励在职教师攻读马克思主义理论专业博士学位,努力打造国家级思政课程和课程思政教学名师及教学团队,赋能马克思主义学院发展。拓展学校和社会的合作,创新发展马克思主义理论学科阵地。出台《推进课程思政建设的指导意见》,推动课程思政与思政课程同向同行。构建思政课"五维一体"协同联动教学模式,打造特色思政品牌课。到 2025 年,建成具有全国影响力的省级马克思主义学院,建设国家级思政示范课堂 15 个,国家级课程思政示范课程 5 门,国家级课程思政教育案例 15 个,国家级思想政治课教学创新团队 4 个,国家级课程思政教学团队 3 个。

4.培根铸魂,构建校园文化新体系

紧密围绕职业教育的特点和要求,坚持"地域性、传承性、导向性、个性化、主题化、立体化"原则,实施品牌创建,设计"品牌+"校园文化建设,滚动式塑造校园文化品牌,积极打造以工匠文化为核心,注入"瓯文化"和非遗元素,融合红色文化、治理文化、素养文化的特色文化新格局。推动优秀产业文化进校园、建立瓯文化传播基地、培育各类特色工匠典型、构筑工匠文化长廊,立体彰显以匠心为内核的工匠文化魅力;将红色文化融入思政课程体系建设,倾力营造以党建为引领的红色文化氛围;通过"制度—机制—能力—价值文化—善治"的治理逻辑依法、民主和智慧治校,多维构建以制度为内核的治理文化体系;大力推进文化内容创新,精心培育以育人为导向的素养文化精品。到 2025 年,建设全国职业院校校园文化建设"一校一品"示范基地 1 个,建成文化教育基地 5 个以上。

(二)以混合所有制为突破口,构建产教融合新生态

以"有利于人才培养、有利于学校发展、有利于企业增效"为导向,积极探索混合所有制办学,适时出台《温州职业技术学院混合所有制办学实施方案》,坚持以利益为纽带,创新主体协作、要素融合和利益共享的产教融合新机制,开创实质性混合与实体性混合"二阶并存","校地混""校企混""多元混"等齐头并进的产教融合新局面,形成涵盖混合所有制校区(二级学院)、混合所有制产业学院、混合所有制职教集团(联盟)、混合所有制"训研创"基地(平台)等载体的产教融合新生态,赋能学校高质量发展。

1. 主体协作,构建学城联动新关系

紧扣温州块状经济特征,主动服务区域产业转型升级,依托学校“东西南北中”校区布局,进一步深化学城联动。扎根县域经济发展,增设相关特色专业,以当地招生、当地就业“两个 50%”为主要指标,激发县域支持职业教育人才培养的动能,争取地方政府加大办学投入。尽快启动瑞安学院二期征地建设,积极联动瓯海区政府申报中意职教园落地瓯海时尚特色小镇,激发县级政府牵头举办政校行企混合制办学载体,吸引龙头企业参与混合所有制办学。到 2025 年,推动县域政府投入学校办学达 1 亿元以上,毕业生留当地比例超 50%。

2. 要素融合,丰富校企合作新内涵

着力强化产业学院在推进产教融合校企合作中的主导作用,在人才培养、技术创新、社会服务、就业创业、文化传承等方面开展深度合作。优化产教融合工作推进机制,加强中国联通“5G+”等现有产业学院内涵建设,推动与瑞立集团、万洋集团等行业龙头企业合作,构建差异化、特色化、专业化的产业学院协同发展模式。每个专业群面向对应产业链,吸引行业领军型企业共建 1 所特色产业学院,每个专业对接 2 家以上优质领军型企业开展稳定长效合作,每个专业建设至少 1 个混合所有制实训基地。积极引入行业企业要素资源,推动校企专业共建、课程共融、教材共编、基地共享、师资共聘等具体工作。到 2025 年,建成混合式特色产业学院 8 个,混合所有制实训基地 30 个,稳定深度合作的领军型企业 100 家以上,吸引社会力量投入办学资源价值 1 亿元以上。

3. 利益共享,开创多元协同新局面

牵头活力温台职教创新高地建设,充分发挥职教集团(联盟)在产教融合、校企合作中的纽带作用,积极推进浙南职业教育集团、全国高职院校技术应用服务联盟、中国-柬埔寨职教联盟能级提升。以混合所有制改革为切入点,完善利益分享机制,强化以利益为纽带的治理建设,推进现有三大职教集团(联盟)实现资源共建共享,推动形成以高参与度为特征的集团运行新态势,形成规模多样、层级递进的多元合作新局面。完善三大职教集团(联盟)运行机制,夯实资源保障机制,谋划联盟框架下的长效合作机制和常态项目,积极开展技术研发、社会培训和国际化等活动。到 2025 年,建成全国示范性职教集团(联盟)1个,推动形成实质性或实体化运作的职教集团(联盟)2～3个,浙南职业教育集团成立浙南产业互联网学院等混合所有制二级主体3个。

(三)以职教本科建设为方向,强化职教类型特色

坚持需求导向,面向新技术、新产业、新模式、新业态,结合区域产业发展走向,以高层次技术技能人才供给服务区域产业转型升级。稳步发展本科层次职业教育,科学谋划职业本科专业,探索中高职一体化人才培养,开拓中高职衔接新路径,创新"学训研创用"人才培养模式,推进"学历证书、学位证书、职业技能等级证书"三证融通,系统构建高层次技术技能人才育人体系。

1.层次突破,稳步发展本科层次职业教育

畅通技术技能人才成长通道,制定《本科层次职业教育专业发展规划》《本科层次职业教育专业教学标准》《职业本科学位论文(毕业设计)基本要求和评价指标体系》《职业本科学位授予办法》等文件,顺应区域智能制造新需求、设计创意新趋向、现代服务新业态,坚持职业教育类型特色,有效融入职业本科学位要求,使学生基础理论知识、技术技能水平与本科层次职业教育要求相适应,切实支撑区域产业高端和高端产业发展。分批次支持符合条件的优质专业开展本科层次职业教育,切实为区域产业高端和高端产业提供人才支撑,培养一批智造工匠、数字工匠、设计工匠,支撑区域经济向产业链上游推进。到2025年,学校本科层次职业教育专业达到20个,本科层次职业教育在校生人数占比超过30%。

2.纵向贯通,探索中高职一体化人才培养

出台《关于推进中高职一体化人才培养的实施办法》,构建具有温州特色的中高职一体化专业教学标准体系和课程体系,探索中高职一体化协同机制,深化一体化人才培养模式改革,提升技术技能人才培养质量,为学生搭建"多样化选择、多路径成长"的"立交桥"。深化与永嘉县和瓯海区的校地合作,建设温州职业技术学院附属职业学校,探索区域连通、师资融通、课程贯通的中高职衔接人才培养新模式。重点发挥永嘉学院中高职校区一体化特有优势,在招生、培养、就业以及后勤保障等方面加强与永嘉职教中心的有效衔接和一体化运行。到2025年,形成一批浙江省中高职衔接课程改革方案,构建一批

中高职衔接的专业标准、课程体系,开发1套中高职衔接系列教材,温州职业技术学院永嘉学院成为中高职一体化办学典范。

3.提质培优,创新学训研创用人才培养模式

出台《本科层次职业教育专业人才培养方案指导意见》,紧跟技术创新趋势,对"学训研创用"5个环节进行一体化系统设计,重构课程体系、重组课程内容、重建课程载体,持续完善校企双元育人机制。深化招生—培养—就业联动改革,全面推行中国特色学徒制。实施科研反哺教学专项工程,将新技术、新工艺、新规范引入教学环节,促进教育链、人才链与产业链、创新链有效衔接。根据专业特点,强化培养模式侧重点,智能制造专业群对接岗位涉及技术深度更高,培养环节关注能力递进提升;设计创意专业群对接岗位涉及技术领域更宽,课程体系设计强化复合技能;现代服务专业群对接岗位工作过程复杂程度更高,实训实践更突出新技术应用。到2025年,培育师生创新创业项目不少于1000项,培养创新创业人才不少于5000名,孵育具有成长性的小微企业(创新创业工作室)不少于100家。

4.育训结合,有效开展高水平技术技能培训

完善学校社会服务与创收激励机制,划分资源权属,厘清财务关系,明确创收指标,有效激发二级学院创收动力。设立温台职教师资培训基地,开展以温台地区为主、辐射全国的职教师资培训,年均培训教师不少于1000名,打造温台职教师资培训品牌;选择工业园区内"规上"、具有培训教室和实训设施的企业建立1～2家技术技能人才培训基地,密切与人社、经信和工会等部门的联系,争取培训资源,开展企业员工培训;建立成人学历教育与企业技能培训学分转换机制,实施"育训结合"计划;构建培训超市,为企业培训提供不少于200个课程菜单,实施更有针对性的职业培训。到2025年,年均培训量不低于4万人次,职业培训累计收入达3200万元以上,培养现代企业适用人才,为企业高质量发展提供基础保障。

(四)以岗课赛证育人为核心,深化专业内涵建设

以技术技能型人才培养为目标,整体规划教学工作,建立长效保障机制,深化"三教改革",完善《专业负责人管理办法》,以信息化推动课堂革命,突出

体现职业教育特征,与行业企业合作、编研结合开发新形态教材,搭建综合性实训基地,推进"岗课赛证"有机融合,着力提高学生自主学习能力、实践能力和创新能力。

1.聚焦技术,抓牢课堂革命的演进方向

出台《精品课程建设管理暂行办法》,开展课程信息化系统提升工程,要求45周岁以下教师全员参与信息化课程建设,建设一批职业教育在线精品课程,线上教学或线上线下混合教学的课程占比达到85%。以课堂教学改革课题立项为抓手,推动以混合式教学为主体的"课堂革命"。推进国家、省、校三级专业教学资源库建设应用。引进智慧职教等优质信息化课程平台,建设智慧教室。以学习任务、项目为教学导向,引导学生加强自主学习,让课堂动起来。总结提炼信息化教学改革成功经验,着力培育课堂教学改革职业教育教学成果奖。到2025年,获国家级教学成果奖励2项,遴选"课堂革命"典型案例10个,获评国家精品课程4门,建设国家级专业教学资源库2个。

2.以研促编,推进职教新形态教材建设

出台《温州职业技术学院教材管理暂行办法》,成立教材工作委员会、教材选用委员会,建立健全3年大修订、每年小修订的教材动态更新调整机制。对接主流生产技术,注重吸收行业发展的新知识、新技术、新工艺、新方法,以技术研发反哺教学,校企合作开发专业课教材,统筹开发"岗课赛证"综合育人教材。根据学生特点创新教材形态,推行科学严谨、深入浅出、图文并茂、形式多样的活页式、工作手册式、融媒体教材。重点支持建设一批校企双元合作开发的、数字化的职业教育新形态教材。到2025年,获国家优秀教材奖2项,拥有国家规划教材22种。

3.虚实一体,增强实践教学职业适应性

完善《温州职业技术学院实训教学管理办法》,以企业、学校、学生三方共赢为建设目标,推动校企合作,共同构建实训基地,加快国家级现代设计虚拟仿真实训基地建设。通过虚实结合的方式,把真实的工作场景和环境"搬"到实训室,学生通过操作实践、反复训练,打通职业教育实训"最后一公里",让职业教育实训"看得见""摸得着",解决职业教育在专业技术人才培养中的难点、痛点。充分利用数字孪生技术提供虚实结合的真实实践环境,运用先进的技术以及设备,构建以实带虚、以虚助实、虚实结合的实践岗位,使得学生能够在真实的职业情境中锻炼自身的专业技能。学校引导企业按一定比例设立现代学徒岗位,建设长周期实践环节,整合分布式实训课程,校企共同设置实训实践标准,有效提升实训教学环节的职业适应性。到2025年,建成示范性职工培训基地3个,基于虚拟仿真技术的新形态课程授课10门,现代学徒制培养比例达到10%,共建校内实训基地15个,共建校外实训基地100个,建设国家级高水平产教融合型实训基地8个,建设省级高水平产教融合型实训基地10个。

4. 赛证融合,提升多层级训赛平台效能

进一步完善《学生科技竞赛管理办法》《职业教育国家学分银行学习成果转换暂行办法》等相关文件,打通职业证书与课程学分转换渠道,对标国家"职业院校技能大赛目录"合理设置校级竞赛内容,通过课程竞赛、校级竞赛和省级竞赛多层级开展实训教学,搭建全员参与的竞赛平台。重构专业知识技能点,匹配"X"证书,制定赛证融合的人才培养方案,以大赛技术指标、岗位能力指标为依据,结合课程标准,调整教学环节与内容,分模块、分任务,将竞赛体系、学徒制度循序渐进地融入课程体系。制定单项奖学金激励机制,对获得高水平、高认可度技能证书的学生给予单项奖学金资助。到2025年,新增"训研创"综合实训基地25个、市级以上工作室15个,国家级职业技能竞赛获奖36项。

(五)以科技成果转化为导向,提升科研平台能级

沿着区域"四新经济"发展需要的指引,坚持"科技研发—创新创业—成果转化"的"立地式"科技创新发展为主的理念,在特色优势领域,开展"顶天式"应用基础研究科技探索,升级科研平台能级,服务区域产业高质量发展和高质量建设共同富裕示范区,打造立地顶天式科技服务的"重要窗口",力争科技创新与服务能力及水平稳居全国高职院校前列。

1. 凝练方向,打造高水平研发平台

以区域发展的重大技术需求为指引,通过凝练科技研发与服务方向,双聘、兼职等方式柔性引进、使用科技领军人才,围绕领军人才配置实验室和科

研设备,建设高水平的紧密型协同创新团队、共建应用技术中心等举措,以争创省级重点实验室、省级国际科技合作载体等高能级科研平台建设为载体,重点提升智能制造、时尚设计、建筑工程、决策咨询等领域“三工一文”四大科技研发平台能级,做大做强智能制造、时尚设计、土体固化与建设渣土资源化利用、决策咨询等特色研究领域,引领各专业群技术技能创新服务平台高质量发展。到2025年,争创2家省级及以上科研平台,立项市厅级重大及以上科研项目40项以上,市厅级及以上科研获奖或领导批示10项以上。

2.注重转化,产出高质量研发成果

从科技创新供给侧大力支持高质量知识产权创造,健全重大科技项目知识产权管理流程,加大高质量专利转化应用绩效的评价权重,支持不涉及秘密和国防科技成果转化,把技术交易合同额作为主要的评价指标,促进创新链与产业链深度融合。推进市场化科技成果转化,设立独立机构,成立产业技术(温州)转化研究院(有限公司)等混合所有制科技服务公司,升级开放性成果转化信息管理平台,打通科技成果的需求端与供给端通道,促进高质量知识产权创造与成果转化。到2025年,获授权发明专利超480项,年知识产权转化数与授权数比达到45%以上,成果转化收入达800万元以上。

3.提升能级,提供高水平技术服务

以科技研发平台为依托,与产业园区共建产业发展联盟,与龙头企业共建省级企业研究院(研发中心),与中小微企业共建研发中心,实现共建共享;依托温州市企业综合服务平台,以服务中小微企业技术研发和产品升级为重点,成立温州市企业发展服务联盟,建设中国中小企业国际合作协会温州办事处,捕捉温州企业技术、人才共性需求与个性需要,精准对接企业科技研发服务,实现学校与区域产业高度融合,引领区域产业转型升级。到2025年,实现技术服务到款达6000万元以上,企业技术服务项目800项以上。

(六)以“双师”队伍建设为重点,夯实高质量发展根本

以提升教师“驱动力、凝聚力、协调力、执行力”为重点,构建高水平高质量“双师型”教师队伍建设机制,促进教师在教育教学能力和专业实践能力等方面协调发展,按照重点突出“双师型”教师高端人才与梯队培育相结合、个体成

长与“双师型”教学团队建设相结合、提升专业技能与开展资格认证相结合、打造专职师资队伍与优化兼职师资人员相结合的培养思路,积极构建促进教师全面发展的长效机制。

1.梯队培育,提升教师“双师”素质驱动力

结合区域经济特质与区域产业优势,以前瞻性视角实施“高层次人才+团队”以才引才聚集模式。系统化出台人才引进“伯乐奖”等专项政策,面向全球发布招聘公告,吸引行业企业领军人才。以国家级名师工作室为依托,建立健全名师队伍培养体系,形成合理的教师梯队。以推进“双师”素质为导向,强化新教师入职教育,建立新教师“师范教育+企业实践”入职培训制度,并探索建立新教师为期2年的企业实践制度和校企“双导师”制,实施教师能力提升“十个一”工程。每年引育行业企业高层次、技术达人人才10人以上,各二级学院通过各种形式,引进2名及以上现代产业导师、客座教授等高层次、高技能人才。到2025年,拥有国家级教学名师3人,国家和省级人才30人以上,具有博士学位教师100人以上,高级职称教师比例超40%。

2.团队共建,提升教师协同发展凝聚力

培育黄大年式教师团队,落实立德树人根本任务,在师德师风、教育教学、科研创新、社会服务等方面做出重要贡献。面向现代制造业、现代服务业等重点领域,围绕学校专业特色和发展需求评选一批科研带头人,培育一批校级科研团队,发挥其引领支撑作用。打造一批高水平中高职一体化发展示范团队,引领高素质“双师型”教师队伍建设,深化中高职“三教”改革,助推中高职一体化发展。建立马克思主义学院结对职业中专等中小学校机制。到2025年,遴选建设一批校级黄大年式教师团队、科技创新团队、中高职一体化发展示范团队等,争创国家级黄大年式教师团队、省级以上科技创新团队、省级中高职教师一体化发展示范团队和省级大中小学思想政治课教师一体化团队。

3.双向流动,提升人才流转机制协调力

建立校企人员双向流动、相互兼职、可进可出的旋转门制度,实施现代产业导师特聘计划。依托教师企业实践基地,继续落实5年一周期的全员轮训制度和完善专任教师企业实践制度,保证教师每年至少累计1个月参与企业实践。鼓励二级学院和大中型企业共建“双师型”教师培养培训基地和教师企

业实践流动站，成立校企共建教师发展中心，建设财经类、计算机类、建筑类等校内教师实践基地。每个专业至少建设1家“双师型”教师培养培训基地和2家教师企业实践流动站，创建50个技能大师、非遗大师、名师工作室，各专业聘请具有创新实践经验的企业家、高科技人才、高技能人才、能工巧匠、非物质文化遗产传承人等兼职教师3人。到2025年，力争建成“双师型”教师培训培养基地、示范性教师企业实践流动站等国家级基地2个；力争建成省级技能大师工作室1个；来自行业企业一线的兼职教师占比不低于25%，其所承担的专业课教学任务授课课时不少于专业课总课时的20%。

4.评价激励，提升教师干事创业执行力

建立覆盖各类课程的“双师素质”教师建设标准。将“双师素质”作为教师招聘、职称评聘、岗位晋升和绩效分配等的主要依据。将师德考核作为教师绩效考核的基本内容，加强师德考核结果运用。建立师德师风档案，并录入全国教师管理信息系统，作为教师岗位绩效、工作考核、职务聘任、选派进修和评优奖励的重要依据。构建教学业绩考核、年度考核、聘期考核、专业考核和部门考核“五位一体”的绩效评价体系。建立教师职称评聘与岗位设置和聘任衔接制度，健全与岗位职责、工作业绩、实际贡献紧密相连的晋升机制。

（七）以生源质量提升为抓手，巩固高质量培养基础

坚持“招生—培养—就业”联动工作机制，运用信息化手段深入分析招生、培养、就业相关数据，根据结果进一步优化生源结构，构建全员、全年、全方位的“三全招生”宣传格局。深化高质量就业推荐，吸引更多优质生源，提升整体生源质量，为学校高质量人才培养筑牢基础。

1.数据驱动，优化学校整体生源结构

实施招生信息化系统提升工程，构建基于“互联网＋”的智慧招生管理系统，利用大数据、人工智能、物联网等技术系统分析不同类型生源与人才培养质量的内在关系，根据分析结果逐步调整省内普高招生计划，控制中高职一体化、提前招生等类型计划，稳定单独考试招生计划，进一步优化生源结构，实现整体生源质量的提升。到2025年，完成智慧招生管理系统建设，省内普高招生占总计划数30%左右，提前招生控制在12%左右，中高职一体化招生控制

在20%左右,中职生源控制在45%左右,普高生源比例达55%左右,升本后将根据国家有关招生考试文件作适当调整。

2.三全招生,建立内外互动协调机制

利用智慧招生管理系统分析历年招生宣传数据,实施"以区域招生宣传为主、目标生源为辅、多种招生类型齐抓共管"的宣传策略,修订《温州职业技术学院关于招生就业质量提升工程的实施意见》《温州职业技术学院学生奖学金管理办法》《二级学院绩效考核指标体系》《专业建设工作业绩考核指标体系》等文件和考核指标体系,完善招生宣传责任区建设,强化各类型优质生源激励机制,加强招生宣传经费保障,调动招生工作人员积极性,扩大招生工作覆盖面,拓展招生宣传周期,构建"全员、全年、全方位"的"三全招生"宣传格局,实现学校和生源校的深度互动,促进全校参与、全年宣传、全类型齐抓共管的工作新局面,吸引各类型优质考生报考,进一步提升整体生源质量。到2025年,实现教师参与招生宣传占比达50%以上,年走访生源校200所以上,录取技能比赛获奖免试中职生逐年递增,录取省内普高一段生300人以上。

3.双向联动,开创就业促招生新局面

进一步深化职业生涯规划指导,加强升学指导,细化校招岗位薪资标准,完善各专业岗位薪资要求,整合就业信息推荐渠道,重点挖掘国有企业、上市企业、龙头骨干企业等优质企业资源和高薪岗位,针对优质企业推行企业参访、专场宣讲、共建订单班等举措,实现优质企业的精准推荐。通过深化指导、细化标准、强化推荐等举措实现更加充分、更高质量就业,提高学校社会美誉度,吸引更多优质生源报考,以高质量就业助推高质量招生。到2025年,毕业生就业率继续稳定在98%以上,专升本人数15%以上,毕业一年后薪酬高于全省高职平均值1.3倍以上。

(八)以温台职教大脑为载体,实现数字化转型发展

全面落实全国职业教育大会精神,坚持立德树人、以生为本,通过数字化转型撬动学校方方面面的改革,突出一体化、全方位、制度重塑和数字赋能,加快推动从经验治理向制度治理、智慧治理、整体智治转变的学校治理现代化改

革,为跨入本科层次职业学校、“双高”学校内涵发展和活力温台职教高地建设提供有力保障。

1.数据互联,构建智慧教学“一张网”

依托校园“云架构”和大数据平台,打造智慧教室—智慧实训室—智能车间—数字化场馆—学习共享空间组成的多维一体智慧教学环境,建设更具真实性、强体验性、深交互性的虚实融合教学资源,搭建线上线下混合教学网络平台,构建以学习者为中心的泛在学习环境。打造完整的职业教育数字化体系,形成即时感知、科学决策、主动服务、智能监管和高效运行的教育形态,使职业教育信息从“碎片化”向“一体化”转变,实现优质教育资源精准化、个性化供给。到2025年,改造100间传统教室和实训室,使之具备智慧教学功能和环境;打造可视化教学管理平台。

2.系统重塑,打造校园智治“一幅图”

落实《职业院校数字校园规范》,推动信息技术和智能技术深度融入学校管理全过程。面向学校核心治理场景,整体推动各类治理要素数字化,实现感知、服务、决策、管理、监督、协同等各方面治理能力融合发展,推进各职能部门履职方式和校园治理方式的系统性重塑。加快业务系统架构治理和数据共享,细化管理颗粒、重组数据接口、再造业务流程,推动管理入口统一汇聚,管理末端广泛延伸,实现“掌上办公”“一端统管”。到2025年,大数据平台和三维可视化管理平台全面投入使用,完成学生管理和生活服务设施智慧化改造,建成安保指挥中心平台,构建智慧党建体系。

3.联通产业,建设职教数字“一个脑”

充分利用温州职业技术学院在温台地区职业教育的龙头地位,发挥温州职业技术学院在技术创新、产教融合、企业服务等方面的优势,按有关政府部门的统一安排,为温台职教高地数字大脑建设出谋划策,使之对接两地城市“数字大脑”,建成温台智慧职业教育管理云中心和职业教育资源云空间,成为省内首创、国内领先的跨区域职教数字中心,辐射温台中高职院校。到2025年,“温州企业综合服务平台”升级为温台校企综合数据平台,汇聚两地10万家以上民营企业大数据;温州职业技术学院为职业教育云空间提供丰富的共享教育资源,包括教学资源库10个,在线课程100门,虚拟仿真实训资源8个。

(九)以职教标准输出为目标,实现国际化迭代升级

紧紧围绕职业本科教育新要求,坚持以“学理念—输标准—育英才”为主线,通过接轨国际引进来、服务中企“走出去”、培育人才国际化,提升职教标准国际竞争力,强化职教标准生命力,扩大职教标准影响力,高质量推进学校国际化迭代升级。

1.接轨国际,提升职教标准竞争力

紧跟国际前沿,学习境外先进职业教育理念,引进先进技术标准、管理模式、品牌战略。加强与国际高水平职业教育机构或院校合作,深化与意大利米兰 ACME 美术学院合作,加大意大利时尚产业优质资源引进力度,优化时尚类专业人才培养方案。建设中德先进职业教育合作项目,借鉴德国双元制,学习项目教学方法及德国先进工艺、前沿技术,联合德国企业共同制定专业人才培养方案,构建课程体系,开发适应专业需要的评价和认证体系,建立中外合作项目质量保障体系。深化双语教学师资队伍建设,实施教师教学创新团队境外培训计划,选派专业带头人和骨干教师出国研修访学,提升国际竞争力。到2025年,建成中外合作办学项目2个或机构1个。

2.服务中企,强化职教标准生命力

积极响应“一带一路”倡议,服务中企“走出去”,拓展中外合作交流平台,打造特色职教品牌,输出高质量专业标准、课程标准、教学资源。依托中柬职教合作联盟,做强做大柬埔寨温州职业技术学院亚龙丝路学院,增设合作专业,拓展海外实训基地,加强柬埔寨研究,针对柬埔寨企业员工和职教师资开展电气自动化、机械类、设计类等“中文+职业技能”培训;依托意大利培训中心建立意大利分校,针对意大利华人华侨、华裔青少年及本土员工开展手机维修、信息技术、酒店管理等技能和管理类培训;依托南非培训中心,建立南非鲁班工坊(丝路学院),针对南非教师和学生开展跨境电商等“中文+职业技能”项目培训。紧密联系海外温州商会,开展海外技术服务。实施来华留学生奖学金制度,做大来华留学项目。到2025年,建成鲁班工坊(丝路学院)2个,培养国际学生(含丝路学院学生)300人,开展国(境)外人员培训超4万人,输出

专业标准3个、课程标准10个、教学资源10个。

3.培育英才,扩大职教标准影响力

营造校园国际化氛围,提升学生国际化能力和素养,培养能参与国际竞争与合作的高素质技术技能人才。持续开展双语交流研习坊活动,开展学生国(境)外研习、互访交流,组织参加国际竞赛,鼓励学生参与国际职业资格考证,拓展国际化视野,扩大职教标准影响力。深化国际化教育教学改革,开发专业标准、课程标准和教学资源,开展国际专业认证,培养高标准高素质的"国际工匠"。建设中意职教园区,聘请国际大师名匠建立国际大师工作室,建成大师领衔、名匠引领的高水平国际化师资团队,建立国际时尚产业研究院,举办时尚设计高峰论坛,建立中意旅游经济发展促进中心,建成国际研发团队,开展学生国(境)外研习,互访交流,鼓励参加国际竞赛,持续开展双语交流研习坊活动,营造校园国际化氛围,拓展学生国际化视野,提升学生国际化能力和素养,培养能参与国际竞争与合作的高素质技术技能人才,扩大职教标准影响力。到2025年,开展国际化教育教学改革10项,开展国际专业认证1个,完成中意职教园区建设,搭建国际合作科研平台2个,学生参与国际竞赛获奖20项。

(十)以治理体系建设为保障,护航学校高质量发展

完善以党建为核心,以多元共治为主体,以纵向的顶层布局—中层运行—基层创新为支撑,以横向的"五位一体"为基础的温职治理体系,持续推进治理机制、治理能力和治理文化的建设,推动实现学校治理从自治到共治到善治的迭代升级,构建内部运转高效、外部关系顺畅、内外部有效衔接的双循环治理新格局,打造全国高职院校治理的"温职样板",赋能教育教学改革,服务学校高质量发展。

1.强化自治,完善校内治理体系

持续推进校内治理体系建设,增强学校发展内生动力。强化顶层设计,完善以章程为核心的制度体系建设,实行"党委领导、校长负责、教授治学、民主管理"。健全内部质量保证体系框架,基于全员化、全程化、全面化、数字化的"四化"质量管理策略,推进内部质量诊断与改进机制常态化运行,激发各质量

主体内生动力,实现从管理走向治理。强化中层运行,立足学校实际,探索各校区不同的治理模式,以"院办校"原则推进校院二级管理,按照"放管服"改革的要求简政放权,建立健全二级学院自我发展、自我管理、自我约束机制,构建责权利相统一的管理体制,实现"校办院"到"院办校"的转变。强化基层创新,持续推进规范性文件清理、校园形态整理、人财物规范管理、校园智慧治理等"四清四理"工作,构建向重点工作、重点专业和骨干人员倾斜的人财物动态管理体系。

2.合作共治,健全多元治理框架

坚持政校行企四方联动,凝聚治理合力,实现政校行企共建共治共享。通过理事会、咨询会、校友会等吸收各办学相关方参与学校的建设、发展、管理和监督,发挥全国高等职业院校应用技术服务联盟、中国-东盟职教联盟、浙南职教集团的牵头优势,在科研管理机制、国际办学体制机制、产教融合发展机制等方面做出创新探索,拓宽社会参与和支持学校办学的方式与途径,与政校行企联办校区或平台基地,建立产业学院、产教融合人才培养基地等,实现政校行企共建共治共享。秉持"与一流企业合作,办一流大学,育一流人才"的理念,健全校企常态化沟通机制,加强人员双向流动,相互兼职兼薪,持续完善学训研创用一体化的人才培养模式,为地方区域产业转型升级培养高层次技术技能人才,与行业企业共享合作成果。

3.走向善治,打造高职治理样板

以"体系—制度—机制—效能—文化—善治"为治理逻辑,通过纵向的顶层、中层、基层治理框架、横向各个子系统理念—运行—评价—激励—约束"五位一体"的治理机制,健全具有温职特色的治理机制。对标高质量发展内涵要素,以多要素联动不断提升内涵要素集聚能力,产出重大标志性成果,加强高职治理成果的总结提炼,开展职业教育治理体系与治理能力现代化研究、高职院校内部治理研究、本科职业教育治理研究等职业教育治理领域的热点、难点与焦点问题研究,出版"职业教育高质量发展研究丛书"。到2025年,形成一支专兼职结合的高水平职业教育治理研究团队,不断扩大学术影响力,将新时代治理研究中心打造成国内职业教育研究品牌,争创国家级、省级教学成果奖,实现学校治理能力和治理水平不断跃升。构建人本、技术、社会三元价值维度的治理文化,持续推进依法治校、民主治校、智慧治校,打造"温职之治",

形成全国高职院校治理的“温职样板”。

五、优化高质量发展环境

加强统筹协调。学校按照分工职责,加强领导协调,充分发挥统筹规划、宏观管理作用。各职能处室、二级学院要根据本行动计划内容,结合实际主动承接项目(任务),做好建设和实施工作,确保各项任务落地实施。

保障经费投入。学校在部门预算编制、部门预算年中调整以及省拨资金可统筹财力安排中优先考虑高质量行动计划相关的项目经费需求。新增经费主要用于高质量行动计划项目。强化预算绩效事前、事中、事后评价工作,确保预算编制尤其是高质量行动计划相关项目预算编制的科学性、合理性,及时发现和整改预算执行中存在的问题,确保高质量行动计划项目经费保障到位、使用合理、绩效优秀。

强化管理督查。学校将充分发挥业务指导作用,把高质量发展的各项工作目标和发展项目层层分解,分年度制定目标任务落实到具体部门和二级学院,并列入干部任期目标,加强对各项工作的指导、检查与跟踪,及时总结经验、发现问题,根据实际需要不断完善工作要求。各职能处室、二级学院承担任务及项目的完成情况将作为指标内容列入部门年度业绩考核体系。

营造良好氛围。各职能处室、二级学院将高质量发展行动计划精神宣传到位,将实际任务(项目)传达到位,动员广大师生参与到行动中来,对高质量建设工作中取得成绩的单位和个人按照学校有关规定予以表彰奖励。

附件:1. 温州职业技术学院高质量发展任务(项目)一览表

2. 温州职业技术学院高质量发展监测指标

附件1　温州职业技术学院高质量发展任务(项目)一览表

序号	工作任务	责任单位	时间进度
一、以高质量党建为引领,统筹推进高质量发展			
1-1	创建国家级党建工作示范高校1个,党建工作标杆院系、党建工作样板支部等国家级培育创建单位至少2个	组织部(机关党委)、各基层党组织	2025年12月
1-2	创建党建工作示范高校、党建工作标杆院系、党建工作样板支部等省级培育创建单位至少5个	组织部(机关党委)、各基层党组织	2025年12月
1-3	创建全国"三全育人"典型学校	学生处、相关职能处室	2023年12月
1-4	打造全国名班主任工作室1个或选树全国德育特色案例1个	学生处、各二级学院	2023年12月
1-5	创建国家级社会实践优秀团队1支或志愿服务品牌1个	团委、各二级学院	2023年12月
1-6	立项教育部高校思想政治工作精品项目1个	学生处、各二级学院	2025年12月
1-7	建设国家级思政教师研修基地1个	马克思主义学院、人事处	2023年12月
1-8	建设国家级思想政治课教学创新团队4支	马克思主义学院	2023年12月
1-9	出台《关于推进课程思政建设的指导意见》,打造国家级课程思政教学团队3支	教务处	2023年12月
1-10	建设国家级思想政治课示范课堂15个	马克思主义学院	2023年12月
1-11	建设国家级课程思政教育案例15个	教务处,各二级学院	2023年12月
1-12	建设国家级课程思政示范课程5门	教务处,各二级学院	2025年12月
1-13	建设全国职业院校校园文化建设"一校一品"单位1个	宣传部、相关部门	2025年12月

续表

序号	工作任务	责任单位	时间进度
1-14	新增温州市技能大师5人，浙江工匠3人，培育工匠型高技能人才5000人	教务处、各二级学院	2025年12月
二、以混合所有制为突破口，构建产教融合新生态			
2-1	制定《温州职业技术学院混合所有制办学实施方案》	发展规划处（产教融合处）	2023年12月
2-2	推动瑞安市人民政府启动瑞安学院二期建设	发展规划处（产教融合处）、瑞安学院	2022年12月
2-3	建成混合所有制特色产业学院8个	发展规划处（产教融合处）、各二级学院	2025年6月
2-4	建设混合所有制实训基地30个	发展规划处（产教融合处）、各二级学院	2025年12月
2-5	实质性运作浙南职教集团，成立混合所有制二级主体3个	发展规划处（产教融合处）、各二级学院	2024年12月
2-6	深度合作的领军型企业100家以上	发展规划处（产教融合处）、各二级学院	2025年12月
2-7	吸引社会力量投入办学资源价值超1亿元	发展规划处（产教融合处）、各二级学院	2025年12月
三、以职教本科建设为方向，强化职教类型特色			
3-1	新增本科层次职业教育专业20个	教务处、各二级学院	2025年12月
3-2	制定《本科层次职业教育专业人才培养方案指导意见》《本科层次职业教育专业发展规划》《本科层次职业教育专业教学标准》等文件	教务处	2025年12月
3-3	鞋类设计与工艺专业群建成同类专业群行业影响力、服务引领区域产业发展能力全国第一	双高办、设计创意学院（温州设计学院）、人工智能学院、教务处	2025年12月

续表

序号	工作任务	责任单位	时间进度
3-4	电机与电器技术专业群建成同类专业群综合实力全国前三,六大专业群水平达到国内一流	双高办、智能制造学院、教务处	2025年12月
3-5	温州职业技术学院永嘉学院成为职业教育中高职一体化办学典范	永嘉学院、教务处	2025年12月
3-6	国家级示范性继续教育基地或者社区教育示范基地1个	鹿城学院(继续教育学院)	2023年12月
3-7	国家级优质继续教育网络课程2门	鹿城学院(继续教育学院)、教务处、各二级学院	2023年12月
3-8	培训量年均达4万人次	鹿城学院(继续教育学院)	2025年12月
3-9	建设温台职教师资培训基地	鹿城学院(继续教育学院)	2023年12月
3-10	成立温州市企业发展服务联盟	发展规划处(产教融合处)	2023年12月
四、以专业内涵建设为重点,深化教育教学改革			
4-1	建设国家级精品课程4门	教务处、各二级学院	2025年12月
4-2	建设国家级产教融合型实训基地8个	教务处、各二级学院	2025年12月
4-3	建设示范性职工培训基地3个	教务处、各二级学院	2023年12月
4-4	创建国家级高技能人才公共实训基地1个,创建省级高技能人才公共实训基地1个	教务处、各二级学院	2025年12月
4-5	获国家级教学成果奖2项	教务处、各二级学院	2022年12月
4-6	获国家级“课堂革命”典型案例10个	教务处、各二级学院	2023年12月
4-7	获国家优秀教材奖2项	教务处、各二级学院	2025年12月

续表

序号	工作任务	责任单位	时间进度
4-8	拥有国家规划教材 22 种	教务处、各二级学院	2025 年 12 月
4-9	“1＋X”专业证书覆盖率 100％	教务处、各二级学院	2023 年 12 月
4-10	国家级职业技能竞赛获奖 36 项	教务处、各二级学院	2025 年 12 月
五、以科技成果转化为导向，提升科研平台能级			
5-1	创建市级建筑固废资源化利用工程技术研究中心或协同创新中心 1 个，争创省重点实验室、省级协同创新中心、省国际合作基地等省级平台 2 个	科技开发处、各二级学院	2025 年 12 月
5-2	设立独立部门、成立产业技术(温州)转化研究院(有限公司)，年知识产权转化数与授权数比达到 45％以上，推进市场化科技成果转化	科技开发处	2023 年 12 月
5-3	每年设立联盟—温州重点企业基金专项项目和联盟—温州区域特色项目各 10 项，每年开展联盟专业委员会温州活动 4 次，以此推进全国高等职业院校技术应用服务联盟实质性运作	科技开发处	2023 年 12 月
5-4	建设温台地区特色优势产业浙江制造团体标准 24 项	科技开发处、智能制造学院、设计创意学院(温州设计学院)、永嘉学院	2023 年 12 月
六、以“双师”队伍建设为抓手，夯实高质量发展根本			
6-1	建立新教师“师范教育＋企业实践”入职培训制度，为所有新入职 2 年内的青年教师配备校企“双导师”	人事处、教师发展中心、各二级学院	常态化(首期 2022 年 8 月前完成)
6-2	引育国家万人计划领军人才 1 人，每年引育高层次、高技能人才 10 人以上。各二级学院引进 2 名及以上现代产业导师、客座教授等高层次、高技能人才	人事处、各二级学院	2025 年 12 月

续表

序号	工作任务	责任单位	时间进度
6-3	遴选建设一批校级黄大年式教师团队,争创国家级黄大年式教师团队1个	人事处、各二级学院	2025年12月
6-4	争创市级以上科技创新团队1个	科技开发处、各二级学院	2025年12月
6-5	争创省级中高职教师一体化发展示范团队,建设省级教学创新团队2个	教务处、各二级学院	2023年12月
6-6	争创省级大中小学思想政治课教师一体化团队1个	马克思主义学院、教务处	2023年12月
6-7	每个专业至少建设1家"双师型"教师培养培训基地和2家教师企业实践基地(流动站),力争建成"双师型"教师培训培养基地、示范性教师企业实践流动站等国家级基地2个	人事处、各二级学院	2025年12月
6-8	每个专业创建1个以上技能大师、非遗大师、名师工作室,力争建成省级技能大师工作室1个	教务处、人事处、宣传部、各二级学院	2025年12月
6-9	各专业聘请具有创新实践经验的企业家、高科技人才、高技能人才、能工巧匠、非物质文化遗产传承人等兼职教师3人;各专业来自行业企业一线的兼职教师占比不低于25%	人事处、教务处、各二级学院	2023年12月
6-10	构建教学业绩考核、年度考核、聘期考核、专业考核和部门考核"五位一体"的绩效评价体系	人事处、考绩办、教务处、科技开发处	2022年12月
七、以生源质量提升为起点,筑牢高质量培养基石			
7-1	毕业生人才培养质量和就业竞争力全省排名稳定在前二	招生就业处、教务处	2025年12月

续表

序号	工作任务	责任单位	时间进度
7-2	省内普高计划数占总计划数30%左右，普高生源比例达55%	招生就业处	2023年12月
7-3	省内普高一段生300人，稳定在前6	招生就业处	2023年12月
7-4	就业率98%以上，升学率15%以上，建立国企(名企)订单班5家以上	招生就业处	2023年12月
八、以职教数字大脑为载体，实现数字化转型发展			
8-1	入选省级职业教育信息化标杆学校，争创全国职业教育信息化标杆学校	现代教育技术中心	2025年12月
8-2	完成100个传统教室智慧化改造	现代教育技术中心	2025年12月
8-3	建成温台产教数字大脑	现代教育技术中心	2023年12月
九、以输出职教标准为目标，实现国际化迭代升级			
9-1	新增1个中外合作办学项目或机构	国际合作交流处、相关二级学院	2023年12月
9-2	建设中德先进职业教育合作项目1个	国际合作交流处、智能制造学院	2023年12月
9-3	柬埔寨温州职业学院亚龙丝路学院增设合作专业1个	国际合作交流处、相关二级学院	2025年12月
9-4	建设南非鲁班工坊(丝路学院)	国际合作交流处、相关二级学院	2023年12月
9-5	开展电气自动化、机械类、酒店管理、跨境电商、设计类专业“中文+职业技能”项目培训(每个专业1000人日)	智能制造学院、数字经贸学院、设计创意学院(温州设计学院)	2023年12月
9-6	开展国(境)外人员培训4万人	国际合作交流处、各二级学院	2025年12月

续表

序号	工作任务	责任单位	时间进度
9-7	培养国际学生 300 人	国际教育学院、学生处、教务处、相关二级学院	2025 年 12 月
9-8	开发并输出专业标准 3 个、课程标准 10 个、教学资源 10 个	国际合作交流处、教务处、相关二级学院	2025 年 12 月
9-9	开展国际专业认证 1 个	国际合作交流处、教务处、相关二级学院	2023 年 12 月
9-10	依托温州设计学院在瓯海时尚智造小镇建设中意职教园区	国际合作交流处、设计创意学院(温州设计学院)	2023 年 12 月
十、以治理体系建设为切入,为高质量发展提供坚强保障			
10-1	打造全国高职院校的"温职治理样板"	发展规划处(产教融合处)、党院办、新时代治理研究中心、各二级学院	2025 年 12 月
10-2	学校治理研究系列成果获省部级奖项	新时代职业院校治理研究中心	2025 年 12 月
10-3	学校治理成效显著,确保年度考绩市级优秀	考绩办、党院办、发展规划处(产教融合处)	2023 年 12 月

附件2 温州职业技术学院高质量发展监测指标

一级指标	二级指标	三级指标	观测值
高质量党的建设	党建工作水平	全国党建工作示范高校、党建工作标杆院系、党建工作样板支部等国家级培育创建单位	2个
		全省党建工作示范高校等省级荣誉	5项
	“三全育人”	全国“三全育人”典型学校等国家级荣誉	1项
		教育部高校思想政治工作精品项目、名班主任工作室、德育特色案例等国家级项目	2项
		国家级社会实践优秀团队或志愿服务品牌	1个
		培育德育骨干管理人员、思政专任教师	20名
	马克思主义学院建设	马克思主义学院省级以上荣誉	1项
		国家级思政课教师研修基地	1个
	思政教育教学	国家级思想政治课教学创新团队	4支
		国家级课程思政教学团队	3支
		国家级思想政治示范课堂	15个
		国家级课程思政示范课程	5门
		国家级课程思政教育案例	15个
	校园文化体系	全国职业院校校园文化建设“一校一品”示范基地	1个
		文化教育基地	5个

续表

<table>
<tr><th>一级指标</th><th>二级指标</th><th>三级指标</th><th>观测值</th></tr>
<tr><td rowspan="20">高质量
人才培养</td><td rowspan="11">招生就业</td><td>招生计划完成率</td><td>99%</td></tr>
<tr><td>招生分数线</td><td>省内普高一段生 300 人以上</td></tr>
<tr><td>毕业生就业率</td><td>98%</td></tr>
<tr><td>毕业生留温率</td><td>60%</td></tr>
<tr><td>毕业生薪酬水平</td><td>毕业一年后薪酬高于全省高职平均值 1.3 倍</td></tr>
<tr><td>用人单位满意度</td><td>95%</td></tr>
<tr><td>家长满意度</td><td>95%</td></tr>
<tr><td>建立名企订单班</td><td>5 家</td></tr>
<tr><td>省内普高计划数占总计划数比例</td><td>30%</td></tr>
<tr><td>普高生源比例</td><td>55%</td></tr>
<tr><td>中高职一体化招生比</td><td>20%</td></tr>
<tr><td>专业建设</td><td>本科层次职业教育专业</td><td>20 个</td></tr>
<tr><td rowspan="2">技术技能水平</td><td>国家级职业技能竞赛获奖</td><td>36 项,国家一等奖 2 项</td></tr>
<tr><td>1+X 证书获取比例</td><td>100%</td></tr>
<tr><td rowspan="5">创新创业</td><td>国家级创新创业学校荣誉</td><td>1 项</td></tr>
<tr><td>创新创业竞赛国家金奖</td><td>3 项</td></tr>
<tr><td>培育师生创新创业项目</td><td>1000 项</td></tr>
<tr><td>孵育具有成长性的小微企业(创新创业工作室)</td><td>100 家</td></tr>
<tr><td>培养创新创业人才</td><td>5000 名</td></tr>
</table>

续表

一级指标	二级指标	三级指标	观测值
高质量师资队伍	师资水平	黄大年式国家级教学团队	2个
		国家职业教育教师教学团队	2个
		国家级教学名师	3人
		国家和省级人才	30人
		兼职教师人才数	具有高级技师或E类以上人才50人
		行业企业一线兼职教师占比	25%
		国家级教师教学能力比赛	6项
	师资结构	生师比	18∶1
		“双师型”教师比例	90%
		博士比例	15%
		高级职称比例	40%
		双语教师比例	20%
	师资培训基地	国家级“双师型”教师培训培养基地	1个
		国家级示范性教师企业实践流动站	1个
	名师工作室	技能大师、非遗大师、名师工作室	50个
		省级技能大师工作室	1个

续表

一级指标	二级指标	三级指标	观测值
高质量教学资源	校企合作	吸引社会力量投入办学资源	1亿元
		推动县域政府投入学校办学	1亿元
		混合所有制特色产业学院	8个
		稳定深度合作的领军型企业	100家
		混合所有制实训基地	30个
		现代学徒制培养比例	10%
		国家级示范性职业教育集团(联盟)	实质性运作
		浙南职教集团成立混合所有制二级主体	3个
		企业综合服务平台注册企业	10万家
		企业综合服务平台助力产教融合型企业	30家,实现增效30亿元
	教学资源(获奖)	国家课程思政教学研究示范中心	1个
		国家级专业教学资源库	2个
		国家教育教学改革案例、思政金课等国家级教学改革项目	4项
		国家级精品课程	4门
		国家规划教材	22门
		国家级产教融合型实训基地	8个
		省级产教融合型实训基地	10个
		国家级教学成果奖	2项
		国家优秀教材奖	2项
		国家级"课堂革命"典型案例	10个
		"训研创"综合实训基地	25个
		市级以上工作室	15个
		中高职衔接系列教材	1套

续表

一级指标	二级指标	三级指标	观测值
高质量科技研发	科研贡献	授权发明专利数	480项
		技术服务到款额	6000万
		成果转化收入	800万元
		年平均知识产权转化数与授权数比例	45%
		企业技术服务项目	800项
	科研水平	市厅级重大及以上科研项目	40项
		争创省级及以上科研平台	2家
		市厅级及以上科研获奖或领导批示	10项
高水平国际合作	合作项目	中外合作项目(机构)	2个(1个)
	鲁班工坊(丝路学院)	鲁班工坊(丝路学院)	2个
	境外培养培训	培养国际学生	300人
		境外职业培训	4万人
	专业建设	输出专业标准	3个
		输出课程标准	10个
		输出教学资源	10个
		国际专业认证	1个
		国际化教育教学改革项目	10项
		国际合作科研平台	2个
		学生参与国际竞赛获奖	20项

续表

一级指标	二级指标	三级指标	观测值
高质量社会服务	职业培训	年均职业培训人数	4万人次
		年均职业培训收入	3200万元
		年均培训教师	1000名
		国家技术技能人才培训基地	1～2家
		为企业培训提供课程菜单	200个
		国家示范性继续教育基地	1个
		国家优质继续教育网络课程	2门
	社区培训	社区教育服务人数	3000人次
		劳动和职业教育启蒙人数	500人次
		国家社区教育示范基地	1个
高质量办学条件	信息化水平	信息化标杆学校	1项
		省高校智慧校园建设评价分值	950分
		智慧教室总数	200间
		日常事务线上办理率	95%
		数字资源总容量	100T
		国家级示范性虚拟仿真实训基地	1个
	基本条件	用地面积	1200亩 (生均60平方米)
		生均拨款	25000元
		生均图书	150册
		生均仪器设备	20000元